明田鉄男

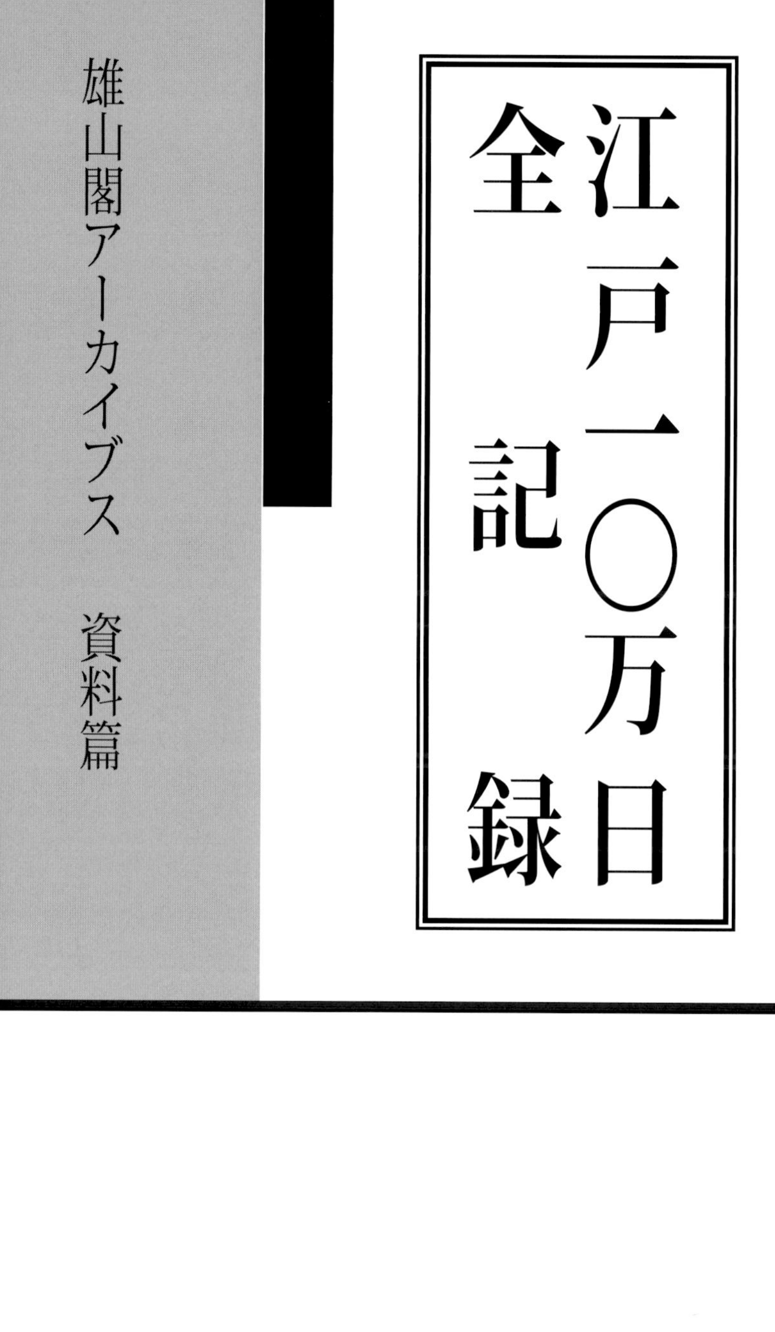

江戸一〇万日全記録

雄山閣アーカイブス　資料篇

雄山閣

読む年表の楽しさ

歴史学の勉強に年表は欠かせない。専門学者ともなれば、間口の長い書棚の一段分くらいは大小さまざまの年表で埋っているのが普通である。一方、歴史マニアと呼ばれる人種も、家計の都合で先生方のようには参らぬが、それでもコンサイス判年表のほかに自分の好みに従って「暗殺年表」とか「心中年表」とかを揃える努力を休まない。

年表とはそれほど大事なものなのであるが、著者は従来のものにもう一つ「読む年表」を付け加えたい。

著者が『近代事件史年表』を雄山閣出版から刊行してもらったのは 1993 年（平成 5 年）のことである。余談ながら 10 年後の今日なお、ごく稀ではあるが内容に関する質問の手紙や電話が舞い込み、出版生命の長さに喜んでいる。

この「事件史年表」で筆者は、最初から「読む年表」を志したのであった。

本来年表というものは、冷厳な歴史的事実だけを順序正しく配列した本だから、そこに学問的価値があるのだが、反面「味もそっけ（うるおい）もない」代物ともいえる。それは、わざわざ登場人物から血の気を抜いて叙述しているからで、いうなれば諸年表の主人公は「冷厳な歴史的事実」そのものであって、血の通った人間ではなかった。

然らば、喜怒哀楽兼ね備えた、熱血脈打つ人間たちに存分の活躍をさせた年表をつくるべし、と、身の程も心得ず決意したのが前著『近世事件史年表』執筆の動機であったが、幸いにも結果的には、少々「味もそっけもある」やや楽しい「読む年表」ができたと自負している。

増補改訂のねらい

しかし以後10年、まだまだ書き足らずの部分や表現幼稚箇所を次々発見、今後の読者のためにも大幅な増補改定版の要ありと覚悟していたところ、幸運というべきか偶然にも、（株）雄山閣から同様趣旨の申しいれがあり、欣然とこれに応じ、なかば書き直しの大作業に取り組んだ。以下、執筆・編集の基本方針。

1 「事件」とは、現在の新聞の社会面に載るような犯罪、事故、天災・人災などの他、近世独特の一揆、騒擾など。政治・経済などの硬派ものは他に年表も多いので極力簡潔に扱った。

2 人物は「上薄下厚」の方針に基づき、下層の民を重視、とくに人間性を示す逸話などをなるべく収録するようにした。

3 あらゆる事件を整然と網羅するよう努力はしたが、完璧とは言い難い結果となった。時代によって典拠史料に厚薄深浅の差が大きいからであるが、もちろん著者の史料収集能力の不足にも責任がある。

4 目次で示すように近世全般を5つに時代を区分し、その一つ一つに説明を付した。これにより、全体を通じての壮大な時の流れを感得してもらうためである。

5 読者の興味を引きそうな事件は、頁の上部横組み中、その日付の所で概略を説明、別に下段縦組【よみうり・瓦版】で解説した。上の横組みで 【よみうり・瓦版】⇒ の印を見たら必ず下縦組中の【よみうり・瓦版】を読んで欲しい。

6 研究者の便宜を考慮して必ず参考文献名を記した。ただし書名だけとしたので、著者名、刊行年などの要目は別掲載倦末の「引用・参考文献」でどうぞ。

読者の方々へ

この本は、辞書のように「引く」年表であると同時に、小説のように「読む」年表でもある。

従って置き場所は書斎の大デスク上でもよいし、居間のソファー上でもよろしい。要は、読み終った読者が、下女と心中する下男や奉行所で暴れる百姓や母親殺しの芸者や、そんな名もなき庶民の一挙一動に、近世・江戸時代というものの本質をみてとってほしいということだ。

歴史は人がつくる。それも庶民が。その庶民はどんな連中で、どんなことを考えていたか。そのへんを前提として読んで頂くよう、著者平伏してお願いいたします。

明田鉄男

本書は、小社刊『近世事件史年表』を原本とし、その増補版『江戸 10 万日 全記録』を底本に新装版としてまとめたものです。

編集部

目次

江戸初期

元禄から享保へ

宝暦から寛政へ

文化・文政期

幕末期

簡単な凡例

1　年齢はすべて数え年。

2　何人にも敬称をつけず敬語を使わず。

図版について

1　見て江戸時代を理解するために庶民生活の様子を絵で紹介した。年表本文中の絵は、喜田川守貞自筆稿本『守貞護稿』（国立国会図書館蔵）などによった。
おおむね①家宅（住まい）②生業（商い）③歳時（季節の行事）④用具（民具）⑤風姿（風俗）にかかわるものを、江戸時代全般からとりあげた。
2　資料編および本文の「再現・江戸かわら版」では、事件や災害の時に出された当時の瓦版（東京大学蔵）を収録した。現在の新聞の原形ともいわれる寸瓦版が事件や江戸庶民とどう関わっていたかを感じていただきたい。その他の図版もなるべく当時発行のものの収録を原則とした。

頻出文献記号

略号	文献名
一揆	百姓一揆の年次的研究
街談	街談文々集要
花街史	日本花街史
かわら版	かわら版物語
寛保集成	御觸書寛保集成
きゝの	きゝのまにまに
月堂	月堂見聞集
元文	元文世説雑録
現来集	宝暦現来集
巷街	巷街贅説
災異志	日本災異志
裁許帳	御仕置裁許帳
実紀	徳川実紀
殉難	幕末維新全殉難者名鑑
新類集	御仕置例類集
騒動	日本騒動事典
生活史	近世生活史年表
続実紀	続徳川実紀
続類集	御仕置例類集続類集
泰平	泰平年表
天保類集	御仕置例類集天保類集
天明集成	御触書天明集成
日歴	日本歴史大辞典
武江	武江年表
編年	江戸編年事典
宝暦集成	御触書宝暦集成

江戸初期 1589-1687
戦国の名残と幕藩体制づくり

元禄〜享保 1688-1750
庶民台頭、万物活性化

宝暦〜寛政 1751-1803
過渡期、先ずは平穏だが

文化・文政期 1804-1847
爛熟の極、ただよう暗雲

幕末期 1848-1867
新世界めざし、血の動乱へ

江戸初期

1589 〜 1687

戦国の名残と幕藩体制づくり

まだ血の匂いが漂っている時期である。
慶長五年の関ケ原役、
元和元年の大坂落城のあと
巷には牢人があふれ、
それがあぶれ者と化した。
寛永十四年には島原の乱が勃発、
その後も由井正雪（慶安四年）
別木庄佐衛門（承応元年）と
反幕の動きつづき、
寛文九年には
蝦夷地で大規模な住民の反乱さえ起きている。

幕府は鋭意、権力機構を整備し、
体制の安定化に努めた。

初代徳川家康
将軍在職年数：3 年　期間：1603 ～ 05 年　生没年：1542 ～ 1616 年
天正 18 年（1590）8 月 18 日江戸に入城、1603 年に幕府を開き、
泰平 300 年の基礎を築いた。江戸時代全期を通じて「神君」と尊称されていた。

2 代徳川秀忠
将軍在職年数：18 年　期間：1605 ～ 23 年　生没年：1579 ～ 1632 年
家康の 3 男、駿府に隠居の家康が政治の実権を握り、
治世の前半は二重政権の観を呈した。

3 代徳川家光
将軍在職年数：28 年　期間：1623 ～ 51 年　生没年：1604 ～ 1651 年
秀忠の長男、将軍後継をめぐって弟と争うが、家康が裁断。
就任時全大名に君臨宣言を発し、とくに秀忠の死後は独自の政策によって、
幕藩体制の基礎固めに努めた。

4 代徳川家綱
将軍在職年数：29 年　期間：1651 ～ 80 年　生没年：1641 ～ 1680 年
家光の長男、保科正之、酒井忠清らの補佐によって安定期を築いた。

天正十七年

1589　己丑

この年❖浪人原三郎左衛門・林又一郎、豊臣秀吉の許可を得て京都冷泉万里小路に遊里を開き二条柳町廓と称する(**日本遊里史**)。

天正十八年

1590　庚寅

1―❖秀吉、京都鴨川に石柱の三条大橋を架けさせる(**乱世京都下**)。

6.20❖豊後の秀吉蔵入領で逃散(**一揆**)。

8.1❖徳川家康江戸入城。【よみうり・瓦版】

8.22❖出羽伊達氏領米沢で逃散(**一揆**)。

9―❖出羽田川郡大宝氏領で検地反対暴動(**一揆**)。

10.26❖陸奥玉造郡ほかの旗本領で重課反対暴動(**一揆**)。

10―❖出羽仙北郡ほかの六郷領で検地反対暴動(**一揆**)。

10―❖出羽飽海・由利郡の本荘領で暴動(**一揆**)。

天正十九年

1591　辛卯

2.28❖千利休切腹。【よみうり・瓦版】

5―❖出羽田川郡上杉領で逃散(**一揆**)。

9.6❖陸奥二戸郡盛岡領で逃散(**一揆**)。

9.24❖秀吉朝鮮出兵令。

この年❖能登鳳至郡金沢領本郷村など逃散(**一揆**)。

〃　❖陸奥会津郡蒲生領赤岡村で暴動(**一揆**)。

文禄元年

1592　12・8 改元　壬辰

文禄二年

1593　癸巳

6.20❖豊後大分郡秀吉領戸次郷で逃散(**一揆**)。

7.22❖京都東寺五重塔炎上(**災異志**)。

11―❖加賀金沢領で代官非違を愁訴(**一揆**)。

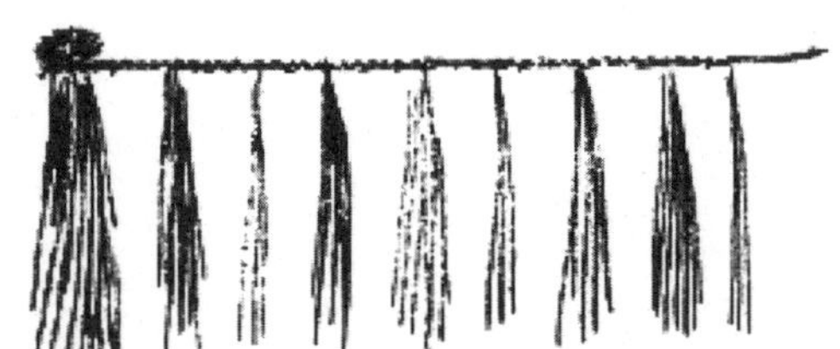

歳時―正月飾り(シメ)、前垂

文禄三年

1594　甲午

2.17❖尾張知多郡荒尾地方で越訴(**一揆**)。

閏7.13❖近畿大地震、伏見城損壊(**災異志**)。

この年❖陸奥石川郡の平領で検地反対強訴(**一揆**)。

〃　❖陸奥磐井郡仙台領東山金山坑夫騒動(**一揆**)。

文禄四年

1595　乙未

7.15❖秀吉、関白秀次を自殺させ、八月その妻妾ら三十三人を斬る。

この年❖越後蒲原郡高梨氏領で秕政反対暴動(**一揆**)。

慶長元年

1596　10・27改元　丙申

4—❖浅間山噴火(**災異志**)。

5.9❖尾張・美濃洪水(**災異志**)。

6.19❖関東と甲信洪水。江戸で三、四百人水死。百年来の大水という(**災異志**)。

閏7.12❖諸国大地震。伏見城で上臈七十三人下女中ら五百人死。周辺大名邸すべて倒壊。十月まで京都に地震つづく(**災異志**)。

12—❖長崎で切支丹二十六人磔。

この年❖伊部加右衛門、家康に命じられ駿府に遊廓をつくる(**花街史**)。

〃　❖林又一郎、伏見田町に遊女町を開く。程なく消滅(**花街史**)。

〃　❖伏見撞木町廓、自然発生(**花街史**)。

慶長二年

1597　丁酉

1.1❖秀吉、朝鮮再出兵令を下す。

2.12❖京都大地震。このあと、しばしば(**災異志**)。

3.1❖浅間山噴火(**災異志**)。

3—❖津軽岩木山、山崩れ(**災異志**)。

この年❖甲斐都留郡足和田村で重課反対逃散(**一揆**)。

【よみうり・瓦版】

家康決断、江戸に入る

小田原征伐終了とともに豊臣秀吉は、関八州の北条氏領をすべて徳川家康に進呈した。しかし、『徳川実紀』は「秀吉、快活大慶の挙動(ふるまい)に似たりと雖も、其実は当家年頃の御徳に心腹せし駿・遠・三・甲・信を奪う詐謀なること疑いなし」ときびしい。家康もさる者、さっさと大軍ひきつれて江戸入り、荒れた城を修理し、士卒に住居を割り当てた。その手早さに秀吉の方が驚いた。家康の胸中には早くも徳川幕府構想が浮かんでいたのである。

霰荒天のなか、千利休自刃

京都上京葭屋の千家邸で利休が詠じた辞世は「ひっさぐるわが得具足(えぐそく)の一つ太刀　今此の時ぞ天になげうつ　白日青天怒電走る」という茶人らしかぬものすごいものだった。外は大雷雨。直径一・五センチもの雹が降っていた。あれだけ仲の良かった利休になぜ秀吉が切腹を命じたか。諸説紛々。利休が大徳寺山門上に自分の土足木像を掲げさせた、などは一口実。要は師利休の茶を解しえなかった秀吉のコンプレックスと利休の思い上がり。

1598・1603　秀吉死す。江戸では神田山を削り海を埋め立てて町造り始まる

慶長三年

1598　戊戌

1.14❖京都大地震（**災異志**）。

3—❖江戸大風、城北門倒壊、破船五百余（**災異志**）。

4.8❖浅間山不意に噴火、五百余人焼死（**災異志**）。

7.16❖山城伏見町民騒擾（**一揆**）。

8.18❖豊臣秀吉死す。【よみうり瓦版】

9—❖信濃伊那郡上穂村肝煎との争いで逃散（**一揆**）。

12—❖阿蘇山噴火（**災異志**）。

慶長四年

1599　己亥

1.26❖京都東寺火災（**災異志**）。

1.27❖津軽岩木山噴火（**災異志**）。

2—❖京都大雷雨（**災異志**）。

2—❖鎌倉の円覚寺領、重課反対を越訴（**一揆**）。

6.29❖禁中でややこ踊り上演（**花街史**）。

6—❖下総・上総・武蔵大風（**災異志**）。

8—❖越後の上杉遺民、堀氏新政に抗し、暴動（**一揆**）。

夏—❖全国的凶作。遠州で三千人餓死（**災異志**）。

9.7❖大津大火（**災異志**）。

この年❖武蔵南多摩郡の天領十五か村、再検地に反対、越訴（**一揆**）。

慶長五年

1600　庚子

7—❖近江犬上郡佐和山領で逃散（**一揆**）。

8—❖伊予宇和島領で反藤堂氏一揆。二百余人死刑（**一揆**）。

9.15❖関ヶ原会戦。

9.20❖京都所司代初代奥平信昌着任（**泰平**）。

9—❖伊予久米郡荏原で牢人七百人暴動（**一揆**）。

10.19❖土佐の長宗我部遺臣、反山内氏暴動。死刑三百余人（**一揆**）。

10—❖長州高井・更級郡松代領で検地反対暴動。七百余人処刑（**一揆**）。

この年❖阿波板野郡萱荘村庄屋十郎兵衛「川賊」の科で磔刑。「傾城阿波鳴門」の原形（**騒動**）。

〃　❖美濃武儀郡で農民暴動（**一揆**）。

〃　❖庄司甚内、江戸鈴ヶ森に茶見世を出し、関ヶ原帰東の将兵に茶を供す。水茶屋の始まり（**花街史**）。

慶長六年

1601　辛丑

6—❖京都地震（**災異志**）。

7—❖陸奥釜石で葛西浪士暴動（**一揆**）。

9.2❖江戸大火。このあと本町二丁目の滝山弥次兵衛、屋根を半瓦とする。市中瓦ぶ

防犯は連帯責任での呼び掛けだが

「京都町人を十人組と云事あり。将軍の仰に依る也。洛中上下迷惑す」と『当代記』はズバリいいきっている。京都の治安が悪く、盗賊が横行するので、将軍の発案で設けた制度だが、金持ちは貧乏人と組むことをいやがって財宝を他所へ移し、自分も移転する者が多かったという。■『当代記』の筆者は、伊勢亀山城主松平忠明といわれているが、祖父家康の政道に大胆不敵なケチつけたものである。「洛中上下迷惑」の表現が痛快である。

大プロジェクト、大名を動員して始動

神田山は駿河台東南の小丘。埋めたてた海面は四万三千余町歩。できた新市街が日本橋、京橋、新橋地区一帯で、船運の便を考えて縦横に掘割を通したので、同時に日本橋、中橋、京橋、新橋が架けられた。■この日本橋を「元標」として三十六町ごとに「一里塚」を立てて旅人の利便を図ることとしたのが翌慶長九年二月のことである。道の両側に松を植えて夏の木陰、冬の風除けにしようという配慮も評判よかった。

きの始まり(**慶長見聞集一**)。

10.16❖関東大地震(**災異志**)。

11.2❖江戸大火(**災異志**)。

閏11❖江戸大火。草ぶき禁止令出る(**災異志**)。

12.16❖房総地震・津波。人多く死す(**災異志**)。

この年❖陸奥河沼郡の会津領八日町で伝馬役過重に抗し暴動。肝煎の子を殺す(**一揆**)

慶長七年

1602　壬寅

1—❖京都二条柳町廓六条へ移り三筋町と称す(**花街史**)。

2—❖東本願寺創建。

3—❖京都地震(**災異志**)。

4—❖美濃洪水、人馬死傷多し(**災異志**)

5—❖京都地震(**災異志**)。

6.21❖家康、本多正純を奈良へ遣わし蘭奢待を切らせる(**泰平**)。

7—❖常陸佐竹の家臣車丹波ら秋田への国替に反対して一揆(**一揆**)。

7—❖尾張大雨洪水(**災異志**)。

12.24❖京都大仏殿炎上(**災異志**)。

この年❖秋田大曲などで新領主入国に反対、一揆(**一揆**)。

慶長八年

1603　癸卯

1—❖代官阿部八右衛門・同加右衛門、会計不足で切腹(**江戸幕府の代官**)。

2.12❖家康、征夷大将軍就任。

3.20❖信濃小県郡で代官拒否、逃散(**一揆**)。

春—❖出雲の阿国、京都北野社でかぶき踊上演(**花街史**)。【よみうり・瓦版】

7.5❖佐渡で役人の非違を越訴。八月銀山吏吉田佐太郎切腹(**実紀一**)。

8.10❖出羽秋田領で新政反対暴動(**一揆**)。

秋—❖伏見城で良刀を盗む賊を中山雅楽助が捕え褒賞される(**実紀一**)。

10.17❖出羽角館などで秋田藩の新政に反対の暴動。処刑数十人(**一揆**)。

11—❖遠州椿原の農民、代官の非違を愁訴(**一揆**)。

11—❖土佐長岡郡で長宗我部遺臣指導の暴動。二人斬、十三人獄中自決。滝山騒動(**一揆**)。

12.3❖浅間山鳴動、音が美濃・三河まで聞こえる(**実紀一**)。

12.19❖京都曇華院炎上(**災異志**)。

12—❖京都で盗賊横行を理由に十人組の制が定められる(**当代記・実紀一**)。【よみうり・瓦版】

この年❖江戸神田山を削り、海を埋め立てて町づくり成る(**武江・慶長見聞集七**)。【よみうり・瓦版】

〃　❖江戸に日本橋架橋(**武江**)。

〃　❖伯耆岡山城主中村忠一、直諫した老臣横田内膳を斬る。横田の子らたてこもり玉砕(**実紀一**)。

【よみうり・瓦版】

秀頼のこと頼み候、秀吉死す

太閤秀吉が伏見城の一室で、齢六十三で永眠したときの辞世は「露と落ち露と消えぬる我身かな　浪華のことは夢のまた夢」ということになっているが恐らくウソであろう。秀吉の念頭には、幼い秀頼のことしかなかったのだから。死の二週間前、八月一日家康ら五重臣に書いた「返々(かえすがえす)秀より事、たのみ申候。五人のしゅ(衆)たのみ申候」のかな書き遺言状は有名である。その宛名の筆頭に書かれた家康が十六年後、秀頼を攻め殺した。

男装の阿国人気京中に広まる

「此比かぶき(歌舞伎)躍と云事あり。是は出雲国神子女(名は国、但し非好女)仕り出し京都江上る。縦ば異風なる男のまねをして、刀脇指、衣装以下殊に異相。京中の上下賞翫すること不ㇾ斜」(当代記)。■わが国歌舞伎の祖といわれるお国については文献が多く、とくに名古屋山三とのロマンスでは絶世の美男美女のようにされているが、『当代記』の筆者松平忠明?は目が鋭い。簡単に「非好女」と片づけている。

慶長九年

1604　甲辰

1—❖津軽岩木山で山崩れ(**災異志**)。

2.4❖江戸日本橋を元標として各街道に一里塚を設けるよう令す(**実紀一・武江・慶長見聞集一**)。

4.23❖関東大風雨・洪水(**実紀一・当代記**)。

6—❖陸奥耶摩郡平林村・下柴村で用水争論(**一揆**)。

6—❖全国炎旱、摂津とくに被害大(**災異志**)。

7.5❖江州佐和山雷火、死十三、傷三十(**実紀一**)。

7.12❖土佐大雨・洪水。死人多し。八月四日、二十七日にも(**災異志**)。

7.15❖旗本柘植(つげ)宮之助、花井小源太を殺害(**実紀一**)。

7.17❖御前相撲。越前家の嵐追手(あらしおつて)が大兵の前田家順礼(じゅんれい)を投げるが、嵐追手傲岸(ごうがん)で将軍不興(**実紀一**)。

8—❖東海と西日本大風雨。伊勢長島津波(**災異志**)。

12.2❖越後魚沼郡芹田村で村役人不正を愁訴(**一揆**)。

12.16❖上佐地震・津波、水死四百五十人(**災異志**)。

12.16❖遠江高波、死者多数(**災異志**)。

12.16❖京都曽称卿邸火事、女一人死す(**災異志**)。

12—❖浪人渡辺掃部、京都撞木町遊里を復活する(**花街史**)。

12—❖伊勢山田大火(**災異志**)。

この年❖藤堂高虎の猶子高吉の家士、加藤忠明の邑地伊予松山へ亡命、高吉の討手がこれを討つ、両家の間不穏。高吉剃髪(ていはつ)して落着(**実紀一**)。

〃　❖美作真島郡津山領で騒動(**一揆**)。

〃　❖丹波多紀郡亀山領南条村騒動(**一揆**)。

慶長十年

1605　乙巳

1中旬❖関東と伊勢で大地震、死者多数(**災異志**)。

2—❖京都大火(**災異志**)。

2—❖摂津武庫郡天領山田村で暴動、七人刑死(**一揆**)。

4.13❖京都上京・下京大火(**災異志**)。

4—❖奈良春日社の僧二人殺害される(**実紀一**)。

4—❖駿河・遠江大風・雷雨(**災異志**)。

5.1❖京都で将軍秀忠の小者と大御所家康の小者二、三千人ずつが乱闘、死傷者多数が出た(**当代記**)。

5.26❖尾張清洲で少身者六人が、かねて意趣の甲賀(こうが)左馬助を殺害、甲賀勢と戦って全員自害した(**当代記・実紀一**)。

5—❖将軍家近習と越前秀康の足軽が争闘、二、三十人が死亡した(**実紀一**)。

5—❖坂崎対馬寺の家臣、亡命して坂崎の姉婿富田信濃守にかくまわれ、両家不和となる(**実紀一**)。

5—❖関東旱害。六月もつづく。(**災異志**)。

6.25❖伊予風早郡大洲領小浜村、増税反対

主、逆に小姓に斬られる

主人公は筑後柳河三十二万五千石田中兵部大輔吉政の二男主膳吉信で、変質的に家人を手討にすることを好み、これまでにすでに五十三人が犠牲になっていた(当代記)。

■勇気ある小姓が何人(なにびと)であったか、この事件でどう処置されたか明らかでないのが残念であるが、戦国の余風がまだ残っている慶長期、むざむざと一方的に斬られることに甘んじなかった男のいたことがわかる。

家宅—江戸竈

騒擾(**一揆**)。

7.6❖幕府、京都相国寺の元佶(げんきつ)らに命じ祇園坊中での遊女行為を停止させる(**花街史**)。

7.17❖奈良荒地で父の敵討あり(**敵討**)。

7.23❖美濃・尾張・伊勢・三河・遠江三十年来の大洪水(**災異志**)。

8—❖関東大雨・洪水(**災異志**)。

8—❖八丈島噴火(**災異志**)。

10—❖金沢大火(**災異志**)。

11—❖浅間山噴火(**災異志**)。

12.2❖伊奈忠次の従者を斬った科で服部半蔵家改易(**実紀一**)。【よみうり・瓦版】

12.21❖全国大雪。近江で八尺つもる(**災異志**)。

12.26❖伏見大火。大名邸多く焼ける(**災異志**)。

12—❖全国旱害。会津飢饉、餓死者多数(**災異志**)。

この年❖煙草渡来(**実紀一**)。【よみうり・瓦版】

この年❖近江蒲生(がもう)郡市橋氏領須恵(すえ)村減免要求愁訴(**一揆**)。

慶長十一年

1606 丙午

1.20❖筑後国主の息田中吉信、小姓を手討ちにしようとして逆に斬られ死す(**当代記・実紀一**)。【よみうり・瓦版】

2.28❖信濃小県郡真田領秋和村逃散(**一揆**)。

3.27❖信濃筑摩郡幕領贄川宿愁訴(**一揆**)。

3—❖関東旱害(**災異志**)。

5.25❖畿内・東海大風雨、京都二十年来の洪水(**災異志**)。

5—❖福島正則の婢亡命して池田宰相の藩中に隠れたことから、両家確執(かくしつ)(**実紀一**)。

6—❖江戸地震(**災異志**)。

8—❖伊達政宗、仙台に出雲阿国を招く(**実紀一**)。

8—❖諸国大風雨、四国・中国高潮(**災異志**)。

9—❖関東凶作・飢饉(**災異志**)。

11.6❖伊勢桑名で三百余軒焼ける(**当代記**)。

11.11❖河内渋川郡久宝寺村愁訴(**一揆**)。

12.8❖伊賀上野大火、城も全焼(**実紀一**)。

12.22❖江戸城火(**災異志**)。

12—❖畿内洪水、不作(**災異志**)。

この年❖大久保長安の手代大野八右衛門私曲により重科(**江戸幕府の代官**)。

〃 ❖秀吉未亡人北政所(きたのまんどころ)高台寺を建立、歌舞の妓を出入りさせる(**花街史**)。

【よみうり・瓦版】
服部半蔵家改易

このころ江戸の路上で通行人がわけもなく殺害される事件が相つぎ、当局は賞金までかけて犯人を厳探していた。たまたま伊奈の従者を斬った服部正就(まさなり)がこの辻斬犯と目され、厳重な取り調べを受けたが自白せず、改易という中途半端な処分に終わった。■この正就は、鬼半蔵で有名な服部正成の伜(せがれ)だ。おかげで家名は断絶したが、正就はのち許されて大坂の陣に参加し元和元年五月七日天王寺口で戦死している。

度々煙に巻かれる禁煙令

『当代記』によると南蛮船によって煙草が渡来したのは慶長十年ころらしい。コロンブスがキューバで発見してから百十余年。これが急速に日本中に広まった。「之を喫(あん)ずる者、悶絶(もんぜつ)して頓死多レ之」というので幕府ははじめ厳禁し、慶長十四年、十七年、元和元年、二年と禁煙令を出している。■何度も出ているのは一向に守られないからで、いつかウヤムヤになってしまった。民間では「ウツ気を散ずる」など吸煙の四徳さえ信じられた。

慶長十二年

1607　丁未

1.6❖江戸大地震(**実紀一**)。

1.7❖江戸神田大火(**実紀一**)。

2.6❖江戸大地震(**災異志**)。

2.20❖出雲阿国江戸で上演、大人気(**実紀一**)。
【よみうり・瓦版】

2—❖幕府中間頭大力弥太郎自殺(**実紀一**)。

3.5❖徳川忠吉病死。家臣多数殉死(**実紀一**)。

3.9❖駿河興国寺城主天野康景、百姓と争闘、疵つけた科により改易、父子で逐電(**当代記・実紀一**)。

3—❖江戸大風雨(**災異志**)。

4.23❖人を殺害、逐電していた代官大岡十太夫誅される(**実紀一**)。

閏4.8❖越前秀康病死、家臣二人殉死、他は家康の命で思いとどまる(**実紀一**)。

閏4下旬❖大坂大火(**災異志**)。

閏4❖江戸大旱、庶民の病死多数(**災異志**)。

5.14❖駿府火事。便乗横行の凶賊に懸賞金(**当代記・実紀一**)。

5.18❖江戸城西丸で旗本芦屋善三と布施管兵衛争闘、相討ち(**実紀一**)。

5—❖島津家の使者、駿府で衆人と争った科で斬(**当代記・実紀一**)。

5—❖京都で家康の朱印を偽造した男、斬(**実紀一**)。

6.12❖京都吉田神社火事(**災異志**)。

8.15❖三河・尾張・美濃洪水(**災異志**)。

9—❖京都で旗本谷出羽守の子が蜂屋伯耆守の孫と喧嘩、殺して逐電(**実紀一**)。

12.11❖遠州原町大火。十四日とも(**災異志**)。

12.22❖駿府城全焼。門を破って人命を救った二十一人改易(**実紀一**)。

12.23❖宇都宮城主宇都宮下野守卆。後嗣をめぐって諸臣争う。家康断絶を命ず(**翁草一〇**)。

12❖伏見在勤の御家人十人追放。町人の娘をとらえて酒を飲ますなど非行(**実紀一**)。

この年❖竜造寺高房、江戸邸で夫人を殺し自殺(**騒動**)。

〃　❖陸奥会津領上荒井村、給人苛政を愁訴(**一揆**)。

〃　❖越前大野郡勝山領大矢谷村逃散(**一揆**)。

婦女子の摘草

慶長十三年

1608　戊申

1.4❖伊勢朝熊火事(**災異志**)。
2—❖伊勢桑名火事(**災異志**)。
2—❖京都と摂津・河内連日大風雨(**災異志**)。
2—❖伏見代官の下吏芹沢新平入獄。土妓とかけおちし、女の郷里肥後の辺境に隠れていたのをつかまった(**実紀一**)。
3—❖陸奥津軽大雪(**災異志**)。
4—❖福島正則の長男正之、父に幽閉され餓死する(**実紀一**)。
4—❖駿府大風、民家多く倒壊(**災異志**)。
4—❖尾張・美濃洪水(**災異志**)。
5.14❖浪人小幡勘兵衛江州愛知川(えちがわ)で争論、十人を斬って立ち退く(**実紀一**)。
5—❖駿府から女歌舞伎を追放、遊女は阿倍川町に集める(**実紀一**)。
6.4❖京都大水(**災異志**)。
6—❖京都・摂津・河内洪水。各所で堤欠壊(**災異志**)。
6—❖西国、南の烈風と高潮。船多く破損(**災異志**)。
8.1❖近畿・中国七十年来の大水。京水死多し(**災異志**)。
8.25❖駿府阿倍川町娼街となる(**実紀一**)。
9—❖下総古河城焼ける(**災異志**)。
10.13❖摂津三島郡幕領東天川村愁訴(**一揆**)。
10❖周防玖珂郡萩領山代地方騒動(**一揆**)。
11.15❖旗本土方河内守、煙草の飲みすぎで急死(**当代記**)。
12—❖三河足助代官三宅辰之助、贓罪(ぞうざい)によって妻子ともに斬(**実紀一**)。
この年❖高知潮江村で旧武士暴動(**一揆**)。
〃　❖諸国霖雨で不作(**災異志**)。

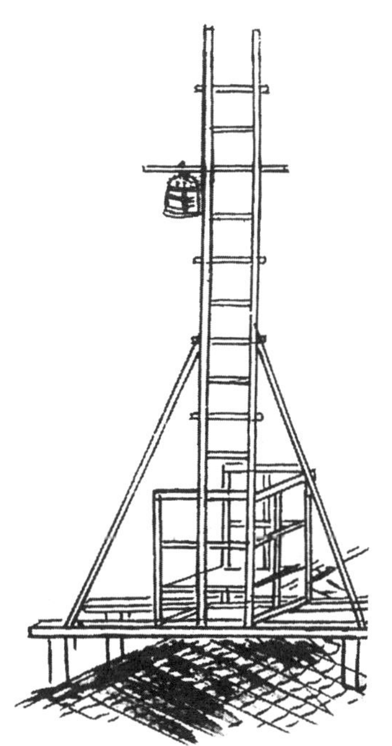
家宅—江戸火見櫓

【よみうり・瓦版】
江戸でも人気の阿国、その後は
『徳川実紀』に「京より国といふ妓の来りしをもて歌舞興行をゆるされしかば、諸人群参して遊観する者堵(と)の如し」とあり、京都同様江戸でも大人気だったことがわかる。おかげで色男名古屋山三郎との艶話(これはウソ)まで喧伝されたが、『当代記』の筆者松平忠明にいわせると「非好女」つまり「いい女ではなかった」そうである。歌舞伎の創始者でありながら年とともに人気が落ち、七十五歳説、八十七歳説と没年齢すらわからない。

慶長十四年

1609　己酉

1609

禁制の煙草で荒稼ぎの遊び人組織に手入れ

1.7❖法華僧日経、京都で斬。浄土宗との宗論に敗れながら勝ったと宣伝していた(**実紀一**)。

1.15❖甲州武川の士十二人、三河吉良で家康に身分安定を直訴する(**実紀一**)。

2.20❖異論を称した法華宗常楽院ら、京都で耳鼻そぎの上追放(**当代記**)。

2.29❖奈良奉行中守飛騨寺、伏見で賊に殺害される(**当代記・実紀一**)。

3.1❖武蔵雪と氷雨、凍死多し(**実紀一**)。

3.4❖故清洲侯松平忠吉の旧臣を処罰(**実紀一**)。

3.4❖越前大野城主土屋主殿介追放(**実紀一**)。

3.12❖高野山小田原谷七百余宇焼亡(**当代記**)。

3.18❖飛騨高山城火(**災異志**)。

3—❖駿河・武蔵・下総・下野で雹害(**災異志**)。

3—❖浅間山爆発(**災異志**)。

4.4❖三河御油宿大火(**災異志**)。

5.8❖茶具紛失の責で番士落合長作ら三人遠島(**実紀一**)。

5.18❖紀州浅野家用人松原内記、下人に刺殺される(**当代記・実紀一**)。

5—❖京都の暴力団茨組、皮袴組七十余人を捕え数人を斬る(**当代記・実紀一・慶長見聞集一**)。【よみうり・瓦版】

6.1❖駿府城本丸に放火した下女二人火刑、局女房二人遠島(**当代記・実紀一**)。

7.14❖宮中で乱交パーティーを開いていた猪熊教利死刑、公卿多数処罰(**実紀一**)。【よみうり・瓦版】

7.30❖三河岡崎城炎上(**災異志**)。

8.16❖東海大洪水(**当代記**)。

9.1❖大番頭水野市正の茶会で争闘、久米佐平次が服部半八に殺され、仲裁の客浜松城主松平左馬允も佐平次に殺される。服部は逐電後捕えられ切腹(**当代記・実紀一**)。【よみうり・瓦版】

9　初❖御家人戸田半之丞、真田左馬助を殺害して逐電(**当代記**)。

9.16❖元米子城主松平忠一の遺臣沼間主膳ら四人、家中紛争の責で切腹(**実紀一**)。

9.16❖旗本の切腹多数。水野市正は茶会刃傷の責任。三甫彦八は逃走の服部半八に馬を貸した。海保三吉は伏見在番中辻相撲をとり豊臣家の僕を投げ殺した。小斐仁左衛門は京都在番中無届で父の葬式に帰東し、小川左太郎は下僕が京都で商人を縊殺したため。津戸左門ら五人は在番中の不良行為による(**実紀一**)

10.10❖常陸久慈郡水戸領生瀬村暴動(**一揆**)。

10.27❖旗本山田長門守、松平讃岐守、罪あって斬(**当代記**)。

この年❖上総畔蒜郡幕領田川苛政反対越訴(**一揆**)。

百戒とは言え、囲碁の助言から切腹とは
久米佐平次と服部半八が碁を打っているうち、客の松平左馬允が半八に助言する。怒った佐平次が半八をののしって喧嘩となり、一座大混乱。■十月十六日幕府の処断下って、大番頭水野市正と服部半八ら多数が切腹させられた。■関ヶ原合戦の九年後、大坂夏の陣の六年前、旗本らに戦国殺伐の蛮気が充満しきっている時期である。刑も自然、きびしいものになった。■このころ、他にも不法無頼の行状などで処罰された旗本が数多い。一種の過渡期であった。

歳時—輪飾り

慶長十五年

1610　庚戌

閏2.17❖近習岡部八十郎、中川八兵衛に斬りつけ、中川の家来に斬殺される。中川も切腹(**当代記**)。

3.1❖名古屋城工事場で黒田甲斐守家中と平岩主計頭家来が争闘、共に死す(**当代記**)。

3.28❖駿府城内で金を盗んでいた奥女中死罪(**当代記**)。

4.14❖和泉南郡願泉寺領苛政反対越訴(**一揆**)。

5.7❖木曽川洪水(**実紀一**)。

5.22❖駿河洪水(**災異志**)。

6―❖江戸に疫病流行、死者多し(**災異志**)。

10.9❖駿府城内火事。女の放火という(**当代記・実紀一**)。

12.24❖信濃佐久郡小諸領取出町逃散(**一揆**)。

この年❖名古屋飛田屋町遊廓開業(**花街史**)。

〃　❖豊後速見郡小倉領幸野村ほか逃散(**一揆**)。

〃　❖秋田大館地方暴動(**一揆**)。

慶長十六年

1611　辛亥

1.25❖名古屋新町で百五十戸焼ける(**災異志**)。

3―❖近江滋賀郡堅田村で騒動(**一揆**)。

4―❖豊臣秀頼家来津田出雲守、大坂福島で薩摩のあぶれ者六人と争い、全員を斬るが自分も手疵で死す(**古老茶話**)。

5.19❖大和洪水(**災異志**)。

7.3❖江戸城周辺火事(**災異志**)。

8.3❖常陸・下野で草賊蜂起、旗本細井金兵衛ら三士、賊数百人を捕え九十三か所に梟首(**実紀一**)。

8.25❖会津大地震、死者二千七百人(**実紀一**)。

9―❖全国的飢饉(**災異志**)。

10.28❖仙台大地震、死者無数(**実紀一**)。

10―❖陸奥と東蝦夷大風・津波(**災異志**)。

11.17❖伏見大火。町家一千余軒と大名邸二十余焼失(**実紀一**)。

11.17❖小田原大火。町家一千余軒焼く(**災異志**)。

11.17❖伊豆下田大火(**実紀一**)。

11.17❖駿河丸子宿大火(**実紀一**)。

11―❖京都高瀬川完工(**実紀一**)。

12.1❖駿河府中へんで刈りとった後の田に水が満ちていたのを狩に来た家康がみつけ、里正らを禁獄(**実紀一**)。

【よみうり・瓦版】

禁煙令を資金源に、闇社会を支配

トゲだらけで社会に嫌われる茨組、これをはいていればトゲなど平気だという皮袴組、しゃれた名をつけたものだが、いずれも不良遊民の徒党で、喧嘩・ゆすりたかりを常習としていた。■「組頭は左門と云者也。……右之徒者もたばこより組になり云々」(当代記)■禁制の煙草をめぐって組織ができたものらしく、現代暴力団の麻薬との関係とそっくりである。資金源になっていたのだろう。

公家と官女十二人の乱行発覚

女主人公は後陽成天皇の寵愛あつい広橋局・唐橋局ら五人。男性側は猪熊のほか烏丸光広、飛鳥井雅賢、難波宗勝以下十人の面々。しばしば参会して酒宴後乱行に及んでいたことが露顕したので、主上の逆鱗一方ならず。■幕府も事態を重視して、所司代板倉勝重を駿府へ呼んで実情を聞き、家康直々裁断を下した。■天皇側が厳刑を望んだのに対し、家康が「寛裕の御処置」を決めたと『徳川実紀』は書いているが、どんなものであろうか。

1612 宮本武蔵舟島(巌流島)にて佐々木小次郎を破る

慶長十七

1612　壬子

1—❖大和浮上郡の菩薩山寺領で暴動(**一揆**)。

2.23❖切支丹岡本大八を駿府で火刑(**実紀一・当代記・駿府記**)。

4.3❖奈良興福寺宝蔵に賊(**実紀一**)。

4.13❖宮本武蔵、佐々木小次郎を討つ。

【よみうり瓦版】

5.7❖岡本大八事件に坐し、有馬晴信自殺(**実紀一**)。

6.22❖東海・西日本大風雨、船の損害大(**実紀一**)。

6.28❖大番芝山権左衛門、家僕を手討ちにし、その仲間に復仇される。背後の指導者大鳥居逸平ら逮捕、処刑(**実紀一・慶長見聞集七・古老茶話・青楼年歴考**)。【よみうり瓦版】

7.13❖駿府侯頼宣小姓朝比奈甚太郎と松野勘助、同僚の飯田伝吉と駿府で闘争、飯田が松野とその従者を斬殺し逐電。朝比奈切腹(**実紀一・駿府記**)。【よみうり瓦版】

7.15❖阿蘇山噴火(**災異志**)。

7.29❖江戸・駿府大風雨、家多く倒壊(**実紀一**)。

7—❖奥州・野州疫病流行、死者多し(**実紀一**)。

8.1❖駿府と美濃大垣で大水(**実紀一**)。

9.2❖近畿大風雨。伊賀上野城天守から百八十人墜落死。美濃では大水で溺死五千人(**当代記**)。

9.13❖京都黒谷火災、法然像焼亡(**災異志**)。

10.19❖越前忠直、老臣久世但馬を討つ(**古老茶話**)。つづいて弓木左衛門らを誅(ちゅう)す(**実紀一**)。

11.8❖奈良東大寺から宝物を盗んだ福聚院ら四人、猿沢池畔で晒(さら)し(**実紀一**)。

11.20❖武蔵足立郡幕領鴻巣村で代官非違を越訴(**一揆**)。

11—❖阿蘇山噴火(**災異志**)。

11—❖出羽由利郡矢島で検地石(こく)増に反対、逃散(**一揆**)。

この年❖女歌舞伎、しきりに禁中で上演(**花街史**)。

〃　❖夏秋冬多雨。冬、春の如く諸穀実らず(**災異志**)。

〃　❖陸奥河沼郡会津領東青津村愁訴(**一揆**)。

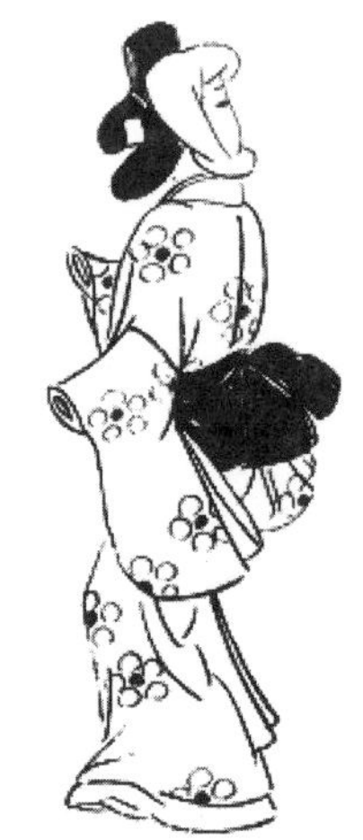

風姿―婦人の風俗

りが庶民に受け、後世侠客の元祖とたたえられている。逸平は、自ら牢名主の制度を作ったことでも知られている。

駿府藩士闘争　同僚の松野勘助とその従者を殺して逃走した飯田伝吉に対し、幕府がとった処置は「勇猛の挙動よろし」として捜し出して帰藩させることで、逆に居合せた朝比奈甚太郎は「徒(いたずら)に同僚をののしり恥かしめた罪重し」として、重傷の身を切腹させてしまった。■喧嘩両成敗の世にしては、一方的な判決であるが、おそらく飯田伝吉の方に争論の理があったのであろう。事件の結果だけを簡潔に記録した『徳川実紀』には、ときどきこんな説明不足の記事がある。

慶長十八年

1613　　癸丑

1.1❖酒井家次、営中で烏帽子を落とし、家康激怒（**実紀一**）。

1.14❖金座改後藤庄三郎方へ金貸せとのニセ使者が来、見破られて乱闘、死す。歩行頭柴田左近組士のしわざと判る（**実紀一**）。

1.19❖駿河洪水。二月十九日にも（**災異志**）。

2.15❖奈良興福寺の惣殊院、同学の博経院を殺害（**実紀一**）。

5.2❖堺政所米津清右衛門配流。部下が収賄して殺人犯を見逃したため（**実紀一**）。

5.19❖越前家内紛で重臣改易、自殺（**実紀一**）。

6.21❖江戸増長寺で喧嘩、松平清六ら二人闘死（**当代記**）。

6—❖諸国炎旱。佐賀藩領蝗害（**災異志**）。

7.9❖四月に病死した大久保長安の子七人、すべて切腹（**当代記・実紀一**）。

8.2❖諸国大風。長崎で貢船十五隻沈没、京・堺の糸価上る（**実紀一**）。

8.9❖近江大風、船多く破損（**実紀一**）。

8.12❖強盗勾崎甚内、浅草で磔（**武江年表補正略・慶長見聞集七・空おぼへ**）。

8.27❖駿府暴風、民家倒壊無数（**実紀一**）。

11.18❖武蔵忍の農民、代官深津八九郎の非違を越訴。調べの結果深津改易（**実紀一**）。

11—❖近江栗太郡の戸田氏領で苛政越訴。首謀死刑（**一揆**）。

この年❖阿蘇山大爆発（**災異志**）。

〃　❖各地長雨・洪水（**災異志**）。

〃　❖京都常楽寺の日教、関東呪咀の疑いで師弟六人誅（**大江戸春秋**）。

〃　❖堺の銭屋宗安、明人に習って初めて白粉を製す（**大江戸春秋**）。

❖安芸国大出水
嘉永五年六月二日から五日まで。
海水引くことなく毎日大潮のごとし。
神戸川左岸あたりの大雨が
出水の因らしい（かわら版）

【よみうり・瓦版】

巌流三尺の白刃を、武蔵木刀で一撃

二人が舟島（下関市）で決闘したとき武蔵は二十八、九歳と推定できるが、小次郎は全く不明。（弱冠十九歳の説もあり）、逆に武蔵より十歳ほど年長だったともいわれる。三尺余の長剣を飛燕のように操る小次郎は富田流から身を立て、小倉城主細川氏の知遇を得たが、その創始の巌流は、彼の死により一代で絶えた。一方、武蔵の二刀流（円明流、二天一流）は永く熊本藩に伝えられた。藩主細川忠利の客分として熊本へ定住したのが五十七歳のとき。以後剣、禅、画に精進する武蔵の晩年は事蹟明白だが、青年期の活躍は小説的フィクションが多い。

侠客の元祖大鳥居ら逮捕

家僕を手討にした芝山権左衛門を大挙襲って殺害した一党は、大鳥居逸平・大橋摺之助・風吹塵右衛門ら年少無頼の集団で、処刑者三百余人にも達した。■大鳥居は武蔵の百姓の出で武家奉公を転々、武士の斬捨御免の横暴に対抗するため、奉公人同盟を結成、家来を手討にした旗本には、同盟の手で復讐することを誓っていた。その義侠ぶ

慶長十九年

1614 甲寅

1.17❖大久保忠隣、京都で異教の寺を焼き信徒を弾圧(**実紀一**)。
1.30❖京都所司代板倉勝重、大久保忠隣に改易を申し渡す。洛中騒動(**実紀一**)。
1—❖大和山辺郡筒井領十か村、苛政を越訴(**一揆**)。
3.12❖所司代板倉家士恩田金左衛門斬(**実紀一**)。
4.23❖近畿·美濃·尾張、「比類なき大雨」各地大被害(**実紀一**)。
5.12❖関西大雨、大洪水(**実紀一**)。
5.19❖畿内洪水、京都·大津被害大(**実紀一**)。
6.3❖美濃大水、曽根の堤崩れる(**実紀一**)。
6.23❖禁中能拝観中、剣客吉岡憲法衛士数人を斬り、所司代の士に討留められる(**実紀一·古老茶話**)。【よみうり·瓦版】
7.27❖「身のふるまひ不良」の上州辛沢山領主佐野信吉改易(**実紀一**)。
8.28❖江戸大風雨、品川白馬寺の塔倒壊。近畿でも大水。山城水死者多し(**実紀一**)。
8—❖太神宮神託と称し、伊勢で群集乱舞(**実紀一**)。
9.13❖邪宗徒原主水指を切って追放。密通の駿府城奥女中も斬(**実紀一**)。
9.24❖高山右近ら天主教徒阿媽へ(**実紀一**)。
9.29❖獄徒に邪教を説いた西洋人清安、指を切って追放、巧言の医師吉庵斬(**実紀一**)。
9—❖紀伊牟婁郡で士豪決起失敗。三百六十人斬(**一揆**)。
9—❖畿内に流感猖獗。十月も(**災異志**)。
10.1❖大坂城冬の陣開戦。
10.13❖中泉旅舎で小姓黒田蔵人と安藤帯刀所属炮吏が争論、蔵人手疵、その従者が炮吏一人を殺す(**実紀一**)。
10.20❖放火のため入京した大坂方の山伏六十余人を逮捕(**実紀一**)。
10.25❖京都及び諸国大地震(**実紀一**)。
11—❖備中窪屋郡庭瀬領で騒動、三人死刑(**一揆**)。
11—❖丹波桑田郡の亀山領で暴動(**一揆**)。
11—❖大和添上郡田原本逃散(**一揆**)。
12.10❖京都の市民、家康に鉛千斤を献ず(**実紀一**)。
12.18❖大坂城和睦成る。
この年❖江戸に湯女つき風呂はやりだす。(**武江**)【よみうり·瓦版】
〃　❖尾張丹羽郡名古屋領斎藤村で騒動(**一揆**)。
〃　❖近江滋賀郡堅田村で農民騒動(**一揆**)。

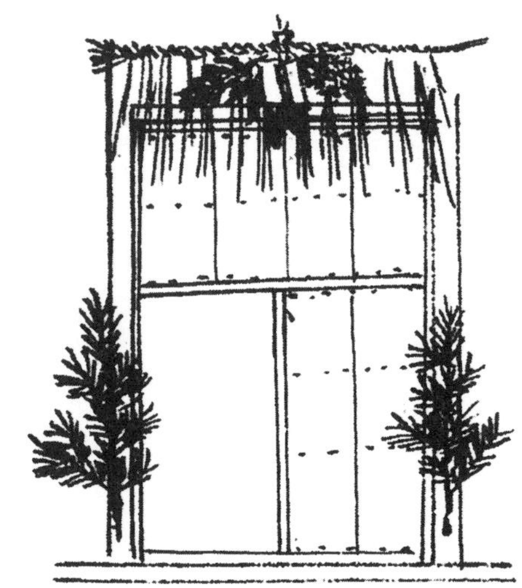
歳時—門松

大坂城落ちて、豊臣家滅亡
慶長二十年の大坂冬の陣は小手調べ程度だったが、元和の夏の陣は家康も本腰を入れ、城外各地で激戦が繰り返された。五日間で城は落ち、二十二歳の秀頼と三十八歳の淀君は燃える天守閣の中で自刃した。多く侍女、将兵がこれに殉じたが、秀頼夫人千姫十八歳だけは救出されて、祖父家康に迎えられた。庶民の同情は豊臣家に集まった。そのかわりあと二百六十年の平和が訪れた。

元和元年

1615　7・13改元　乙卯

1.15❖伊勢桑名城下大火、百余軒焼く(**実紀二**)。
3.25❖駿府で伊勢風流(ふりゅう)踊り流行(**実紀二**)。
4.29❖大坂城攻防戦はじまる。
4.29❖紀伊有田郡で大坂内通の一揆(**実紀二**)。
4—❖京都米不足、餓死者多し(**生活史**)。
5.2❖浪人戸田八郎右衛門、京都日岡で兄の敵江州代官鈴木左馬助を討つ(**実紀二**)。
5.8❖大坂落城、豊臣家滅亡。【よみうり・瓦版】
5.21❖秀頼の遺児国松丸(くにまつまる)、京都で斬(ざん)(**実紀二**)。
6.1❖江戸大地震(**災異志**)。
6.6❖細川忠興の二男興秋、大坂内通の疑いで切腹(**実紀二**)。
6.11❖茶人大名古田織部(おりべ)、大坂内通の疑いで切腹(**実紀二**)。
6.23❖京都大風雨、洪水(**災異志**)。
6.30❖家康の命による活字版「大蔵一覧」刊行完成(**実紀二**)。
6—❖福島正則の弟高晴、無礼の行為により改易(**実紀二**)。
6—❖江戸大地震(**災異志**)。
閏6.5❖竹屋光長卿の家臣田辺三右衛門、偽造綸旨(りんし)を淡路泉光寺に授けたとして斬(**実紀二**)。
閏6.11❖使番青山石見(いわみ)守、大坂内通の疑いで切腹(**実紀二**)。
7.9❖京都の豊国社を廃毀(はいき)(**実紀二**)。
8.10❖京都及び諸国大風雨。人畜流亡す(**災異志**)。
8.15❖諸国大風(**災異志**)。
10—❖信州水内郡飯山領南条村逃散(ちょうさん)(**一揆**)。
11.25❖京都大地震(**災異志**)。
11.27❖花畑番頭成瀬豊後守、小姓小山長門守、先に参内(さんだい)の供したとき知りあいの局(つぼね)で休憩した罪により切腹(**実紀二**)。
秋—❖甲州都留郡谷村領重課反対越訴(おっそ)(**一揆**)。
12—❖信州諏訪郡高島領瀬沢村逃散(**一揆**)。
この年❖東北凶作、餓死者多し(**災異志**)。
〃　❖伊賀名張郡上野地方で暴動(**一揆**)。
〃　❖伊豆田方郡幕領丹那村逃散(**一揆**)。
〃　❖伊予宇和島領で苛政反対暴動(**一揆**)。
〃　❖信濃佐久郡小諸領田ノ口村逃散(**一揆**)。

【よみうり・瓦版】
吉岡憲法禁裏(きんり)で観劇中に乱刃

吉岡憲法は、染色業を営みながら吉岡流を編み出した高名の剣士だが、どういう間違いか衛士数人を殺害し、「庭上鮮血に染まる。その時天にわかにかきくもり甚雷大雨」(徳川実紀)という凄惨なことになった。憲法を仕留めたのは、所司代の侍太田忠兵衛といわれる。■このころ、能・猿楽などの宮中催しを市民にも公開することがあり、服装・入門の心得などが、しばしば町触(まちぶれ)に載っている。御所の出入りは、現在よりずっと自由だったようである。

極楽なりきこの頃の湯

湯女つき風呂屋は天正からあり、そのころは風呂不たんれん(鍛練)の人多く、熱い熱いと大騒ぎしていたが「今は町毎に風呂あり、びた(鐚)十五銭二十銭にて入るなり。湯女といひてなまめける女は二十人三十人ならび居て、あかをかき髪をすすぐ(中略)夜ともなれば(後略)」(『武江年表』)要するに新型の管理売春である。寛永年間最盛期に達し、度々の禁令にも拘わらず幕末まで存続した。

元和二年

1616　丙辰

3.18❖松平下野守忠郷家の内紛につき、重臣ら家康の前で対決、町野長門守非違(ひい)と決し流罪(るざい)(**実紀ニ**)。

3.19❖信濃伊那郡上飯田村代官非法を越訴(**一揆**)。

3.20❖方広寺鐘銘(ほうこうじしょうめい)を書いた僧清韓(せいかん)、駿府へ召され入獄(**実紀ニ**)。

3.21❖陸奥安達郡二本松領石莚村、給人苛政を愁訴(**一揆**)。

3—❖諸国飢饉。京都と津軽餓死多し(**災異志**)。

4.17❖徳川家康駿府城で75年の生涯を閉じる。

5.20❖下野河内郡の秋田領薬師寺村、肝煎(きもいり)との出入りを愁訴(**一揆**)。

5—❖京都の東河原で石合戦。死傷多し(**生活史**)。

9—❖坂崎出羽守孝親、家臣に殺される(**実紀ニ**)。【よみうり瓦版】

10—❖江戸麻疹大流行(**災異志**)。

秋—❖上野群馬郡高崎領六郷村暴動(**一揆**)。

12.12❖旗本別所孫次郎宅で別所と客の伊藤掃部助が争い、伊藤は家人らに斬り殺される。別所切腹(**実紀ニ**)。

12—❖伊予宇和郡宇和島領御荘沖ノ村逃散(**一揆**)。

この年❖信濃伊那郡和田村ほか暴動(**一揆**)。

〃　❖三河で洪水、矢矧(やはぎ)橋流失(**災異志**)。

元和三年

1617　丁巳

1.4❖上野群馬郡高崎領で騒動(**一揆**)。

2.13❖全国大雨、江戸と京都被害大(**実紀ニ**)。

2.28❖相模高座郡高原村逃散(**一揆**)。

3.25❖出羽桧山郡で重課反対越訴、二人処刑(**一揆**)。

4.12❖日光街道に未曽有の大雨。神霊行列の被害大(**実紀ニ**)。

4.17❖徳川家康の一周忌を期して遺骨を久能山から日光へ移す遷宮の儀が行われる。【よみうり瓦版】

4—❖日光廟社造営奉行本多藤四郎大酒怠慢の科(かど)で切腹(**実紀ニ**)。

6.14❖出羽桧山郡藤琴鉛山ほかで愁訴(**一揆**)。

6.15❖近江蒲生郡の仙台領中野村逃散、越訴(**一揆**)。

7.12❖出羽雄勝郡秋田領東福寺村愁訴(**一揆**)。

9—❖京都大風、民家多く倒れる(**災異志**)。

この年❖越中上新川郡金沢領有峰村逃散(**一揆**)。

〃　❖出羽平鹿郡秋田領大森村越訴(**一揆**)。

〃　❖常陸水戸領生瀬村増税反対暴動(**生活史**)。

家宅一厠

盲人から路銀を強奪する凶悪犯　四件とも、殺害のうえ路銀(ろぎん)を奪うという残忍な手口。惣検校(そうけんぎょう)の訴えにより、幕府は賞金三十枚をかけ、高札を立てて一般に捜査協力を求めたが、つかまったという記録はない。幕府がここまで捜査に積極的であったというのも注目すべきだが、盲人の最高地位である惣検校が、仲間のため幕府に徹底捜査を要求したのであろう。■身体障害者組織の固い結束が、感動的である。賞金三十枚も、おそらく盲人組織から出たものであろう。

元和四年

1618　戊午

2.1❖江戸大火(**災異志**)。

3.5❖越後本庄村上周防守の家人魚住角兵衛、藩老高野権兵衛に暗殺される。同家改易(**実紀二**)。

3—❖信濃伊那郡大河原、鹿塩村越訴(**一揆**)。

3—❖越後魚沼郡会津領栃沢村逃散(**一揆**)。

4.3❖出羽平鹿郡秋田領三枚橋村越訴(**一揆**)。

5—❖伊勢で参宮の盲人四人殺される。賞金三十枚の高札立つ(**実紀二**)。【よみうり・瓦版】

7—❖伯耆黒坂関長門守、家士争論で改易(**実紀二**)。

8.10❖諸国洪水、水死多し(**災異志**)。

8.11❖加藤肥後守忠広家臣の争論に断、加藤美作配流、三人斬(**実紀二**)。

10.9❖将軍秀忠の次子国松、西丸で鴨を射ち秀忠激怒(**実紀二**)。

11—❖日向椎葉で土豪騒擾。千人逮捕、二百四十四人死刑(**一揆**)。

12—❖庄司甚内の出願した江戸葭原遊廓営業開始(**花街史**)。

この年❖但馬朝来郡、養父郡の九十五か村、生野奉業山川庄兵衛の非違を強訴。山川斬(**一揆**)。

〃　❖京都で地震、火事頻発(**災異志**)。

元和五年

1619　己未

2—❖江戸大火(**災異志**)。

2—❖出羽平鹿郡秋田領横手前郷越訴(**一揆**)。

3—❖肥後八代・人吉大地震(**災異志**)。

5—❖諸国大旱、餓死多し(**武江**)。

8.10❖諸国大風雨、洪水。人畜被害大(**災異志**)。

8.18❖江戸から出張の阿部四郎五郎ら、肥後椎葉の凶徒十九人を誅す(**実紀二**)。

8.29❖京都で天主教徒六十人火刑(**実紀二**)。

8—❖織田有楽斎秘蔵の妙超の筆跡、偽物と断定、筆者の大徳寺長老紹長追放(**実紀二**)。

夏—❖全国疫病流行、多く死す(**災異志**)。

9.18❖万里小路光房ら四公卿、宮中での乱行で勅勘(**実紀二**)。

11.26❖出羽秋田領山舘村逃散(**一揆**)。

12.11❖出羽秋田郡泉村重課反対愁訴(**一揆**)。

12.23❖出羽秋田郡舟越村愁訴(**一揆**)。

12.26❖「人を勾引して売る者は斬」の令(**実紀二**)。

12—❖陸奥胆沢郡仙台領小板屋村、秋田領へ逃散。首謀者死刑(**一揆**)。

12—❖奈良大火。三千余軒焼ける(**災異志**)。

12—❖出羽由利郡秋田領本庄地方逃散(**一揆**)。

この年❖京都所司代板倉勝重、八坂塔の賊を捕え、門前に茶立女つきの茶屋を許可(**花街史**)。

〃　❖但馬朝来郡幕領白井村逃散(**一揆**)。

〃　❖畿内痘瘡流行(**災異志**)。

【よみうり・瓦版】

千姫を救出した坂崎出羽守の最後

燃える大坂城中から千姫を救い出し、その功により姫を妻にもらえると信じていた石見津和野四万石坂崎出羽守は、姫が美男で名高い播州姫路本多忠刻に嫁ぐと聞き、カッとなった。■入輿行列を襲って姫を奪おうという計画を聞いた家老坂崎権兵衛らは、「お家のため」主君出羽守を殺し、自殺の態で届けたのだが将軍秀忠は許さず、所領没収。一説では、権兵衛らが幕府の暗示を受け、出羽守に大酒飲ませて寝たところを長刀で首をかいたという。

徳川家康の一周忌に遺骨を日光へ

久能山に納められていた遺骨を日光山へ移し遷宮の儀が行われた。■家康は元和二年四月十七日死ぬ直前、久能山の他日光にも小堂を建てるよう遺言しており、同年十月から神殿工事が進められていた。日光社殿は最終的には豪華を極め、寛永十三年家光造営の分だけでも費用五十六万八千両といわれる。東照宮と称するのは朝廷から賜わった神号「東照大権現」に由来するもので、江戸最盛期には全国に百六十九もの東照宮があった。

1620 徳川和子入内。一条戻り橋万年橋に改名

元和六年

1620　庚申

1.28❖広島城主浅野長晟、無礼の振舞多かった老臣浅野左衛門左を誅殺(**実紀二**)。
3.4❖京都大火、市の大半焼亡(**実紀二**)。
3.24❖出羽豊島郡秋田領白熊沢村愁訴(**一揆**)。
3—❖京都放火しきり(**実紀二**)。
3—❖近畿各地で洪水(**災異志**)。
4—❖諸国長雨。とくに会津大水害(**災異志**)。
5.21❖大和・河内・摂津と京都洪水(**災異志**)。
6.18❖徳川和子入内。一条戻り橋を万年橋と改名(**実紀二**)。
閏629❖宇和島藩家老山家清兵衛、反対派の策動で殺害される(**藩史**)。
7—❖江戸洪水(**災異志**)。
7—❖伊勢洪水(**災異志**)。
9.12❖山形城主最上源五郎、江戸で妓を乗せて舟を操り、船手方の水主と争論、逃げ帰る(**実紀二**)。
10.6❖下向中の照高院門跡興意法親王と慰労使の水野監物、同時別々に頓死(**実紀二**)。
12.2❖出羽山本郡秋田領岩川村愁訴(**一揆**)。
12.9❖江戸大火、十五か町焼亡(**災異志**)。
12.10❖金沢城本丸焼亡(**災異志**)。
12.21❖出羽秋田領岩脇村愁訴(**一揆**)。
閏12.26❖出羽仙北郡秋田領川口村越訴(**一揆**)。
閏12❖丹後田辺城火災(**災異志**)。
この年❖伏見の娼家、江戸葭原に京町を作る(**花街史**)。
〃　❖金沢市中散在の遊女、堀川町に集められる(**花街史**)。
〃　❖霧島山噴火(**災異志**)。
〃　❖阿波三好郡徳島領祖谷山で名剣徴発の代銀不払を怒り、土豪六百七十人が強訴。失敗して六人死刑(**一揆**)
〃　❖越中射水郡金沢領高岡地方愁訴(**一揆**)。
〃　❖加賀藩、山中・山代の売女を磔刑にする(**諸藩**)。

元和七年

1621　辛酉

1.23❖江戸大火、大名邸多く焼亡(**実紀二**)。
1.28❖京都室町大火(**実紀二**)。
1—❖蝦夷松前大火(**災異志**)。
2.6❖出羽豊島郡秋田領鮎川村越訴(**一揆**)。
2.7❖出羽平鹿郡秋田領黒川村越訴(**一揆**)。
3—❖常陸・房総の海荒れ水死数百人(**災異志**)。
4—❖京都盗賊横行、火災頻発(**生活史**)。
5.4❖紀伊伊都郡高野山領上筒賀村愁訴(**一揆**)
7—❖越後古志郡長岡領砺尾郷強訴(**一揆**)。
7—❖尾張愛知郡名古屋領中野村、藩士の田畑荒らしに抗議して騒動。双方処罰(**実紀二**)。

葭簀張粟餅店

8.3❖江戸暴風雨、増上寺山門倒壊(**災異志**)。

8—❖丹波多紀郡の篠山領四か村、苛政を京都所司代に越訴。九人死刑(**生活史**)。

9—❖旗本阿部善八、殿中で雑言した永井長十郎を下城の道で殺し逐電(**実紀二**)。

【よみうり・瓦版】

9—❖山城西洞院領御所内村愁訴(**一揆**)。

元和八年

1622　壬戌

1.14❖下野河内・都賀郡の秋田領三か村愁訴(**一揆**)。

2.14❖出羽秋田領添川村ほか三か村愁訴(**一揆**)。

6—❖全国異常低温、疫病流行(**災異志**)。

8.18❖秋田城主最上源五郎、御家騒動の責で改易(**実紀二**)。

8.25❖宇都宮城主本多正純改易(**実紀二**)。

8—❖長崎で切支丹二十五人火刑、六十人斬(**生活史**)。

9—❖関東大洪水(**災異志**)。

9—❖陸奥磐城郡平領高久村暴動(**一揆**)。

10.16❖京都地震(**災異志**)。

11.5❖旗本中根外記邸で客の蜂屋六兵衛が中根の家人および牧野源助の家人と戦い、二人を斬り殺して自分も死す。中根と牧野逐電(**実紀二**)。

11—❖京都地震(**災異志**)。

この年❖出羽平鹿郡秋田領横手切支丹騒動(**一揆**)。

〃　❖飛騨大野郡高山領愁訴(**一揆**)。

元和九年

1623　癸亥

2.10❖越前松平忠直、豊後へ配流(**実紀二**)。

6.29❖小十人大田七之助乱心、同輩伊吹平兵衛を斬り殺し自害(**実紀二**)。

9—❖東海道筋洪水、人馬多く流亡(**災異志**)。

10.10❖旗本大原源次郎邸に多数の賊が押し入り源次郎と弟・妹・婢を斬殺。一人深手で助かった母親、尼になって賊を捜し、増上寺の仏壇打敷が奪われた娘の衣類と同じことから奉行所へ訴え、捜査の結果賊が判明、全員鋸引の刑(**実紀二**)。

【よみうり・瓦版】

10.13❖天主教徒原主水、松浦三之助ら二十四人火刑(**実紀二**)。

12—❖奈良大火、千三百戸焼亡(**災異志**)。

元和年間

1615-1623

○—❖京都祇園の水茶屋、煮売茶屋、料理茶屋に茶汲女、茶立女、酌とり女あらわれ、次第に遊女体をなす(**花街史**)。

○—❖京都六条三筋町の遊女揚巻、恋人助六の敵陶要人を討つ(**波娜婀娜女**)。

○—❖信濃国遠山一揆(**一揆**)。

【よみうり・瓦版】

城中殺人事件、犯人行方知れず

二千石の旗本阿部善八は、江戸城の殿中で同僚永井長十郎と口論、長十郎がしきりに悪口雑言するので腹にすえかねたが、場所がらじっと我慢した。■このあと、北の丸天守閣へんで下城する長十郎を馬上から斬り落として即死させ、そのまま逐電、ついに行方知れず。■以上は『徳川実紀』の記述だが、『寛政重修諸家譜』には「慶長七年正月十八日故あって自殺」とあり、どちらが正しいかわからない。小田原五万石領主阿部備中守正次は、従弟にあたる。

母の執念ついに賊を捕える

凶賊に一家殺害された旗本大原源次郎の母親は、自分も斬られたが翌日蘇生し、のち尼となって賊を捜し求めた。■数年後、芝増上寺へ参詣したとき、仏壇にかかっている打敷が亡娘の衣類と同じなのに気づき、寺僧に乞うて借り受け、奉行所へ訴えた。布の出所を探索して賊が浮かび上がり、逮捕、鋸引の極刑。当時の警察としては大出来の捜査だが、増上寺のような名刹が、なぜ盗品の布を使っていたのか、おかしな点も少々気になる。

1624　切支丹、秋田藩で三十三人、長崎では三百四十人が火刑に

寛永元年

1624　2・30改元　甲子

2.15❖紀州侯日光参拝の供をしていた家臣松平久七郎、野州壬生宿で同僚高井伊織を討ち果たし自殺（**実紀二**）。

6.16❖営中で旗本弓削田七之助、秋田長門守を討ち自殺（**泰平・実紀二**）。

6—❖秋田藩、金銀山の切支丹三十三人を火刑（**実紀二**）。

7—❖利根川氾濫、江戸洪水。葛西で民家流失（**災異志**）。

9—❖京都地震（**災異志**）。

9—❖肥後で痘瘡流行（**災異志**）。

この年❖出羽最上郡新庄領庭月村逃散（**一揆**）。

寛永二年

1625　乙丑

2.13❖出羽秋田領虻川村愁訴（**一揆**）。

2.26❖出羽由利郡本荘領猿田村ほか逃散（**一揆**）。

3.12❖出羽秋田領窪田郷愁訴（**一揆**）。

3.26❖出羽秋田領手形村愁訴（**一揆**）。

4.10❖陸奥耶麻郡会津領長桜、二栗村逃散（**一揆**）。

4.17❖大坂在番の大番大久保八左衛門、同僚某を斬り殺す（**実紀二**）。

5.27❖大番小幡藤五郎、殿中で足に灸をしようと脛を出し、目付にみつかり切腹（**実紀二**）。【よみうり・瓦版】

8.8❖出羽由利郡本庄領荒瀬・川内村愁訴（**一揆**）。

9.2❖京都地震（**生活史**）。

12—❖日向美々津で百三十四軒焼ける（**災異志**）。

この年❖山城に強盗横行（**生活史**）。

〃　❖日光白根山噴火（**生活史**）。

寛永三年

1626　丙寅

2.12❖出羽秋田領丹越、天王村愁訴（**一揆**）。

4下旬❖上総長柄郡中原村漁場争論。二人死刑（**一揆**）。

閏4❖京都と近国大風。家倒れ死者多し（**生活史**）。

8.3❖豊前企救郡小倉領で逃散（**一揆**）。

8.4❖諸国洪水（**生活史**）。

9.29❖二条城勤番の下吏菊池半九郎(22)祇園「若松」の茶汲女お染(17)と鳥辺山野井戸で心中（**江戸と京都**）。【よみうり・瓦版】

10—❖佐渡相川大火、二百五十軒焼ける（**生活史**）。

11—❖伊勢山田大火、外宮と町家数千軒焼亡（**生活史**）。

秋—❖全国的旱害（**生活史**）。

この年❖江戸葭原廓を吉原の字に改める（**花街史**）。

〃　❖摂津板倉代官所管内で愁訴（**一揆**）。

〃　❖出羽村山郡山形領愁訴（**一揆**）。

歳時—京坂　輪注連

歳時—大根ジメ、牛蒡ジメ

寛永四年

1627　丁卯

1.4❖陸奥磐木郡三春で新領主入封反対暴動(**一揆**)。

1.21❖江戸、諸国大地震(**災異志**)。

2.25❖陸奥閉伊郡盛岡領遠野鱒沢村など暴動(**一揆**)。

3.8❖大番米倉伝五郎邸を、かねて遺恨の同僚興津七郎右衛門らが手勢ひきつれて襲撃、乱戦、興津側三人討死。米倉改易。一説元和九年のこととも(**実紀二**)。

4.8❖江戸火事、愛宕社全焼(**実紀二**)。

6—❖江戸と近傍暴風雨(**生活史**)。

6—❖出羽秋田領阿仁郷ほか愁訴(**一揆**)。

7.19❖京都諸寺出世の制発布。紫衣事件発端。

7.20❖仙台領農民、秋田領へ逃散、送還(**一揆**)。

8.6❖京都・東海・関東洪水(**災異志**)。

8—❖江戸洪水、つづいて大震(**武江**)。

9.30❖江戸大火、焼死多数。吉原も全焼(**災異志**)。

9—❖陸奥弘前城天守雷火で焼亡(**災異志**)。

11.6❖西丸花畠栖村孫九郎、遺恨の同僚木造三郎左衛門、鈴木久衛門に斬りつけ、取り押えられ切腹(**実紀二・営中刃傷記**)。

11—❖富士山噴火、江戸に灰降る(**生活史**)。

秋—❖東海・南海洪水(**災異志**)。

12—❖京都の強盗五人大津に潜伏、大津代官の息小野喜右衛門一人を斬り二人を捕える(**実紀二**)。

この年❖長崎で切支丹、三百四十人火刑(**生活史**)。

〃　❖豊前飢饉。小倉城主茶器を売って救恤(**生活史**)。

〃　❖出羽秋田領八森村逃散(**一揆**)。

〃　❖佐渡雑太郡、羽茂郡で越訴(**一揆**)。

寛永五年

1628　戊辰

1.8❖出羽豊島郡秋田領諸井村逃散(**一揆**)。

1—❖富士山噴火(**生活史**)。

3—❖京都大火、町家千三百余軒、寺社五十焼(**生活史**)。

5.16❖江戸大地震。あと長雨(**生活史**)。

5—❖京都鴨川洪水(**生活史**)。

7.11❖江戸大地震。城塁多く崩れる(**実紀二**)。

8.10❖目付豊島刑部、殿中で老中井上主計頭を殺害、小十人青木久右衛門に討たれる(**実紀二・宝暦現来集八・営中刃傷記**)。

8.21❖阿部四郎五郎の与力某、敵討ち(**敵討**)。

9—❖霧島山噴火(**生活史**)。

10—❖下野河内郡の秋田領薬師寺村強訴(**一揆**)。

12—❖米沢藩、甘糟右衛門尉ら切支丹三十人を斬(**生活史**)。

この年❖布施平太夫、兄の敵を討つ(**敵討**)。

【よみうり・瓦版】

城中での灸は命を失う

大番小幡藤五郎、控えの間で足に灸をすえようと袴裾をまくったところを、目付石川八左衛門にみつかった。この目付、コチコチの役目大事で表沙汰にし、ついに本人切腹、ついでに上司の組頭斉藤九右衛門まで、部下不取締の責で改易になってしまった。■某公卿が江戸城西丸を訪問する当日というので日も悪かったが、幕閣の綱紀に対する峻厳な態度は、おどろくほかはない。そうせねばならない理由が、生じていたのかも知れない。

心中の元祖お染と半九郎

実在の菊池半九郎は、二条城普請奉行組下という下僚、お染は八坂神社参拝客目あての茶店女。それが男の公金横領でヤケになり、手に手をとりあって鳥辺山の野井戸へとびこんだ。■当時はまだ「心中」というきれいな言葉はなく、大正四年初演、岡本綺堂作「鳥辺山心中」の幽艶な世界とはおよそ縁遠い「相対死」だった。ただし後世、元禄期に大流行となった心中の元祖が、この二人だというのは、まず定評。二人の墓は、鳥辺山の日蓮宗本寿寺墓地にある。

1629 紫衣事件で沢庵和尚配流。江戸に町奉行設置される

寛永六年

1629　己巳

1—❖伊予の山賊水無瀬又兵衛退治（**実紀二・泰平**）。【よみうり瓦版】

1—❖陸奥伊具郡仙台領川張村など越訴（**一揆**）。

1—❖伊予松山蒲生氏領暴動（**一揆**）。

3.12❖出羽由利郡本荘領川口村逃散（**一揆**）。

3.27❖出羽由利郡本荘領逃散（**一揆**）。

3—❖出羽秋田郡葛原村逃散（**一揆**）。

4—❖出羽新庄城下大火（**生活史**）。

春—❖諸国疱瘡流行（**生活史**）。

5.1❖京都日岡峠で黒田四郎兵衛が叔父の敵、二宮権左衛門、岡地大三郎を討つ（**敵討**）。

5—❖京都鴨川・高野川洪水。三条橋破損（**生活史**）。

6.20❖江戸辻斬逮捕の厳命（**実紀二**）。

6—❖京都地震（**生活史**）。

7.14❖紫衣事件で大徳寺沢庵ら配流。九年七月十七日赦免（**実紀二**）。

8—❖江戸大水（**江戸真砂**）。

8—❖京都大風雨（**生活史**）。

9.10❖京都清水寺全焼（**実紀二**）。

9.10❖紀伊熊野山火災（**生活史**）。

10—❖京都地震（**生活史**）。

この年❖伊予松山蒲生氏領暴動（**一揆**）。

〃　❖踏絵はじまる（**生活史**）。

〃　❖大坂新町遊廓開業（**花街史**）。

寛永七年

1630　庚午

1.15❖掛川藩士梁川銀之助、大坂玉造で兄の敵三宅玄蕃を討つ。助太刀千原佐市ら（**敵討**）。

4.2❖池上本門寺の日樹、身延山久遠寺日暹との宗論に敗れ信州飯田へ配流（**武江・実紀二**）。

6.19❖京都洪水（**災異志**）。

6.19❖越前暴風雨・洪水二百五十人死（**災異志**）。

7—❖伊予温泉・久米郡松山領で暴動（**一揆**）。

8—❖摂津大風雨、津波。豊前でも津波（**生活史**）。

10.4❖高野山大塔炎上（**災異志**）。

12—❖江戸大地震（**生活史**）。

この年❖諸国痒瘡流行（**災異志**）。

〃　❖陸奥盛岡領で逃散（**一揆**）。

家宅—京坂巨戸豪民家

寛永八年

1631　辛未

1.22❖明石城全焼(**実紀二**)。

3.20❖浅間山噴火、江戸に灰降る(**生活史**)。

4.2❖江戸浅草寺全焼(**実紀二**)。

4.14❖金沢大火、城内も延焼(**実紀二**)。

4—❖駿河忠長、凶暴の行動多く、甲州蟄居を命ぜられる(**実紀二**)。

6.28❖出羽由利郡秋田領本荘で逃散(**一揆**)。

8.15❖阿波徳島領で逃散(**一揆**)。

8—❖中国・九州暴風雨。広島で橋多く流失(**生活史**)。

8—❖吉野太夫、灰屋紹益と結婚(**花街史**)。

9.19❖関東・東北大風雨・洪水。人畜多く死(**実紀二**)。

9.23❖上州館林城下、幕府の藩主誅罰軍が進攻してくるとの流言で大騒ぎ(**実紀二**)。

10—❖関西暴風雨(**実紀二**)。

11—❖阿蘇山噴火(**生活史**)。

11—❖江戸町奉行設置。

12.13❖下野榎本領主本多忠純、栗橋で家士に殺される(**実紀二**)。

この年❖陸奥白河・会津・二本松切支円を処刑(**生活史**)。

〃　❖全国疲癖大流行(**武江**)。

〃　❖江戸地震多発(**生活史**)。

〃　❖出羽村山郡山形鳥居氏領愁訴(**一揆**)。

〃　❖信濃筑摩郡松本領島立村ほか越訴(**一揆**)。

寛永九年

1632　壬申

1—❖一か月に江戸で火災十三件(**生活史**)。

4.6❖紀州池田長幸大病で後嗣につき内紛。長男長常を主張する藩主弟長頼、三男派の人々を斬り一人死。長頼切腹(**実紀二**)。

7—❖江戸周辺大雨・洪水(**生活史**)。

8—❖松平忠輝の息徳松(18)預け先の武州岩槻で放火、自殺(**実紀二**)。

8—❖山城・摂津と尾張大雨。淀大橋破損。尾張琵琶島橋落ちる(**生活史**)。

9—❖武蔵六郷川洪水(**生活史**)。

10—❖出羽飽海郡庄内領遊佐郷逃散(**一揆**)。

12.29❖江戸大火。火元は池田光政邸(**実紀二**)。

この年❖阿波旱害(**生活史**)。

〃　❖江戸地震頻発(**災異志**)。

〃　❖佐渡雑太郡など銀山代官非法を越訴(**一揆**)。

〃　❖筑前嘉麻郡福岡領添生村越訴(**一揆**)。

【よみうり・瓦版】

伊予で山賊を成敗

水無瀬又兵衛というのは、もう一つ素性がはっきりしないが、藩政に反抗する義人団の巨頭ででもあろうか。不良郷民を語らって千人もの組織を作り、各地を侵掠して米穀資材を奪い、地元代官らの力では、どうすることもできなかった。■このたび、松山藩主松平中務大輔忠和の厳命で、藩士蒲生源左衛門、町野長門、梅原弥左衛門らが討伐隊を組織し、本拠を急襲して輩下どもを追い散らし、やっと巨魁を生け捕りにして誅することができた。

1634 将軍家光の入浴の湯が熱すぎて奥坊主と倅遠島

寛永十年

1633　癸酉

1.2❖諸国大地震(**災異志**)。

1.14❖京都知恩院火事(**実紀二**)。

1.20❖関東大地震。余震しきり。相模とくに被害大(**実紀二**)。

1.22❖全国大地震(**武江**)。

2.9❖出羽田川郡庄内領廻館村愁訴(**一揆**)。

3.15❖いわゆる黒田騒動決着(**実紀二**)。

【よみうり・瓦版】

3.22❖服部半三郎、営中で山中三右衛門に悪口いわれたのを怒り、下城を待ちうけて山中と従者を斬殺。切腹(**実紀二**)。

4.1❖江戸甚雷雨。雹降り天地震動す(**実紀二**)。

6—❖江戸大水。千住・浅草浸水(**生活史**)。

7—❖摂津高槻水害(**生活史**)。

8—❖京都・近江・摂津・若狭暴風雨、洪水。淀大橋流失(**生活史**)。

10.7❖出羽村山郡白岩郷暴動(**一揆**)。

11.8❖駿河忠長、高崎で自殺(**実紀二**)。

この年❖杵屋和三郎、猿若座の伴奏に初めて三味線を使う(**花街史**)。

〃　❖江戸で湯女つき風呂大流行(**歴世女装考**)。

〃　❖肥後益城郡熊本領百四十六か村免租愁訴(**一揆**)。

〃　❖若狭遠敷郡小浜領仏谷村越訴(**一揆**)。

寛永十一年

1634　甲戌

1.13❖江戸中橋北ノ町から出火、各所延焼(**実紀二**)。

1.25❖江戸神田・本郷・番町大火(**実紀二**)。

2.22❖豊後府内領主竹中采女正、長崎奉行時代の悪行を問われ切腹(**実紀二**)。

3.28❖馬預諏訪部源次郎、弟源太郎の無礼を咎め斬り捨てる(**実紀二**)。

5.1❖将軍入浴の湯が熱すぎて、奥坊主休庵と倅二人遠島(**実紀二**)。

5.3❖旗本金田惣三郎、争論裁断の非を訴えていたが、理なしとして斬(**実紀二**)。

5.5❖伊勢の桑名で宿割の役人同士争論。七日長野次郎兵衛、肥田主水斬(**実紀二**)。

7.2❖京都へ使い中の高橋久兵衛、三河吉田で発狂、行人三人を傷つけ、加賀爪甲斐守の家人に殺される。この家人も打首(**実紀二**)。

7.11❖将軍家光入洛。京都市民に祝儀銀十二万枚が配られる(**実紀二**)。【よみうり・瓦版】

閏7.23❖江戸城西丸全焼(**実紀二**)。

8.2❖出羽飽海郡庄内領遊佐郷愁訴(**一揆**)。

8.10❖出羽東村山郡庄内領蔵岡村越訴(**一揆**)。

8—❖京都大風雨、三条大橋流失(**生活史**)。

9.1❖将軍帰府祝儀として江戸市民に銀五千貫配布(**実紀二**)。

10.13❖駿府城番松平豊前守所属の四十二人、帰府を訴えたため改易(**実紀二**)。

11.7❖岡山藩士渡辺数馬、荒木又右衛門の助勢で伊賀上野に弟の敵河合又五郎ら四人を討つ(**実紀二・雲錦随筆**)。【よみうり・瓦版】

12.7❖京都東寺五重塔炎上(**災異志**)。

渡辺数馬、伊賀越の仇討

荒木又右衛門の三十六人斬りで有名だが、実際に荒木が殺したのは敵の河合又五郎と河合勘右衛門、桜井半兵衛およびその僕の四人だけである。■それよりも、敵又五郎を庇護する阿部四郎五郎ら大旗本と大藩の面目にかけても渡辺数馬に又五郎を討たせようとする岡山藩主池田忠雄の政治的対立が面白い。■『徳川実紀』の口調から察すると、幕府は大名方についていたように思える。大旗本のとかく不羈な行動が、目障りになったころである。

冬—❖名古屋小牧町で川地藤左衛門・弥十郎兄弟、父の敵深尾左五左衛門を討つ(**敵討**)。

この年❖和泉南郡岸和田領強訴(**一揆**)。

〃 ❖近江甲賀郡水口付近強訴(**一揆**)。

〃 ❖遠江長上郡幕領下石田村ほか強訴(**一揆**)。

寛永十二年

1635 乙亥

1.21❖蝦夷地大地震(**災異志**)。

1—❖江戸大地震(**生活史**)。

3.12❖宗対馬守家の内紛に断。老臣柳川豊前配流、その家人松尾七左衛門父子斬(**実紀二・泰平**)。

5.3❖京都洪水、三条大橋流失(**災異志**)。

5.10❖金沢大火、一万余戸焼ける(**災異志**)。

6.13❖各地台風。遠州と伊豆で八百艘破損(**武江**)。

7—❖江戸大火、武家街多く焼ける(**生活史**)。

7—❖江戸地震頻発(**生活史**)。

10—❖東海道に怪賊出没。各地に懸賞金一枚の高札(**生活史**)。

11.29❖駿府大火、城も全焼(**実紀二**)。

秋—❖宇都宮城下で米騒動(**生活史**)。

12—❖駿河駿東郡小田原領古沢村で越訴(**一揆**)。

この年❖出羽飽海郡庄内領丸子村逃散(**一揆**)。

寛永十三年

1636 丙子

1.20❖江戸暴風雨、城石垣崩れる(**実紀三**)。

1—❖弘前藩内紛に断。両派を他家預けに(**騒動**)。

春—❖遠江引佐郡幕領下石田村愁訴(**一揆**)。

5.19❖異国渡航禁止令(**実紀三**)。

6.6❖天主教徒を泊らせた今田源太郎切腹、二十三人斬(**実紀三**)。

夏—❖肥後など旱害(**生活史**)。

8.18❖下総香取郡香取社領木之内村など騒動(**一揆**)。

8—❖出羽新庄大火。城天守も炎上(**生活史**)。

この年❖丹波桑田郡亀岡領南保津村愁訴(**一揆**)。

【よみうり・瓦版】

黒田騒動落着

この日幕府は、筑前藩主黒田忠之の謀叛容疑に無実の判定を下し、藩主を訴えていた同藩家老栗山大膳は、陸奥南部藩預けと決定した。■かねて失政の多い藩主忠之を排斥するため、栗山らが幕府へ訴えていた一件の落着で、藩主対老臣の内紛は藩主側の勝利となった。■ただし「藩主反逆」を訴えた家老が、他家預けの軽い処分ですんだ裏には、さらに複雑な事情があるようで、げんに栗山は後世、藩国を思う忠臣であるかのように、講談などで扱われている。

家光、大盤振る舞いの入洛

寛永十一年の家光の入洛は、実は三度目である。第一回元和九年将軍宣下のとき、第二回寛永三年、二条城に行幸を仰ぐため。今度は、うるさい祖父も父もすでに没し、天下第一の権威を諸大名にも人民にも、そして皇室にも見せつけておこうとの魂胆だ。供奉の人数三十七万七千というのも分かる。京都市民にばらまいた御祝儀の銀が計十一万六千二百五十三枚。その他数々のプレゼントに皇室が軟化し、しばらくは朝幕関係の平和がつづいた。

寛永十四年

1637　丁丑

2.27❖蝦夷松前城失火、焔硝蔵爆発、城主松前公広負傷(**実紀三**)。

3.10❖陸奥本吉郡仙台領鮪立村愁訴(**一揆**)。

閏3❖越中の金沢領で騒擾(**一揆**)。

6—❖奥羽大洪水、被害甚大(**生活史**)。

8.7❖江戸大風雨(**実紀三**)。

8.11❖阿蘇山大噴火(**災異志**)。

9.10❖高野山聖方坊から出火、大火(**実紀三**)。

10.17❖小姓組大久保荒之助、青木九十郎、高声雑談を咎められ閉門(**実紀三**)。

10.21❖島原切支丹蜂起。【よみうり・瓦版】

10.28❖天草切支丹蜂起(**一揆**)。

10—❖羽前最上郡新庄領小国郷逃散(**一揆**)。

11.9❖京都嵯峨火事(**実紀三**)。

12—❖吉原大門内の風呂屋処刑(**生活史**)。

この年❖美濃郡上郡二日町村騒動(**一揆**)。

〃　❖若狭遠敷郡小浜領本保村愁訴(**一揆**)。

寛永十五年

1638　戊寅

1.27❖日光山火災、坊舎すべて焼ける(**実紀三**)。

1.28❖武蔵川越城下大火(**実紀三**)。

1—❖日向臼杵郡延岡領切支丹一揆(**一揆**)。

2.2❖家光、浅草堤で捨子を拾う。英勝院尼が養育(**実紀三**)。

2.27❖島原落城。

3.15❖信州木曽谷で高木善兵衛、十七年ぶりに兄の敵河野孫市郎を討つ(**敵討**)。

4.17❖大坂城番の大番大久保八左衛門と春田長兵衛、城内で闘争、相討ち(**実紀三**)。

6—❖出羽村山郡天領白岩村で一揆(**一揆**)。

7.8❖三浦志摩守の若党、江戸城二丸へ迷いこみ、獄門(**実紀三**)。

7.18❖島原乱の原因となった松倉勝家斬(**実紀三**)。

9.26❖大番津戸左次兵衛切腹。病気を理由に大坂在番を断り、争論刃傷(**実紀三**)。

11.26❖江戸日本橋から左内町まで焼亡(**実紀三**)。

この年❖近江蒲生郡幕領日野村越訴(**一揆**)。

〃　❖おかげ参りさかん(**生活史**)。

賊、飛脚から文箱を奪う
「京より飛脚のもち来たりし文箱(ふばこ)を川崎にてうばひ去りし者、並びにその箱取てわたせし者の妻子四人、府(江戸)より摂津の枚方まで引渡して後、川崎にて磔刑に処せらる」(『徳川実紀』)郵便配達を装って現金書き留めを奪う事件は重罪だが、それにしても少々酷刑にすぎる。当時の郵便制度が政治上、経済上いかに重要なものであったかを世に知らせようという幕府の政策に基づいての処置であろう。

男色の意地にかけて
『武江年表』には「男色の意地により て」とだけしかないが、ともかく伊丹右京という美少年が同藩細野主膳という者を殺し、切腹させられた。このとき、右京の男色相手である舟川采女というこれまた美少年が、命じられもしないのに、ともに切腹した。■右京の辞世「春は花秋は月にとたはふれて　ながめし事も夢のまたゆめ」采女の辞世「もろともにいさゝは我もこゆるぎの　いそぎて越えん死出の山川」

寛永十六年

1639 己卯

3.20❖江戸東叡山の薬師堂、五重塔など炎上(**実紀三**)。

4—❖陸奥会津坂下村大火(**生活史**)。

5.18❖物頭酒井因幡守と小林新平の訴論に断。小林父子切腹、酒井追放(**実紀三**)。

7.5❖京都四条河原で曽我九之助・三浦十五郎が祖父母の敵勝浦左近兵衛を討つ(**敵討**)。

7.5❖幕府は鎖国に関する条文を整理し発令。【よみうり・瓦版】

7.23❖京都・江戸間飛脚から文箱を奪った賊と連累四人、摂津枚方で磔(**実紀三**)。

【よみうり・瓦版】

7—❖信濃善光寺領下大門村越訴(**一揆**)。

8.11❖雨中江戸城失火、二丸と天守除き全焼(**実紀三**)。

8—❖東海道・木曽街道に盗賊横行(**生活史**)。

10.29❖江戸に徘徊する無頼の徒の追捕を命ず(**実紀三**)。

11—❖越前大地震、福井城大被害(**生活史**)。

この年❖陸奥津軽の岩木川氾濫、水害(**生活史**)。

〃 ❖琉球旱害(**災異志**)。

寛永十七年

1640 庚辰

1.7❖持弓同心立原久太夫・白崎八左衛門、美麗な衣服を将軍に咎められ追放(**実紀三・寛保集成**)。

1.30❖伊予宇和島へ唐船漂着。十一人餓死、七十九人上陸。帰帆を命ず(**実紀三**)。

2—❖米沢大火。城一部焼亡(**生活史**)。

4—❖伊丹右京(16)男色の意地で細野主膳を討ち切腹。伊丹の友舟川采女(18)ともに自害(**武江**)。【よみうり・瓦版】

6.13❖蝦夷駒ヶ岳噴火。松前で逆波、五百人死す(**実紀三**)。

6.27❖阿媽船長崎入港。船を焼き六十一人梟、子供ら十三人は別船で帰す(**実紀三**)。

7.26❖播磨山崎領主松平石見守家内紛で改易。家司伊木伊織ら十三人死刑(**実紀三**)。

7.26❖高松生駒家内紛で改易。藩主壱岐守配流、江戸家老石崎若狭、国家老生駒帯刀両派で切腹八、死罪十一(**実紀三・翁草五**)。

7—❖和泉日野郡岸和田領百八か村強訴(**一揆**)。

8—❖大橋竜慶屋敷内天神別当族十八人、高田馬場脇で獄門(**大江戸春秋**)。

9.27❖蝦夷内浦岳噴火、湾内高潮で七百人水死(**実紀三**)。

10—❖加賀大地震。大聖寺被害大(**生活史**)。

秋—❖京都六条三筋町の娼家三十一軒、朱雀野西新屋敷へ移転、島原廓と称される(**花街史**)。

12.1❖江戸四谷火事(**実紀三**)。

この年❖全国飢饉、牛馬多く死す(**災異志**)。

〃 ❖江戸地震頻発(**生活史**)。

〃 ❖陸奥津軽大凶作(**災異志**)。

〃 ❖福山藩切支丹千六人を処刑(**生活史**)。

〃 ❖信濃筑摩郡名古屋領岩郷逃散(**一揆**)。

【よみうり・瓦版】

島原の百姓蜂起

最初は、幕府側も局地的な百姓一揆と見て、付近の大名に鎮定の応援を命じた程度だったが、反徒の勢猛く、たちまち天草をまき込み、しきりに幕府大名軍を破った。■年明けとともに幕府は、全九州の藩兵を動員して総攻撃をくり返したが、しばしば撃退された。しかし籠城軍は、次第に糧食、弾丸の欠乏に苦しみ、寛永十五年二月末ついに落城する。■百姓や漁師の雑軍に幕府の正規兵がさんざん手を焼くという、幕府にとっては手痛い内戦だった。

幕府が鎖国に関する条文を整理・発令

徳川幕府が長年準備してきた鎖国政策が法的に完成する。■スペイン、ポルトガルの宗教侵略を恐れた家康は、慶長末年から鎖国の実施を研究してきたが、寛永九年正月将軍就任の二代家光は翌年二月、外国貿易と渡航を禁じた十七ヶ条を制定し、六年後その厳重実施を内外に宣した。

1642 全国的凶作、江戸では死者多数、大坂で米騒動

寛永十八年

1641 辛巳

1.29❖江戸大火、九十七か町八千余戸焼亡。大目付加賀爪忠澄消火指揮中殉職(**実紀三・泰平・武江・大江戸春秋**)。

1.29❖京都稀代の大火(**大江戸春秋**)。

1—❖常陸多賀郡水戸領金沢村強訴(**一揆**)。

2.15❖高野山坊舎百余焼失(**実紀三**)。

2.28❖出羽飽海郡庄内領大宮郷逃散(**一揆**)。

3.15❖加藤明成の老臣堀主水、主に反心ありと訴えたが理なく明成に下される。明成三人を誅殺(**実紀三**)。

3.30❖江戸日本橋から出火、大工町、油町まで焼け大火(**実紀三**)。

3—❖大坂蓮社の淫僧三人誅殺(**大江戸春秋**)。

4.18❖大坂長林寺住職ら斬。女を寺中に置き、意見した白雲寺住職を殺した(**実紀三・大江戸春秋**)。【よみうり・瓦版】

5.18❖京都大火、中京焼亡(**災異志**)。

6.17❖江戸城包所にまぎれ入った狂人、町奉行に渡され獄門(**実紀三**)。

7.2❖官米船熊野灘で難破、二十七俵失う(**実紀三**)。

8.1❖関東大風。江戸城造築用石材船多数品川沖に沈む(**武江**)。

11.25❖書院番内藤四郎左衛門、睡眠中家僕に殺害される。犯人両名十二月七日鋸引、その家族ら十人磔(**実紀三**)。

12.4❖江戸両替町から品川まで焼ける(**実紀三**)。

この年❖江戸一橋で敦賀藩士多賀孫左衛門、忠太夫兄弟、二十一年ぶりに兄孫兵衛の敵内藤八右衛門を討つ(**明良洪範**)。

〃 ❖全国凶作、人馬多く死す(**災異志**)。

〃 ❖大坂で米騒動(**生活史**)。

〃 ❖常陸茨城郡水戸領強訴。名主二人死刑(**生活史**)。

寛永十九年

1642 壬午

2.19❖江戸浅草寺観音堂焼亡(**実紀三**)。

2.26❖小姓高島左近、小十人赤井弥兵衛を斬り切腹(**実紀三**)。

2—❖全国的凶作、飢饉、江戸はじめ死者多し。七月までつづく(**実紀三・大江戸春秋・泰平・武江**)。【よみうり・瓦版】

3.1❖伊豆三宅島噴火(**災異志**)。

3—❖桜島噴火(**災異志**)。

4.15❖陸奥宮城郡仙台領岩切村など越訴(**一揆**)。

5.25❖京都二条へん八百八十五戸焼亡(**実紀三**)。

6.9❖井出十左衛門、驕奢の振舞で改易(**実紀三**)。

7.6❖江戸市谷土橋で松平越後守家人が百人組同心二人を殺し自害(**実紀三**)。

7.8❖城米奉行黒田次郎右衛門ら私曲を図ったとして二十人浅草で斬。同じく代官南条宗右衛門ら三人切腹。他に連累の処刑無数(**実紀三**)。

7.16❖江戸　鍋町から出火、すこぶる大火(**実紀三**)。

阿部一族の最後

一昨寛永十八年、前藩主細川忠利が病死したとき、十八人もの殉死者が出た。弥五兵衛らの父阿部弥一右衛門は生前の忠利が善意で許さなかったため殉死できず、落中の悪罵に耐えきれず結局追い腹を切った。長子権兵衛は出家するつもりで、先君一周忌に髻を切ったが、これが非礼な行為とされ、縛り首になった。もはやこれまでとたてこもった一族の心情は殉死の是非をめぐって複雑である。大正二年森鷗外の発表した小説「阿部一族」が、よくその間を伝えている。

8.18❖間宮諸左衛門組歩行士の僕ら二十余人、相撲に無料入場しようとして市人と喧嘩、翌日主人らも加わり騒擾。主犯格双方、二人ずつ斬、歩行士全員追放(**実紀三**)。

8.20❖「寛永傾城諸法度」布告(**花街史**)。

8—❖信濃安曇郡松本領四ヶ庄逃散(**一揆**)。

11.27❖奈良大火、六百戸と興福寺、東大寺の子院焼ける(**実紀三**)。

この年❖諸国大餓、疫病流行、死者多数(**生活史**)。

〃 ❖蔵王山噴火(**生活史**)。

〃 ❖陸奥河辺郡会津領伊南村逃散(**一揆**)。

〃 ❖信州小県郡上田領別所村逃散(**一揆**)。

〃 ❖出羽飽海郡庄内領遊佐村で逃散(**一揆**)。

寛永二十年

1643 癸未

2.21❖熊本藩士阿部一族、藩に抵抗してたてこもり全滅。【よみうり・瓦版】

2—❖伊豆三宅島雄山噴火(**生活史**)。

3.14❖出羽置賜郡米沢領玉庭村愁訴(**一揆**)。

5.1❖書院番頭水野石見守与力河村久兵衛、狂気して同僚丹羽弥右衛門に深手負わせ自害(**実紀三**)。

9.4❖出羽置賜郡米沢領中山村愁訴(**一揆**)。

11—❖讃岐山田郡高松領小村愁訴(**一揆**)。

12.12❖京都鹿苑寺領柏野村愁訴(**一揆**)。

この年❖八宮良純法親王、不行跡の故に甲州天目山へ配流、遊女八千代同行(**実紀三・羇旅漫録・古老茶話**)。

〃 ❖上野利根郡沼田村一揆(**一揆**)。

寛永年間

1643-1624

○—❖江戸堀丹後守邸前の丹前風呂繁昌(**武江**)。

○—❖江戸絵図刊行はじまる(**武江**)。

【よみうり・瓦版】

悪い坊主ついに斬首

大坂百万遍派選釈寺、同長林寺の住職同士、ともに自坊に女を隠し置いて淫事を楽しんでいたが、知り合いの知恩院派白雲寺住職にもこれをすすめ、白雲寺が拒絶したので、二人して殺害してしまった。これで斬罪にならねば不思議だが、哀れをとどめたのは囲われていた女が三人、ともに斬られていることである。■坊主二人に女三人は数字が合わないが、そのへんの実情はよくわからない。わかっているのは、この手の坊主が相当いたということ。

寛永の飢饉・大凶作

この寛永の飢饉は、江戸初期ではもっとも大規模なもので、幕府の賑恤令もこれが初めてと思われる。ただし、その方策はきわめて首都中心的で、「町奉行をして各その郷里をたゞし、領主、代官に命じ飢者をたすけてその故郷に帰さしめ、その外は市中に仮屋を設け、旦暮粥をつくりて施行」(徳川実紀)というやり方。■飢饉は全国的だ。田舎が難民を受け入れただろうか。しかもこの間、将軍中心の連歌会、闘鶏会などの記事が『実紀』に続出する。

正保元年

1644　12・23 改元　甲申

1.2❖元会津藩上東郷茂兵衛の弟又八郎、江戸本町で兄の敵高倉長右衛門と対決、双方重傷(**砕玉話**)。

1.12❖吉原廓全焼(**花街史**)。

1.13❖浅間山噴火(**生活史**)。

2—❖日光地震(**生活史**)。

3.5❖吉原で西国某家中の侍五人、遊女の態度が悪いと怒りたてこもる。奉行所の奇智で全員逮捕(**異本洞房語園・青楼年歴考**)。

5.10❖大奥女房松山と伜森川長左衛門、森川宅五人組斬。偽の仰事(おおせごと)を示して長左衛門を銀座年寄役に就任させた(**実紀三**)。

【よみうり・瓦版】

5.12❖越前丹生(にゅう)郡福井領米ヶ浦愁訴(**一揆**)。

7.12❖二丸坊主小頭玄索、妻子とともに磔、甥と下僕斬。数年前御殿の宝物を盗んでいた(**実紀三**)。

7.16❖浅草を妻同伴で歩いていた京極六丸家来半左衛門を歩行士荒木権右衛門がひやかしたことから争闘。役人が出て取調べを待つうち、荒木が番士山田八左衛門の刀を奪って山田を斬り殺し、皆に斬り伏せられた(**実紀三**)。

7.25❖二丸坊主組頭大覚寺休意、部下玄索の城内窃盗に座し子・孫ともに甲州で斬。斬り手の歩行目付佐山源左衛門、帰途小仏峠で落石により圧死(**実紀三**)。

7.29❖伊勢暴風雨。太神宮こわれ、宮川へん死人に多し(**災異志**)。

8.4❖江戸六郷、千住洪水(**実紀三**)。

8.23❖松平忠輝の旧臣近藤十郎左衛門、預け先の信州諏訪で妻子を殺し自害(**実紀三**)。

8.28❖伊勢大風雨。山田洪水。家流れ人多く死す(**災異志**)。

9.22❖旗木岡本内蔵助、家人岡本猪兵衛を死罪にするなど内紛が明るみに出、改易(**実紀三**)。

この年❖京都地震頻発(**生活史**)。

中流婦人の服装

正保二年

1645　乙酉

1—❖浅間山噴火(**生活史**)。

3.15❖赤穂城主松平輝興、発狂して妻を殺し侍女を傷つける。二十日改易(**実紀三**)。

3—❖会津若松大火(**生活史**)。

4—❖出羽置賜郡米沢領東滝村ほか、三か村逃散(**一揆**)。

5.17❖京都御幸町から出火、十一町百三十六戸焼ける(**実紀三**)。

閏5.13❖御鷹師の子大谷兵助ら、三人切腹。葺屋町の劇場で浪人某と喧嘩、殺害した(**実紀三**)。

閏5.27❖江戸大風雨、死者あり(**実紀三**)。

7.10❖ニセ銀つくりの七十二人を処刑(**大江戸春秋**)。

7.18❖刀は二尺九寸まで、脇差は、一尺八寸までの制(**実紀三**)。

7.27❖九州から出羽まで大風雨。城の破損多し(**実紀三**)。

8.5❖旗本に辻番所の設置を命じる(**実紀三**)。

9.6❖浪人竹内四郎左衛門切腹刑。盲人安野検校に頼まれて高野聖長存を殺害した。検校も斬(**実紀三**)。

11.8❖病気閉居の身で市中を横行した山中源左衛門、勝手に移転した後藤甚兵衛、ともに切腹(**実紀三**)。【よみうり·瓦版】

11.14❖加賀藩、主人の妻を毒殺した下女を火刑(**諸藩**)。

11—❖吉原角町並木屋抱え佐香穂、愛人(西国家中)の死に発心、町奉行に訴えて本立寺の尼となり貞閑尼と称す(**青楼年歴考**)。

11—❖島原の長島太夫逃亡して木津でつかまり天神職に下される(**色道大鏡寛文式**)。

12.15❖江戸富沢町から出火、吉原など全焼(**実紀三**)。

12.17❖松江城下で飯尾彦之丞、弟の敵生駒帯刀を討ち切腹(**敵討**)。

正保三年

1646　丙戌

3.25❖江戸城切手門内に火のついた凧が落下。放火とみて以後凧を厳禁(**実紀三**)。

4.5❖京都出水通から出火、百八十戸焼く(**実紀三**)。

4.26❖仙台·会津·関東大地震。仙台城破損(**災異志**)。

6.6❖雑司谷薬苑監山下宗琢、天主教として子らと共に斬(**実紀三**)。

8—❖備中浅口郡岡山領鴨方村暴動(**一揆**)。

9.10❖大砲役井上外記と稲富喜太夫論争、和睦の席でまた争闘、両名相討ち、斡旋役某も死亡(**実紀三**)。

9.26❖書院番渡辺源蔵邸で元若党とその仲間が家臣三人を殺し、元若党は渡辺が討ち果たす(**実紀三**)。

10.21❖持筒与力小川八兵衛切腹。遺恨の同僚を討って立退いていた(**実紀三**)。

11.8❖京都祇園社社頭焼ける(**実紀三**)。

【よみうり·瓦版】

将軍の偽手紙で年寄に就任した母子

大奥表使女房松山の伜森川長左衛門は、銀座年寄役になりたくてたまらず、母に相談、松山は将軍の意向がそうであるかのような手紙を書いて銀座に見せ、おかげで年寄就任が実現した。■ところが長左衛門は、権をふるって勝手なふるまいが多く、怒った座の人々が勘定奉行に訴え、母子の不正がわかった。母子は、とりあえず地元の五人組に預けられたが、ともに逃亡、縁戚の大名邸へかけこんだあと、ここで捕まえられた。五人組全員斬刑は無残だ。

仮病を語り、
市中を横行した旗本を切腹に

切腹させられた山中源左衛門は、病気届けを出して閉居の態を装いながら、平気で市中を横行して不良行為を重ねていた罪。同じく後藤甚兵衛は、拝領の屋敷を売って娼家に近い町人街に住んでいた罪。■山中は二百俵小普請ながら、甲斐山中城主を祖とする名家、後藤も小普請だが、藤原氏利仁流の、これも家系は筋が通っている。■ともにつまらぬ身持不良から、あたら由緒ある家柄をつぶした。厳しい処罰だが、幕府の一政策であろう。

1647 蹴鞠名手外郎(ういろう)右近、禁制の曲足を使い大島へ島流し

正保四年

1647　丁亥

1.14❖浅間山噴火(**災異志**)。

2.25❖江戸桶町から出火、二十三か町三百六十戸焼く(**実紀三**)。

4.12❖仙台大火、八十余町焼け、焼死者百余人(**実紀三**)。

5.5❖町奉行所与力辻半弥、亡命して他家に仕えている僕と会い路上で斬り捨てる(**実紀三**)。

5.6❖先手組同心五十二人追放。屋敷前に店を開いて営業していた。組頭二人閉門(**実紀三**)。

5.13❖江戸大地震。城石垣崩れる(**実紀三・武江**)。

6.18❖高野山大火、二百余か寺焼く(**実紀三**)。

6.26❖蹴鞠名手外郎右近、禁制の曲足をするとして飛鳥井家から訴えあり、大島へ配流(**実紀三**)。

8.11❖下総羽生村百姓与右衛門、鬼怒川で妻かさねを殺害。亡霊たたり、十六年後の寛文十二年祐天上人によりやっと解脱(**大江戸春秋・新著聞集・近世奇跡考**)。

【よみうり瓦版】

8.20❖百人組頭阿部四郎五郎邸へ、「我は義経なり」とわめく狂人乱入(**実紀三**)。

9.23❖田辺伝三郎、連雀町で、いきなり斬りかかってきた歩行士某の下僕を成敗する。歩行士集まり騒動、阿部四郎五郎かけつけとり鎮める(**実紀三**)。

正保年間

1644-1647

○一❖吉原に局女郎の称はじまる(**花街史**)。

家宅―江戸市井(見世土蔵)

慶安元年

1648 2・15改元 戊子

2.28❖江戸市中風呂屋稼業停止(**花街史**)。

3.1❖小姓組山岡弥五兵衛日比谷門外で松原右京太夫小姓稲田民部の従者を無礼討ちする。咎なし(**実紀三**)。

5—❖武蔵川越に大雹降り死者多数(**生活史**)。

7.26❖新番木造清左衛門の僕六右衛門、主人一家と奴婢まで十一人を殺害、放火、自分の妻子も殺し逃走。翌日自殺しかけているのを捕え、縁族とともに磔(**実紀三**)。

8.20❖福知山城主稲葉淡路守、居城で発狂、自殺。改易(**実紀三**)。

10.25❖党を結んで職場放棄した日光山の僧十三人佐渡へ流罪(**実紀三**)。

11.6❖伊豆三島宿大火。六百余軒と三島明神焼亡(**実紀三**)。

11.12❖江戸霊岸島で喧嘩狼籍した船手組の水主と書院番小笠原十右衛門の下僕斬(**実紀三**)。

12—❖江戸大火(**生活史**)。

この年❖伊予風早郡松山領小山田村愁訴(**一揆**)。

慶安二年

1649 己丑

2.5❖伊予松山・宇和島大地震(**泰平**)。

2.15❖天樹院(千姫)の吉田御殿へ抜刀した狂人乱入、四人に疵負わせる(**実紀三**)。

2—❖陸奥石川郡平領で逃散(**一揆**)。

3.12❖大盗向坂甚内刑死(**史実と芝居と**)。

3.18❖堀田加賀守の従者と、三社祭の市人が駒形堂へんで喧嘩、市人三人斬られる(**実紀三**)。

3.22❖堀田加賀守の家司秋田修理と番頭松倉隼人が争論、堀田二人を追放したところ沼津で松倉が秋田を討ち果たす(**実紀三**)。

3—❖江戸麻疹流行(**生活史**)。

春—❖信濃佐久郡幕領春日村強訴(**一揆**)。

5.13❖武蔵八王子などで大雹降る(**実紀三**)。

6.20❖江戸大地震。城内石垣崩れ庶民の被害も大(**実紀三・武江・泰平**)。

7.25❖江戸再び大地震。その後余震つづく(**実紀三**)。

7—❖阿蘇山噴火(**災異志**)。

8.21❖近畿水害、大和川堤決壊(**実紀三**)。

9.15❖小栗長右衛門所属の鷹匠ら、無頼の挙動で市井を騒擾し逮捕(**実紀三**)。

10—❖伊予宇和島暴風、城内外損傷(**生活史**)。

11.17❖出羽置賜郡米沢領高玉村愁訴(**一揆**)。

この年❖東国凶作(**生活史**)。

〃 ❖白根山噴火(**生活史**)。

〃 ❖肥前高来郡大村領で逃散(**一揆**)。

〃 ❖備中吉備郡岡山領で越訴(**一揆**)。

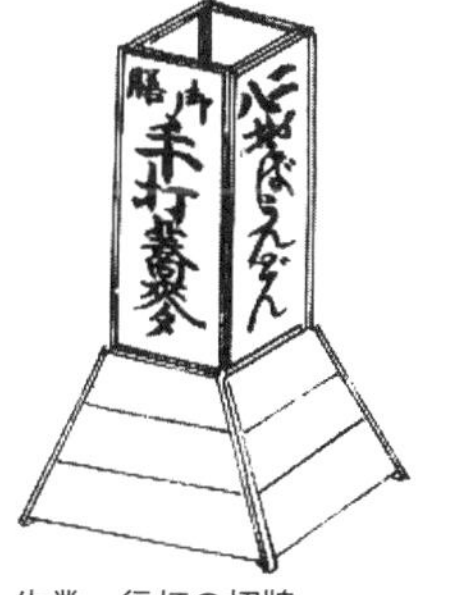

生業—行灯の招牌

【よみうり・瓦版】かさね殺しで十六年間たたられた与右衛門

かさねは醜女のうえ嫉妬深く、悪女の典型とされている。残忍な殺され方をしたあと怨念が幽霊と化し、与右衛門一族を苦しめる。■祐天(一六三七～一七一八)は将軍綱吉、家宣の帰依を受け、多くの廃寺を復興した浄土宗の高僧だ。■解脱から百七十六年もたった文政六年、かさねの幽霊は江戸森田座の芝居「色彩間苅豆」(四世鶴屋南北作)に登場し、現在でも、そのすご味が観客をふるえ上がらせている。

1650　家光死し、大奥では、女中三千七百人が解雇に

慶安三年

1650　庚寅

2.1❖出羽田川郡庄内領愁訴(**一揆**)。

2—❖江戸浅草、本郷大火(**生活史**)。

2—❖高野山大火、坊舎千余焼ける(**生活史**)。

2—❖江戸麻布、六本木焼ける(**生活史**)。

3.24❖関東大地震(**実紀三・武江・泰平**)。

3—❖秋田大火、二千余戸焼ける(**生活史**)。

4.6❖烈風中、江戸各所で失火(**実紀三**)。

5.3❖高野山で学侶、坊舎九十二焼ける(**実紀三**)。

5.4❖三丸番士勝屋長七郎狂乱か、下城時同僚松野宗右衛門、高木孫兵衛に切りかかる。結局、二人に斬り伏せられるが、二人も深手で死す(**実紀三**)。

5.7❖尾張大納言義直卒去、五人殉死(**実紀三**)。

5—❖金沢地震、城石垣壊れる(**生活史**)。

6.12❖不良の挙動で新番三浦市右衛門切腹(**実紀三**)。

6—❖江戸大地震(**生活史**)。

7.27❖京都と周辺大風雨、鴨川・淀川出水(**実紀三**)。

7—❖会津風水害(**生活史**)。

8.12❖西日本水害(**実紀三**)。

9.2❖山城・摂津・河内・伊勢大風水書(**実紀三**)。

9.17❖武家男色厳禁の令(**実紀三**)。

9—❖信州伊那郡上穂村逃散(**一揆**)。

9—❖諸国洪水(**災異志**)。

10—❖京都地震(**生活史**)。

10—❖諸国疱瘡、麻疹流行(**生活史**)。

閏10❖越前高潮、福井洪水(**生活史**)。

この年❖おかげ参りさかん(**かわら版**)。

〃　❖大坂城内で徒党の百六人処刑(**大江戸春秋**)。

慶安四年

1651　辛卯

1.16❖浅野内匠頭に預けられていた大久保忠尚の子数馬、同様預け中の水谷山三郎を斬り殺して自殺(**実紀三**)。

2.22❖浅間山噴火(**災異志**)。

3.5❖出羽米沢領愁訴(**一揆**)。

4.10❖江戸大火、大名邸多く焼ける(**実紀三**)。

4.20❖家光死し、堀田正盛以下殉死(**実紀三**)。

4.24❖大奥女中三千七百人解雇、その手当一万二千三百四両(**実紀四**)。

6.29❖江戸十八か所に落雷(**実紀四**)。

7.21❖高橋角左衛門、子の私闘で切腹(**実紀四**)。

7.23❖丸橋忠弥、訴人により逮捕。由井正雪事件発端(**実紀四・一話一言二六・瀬田問答・落穂集九・翁草四六**)。

7.27❖由井正雪、一味八人と共に駿府で自殺。【よみうり・瓦版】

8.10❖丸橋忠弥以下二十九人磔刑(**実紀四**)。

9—❖河内誉田台塚大火、九百戸焼ける(**生活史**)。

10.13❖東海道戸塚、川崎、神奈川等大水害(**実紀四**)。

歳時—門松

10—❖京都地震(**生活史**)。

11.24❖小尾善左衛門の子与兵衛、偽印で人の廩米を奪ったこと露顕、自殺(**実紀四**)。

この年❖大師河原の酒合戦(**大江戸春秋**)。

〃 ❖阿波名西郡徳島領上山村騒動(**一揆**)。

〃 ❖丹後与謝郡宮津領愁訴(**一揆**)。

承応元年

1652　10・28改元　壬辰

1.3❖書院番今村九郎兵衛と牛込権兵衛私闘、相討ち。先年駿府在番中の宿意(**実紀四**)。

1.7❖若衆歌舞伎俳優の女装を禁ず(**花街史**)。

2.10❖紀州大風。新宮で三十七艘転覆、約三百人水死(**実紀四**)。

2.13❖日光山火番加藤甚之助、小野伝三郎、属吏月俸に関する汚職で改易(**実紀四**)。

2—❖江戸山手大火(**生活史**)。

2—❖上州館林で七十余戸焼く(**生活史**)。

3.9❖江戸中橋へんから出火、二十余か町延焼(**実紀四**)。

3.中旬❖佐渡奉行下吏辻藤右衛門、僧蓮華坊とともに土民を率いて暴動。奉行組下岡村伝右衛門が討伐、六、七十人誅す(**実紀四**)。

3.21❖小十人石原五郎右衛門、三番町で先手同心某の無礼を咎めて斬り殺す。六月二十日改易(**実紀四**)。

3—❖浅間山噴火(**生活史**)。

3—❖江戸市中放火多し。厳重逮捕令(**実紀四**)。

4.6❖江戸雉子橋と市谷で失火、大火となる(**実紀四**)。

5.12❖淀・大坂大水(**実紀四**)。

5.16❖若狭遠敷郡小浜領熊本村など強訴。松木長操事件(**一揆**)。

5—❖広島大水(**生活史**)。

6.7❖大坂定番安倍摂津子の属吏五人切腹。小笠原信濃守家人らが城中へ乱入したのを制止しなかった(**実紀四**)。

6.20❖歌舞伎女形の前髪を剃らせる(**実紀四**)。

6—❖出羽庄内暴風雨(**生活史**)。

8.29❖江戸暴風雨。城内各所破損(**実紀四**)。

8—❖広島洪水(**災異志**)。

9.21❖浪人別木庄左衛門一統、叛逆罪で磔刑。家族らも死刑(**実紀四**)。【よみうり・瓦版】

10.26❖水戸家士吉田平三郎、宅地境界の争いで鷹匠真野庄九郎を斬って逐電(**実紀四**)。

10.26❖賤吏四人、万石以上の家士ら五人、博奕で逮捕。十二月八日斬(**実紀四**)。

10.29❖小普請岩間勘兵衛、小十人小笠原七右衛門ら博奕で逮捕。十二月八日斬(**実紀四**)。

12—❖下総印旛郡佐倉領谷津村など強訴。佐倉宗吾一揆(**一揆**)。

この年❖伊豆青ヶ島噴火(**災異志**)。

【よみうり・瓦版】

由井正雪謀反発覚

幕府の最も恐れる反体制国事犯だから、この一件の処刑は峻烈を極めた。■肉親連座で犠牲になった人々は、正雪・丸橋忠弥の兄・その子・孫、女性では妻・母など十五人が磔刑となり、中には五つ・三つの幼児もいる。別に斬首が、二歳の子まで含め十人。■一方、当局に一件を密告した一味の浪人四人は、五百石から三百石取りの御家人にとりたてられている。

またも謀反の企み発覚

普請奉行城半左衛門家人長崎刑部左衛門という男が、老中松平信綱に「浪人別木庄左衛門が乱を企んでいる」と密訴してきたのが、九月十三日。ただちに捜査網を張って、同夜別木以下四人を逮捕、さらに連累二人も捕え、十月十日には肉親多数を磔刑とし、二十一日全員を斬った。■逮捕から処刑までわずか八日間。現在の裁判制度からは想像もできない荒っぽいやり口だが、ともかくこれ以後二百六十年間、幕府に対する〃反乱〃は跡を絶った。

1653　江戸玉川上水の一部完成。市街地では井戸を掘れの令

承応二年

1653　己丑

1.2❖旗本青山主膳、腰元お菊を斬る。「番町皿屋敷」の原形(**武江・大江戸春秋・塵塚**)。

【よみうり・瓦版】

1.21❖高松大火(**実紀四**)。

1.30❖上州舘林大火。民家多数と城櫓焼ける(**実紀四**)。

1—❖熊本大火(**生活史**)。

2.1❖日向佐土原城下大火(**実紀四**)。

2.9❖下野壬生城下大火、城も全焼(**実紀四**)。

2.13❖伊勢内・外宮炎上(**災異志**)。

2.28❖出羽飽海郡庄内領丸子村など逃散(**一揆**)。

2—❖遠江掛川宿大火(**生活史**)。

3.14❖川崎宿で播州竜野藩士吉見半之丞、兄半右衛門の敵会津藩士村井弥五右衛門を討つ(**敵討**)。

3—❖稲葉伊勢守、家老と小姓に謀殺される。発覚して犯人の一門残らず死刑(**大江戸春秋**)。

5.5❖名古屋法華寺町の本性寺で平岡弥右衛門、八十郎兄弟が父の敵上原善大夫を討つ(**敵討**)。

6.6❖紀州と伊勢大風雨、水死二十七人(**実紀四**)。

6.6❖盛岡藩、主人を突き殺した下人を火刑(**諸藩**)。

6.23❖禁裏内から出火、御所全焼。この夜京都洪水(**実紀四・泰平**)。

閏6.16❖江戸神田雉子町の風呂屋の前で旗本・御家人と町人大喧嘩(**実紀四**)。

閏6❖侠客夢野市郎兵衛死刑(**実紀四**)。「武江年表」は承応三年とする。

閏6❖丹波篠山大火(**生活史**)。

8.6❖諸国洪水(**災異志**)。

8.11❖番士数人浅草で井上筑後守徒士と鞘当闘争、徒士側四人即死、一人深手(**実紀四**)。

8.13❖熊本大洪水、人畜多く溺死と注進(**実紀四**)。

8.下旬❖広島・萩洪水(**実紀四**)。

9.15❖江戸城大奥修理の職人、屋上で仮睡して夜中めざめ、城内大騒ぎのすえ捕えられる。関係役人多数閉門(**実紀四**)。

この年❖江戸玉川上水一部完成(**武江**)。

〃　❖信濃安曇郡松本領穂高村など越訴(**一揆**)。

承応三年

1654　庚寅

1.7❖日光山本坊全焼(**実紀四**)。

2.3❖下野の義民木内宗五郎(佐倉宗吾)処刑。三月四日とも(**史実と芝居と**)。

3.24❖江戸本町から出火、商家百七十余軒焼ける(**実紀四**)。

3.26❖下総古河城下大火。士屋百八十余軒焼亡(**実紀四**)。

4.26❖浪人山中半左衛門、江戸で次々と人を斬り九人即死、十二人深手。奉行所が捕え極刑(**実紀四・洞房語園**)。

6.11❖仙台洪水、米十五万石流失(**実紀四**)。

6.15❖松平摂津守の従者、山王祭警固の者

歳時一万歳

を斬り殺し、町回り同心に捕えられる(**実紀四**)。

6.17❖迅雷が江戸水戸邸を襲い、三人即死(**実紀四**)。

6—❖広島大火、三百余戸焼ける(**生活史**)。

7.4❖信濃伊都郡高遠(たかとお)領の三千余人、天領へ逃散(**実紀四**)。

7.7❖本多内記家士上田又助、昨年闘争の件につき審問中、番人に剃刀を借り自殺。番人切腹(**実紀四**)。

8.18❖西国大洪水。水死百五十。岡山で千五百余軒流失(**実紀四**)。

8.28❖日向大風雨。四千余軒破損(**実紀四**)。

9.11❖日光山で青侍が僧を殺害(**実紀四**)。

10—❖江戸小石川水戸邸前で、堀越伝右衛門兄弟が父の敵小林忠兵衛を討つ(**敵討**)。

10—❖江戸と近郊、風雪害甚大(**生活史**)。

11.2❖病人以外駕籠に乗るべからずの制(**実紀四**)。【よみうり・瓦版】

11.末❖江戸付近雪風甚しく川越へん死傷多し(**実紀四**)。

12.6❖紀伊新宮領主水野淡路(あわじ)守長男左門の歩行士四人、飯田町で書院番興津三十郎と争い、興津と従者を殺害。八月歩行士全員切腹(**実紀四**)。

12—❖伊勢桑名大火、三百七十軒焼ける(**災異志**)。

この年❖高松藩領凶作(**生活史**)。

〃　❖丹後与謝郡宮津領算所村逃散(**一揆**)。

明暦元年

1655　4・13改元　乙未

1.20❖江戸大風雨(**実紀四**)。

3.4❖出羽飽海郡庄内領逃散(**一揆**)。

3—❖江戸市街地一町につき八つ以上井戸を掘れ、の令(**実紀四**)。

6.11❖奥州街道粕壁・杉戸間の観音堂で岩瀬理兵衛主従四人が兄の敵桑名仁左衛門を討ち、四人とも自殺(**実紀四**)。

8.10❖駿府大風雨、城破損(**実紀四**)。

8.11❖小十人太田忠兵衛、小堀大膳家士長井源兵衛の僕に殺害される(**実紀四**)。

8.14❖三河吉田城の焔硝蔵に落雷、大爆発、天守以下破損。岡崎・浜松でも雷損あり(**実紀四**)。

8—❖紀州大暴風雨。民家二千余戸倒れる(**実紀四**)。

9.2❖江戸浅草三十三間堂で稲葉正則旧臣原田与右衛門らが兄の敵青山因幡(いなば)守家臣林与次右衛門を討つ(**実紀四**)。

9.22❖江戸大工町から出火、四十一か町六百八十五戸焼ける(**実紀四**)。

10.14❖出羽飽海郡庄内領平田郷八か村越訴(**一揆**)。

10.28❖浅間山噴火(**災異志**)。

10—❖三河・遠江暴風。岡崎・浜松被害甚大(**生活史**)。

11.13❖和歌山大火、天守ばかり残る(**実紀四**)。

11.14❖江戸城包所人、賄(まかない)方の子を殺害。佐渡へ流罪(**実紀四**)。

この年❖江戸神田誓願(せいがん)寺前で柘植(つげ)兵左衛門が父の敵武藤源左衛門を討つ(**敵討**)。

〃　❖和泉日根郡和田領熊取村で逃散(**一揆**)。

【よみうり・瓦版】

番町皿屋敷のお菊

「播州皿屋敷」(寛保元年初演)の原形は諸説あるが、この承応二年の事件が一番関係が深いようである。複数の文献に載っていることでもあり、ある程度事実であろう。■青山主膳の住所、牛込御門内、すなわち番町が播州にこじつけられたため、播州姫路にはご丁寧にも「お菊の井戸」や「お菊神社」まであるが、もちろん史実とは関係ない。■ただし『寛政重修諸家譜』には、当時青山主膳という名の旗本は存在していない。

病人以外駕籠の使用を禁止

「今より後、鋲(駕籠)は病人のみの用に充(あつ)べし。もし壮健の者も病ありて乗る時は、番頭より老臣に訴へ、乗らしむべし。藩士は家司(けいし)(家政を司る職員)に訴て来り、もし官吏とがむる時は、その子細を答べし」(『徳川実紀』)文面から察するに武家向けの指示である。それが延宝五年四月の禁令では町駕籠にまで及んでおり、幕府の強い態度が見てとれる。

明暦二年

1656 丙申

2.3❖傳役大森信濃守、竹橋で紀州藩士川北市郎兵衛の若党を無礼討ちにする。五日閉門(**実紀匹**)。

2—❖ほおかむり、覆面厳禁令(**実紀四**)。

3.25❖信濃飯山で山崩れ、死者あり(**実紀四**)。

3—❖出羽最上郡新庄領中渡村愁訴(**一揆**)。

4—❖上総・江戸大地震(**生活史**)。

5.3❖出羽庄内大火、七百余軒焼ける(**実紀四**)。

6.25❖舟手頭向井五郎左衛門、所属水主を虐使するとして改易。訴えた水主代表も処罰(**実紀四**)。

6.26❖大番小幡源太郎、大目付兼松総守の馬丁を無礼討ちしようとして逆に馬丁に斬られる(**実紀四**)。

7.28❖御家人の子弟、鶺鴒組なるものを作って市中を横行、との由、厳重戒告(**実紀四**)。

8.15❖筑前大風、八千余艘転覆(**実紀四**)。

8.16❖先に自殺した稲葉伊勢守正吉は、その寵童と密通していた家司皆手甚五左衛門に殺されたものと判明、処刑を宗家稲葉美濃守に任す(**実紀四・武野燭談**)。

【よみうり・瓦版】

8.22❖江戸大火(**災異志**)。

8.22❖東北・関東・東海暴風、計八千九百軒倒壊(**災異志**)。

9.12❖小十人永塩七郎左衛門、品川の酒楼で騒擾したとして斬。仲間の遊び人ら死罪(**実紀四**)。

10.16❖江戸呉服町から出火、四十八か町焼ける(**実紀四・武江**)。

10.24❖日向臼杵郡幕領椎葉地方逃散(**一揆**)。

10—❖浅間山噴火(**生活史**)。

12—❖遊侠の徒誠金喜右衛門、吉原で糸鬢十兵衛と争い、斬り殺す(**関東潔競伝**)。

この年❖肥前養父郡対馬領宿村愁訴(**一揆**)。

明暦三年

1657 丁酉

1.2❖江戸四谷竹町へん大火。麹町でも(**実紀四**)。

1.5❖江戸吉祥寺へん火事。その最中、飯田町で小十人本間佐兵衛と小普請渡辺忠四郎が斬り合い、本間死し渡辺逐電(**実紀四**)。

1.18❖本郷丸山本妙寺から出火、八百余か町焼失、焼死者十万二千余人という未曽有の大火となる。振袖火事。(**実紀四・武江・泰平・一話一言一五・一話一言追加・大江戸春秋・武蔵鐙・三省録後篇・落穂集九**)

【よみうり・瓦版】

1.19❖江戸小石川伝通院前から出火、八代州河岸・大名小路焼ける。別に番町から出火、愛宕下・増上寺門前・海手まで(**武江**)。

1.20❖江戸大雪。大火被災者の凍死多数。二十七日また大雪(**実紀四**)。

1.29❖二十五日に石川播磨守邸に放火した二十人に死刑執行(**実紀四**)。

1.29❖江戸本所牛島新田で大火焼死者のため大法要を営む。つづいてこの地に精舎

用具—蓬萊図

用具—遠山台ニ俵熨斗

を建て回向院と称す(**実紀四**)。

2—❖広島大火(**生活史**)。

3.27❖山形大火、六百余軒焼ける(**実紀四**)。

5.6❖谷中で大番与力遠藤九郎右衛門の弟杢之丞、小普請柘植忠左衛門ら四人に斬り殺される。柘植側三人逐電、一人斬(**実紀四**)。

5.28❖遊女かけおち防止のため夜間吉原大門閉鎖(**洞房語園**)。

6.14❖吉原遊廓、仮宅から山谷の新吉原に移り営業開始(**青楼年歴考**)。

7.5❖江戸左内町三右衛門の召仕十兵衛、乱心して主人に暴行。二十一日斬(**裁許帳二五**)。

7.8❖先手頭大久保楯右衛門、鷹匠頭加藤助右衛門所属の吏、市谷の酒店で酔狂して暴れ死刑(**実紀四**)。

7.18❖寄合水野十郎左衛門、来邸の幡随院長兵衛を花街に誘い、断られたのを怒って殺害する。咎めなし(**実紀四**)。

8—❖江戸品川、名古屋熱田に遊里興る(**花街史**)。

8—❖江戸中の風呂屋、二百余軒をとりつぶし遊女を新吉原へ送る。丹前風呂の勝山、新吉原巴屋の太夫となる(**花街史**)。

9—❖大坂新町廓に東門開き東西二門となる(**花街史**)。

10.3❖江戸横山町一丁目の七郎兵衛、姑を絞め殺す。二十三日死罪(**裁許帳一四三**)。

10.29❖大坂大火。列風で五百六十軒焼く(**実紀四**)。

10—❖浅間山大爆発(**生活史**)。

11.22❖江戸慈眼寺、青林寺などの僧八人、本寺の曹洞宗高乗寺に女犯ありと讒訴し入獄(**実紀四**)。

11.30❖江戸小伝馬町の五郎助、乱心して弟源兵衛ら四人を斬害。十二月十日死罪(**裁許帳三八**)。

11—❖肥前大村藩天主教徒九十人を捕え五十六人を処刑(**実紀四**)。

11—❖陸奥津軽十三湊大火(**生活史**)。

12.26❖部下の貸金を横領した科で歩行組頭若菜七兵衛切腹(**実紀四**)。

この年❖雲仙岳大噴火、死者三十余人(**生活史**)。

〃 ❖阿波美馬郡徳島領東端山村越訴(**一揆**)。

〃 ❖信濃佐久郡小諸領春日村暴動(**一揆**)。

〃 ❖下総香取郡旗本領山倉村越訴(**一揆**)。

〃 ❖三河設楽郡鳳来寺領山吉田越訴(**一揆**)。

明暦年間

1655-1657

○—❖島原に「ンスことば」はじまる(**花街史**)。

【よみうり・瓦版】

検視目付が目を付けた怪しい自殺

自殺したはずの稲葉伊勢守の手が握ったままで、刃物を持った形跡がない—ことに検視目付が気づき、幕府は稲葉家宗家の小田原八万五千石稲葉美濃守に徹底究明を命じた。■その結果、伊勢守の家司皆手甚五左衛門と主人寵童との不倫な関係がわかり、両人共謀して主人を殺害したと断定。推理小説風に書くと、こういう形になる。■江戸時代にしては、なかなか上出来の捜査経過ではないか。もちろん加害者両人、極刑に処せられた。

振袖火事の真相は

たしかに近世江戸最大の火事である。■若死した娘の回向のため、遺品の振袖を本妙寺で焼いているうち、強風で火のついた振袖が寺の棟に舞い上がって出火した。焼失地域は、江戸城を含め全市街の大半に達し、焼死者を埋め葬うため、本所に回向院ができた。罹災者へは幕府が施粥をし、間口一軒につき三両一分と銀六匁八分、計金十六万両が支給された。■牢獄から囚人を一時解放する「解き放ち」の措置も、このとき始まった。

1658 明の鄭成功(ていせいこう)の使者長崎に寄港、相手にされず帰る

万治元年

1658　7・23 改元　戊戌

1.10❖江戸本郷吉祥寺から出火、大火となる(**実紀四・武江**)。

1.12❖江戸再び火事。芝・鷹師町など焼ける(**実紀四**)。

2.13❖日光山大風で各所破損(**実紀四**)。

3.3❖江戸長崎町の長兵衛、女房を折檻死させる。二十二日死罪(**裁許帳一四〇**)。

4.4❖日光山地震、各所破損(**実紀四**)。

春—❖蝦夷地疫病流行、多く死す(**災異志**)。

5.8❖津軽平蔵扶持大工平左衛門、神田紺屋町の次右衛門を絞殺し金を奪う。二十六日死、罪(**裁許帳三三三**)。

5.26❖旗本水野大膳邸で水野と禁裏附小田切喜兵衛の子宇右衛門ら争闘、水野父子即死、宇右衛門ら逐電(**実紀四**)。

6.16❖持筒頭朝比奈左近の子勘右衛門、百人組与力の子らと争闘、一人を斬る(**実紀四**)。

6.24❖明人鄭成功の使として百四十七人乗った船が台湾から長崎に入り日本の救援を求める。相手にされず帰る(**翁草一六三**)。

6.24❖浅間山噴火(**生活史**)。

6—❖大坂大火(**災異志**)。

7.17❖美濃大風雨・洪水(**実紀四**)。

7.25❖米沢侯婦人春子(保科正之女)前田家へ輿入れする妹松子と会食中急死(**将軍と大名**)。

8.4❖京都・近畿大風雨、洪水(**実紀四**)。

8.19❖土佐大風雨、洪水。死者十二人(**災異志**)。

8—❖肥前大村藩天主教徒六百三人処刑(**生活史**)。

9—❖諸国暴風雨、計七百隻破損(**生活史**)。

11.6❖大番服部六左衛門弟佐次兵衛、天守番塩入金兵衛伜次右衛門切腹。この夏桶川宿で従者と口論した土民、二人を斬り殺し訴えられていた(**実紀四**)。

12.30❖伊勢宇治橋へんから出火、内宮と末社八十焼亡(**実紀四**)。

この年❖諸国凶作(**生活史**)。

江戸玉川上水　水道橋

万治二年

1659 己亥

1.12❖江戸大火(**災異志**)。

1.25❖京都室町(むろまち)から出火、大火に及ぶ(**実紀四**)。

2.10❖出羽田川郡羽黒社領小京田村愁訴(**一揆**)。

2.20❖天守番萩原佐五右衛門、鷹師水野孫右衛門を斬り殺す。二十二日切腹(**実紀四**)。

2.30❖会津大地震、三百九軒倒れ二十八人死す(**実紀四**)。

3.1❖寄合中条左京の僕、禁制のかぶき者の風をしていたため城玄関前で捕えられ、斬(**実紀四**)。

3.4❖摂津高槻大火、二百五十軒焼く(**実紀四**)。

3.7❖陸奥二本松大火、四百二軒焼く(**実紀四**)。

3.19❖出羽新庄大火、百余軒焼く(**実紀四**)。

3.21❖江戸石町大工佐兵衛の弟子才蔵、家主次郎兵衛宅に放火。火刑(**裁許帳一八六**)。

3—❖正月以来三か月に江戸の火事百五件(**生活史**)。

4.2❖福井大火、千百余軒焼ける(**実紀四**)。

5.22❖京都洪水、鴨川各所堤防欠壊(**実紀四**)。

6.25❖江戸鈴木町伝右衛門の召仕五兵衛、主人を割木で殴る。乱心だったが二十九日斬(**裁許帳二五**)。

6.26❖鷹匠頭水野平六郎、高井戸で市人を斬り殺した科(とが)により切腹(**実紀四**)。

6—❖浅間山噴火(**生活史**)。

6—❖仙台・盛岡洪水(**生活史**)。

7.2❖上州舘林(たてばやし)大風雨、百四十軒倒壊(**実紀四**)。

7.3❖江戸洪水、橋多く流失、浅草米蔵浸水(**実紀四**)。

7.30❖鷹匠長田金平の長男三太夫と三男金左衛門切腹。父が筋違いの上書をしようとしているのをとめるため力づくで檻禁した(**実紀四**)。

8.8❖江戸吹手町の清左衛門、夫婦喧嘩のとはっちりで女児(3つ)を斬り死なせた。十月十一日死罪(**裁許帳五九**)。

8.13❖吉原京町の長左衛門、女房を斬り殺し、女房の密夫大工仁兵衛を傷つける。仁兵衛らの嘆願で九月十八日赦免(**裁許帳一三〇**)。

夏—❖対馬洪水(**生活史**)。

11.6❖鷹師頭久松太左衛門の弟六郎左衛門切腹、先手同心二人斬。同心らが月俸の米を門外で売っているのを六郎左衛門が蹴ちらかし喧嘩となった(**実紀四**)。

11.19❖盛岡藩、主人の寝首をかいた下郎を鋸びき・磔の極刑に(**諸藩**)。

11.21❖下総小山宿大火、六十九軒焼ける(**実紀四**)。

11.22❖武州びんご村勘十郎の女房ねゝい、夫ののどをかき切って殺す。十二月二十五日死罪(**裁許帳一四六**)。

11.27❖対馬大火、千七十八軒焼け十六人死す(**実紀四**)。

この年❖信濃安曇(あずみ)郡松本領で打ちこわし(**一揆**)。

〃 ❖陸奥伊達郡米沢領で逃散(**一揆**)。

〃 ❖霧島山噴火(**生活史**)。

用具—塗笠、編笠

万治三年

1660 庚子

1.14❖江戸湯島天神前から出火、二千三百五十軒焼け死者七十余人(**実紀四**)。

1.14❖名古屋大火、士屋九十一軒と九か町焼ける(**実紀四**)。

1.14❖下総小金村で民家三百余軒焼ける(**実紀四**)。

1.14❖酒井修理太夫家司鶴田多右衛門、天神前地獄谷で勘定役館伝助を殺害。十八日切腹(**実紀四**)。

1.15❖江戸大火(**災異志**)。

1.18❖名古屋大火、六百軒焼ける(**災異志**)。

1.26❖甲府大火、二十二か町焼失(**実紀四**)。

1—❖出羽最上郡新庄領で越訴(**一揆**)。

2.28❖浅間山噴火(**生活史**)。

3.4❖江戸本八丁堀二丁目惣四郎の下人吉兵衛、下女との仲を穿(せん)さくしたら火をつけると張り紙してつかまる。他にも悪事あり十日火刑(**裁許帳一二四**)。

3.5❖江戸千住橋土村の藤兵衛、同三谷町の長三郎、それぞれ放火で火刑(**裁許帳一八六**)。

3.10❖江戸八丁堀二丁目武左衛門の下人勘七、主人の家に放火し火刑(**裁許帳一八六**)。

3.20❖米沢大火、二十一日まで撚え、民家八百余軒焼失(**実紀四**)。

3—❖相模足柄郡小田原領二百余か村起訴(**一揆**)。

4.30❖戸田右近屋守九右衛門の娘ふり、放火の罪で火刑(**裁許帳一八七**)。

4.30❖江戸小日向金杉村紺屋市左衛門下人三蔵火刑。主人の家へ放火した(**裁許帳一八七**)。

5.24❖新両替町二丁目金十郎の倅金三郎、母を斬り殺す。十月十一日死罪(**裁許帳四〇**)。

5—❖諸国連日大雨・洪水(**泰平**)。

6.15❖石見代官杉田又兵衛、京の宅で殺される。二十八日犯人の京雑色菊右衛門逮捕(**実紀四**)。

6.18❖大坂大雷雨、雷火による被害千四百八十軒(**災異志**)。
大坂城内青谷火薬庫に落雷、爆発。城内死者百三十二、傷者百二十四人(**実紀四**)。

6.27❖湯島四丁目の太兵衛、盗賊と間違えて女房を斬り殺す。七月十日死罪(**裁許帳一四〇**)。

6—❖出羽最上郡新庄領で逃散(**一揆**)。

7.6❖京都大風雨、洪水。二条城と淀大橋破損(**実紀四**)。

7.23❖秤(はかり)座の権利をめぐり神(じん)善四郎と守随(しゅずい)豊後が争論、守随家が勝と上裁あり(**実紀四**)。

7.25❖上州館林の僧正山、善光寺所化清雲尼と密通していたこと露顕。十一月二十日磔刑(**裁許帳一〇六**)。

7.29❖京都と伊勢大風雨、洪水(**災異志**)。

8.12❖江戸品川・大森に出没する狼を退治するため幕府鉄砲方が出動(**実紀四**)。

8.14❖武州小屋場村三福寺住職、同国堀込村の半右衛門を突き殺した科で死罪(**裁許帳三四七**)。

8.17❖大坂甚雨、城石垣四十三間崩れる(**実紀四**)。

8.20❖江戸大風雨、城内各所崩壊(**実紀四**)。

生業—鍋焼うどん売

8.20❖京都も大風雨。木津川大橋落ちる(**実紀四**)。

8.27❖大番大久保文左衛門遠島。婢に「ひがごと」いいかけ、家出した婢が評定所へ訴えていた(**実紀四**)。

8—❖陸奥会津大風(**生活史**)。

9.4❖出羽最上郡新庄領中渡村越訴、逃散(**一揆**)。

9.20❖諸国大風雨、洪水。船の転覆計七百艘(**実紀四**)。

10.30❖日光山の蔵から小判千四百枚盗難と注進あり(**実紀四・泰平**)。

11.12❖長崎大火、市井あまた延焼(**実紀四**)。

12.18❖江戸麻布長坂町南養寺弟子玄佐、金を盗み寺に放火して逐電。のち川崎でつかまり、火刑(**裁許帳一八七**)。

12.21❖陸奥会津若松妙法寺日尚ら法華宗僧侶三人遠島、八人大名預け。邪法を唱えて末寺の権を奪おうとした(**実紀四**)。

この年❖和泉日根郡岸和田領作才村逃散(**一揆**)。

〃　❖備前上道郡岡山領国府市場村騒動(**一揆**)。

〃　❖美濃武儀郡名古屋領菅田越訴(**一揆**)。

〃　❖陸奥耶摩郡会津領深沢村愁訴(**一揆**)。

〃　❖江戸両国橋かかる。長九十六間幅四間(**武江**)。

家宅—江戸市井(二階家瓦葺)

寛文元年

1661　4・25改元　辛丑

陸奥を除き諸国五十年来の豊作

1.8❖大坂新町廓西側から出火、延焼、計八千五百二十七軒焼亡(**災異志**)。

1.15❖京都二条卿邸から出火、御所炎上、公卿邸百十九、民家五百五十八軒焼亡(**実紀四・泰平**)。

1.20❖江戸小石川阿部伊予守別邸から出火、大名邸七十、町屋七百八十七軒、橋三焼亡(**実紀四・武江**)。

2.30❖美濃で天主教徒二十三人逮捕(**実紀四**)。

3.12❖富士見宝蔵番戸田勘兵衛切腹。喪中と称して出仕せず、宅地を町人に貸すなど不良行為が目立っていた(**実紀四**)。

3—❖浅間山爆発(**生活史**)。

4.2❖江戸柳原三丁目の長兵衛、女房を理不尽に斬り殺す。五月十九日死罪(**裁許帳一三〇**)。

5.5❖寄合大久保頼母の家士、小普請天野彦右衛門の叔父三右衛門を雉子橋へんで殺害する。十五日死罪(**実紀四**)。

6.29❖甲府の小池十兵衛磔刑。武家勤めをやめて帰国するとき、御朱印を偽造して公務用の馬に乗った(**裁許帳二七八**)。

7.21❖右典厩の家士斎藤源次郎に無礼した中間杢兵衛梟首(**実紀四**)。

7—❖土佐洪水(**生活史**)。

8.30❖歩行士水野市兵衛、落度あり切腹(**実紀四**)。

閏8❖浅間山噴火(**生活史**)。

9.11❖江戸丸屋町錺屋金左衛門の弟子三五郎、家主九兵衛方に放火。三十日火刑。(**裁許帳一九五**)。

9.26❖火番蒲田十兵衛切腹。過日市谷天竜寺前で婦女を「勾引」した(**実紀四**)。

11.13❖堀田正休の浅草邸焔硝蔵か修理工人の煙草により爆発、七人即死(**実紀匹**)。

11—❖江戸地震(**実紀四**)。

12.24❖京都上七軒の茶屋で遊女殺される(**花街史**)。

12.24❖対馬厳原大火。士屋六十六、民家六百四十三焼く。(**実紀四**)。

この年❖陸奥を除き諸国五十年来の豊作(**武江**)。

風姿—島原・大坂遊女

寛文二年

1662　壬寅

2.1❖江戸本郷一丁目又七方下女まさ、主家に放火。八日火刑(**裁許帳一八七**)。

2.3❖江戸三河町三丁目の弥兵衛、雉子橋の八左衛門に頼まれ、長患い(わずら)の所左衛門を菰(こも)に包んで両国橋上から捨てた。所左衛門は漁師に救われたが両人十九日死罪(**裁許帳一五四**)。

2.29❖新番組頭八木兵助、かねて遺恨の目付横田甚五郎を討ち果たし自殺(**実紀四**)。

3.4❖小普請小笠原左太夫、子吉兵衛を殺し自殺。先年発狂、籠居(ろうきょ)中だった(**実紀四**)。

3.9❖陸奥宇多郡中村領強訴(**一揆**)。

3.24❖江戸地震(**実紀四・武江**)。

3.27❖勘定奉行伊丹播磨守邸で伊丹が同役岡田豊前守と会談中、駿河蒲原代官一色内蔵助が乱入、両奉行に斬りつけた。家臣らが一色を斬り伏せたが、播磨守はその日絶命、一色は会計の不正でこの日呼び出されていた(**実紀四・泰平・武江・一話一言二四・営中刃傷記**)。【よみうり瓦版】

5.1❖京都及び近国大地震。二条城破損、亀山・尼崎・膳所・小浜城損壊。江州朽木(くつき)で領主朽木貞綱圧死(**実紀四・泰平**)。

5.12❖同心信利右衛門の元下人加左衛門と角兵衛、忍び込んで利右衛門と下女を斬り殺す。七月二十二日二人磔刑(**裁許帳三三**)。

5.27❖江戸神田錦町の権兵衛、暴行を注意した兄勘兵衛を斬り殺す。六月十八日死罪(**裁許帳四八**)。

5.29❖姫路の旅宿但馬屋の娘お夏と手代清十郎心中。別説あり、二人かけおちしてつかまり、主家の娘をかどわかした罪で清十郎死罪ともいう(**江戸の実話二**)。

6.13❖畿内・東海・関東大風雨、洪水。日光山で百三十人死ぬ(**実紀四**)。

6.15❖日光大風雨。目付小屋倒れ同心十人死す。市中の死者百四十人(**実紀四**)。

6.19❖大番頭内藤六左衛門と伜平兵衛そろって発狂し、弟・下婢・辻番ら多数を殺し、そろって自殺(**実紀四**)。

6.25❖江戸丸山へんの火事に出動した火消役遠山半九郎の隊伍を先手同心某が押し通ろうとし、遠山の僕、同心を殴る。七月八日同心切腹、僕斬刑(**実紀四**)

6.29❖土佐大風雨・洪水(**災異志**)。

夏—❖江戸に疫病流行(**生活史**)。

〃　❖日向旱害(**生活史**)。

8.28❖常陸・下総・下野へんに横行する強盗を厳重査検せよの令(**実紀四**)。

9.3❖越後蒲原郡村上領で逃散(**一揆**)。

9.19❖日向佐土原城下大震。城門崩れ民家八百余軒倒壊(**実紀四**)。

11—❖信濃水内郡松代領下高田村越訴(**一揆**)。

12.3❖高家上杉宮内大輔自殺。新院へ御使の帰り内侍の宣旨を紛失した責(**実記四**)。

12.16❖伊勢津城廓内から出火、本丸・市街まで延焼(**実紀四**)。

【よみうり瓦版】
不正を指摘した奉行二名斬られる
伊丹播磨守(いたみはりまのかみ)は七千四百石で六十歳、岡田豊前守(ぶぜんのかみ)は七千二百石、五十八歳。どちらも老齢だが、とくに岡田よく奮闘し、三か所の傷にひるまず、一色内蔵助(いっしきくらのすけ)を討ちとめた。■一色は廩米(りんまい)三百俵。会計不審の疑いで駿河から召喚され、この日伊丹邸の別室で調べを待っているうち、前途を悲観、逆上して飛び出したとみられる。■蒲原(かんばら)代官所の不正は事実で、のち七月九日、これに関連して一色家臣一人、代官所手代一人が死刑に処せられている。

風姿—少年の髪

殉死は不義無益なり、固く禁ずるの令

寛文三年

1663　壬寅

2.23❖江戸四谷塩町一丁目の太郎兵衛死罪。さる大名家中に家を売り、代金二十五両を受け取りながら明け渡さなかった(**裁許帳三五〇**)。

2.25❖東海道程ヶ谷宿で五百余軒焼ける(**実紀四**)。

5.23❖殉死は不義無益なり、固く禁ずる、の令(**実紀四**)。

5—❖京都地震(**生活史**)。

5—❖京都鴨川洪水(**生活史**)。

6.26❖江戸桶町一丁目左兵衛召仕善九郎死罪。理由は、「主人之娘たつを理不尽に女房に貰ひたき由に付、不届」(**裁許帳九六**)。

6—❖近江蒲生郡福富氏領三か村逃散(**一揆**)。

7.11❖蝦夷有珠山噴火、海上隆起(**雑紀四**)。

7.18❖坂井八郎兵衛所属の水主十二人追放。先日党を組んで霊岸島で争闘した(**実紀四**)。

7.25❖蝦夷松前大地震、有珠山爆発(**実紀四・泰平**)。

7—❖関東無雨・大旱(**災異志**)。

7—❖九州暴風雨(**生活史**)。

7—❖豊後速見郡日出(ひじ)領大神村など逃散(**一揆**)。

8.1❖大坂加番鳥居主膳正邸で外科医松谷寿覚が発狂して近習らを斬る。主膳正が討ちとめたが、当人も深手で死ぬ(**実紀四**)。

8.5❖京都洪水(**泰平**)。

8.13❖土佐郡ほか高知領で専売制反対愁訴(**一揆**)。

9.19❖辻斬に会って捕えなかった表台所人の子追放。傷者を放置した辻番三日間の晒し(**実紀四**)。

10.3❖新番戸田次郎右衛門と川尻次郎左衛門争闘、相討ち(**実紀四**)。

10.25❖女院、姫宮の衣服、一枚銀五百以下に、との令(**実紀四**)。

11.26❖吉原と三崎築地の両遊里が遊女奪いあい合戦、乱闘でけが人も出る。官の裁定で吉原側に軍配(**青楼年歴考**)。

【よみうり・瓦版】

12.6❖京都大地震(**泰平**)。

12.14❖小十人山本三右衛門、納戸番田辺伝三郎を殺害して逐電(**実紀四**)。

12.27❖陸奥会津郡の天領山口村越訴(**一揆**)。

この年❖佐渡雑太(さわた)郡で金山閉鎖反対強訴(**一揆**)。

〃　❖筑前太宰府領、村役人非違を越訴(**一揆**)。

二八そば売

寛文四年

1664 甲辰

1—❖雲仙岳噴火(**生活史**)。
3.27❖小普請水野十郎左衛門、評定所で切腹。被髪して袴も着せず、その様不敬。二歳の男児も斬られる(**実紀四・一話一言一一・久夢日記・江戸真砂**)。【よみうり瓦版】
3—❖出羽置賜郡米沢領屋代郷越訴(**一揆**)。
3—❖名古屋大火、四百戸焼ける(**生活史**)。
4.4❖大坂府庫の奸吏を誅す(**実紀四**)。
4.18❖水戸藩茶道意城、叔父・甥の助太刀で母と妹の敵小山田庄兵衛を下総行徳で討つ(**楓軒偶記**)。
5.7❖大坂府庫の賤吏赤松次郎兵衛、同僚の奸曲を訴え、奸吏多く誅せられる(**実紀四**)。
5.14❖幕奉行松風十左衛門方で養子の五郎右衛門が家人を殺傷。二十一日自首して斬(**実紀四**)。
5.17❖江戸牛込築土明神下で古沢忠次郎、同市左衛門兄弟、父母と兄の敵沢間藤右衛門を討つ(**敵討**)。
5—❖米沢藩主上杉綱勝、妹婿の吉良上野介邸で茶を飲み腹痛、七日死す(**騒動**)。
5—❖肥後大雨・洪水(**生活史**)。
閏5.14❖江戸浅草常念寺から出火、寺院数宇類焼(**実紀四**)。
6—❖蝦夷松前暴風、百三十艘破損、水死多数(**生活史**)。
6—❖土佐暴風雨、洪水(**生活史**)。
7.23❖江戸町奉行所属吏八人が松平中務大夫従者と闘争。属吏二人斬、二人追放(**実紀四**)。
7.27❖一江戸桶町一丁目の弥兵衛獄門。病身の兄半右衛門を両国橋からつき落として死なせた(**裁許帳一五三**)。
7—❖江戸大火(**生活史**)。
7—❖岡崎藩領暴風雨、百七十七か村浸水(**生活史**)。
7—❖陸奥信夫・伊達郡米沢領強訴(**一揆**)。
8.9❖小姓組和田新五兵衛の従者斬。過日柳原の辻番で狼籍の振舞があった(**実紀四**)。
9.8❖与力久永平左衛門の若党長兵衛、主人の寝首をかき自殺。十日長兵衛の父母を斬(**裁許帳四三二**)。
9.11❖江戸瀬戸物町勘兵衛の娘を奪って欠落ちしていた同町善三郎獄門。協力した二人も斬(**裁許帳三五一**)。
10.3❖吉原以外の売女自由廃業してよし、との達し(**実紀四**)。
11.21❖江戸南大工町の産婆の下人三助、産婆を殺して逐電。三助の兄、姉死罪(**裁許帳一九**)。
11—❖伊予新居郡西条領西ノ川山村など強訴(**一揆**)。
11—❖豊後日田郡で代官非法を越訴(**一揆**)。
12—❖越後大地震、高田では大火となる(**生活史**)。
この年❖近江蒲生郡福富領川守村など逃散(**一揆**)。
〃 ❖琉球大地震、津波。死者多数(**生活史**)。

【よみうり・瓦版】

遊女の争い、吉原は強かった

最初、吉原の十八人が船で押しかけ、三崎の遊女四人を捕えて番所へ突き出した。三崎側は、武装した多数を動員して遊女を奪い返し、それをまた吉原側決死隊が急襲して奪い返した。結局、吉原方が人足五十人ばかりさしむけ、一応ケリとなったが、双方怪我人多数。■もともと公認遊女は吉原だけという幕府の大方針があり、これを背にした吉原側の勝ちで、三崎の遊女は隠し売女として吉原へ送られ、定法通り奴婢としてタダ働きさせられた。

旗本奴水野十郎左衛門の最後

旗本奴の頭領として、悪名高かった水野が厳粛な評定所で、ぼうぼう頭に袴もつけず、ふんぞり返っている姿は、むしろ爽快である。■水野は明暦三年七月十八日、町奴の親分幡随院長兵衛を殺害しているが、この時は無構。詐謀で邸へ誘い、風呂場で殺したというのは、芝居の虚構。『徳川実紀』も、無礼討ちだとしている。■水野が切腹させられたのは、その後の町奴との抗争の指導者としてであろう。二歳の男児まで斬られたのは、あわれである。

寛文五年

1665　乙巳

1.2❖大坂城天守閣雷火で焼亡(**実紀四・泰平・一話一言二三**)。

1.24❖江戸雉子橋の鍛冶職平右衛門、弟子小左衛門と密通した女房を斬り殺す。小左衛門六月一日死罪(**裁許帳一六**)。

1.30❖江戸南鍋町長右衛門の召仕市兵衛、主人の妻を殺す。四月二十九日死罪(**裁許帳一三**)。

3.5❖京都清水寺執行経寛と先住宗親追放。経寛は未決定の訴訟を勝ったように宣伝、宗親は身持不良(**実紀四**)。

3.25❖豊後代官小川藤左衛門、小川又左衛門改易、属吏二人死刑。農民から財を貪っていたこと露顕(**実紀四**)。

3.26❖江戸浅草元鳥越の吉兵衛、母を斬り殺す。二十九日死罪(**裁許帳四〇**)。

3—❖出羽置賜郡米沢領若山村愁訴(**一揆**)。

4.6❖同心鈴木与惣右衛門の召仕市助死罪。主人の偽手紙で衣類を詐取しようとした(**裁許帳二七六**)。

4.26❖江戸天沢寺の喜兵衛召仕太兵衛、主人を斬り殺して逃走。在所でつかまり父、弟とともに死罪(**裁許帳四三二**)。

5.13❖京都地震、二条城石垣、殿舎破損(**実紀四**)。

6.2❖江戸二十か所落雷、死者多し(**実紀四**)。

6.7❖出羽最上郡新庄領逃散(**一揆**)。

6.25❖病死者を放置していた江戸一番町の辻番人、耳鼻そぎ追放(**実紀四**)。

7.29❖伊予小浜二万五千石一柳監物改易。平常領民を苦しめ、罪なくして刑せられた者三十余人に及んだ(**実紀四**)。

8.9❖大番木村右衛門八、小十人富士又左衛門切腹、木村の三歳の子も斬。この五月市井で飲酒争闘(**実紀四**)。

8.30❖駿府番士某、宿直中自殺(**実紀四**)。

9.2❖女院の侍窪田左治右衛門、重陽の賀使として東下中、宿舎梅雲寺から刀を捨てて逐電(**実紀四**)。

9.10❖下野国府村の百姓源右衛門・市郎兵衛兄弟、同国古宿村で、母の敵小乙女早平・右馬之助兄弟を討つ(**敵討**)。

10.24❖寄合稲葉八左衛門・斎藤頼母、采邑常州下舘へ帰って強盗を捕える(**実紀四**)。

12.6❖越後高田大地震。城本丸全壊、家士三十五人圧死。他に市民の死者百二十。二十七日余震(**実紀四・泰平**)。

12—❖大坂大火(**生活史**)。

12—❖水戸藩、淫祠三千余を破却(**生活史**)。

この年❖蝦夷有珠山噴火(**生活史**)。

〃　❖京都地震頻発(**生活史**)。

寛文六年

1666　丙午

1.7❖大坂魚市場から出火、大火となる(**災異志**)。

1.13❖江戸柳原土手で浪人伴野十左衛門が伊丹八十郎に殺される。伴野の弟子左衛門、二月三日に敵討を申請したが、敵八十郎が大坂で病死し沙汰やみ(**一話一言二**

歳時—小寶

四)。
2.14❖奈良東大寺二月堂炎上(**災異志**)。
3.4❖伊予大洲洪水(**実紀四**)。
4.29❖持筒組与力二人、江戸落合で下人と争闘、斬る。六月十日二人追放(**実紀四**)。
5.2❖水戸大洪水。六月一日まで水ひかず(**実紀四**)。
5.10❖日比谷三丁目仁兵衛の召仕太兵衛、主家に放火。六月三日死罪(**裁許帳一六**)。
5.22❖小納戸坊主某死刑。刃傷して同僚を死なせた(**実紀四**)。
6.1❖寄合渡辺久左衛門、来訪の友人林源左衛門と口論、討ち果たす。閉門ですむ(**実紀四**)。
6.5❖小姓組柴山弥左衛門ら三人斬、甲府家臣小林次郎左衛門ら二人切腹。浅草の娼街で争闘、即死三、重傷二の不祥事を起こした(**実紀四**)。【よみうり・瓦版】
6.8❖長崎の大窃盗団に判決。首領五郎左衛門と副将格才兵衛磔、他に一人獄門、二人斬、五人遠島(**寛宝日記**)。
6—❖出羽置賜郡米沢領小松村強訴(**一揆**)。
6—❖水戸洪水(**生活史**)。
6—❖加賀・能登・越中大雨・洪水。流失九十三軒、死者十人(**災異志**)。
7.3❖土佐大風雨、水害。死者五十二(**災異志**)。
7.3❖豊後府内大風雨。五百三十軒倒壊(**実紀四**)。
7.4❖土佐中村洪水。十一、十五日とつづき二千三十七軒流れ三十七人死亡(**実紀四**)。
7.16❖名古屋大雨、洪水。二十八、二十九日とつづく(**実紀四**)。
7.26❖娼街で争闘した表坊主四人斬(**実紀四**)。
8.1❖木曽川出水、六人死す(**実紀四**)。
8—❖陸奥信夫郡米沢領愁訴(**一揆**)。
10.16❖博奕常習の江戸本湊町庄左衛門死罪(**裁許帳一六九**)。
10.18❖越後村上城雷火で炎上(**災異志**)。
10.21❖博奕常習の江戸柳町伝右衛門召仕吉兵衛死罪(**裁許帳一六九**)。
10.27❖病と称して勤めず娼家に遊んでいた宝蔵番関市十郎斬(**実紀四**)。
11.4❖町内の娘をかどわかし逐電した江戸麹町十一丁目の三左衛門死罪(**裁許帳二二五**)。
11.27❖博奕常習の小普請岩間勘左衛門と子二人斬、他に旗本の遠島三、追放八(**実紀四**)。
12.7❖大坂大火、百四十二か町、千九百三十三軒焼ける(**実紀四**)。
12.9❖江戸牛込榎町から出火、すこぶる大火となる(**実紀四**)。
冬—❖蝦夷地東風吹かず、船が入港できないため米欠乏、昆布を常食とする(**生活史**)。
この年❖京都鴨川四条へん護岸でき、宮川筋開発。また祇園外六町開発、祇園町と称す(**京都坊目誌**)。【よみうり・瓦版】
〃　❖諸国凶作(**生活史**)。
〃　❖越前大野郡平泉寺村逃散(**一揆**)。
〃　❖甲斐都留郡谷村領大明見村など越訴(**一揆**)。

【よみうり・瓦版】
旗本、娼街で乱闘
『徳川実記』には関係者の名前七人が出てくるが、その全員が○○左衛門である。■この実記の記事、すこぶる文意不徹底の悪文で、七人いっしょに浅草の娼街に遊び、そこで内輪喧嘩をやらかしたらしいのだが、どりようによっては、地元の町人と「争闘」したようでもある。■いずれにせよ、江戸初期の旗本連中の殺伐な荒々しさが爆発したような事件で、それだけに幕府側の処分も厳酷をきわめたものになったと思われる。

祇園の町、宮川町から開発
古く平安時代から大雨のたびに沿線市民を泣かせてきた鴨川の、まず三条から四条間に幕府が護岸工事を始めたのが寛文六年。おかげで寛文十年には弁才天町、常盤町、三十間町、中之町、川端町、宮川筋一丁目の「祇園外六町」が発足。さらに正徳三年までに四条以北を開発して元吉町、橋本町、材木町、末吉町、清本町、富永町の「祇園内六町」が生まれ、合わせて今日の祇園を形成した。

寛文七年

1667 丁未

1—❖能登鹿島郡金沢領四十三か村、検地中止を越訴。六十三人死罪。浦野事件(**一揆**)。

2.27❖比叡山文珠楼、慈覚堂焼失(**災異志**)。

閏2.26❖江戸市谷八幡町六兵衛方元召仕八蔵、盗みに入って六兵衛に手疵負わせて逃走。三月十九日死罪(**裁許帳三四**)。

閏2.28❖尾張清洲須賀口で土屋権之丞と田沢市右衛門が父の敵鶯谷弾之丞を討つ(**敵討**)。

4.4❖朝鮮釜山の対馬藩公館全焼(**災異志**)。

4.29❖下総荒井村の権兵衛、同国香取村の浪人九左衛門を「女房の出入りにつき」刺し殺す。助勢の善七とともに十二月二十八日死罪(**裁許帳一六**)。

5.11❖小姓組大久保十蔵、発狂して妻を斬り殺し自殺(**実紀四**)。

5.23❖上州安中城主水野信濃守元知、発狂して妻に深手負わす。二十八日改易(**実紀四**)。

5—❖佐渡雑太郡四日町村越訴(**一揆**)。

6.23❖近江蒲生郡福高領二か村誅求を越訴(**一揆**)。

7.11❖伊勢鈴鹿郡亀山領住山村越訴(**一揆**)。

7.27❖徳島城全焼(**実紀四**)。

7—❖陸奥八戸地震と暴風雨・水害(**生活史**)。

8—❖三河・遠江大水(**生活史**)。

9.29❖安芸佐伯郡広島領大野村越訴(**一揆**)。

10.18❖越後村上城雷火、天守と六櫓全焼(**実紀四**)。

11.4❖浅野因幡守家来野中伊左衛門の小者加助、江戸源助町藤兵衛を殺して金を奪う。翌年十月死罪(**裁許帳三三三**)。

11.26❖武蔵猪俣村の五左衛門、領主林から木を伐り出し死罪。坊主にして逃がそうとした蓮光寺住職入牢(**裁許帳一一一**)。

11.30❖九州から朝鮮に武器を売り込もうとしていた博多の伊藤小左衛門ら断罪。磔五、獄門十四、斬五十一人(**寛宝日記**)。

この年❖下総匝瑳(そうさ)郡旗本領椿村愁訴(**一揆**)。

〃 ❖常陸真壁郡旗本領布川新田愁訴(**一揆**)。

〃 ❖日向那珂郡高鍋領福島郷強訴(**一揆**)。

寛文八年

1668 戊申

1.2❖駿府で六十軒焼ける(**実紀五**)。

1.23❖江戸麹町一丁目小室六太夫、芥川小野寺下女こまと共謀、小野寺に放火。両人二月十日火刑(**裁許帳一八八**)。

1.29❖日光山で社家、民家多く焼く(**実紀五**)。

2.1❖江戸牛込から出火、市谷・芝まで焼く。別に元吉祥寺前から出火、神田・日本橋焼亡(**実紀五・武江**)。

2.4❖江戸東叡山(とうえいざん)車坂下長慶寺から出火、下谷・浅草・本所・深川焼き、また四谷伊賀町から青山・赤坂までと麻布から三田・芝へ及ぶ(**実紀五**)。

2.4❖江戸馬喰(ばくろ)町一丁目長蔵下人、カンナ屑

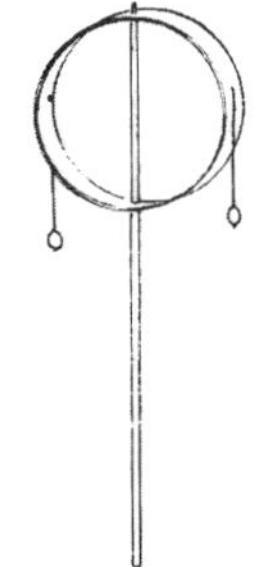

用具—豆太鼓

用具—豆太鼓

に火をつけ浅草森田町の屋根に投げ上げたところをつかまる。十日獄門(**裁許帳一九五**)。

2.5❖江戸浅草聖天町権兵衛下女たま、同町吉兵衛方に放火。十日獄門(**裁許帳一九五**)。

2.6❖江戸またも大火。小日向から小石川・牛込・飯田町まで焼ける(**実紀五・武江**)。

2.6❖持弓頭内藤甚之丞と細工頭矢部四郎兵衛、火事場で争闘。八日ともに斬(**実紀五**)。

2.27❖肥前高来郡島原領七か村越訴(**一揆**)。

2—❖阿蘇山噴火(**災異志**)。

3.5❖采邑の民を苦虐したとして寄合福高平左衛門、日下部(くさかべ)五郎八改易(**実紀五**)。

3.29❖箪笥(たんす)奉行小俣吉右衛門、久永源兵衛組与力島治九郎右衛門に突き殺され、島治も小俣の家士に討ち留められる(**実紀五・泰平**)。

3—❖江戸隠売女(かくしばいじょ)を手入れ、娼家七十四軒の売女五百十二人を吉原へ移し堺町・伏見町できる(**花街史**)。

4.2❖越後新発田(しばた)城失火、本丸二丸焼失(**実紀五**)。

5.21❖書院番坪内源太郎、訪ねてきた小十人水野与惣右衛門と争論、水野を斬り殺して逐電(**実紀五**)。

6.11❖金沢洪水、二百二十三戸流失、七十人死(**実紀五**)。

6—❖陸奥八戸新藩主南部直房急死。暗殺のうわさしきり(**騒動**)。

6—❖陸奥津軽洪水(**生活史**)。

7—❖京都両町奉行設置。

8.4❖二月二十九日病死の宇都宮城主奥平忠昌に殉死した家臣杉浦右衛門兵衛の男子二人斬。この荒療治で殉死の悪習根絶(**実紀五・寛保集成四三**)。【よみうり・瓦版】

8—❖旗本横田甚五郎と八木兵助、横田邸で争闘、相討ち。八木の伜(13)事後処置美事と賞賛される(**一話一言四八**)。

9.14❖小倉城下大火、烈風に町家多く焼く(**災異志**)。

9.18❖不良、博奕常習の先手組与力小野彦兵衛斬(**実紀五**)。

10.14❖京都西本願寺執事苗村市之丞、湯瀬十右衛門遠島。寺宝盗みの露顕を恐れて東本願寺へ走ろうとした(**実紀五**)。

10.15❖九州で天主教徒捜索、天領で二百余人、熊本領で七十四人、豊後岡で七十人逮捕(**実紀五**)。

11.12❖大和田原本火事、陣屋・侍屋敷ほぼ全焼(**実紀五**)。

11.16❖伊勢山田で約二百軒焼ける(**災異志**)。

12.18❖先手頭諏訪勘兵衛の家士岡才兵衛、寺で自害。屋代越中守の領民を斬り殺し逐電していた(**実紀五**)。

12.20❖無宿孫兵衛、弟八兵衛を突き殺す。翌日死罪(**裁許帳五五**)。

この年❖諸国旱害(**生活史**)。

〃 ❖陸奥相馬郡中村領凶作を愁訴(**一揆**)。

【よみうり・瓦版】

殉死を禁止する荒療治

幕初から寛永までは、純粋な意味での殉死・義腹(ぎばら)だったが、次第に「論腹(ろんばら)」「商腹(しょうばら)」と堕落した。何よりも無意味に人命を損ずる愚を幕閣も知っていたので、寛文三年厳重な禁止令を出したが、さらに効果ないので、ついに殉死者の遺族を処刑するという思いきった手段に出た。これが決定的効果を発揮し、以後殉死の悪風は根絶した。■この功労者は、大老酒井雅楽頭(うたのかみ)忠清、老中久世大和守広之の両名である。

用具—竹馬

寛文九年

1669　己酉

2.6❖無宿市左衛門、放火の科で火刑(**裁許帳一八八**)。

2.29❖江戸赤坂伝馬町の庄兵衛磔刑。小日向水道町長助の娘(11)をかどわかし吉原へ売った(**裁許帳二一九**)。

2—❖小倉大火、四百五十軒焼ける(**生活史**)。

3.25❖江戸築地本郷町の小左衛門死罪。別件で手鎖処分中、鎖を外して博奕していた(**裁許帳一七〇**)。

3—❖周防吉敷郡小郡代官不正を強訴(**一揆**)。

4.15❖福井大火。士屋三百七十九、市井五十九か町焼け、城も被害(**実紀五**)。

4—❖播磨明石領塩屋村ほか越訴(**一揆**)。

6.3❖大番多賀三郎四郎、娼街で闘争、疵を被り自殺。同伴の二人切腹(**実紀五**)。

6.5❖浪人近藤五右衛門の下人八助、衆道のもつれから五右衛門とその子虎之助に手疵負わせる。十四日磔刑(**裁許帳二一**)。

6.10❖江戸霊岸島塩町の喜右衛門、女房を折檻したところ女房大川に入水自殺。しかし女房の方にも「子細有ㇾ之」で喜右衛門赦免(**裁許帳一四〇**)。

6.12❖加賀・能登・越中大雨、洪水。九十三軒流失、十人死(**実紀五**)。

6—❖遠江引佐郡浜松領都田村越訴(**一揆**)。

7.11❖江戸浅草田町の四郎兵衛・庄九郎、博奕で死罪(**裁許帳一七〇**)。

7.18❖蝦夷松前の酋長シャクシャイン蜂起、商船十九艘を奪い士商二百七十三人を殺す。十月鎮定(**実紀五・武江年表**)。

【よみうり・瓦版】

8.9❖豊前中津洪水。十二日までに六十軒流失、十三人死す(**実紀五**)。

8.11❖九州大風雨、水害。十二日までに佐賀八千五百十七戸、久留米二千六百六戸、唐津五百九十五戸流失、倒壊(**実紀五**)。

8—❖江戸大地震(**生活史**)。

9.18❖賭博常習の遠州掛川の八兵衛ら四人獄門(**裁許帳一七一**)。

10.1❖松平加賀守の下僕三人、迷って江戸城に入りこみ捕えられる。八日斬(**実記五**)。

11.14❖豊前中津大火。七百二十軒焼く(**実紀五**)。

12.5❖江戸麹町五丁目の久兵衛、養子角兵衛を絞殺。九日死罪(**裁許帳六五**)。

この年❖浅間山噴火(**生活史**)。

〃　❖諸国飢饉。京坂で施粥(**災異志**)。

〃　❖伊予越智郡松山領松尾村越訴(**一揆**)。

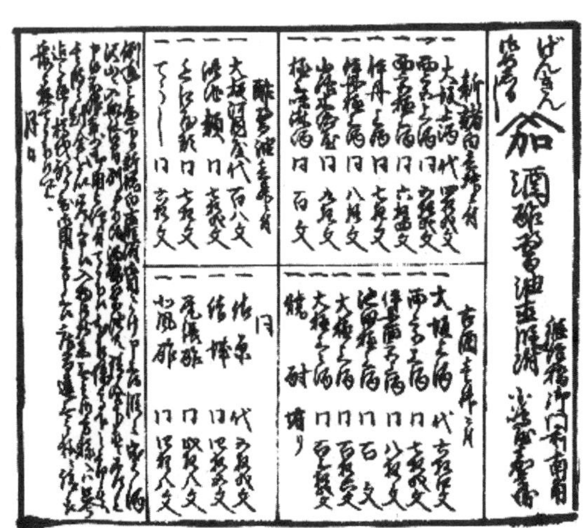

用具—古報帖(京坂チラシ、江戸ヒキフダ)

寛文十年

1670　庚戌

2.3❖上総青木村の百姓孫右衛門ら三人、流しモチで鴨をとり獄門(**裁許帳三一二**)。

2.3❖上総大堀村の百姓六兵衛・久七、御猟場内へ舟で鳥を捕りに来て獄門(**裁許帳三一二**)。

2—❖岡崎大火。侍屋敷、二十と五か町焼く(**実紀五**)。

3.15❖大坂心斎橋(しんさいばし)通南二丁目で尾張藩士小畑五太夫・牛太郎が弟・叔父の敵同藩青山五左衛門を討つ(**騒動**)。

3.18❖米沢大火、二百九十五軒焼く。二十四日再燃(**実紀五**)。

4.1❖芝高輪寿宝寺弟子古蔵主、師僧を殺害。翌年十二月十三日流罪(**裁許帳一六**)。

4.2❖三河岡崎大火。五か町と侍屋敷二十焼く(**災異志**)。

4—❖秋田大火(**生活史**)。

5.25❖酒井左衛門尉の食客二人東叡山麓で相争い、一人討たれ一人切腹(**実紀五**)。

5.27❖所司代永井伊賀守の徒士切腹。新番鈴木仁右衛門の奴僕に傷負わせた(**実紀五**)。

6.3❖下総関宿風雨、洪水。相模でも(**実紀五**)。

6.5❖越後大地震。村上で六百余軒倒壊(**実紀五**)。

6.17❖江戸四谷の辻番久兵衛、近くの殺人事件を役所へ届けず、被害者の刀をとりあげ死体を近所へ埋めた。九月十九日死罪(**裁許帳八九**)。

6—❖遠江・駿河洪水(**生活史**)。

7.16❖江戸本郷御弓町で御側役松平民部少輔の奴僕、某家の中間二人に殺される。八月十三日中間一人斬、一人追放(**実紀五**)。

7.28❖切手門番同心一人切腹、一人追放。先に平河門で私事闘争した科(**実紀五**)。

8.22❖岡崎大火、矢矧(やはぎ)橋焼失(**実紀五**)。

8.23❖明石大風雨。九百四十六軒倒壊、十一人死。城も本丸破損(**実紀五**)。

8.23❖大坂木津川高潮。数千艘破損、百二十三人死(**実紀五**)。

8—❖対馬大地震(**生活史**)。

9.23❖大坂暴風雨、各川溢れ水死百二十三人(**災異志**)。

10.26❖祐筆水野伊兵衛、同僚大橋長左衛門と口論、扇子で打擲(ちょうちゃく)した。三十日切腹(**実紀五**)。

11.17❖大和郡山大火、二百二十余戸焼く(**実紀五**)。

11.17❖大和高取大火、二百二十戸焼(**実紀五**)。

11.24❖伊勢山田大火。五千余戸焼失(**実紀五**)。

12.3❖水戸大火、二百七十戸焼失(**実紅五**)。

この年❖諸国凶荒(**生活史**)。

〃　❖信濃佐久郡小諸領芦田村暴動(**一揆**)。

【よみうり・瓦版】
蝦夷で反乱

ともかく大変な数字だが、藩主の松前兵庫矩広(のりひろ)はまだ十一歳。幕府は同族の旗本松前八右衛門泰広を急遽派遣し、海向こうの津軽藩にも応援を命じた。当の松前藩も「矩広が家士千人あまり討手にさしむけ」(徳川実紀)とあるが、高一万石格の貧藩に千人もの動員力があっただろうか。それはともかくとして藩軍よく善戦し、三か月がかりでなんとか鎮圧することができたが、土人の反乱は他にもあり、幕府の北方への関心は、以後急速に高まった。

用具—毬杖

1671 仙台藩内紛を審問中、原田甲斐、伊達安芸を殺害

寛文十一年

1671　辛亥

1.12❖丹波篠山大火。三百六十二軒焼失(**実紀五**)。

1.15❖京都大火。原因は六条中将有綱邸の爆竹とわかり、有綱蟄居(**実紀五**)。

1下旬❖肥後八代大火、五百戸焼亡(**実紀五**)。

2.23❖京都醍醐火事、六十三軒焼ける(**実紀五**)。

3.7❖会津若松大火、六百七十軒焼亡(**実紀五**)。

3.16❖江戸鉄砲町の平四郎、旧主の二郷半之内村木村弥三郎方へ侵入、弥三郎に疵負わせる。十二月十三日流罪。平四郎と密通の同家女中はる八月二十二日牢死(**裁許帳三四**)。

3.20❖江戸横山町一丁目の権左衛門「身退不罷成」。理由で女房を斬り殺す。十二月二十一日死罪(**裁許帳一二〇**)。

3.27❖仙台藩内紛につき大老酒井忠清邸に当事者双方を呼び審問中、進歩派原田甲斐が保守派伊達安芸を殺害、酒井家中に討ちとめられた。伊達騒動結着(**実紀五・一話一言二四・柳庵随筆**)。【よみうり・瓦版】

3—❖伊予宇和郡宇和島領川内村ほか強訴(**一揆**)。

4.6❖奥州二本松大火、士屋二百十五軒焼ける(**実紀五**)。

4.7❖米沢大火、士商三百五十戸焼く(**実紀五**)。

4.8❖京都吉田大火、百余戸焼ける(**実紀五**)。

7.27❖徒士杉山市郎右衛門下人角兵衛、主人を斬殺・逃走。十一月磔刑(**裁許帳一九**)。

7.29❖中奥番野々山瀬兵衛、柳原堤で松平相模守家士の召仕を斬る。八月八日改易(**実紀五**)。

8.29❖江戸大雨、浅草川氾濫、本所浸水(**実紀五・武江**)。

8.30❖東海道各所洪水、六郷橋流失(**実紀五**)。

9.7❖摂津芥川で会津浪人松下源太左衛門の遺児助三郎(14)父の敵早川八之丞を討つ(**翁草一五〇**)。【よみうり・瓦版】

10.22❖伊勢山田で五百戸焼失(**災異志**)。

12.11❖上州舘林で三百戸焼失(**災異志**)。

12.13❖犬二匹を理不尽に突き殺した小石川餌指町藤兵衛召仕三右衛門、遠島(**裁許帳二八四**)。

この年❖下野芳賀郡真岡領飯貝村愁訴(**一揆**)。

寛文十二年

1672　壬子

1.28❖奥州棚倉大火、城二丸と家四百戸焼ける(**実紀五**)。

1.30❖江戸芝金杉中通五丁目の惣兵衛、放火の罪で火刑(**裁許帳一八八**)。

2.2❖奥平大膳亮の元家来奥平源八・同伝蔵ら多数で江戸市谷浄瑠璃坂の元同藩士奥平隼人邸を襲い、源八の父の敵隼人を討ち取る。敵討浄瑠璃坂事件(**実紀五**)。【よみうり・瓦版】

2.19❖肥後八代城に落雷、天守など炎上、

郎と改名、千二百石の大身に出世した。

敵討浄瑠璃坂
元宇都宮七万石奥平大膳亮家の内紛に発するこの敵討は、相当に大がかりである。■浄瑠璃坂にある城郭のような奥平隼人邸を襲った奥平源八の一隊は、門前にカヤを積んで放火し、おどろいて開いた門から、突撃して本懐をとげた。■二か月後、討たれた隼人の親縁が、討手源八と親しかった二人を殺し、「理、不分明」と咎められた事件も付随している。ただし源八らをはじめ、関係者全員処分は遠島であった。「府内を騒がせた」のが、その理由である。

毬杖

十五人死す(**実紀五**)。

2.21❖浄瑠璃坂敵討の奥村源八ら九人、伊豆大島へ遠島(**実紀五**)。

2.29❖江戸神田錦町玄米店の甚右衛門、家主の娘(9つ)に無態の行為に及び大けがさせた。三月十四日死罪(**裁許帳一〇四**)。

2—❖長崎銀屋町の善吉、丸山廓で遊女を刺し殺して自害。首を獄門(**寛宝日記**)。

3.7❖江戸上野の十左衛門、姑の家で女房を突き殺し逃走。請人らが捕え、十二日死罪(**裁許帳一六**)。

3.26❖二月二日浄瑠璃坂で討たれた奥平隼人の親縁本多次郎右衛門、奥平源四郎ら四人、討手の奥平源八と親しかった菅沼次太夫、上曽根五右衛門を源八の代わりに殺す。「理分明ならず」として五月六日全員遠島(**実紀五**)。

3—❖江戸市中で集めたゴミは永代辺宅地東島へ投棄せよ、の令(**実紀五**)。

【よみうり・瓦版】＝次ページ

4上旬❖京都三条大橋下で若い女乞食が自害。傍に辞世あり「ながらへばありつる程のうき世ぞと　おもへば残る言の葉もなし」(**新著聞集**)。

4.13❖師僧を殺害した芝金地院清蔵主、死罪(**裁許帳一〇四**)。

4.20❖小姓組中山市之丞、来訪の新番川崎太郎兵衛を斬殺して自殺(**実紀五・泰平**)。

5.5❖江戸大風、雨、六郷仮橋流失(**実紀五**)。

5.10❖長崎東中町村上惣右衛門の下人作兵衛、主人の娘に言いよって振られ、殺して自殺。首を獄門(**寛宝日記**)。

6.4❖甲斐旗本山上氏領で増税反対を強訴(**一揆**)。

6.16❖江戸新鷹師町で天守番同士闘争、一人斬り殺され相手逐電(**実紀五**)。

6—❖土佐高岡郡高知領上ノ加江浦逃散(**一揆**)。

閏6.1❖歩行士松田六右衛門、鎌倉河岸で同僚と争い傷つけられた。閏六月六日切腹(**実紀五**)。

閏6❖陸奥岩木山噴火(**生活史**)。

8.14❖江戸両鞘町庄右衛門の養子庄次郎離縁話のもつれから妻と養母に切りつける。二十七日死罪(**裁許帳四五**)。

8.19❖書院番毛利十郎左衛門、召仕を討ち果たすが、抵抗され負傷、翌日死す(**実紀五**)。

9—❖周防・長門で牛の奇病。一か月に四万八千八百余頭死す(**実紀五**)。

10.6❖大坂小揚頭平田太右衛門、偽印の罪で斬。妻子は大坂町奉行所の奴婢に(**実紀五**)。

10.10❖小倉大火(**生活史**)。

10.22❖伊勢山田大火。五百余戸焼失(**実紀五**)。

11.24❖歩行士野村七郎左衛門、発狂して見舞いの同僚に斬りかかり、討ち留められる(**実紀五**)。

12.8❖下野大田原城下火事(**実紀五**)。

12.11❖上州舘林城下で三百余戸焼亡(**実紀五**)。

この年❖京都島原の扇屋四郎兵衛、夕霧太夫をつれて大坂新町へ移る(**花街史**)。

〃　❖江戸地震頻発(**生活史**)。

【よみうり・瓦版】

原田甲斐打たれ、伊達騒動結着

仙台六十二万石伊達家では、わずか二歳の当主綱村の後見をめぐって、原田甲斐と伊達安芸の両派が対立、伊達安芸側から幕閣へ裁断を仰ぐ上書が出ていた。■山本周五郎作『樅の木は残った』では、原田甲斐は郷国を思う知識人として描かれているが、このころの文献はすべて原田悪人説で、安永六年初演「伽羅先代萩」の仁木弾正以下芝居の方でも、超悪役として演じられている。■事件後、甲斐の子五人が、すべて切腹させられているのも、幕府の憎しみが大きかったことを示す。

十四歳の遺児臥薪嘗胆の後、見事本懐

討手・敵とも、その家は奥州会津加藤明成家の大身で、加藤改易のあと江戸で浪人生活していた。敵早川八之丞の父四郎兵衛は、討手松下助三郎の父源太左衛門と不仲で、伜八之丞に「憎い源太左を殺してくれ」と遺言して病死、八之丞はこれを守って源太左衛門を殺した。■このとき、助三郎は十二歳、ひたすら剣の修行に励み、二年後ついに本懐をとげた。助三郎は、のち熊本細川侯に召し出されて中瀬助五

1672　遊女の髪形、兵庫髷から島田髷に変る

寛文年間 1661-1672

○—❖遊女の髪形、兵庫髷から島田髷にかわる(**花街史**)。

延宝元年 1673 癸丑

9・21改元

1.27❖江戸鷹匠町から出火、京橋・木挽町まで焼失(**武江**)。

3.8❖長崎勝山町で女房が亭主を殺す。四月二十五日磔(**寛宝日記**)。

4.13❖江戸呉服町二丁目の次右衛門、新番木村弥五郎召仕しけをかどわかしたが、足手まといになり、武州稲毛川に沈めて殺そうとした。十一月二十一日死罪(**裁許帳二一九**)。

5.1❖江戸本所花町源四郎の聟弥次兵衛、養父との不仲が爆発して妻と娘を斬り殺す。十四日死罪(**裁許帳一三〇**)。

5.8❖小姓組酒井作右衛門の家士三人、路上で馬医細谷弥次右衛門と争い斬り殺す。三人翌日切腹(**実紀五**)。

5.9❖京都大火、御所全焼。今出川・二条間の間之町・大宮間焦土(**実紀五・泰平・久夢日記**)。

5—❖北九州、中・四国大洪水、水死多し(**災異志**)。

6.15❖高野山火事。行人宿坊など五十五宇焼亡(**災異志**)。

6.16❖松平但馬守足軽松田三左衛門、盲目の娘しち(7つ)を小塚原で斬り殺す。二十九日死罪(**裁許帳六二**)。

8.9❖駿府大風雨、城内多く破損(**実紀五**)。

10—❖武蔵久良岐郡幕領永田村など強訴(**一揆**)。

12.11❖江戸市谷田町四丁目の紋三郎、乱心して妹を斬り殺し自害(**裁許帳五八**)。

この年❖甲州甲府領で越訴(**一揆**)。

〃　❖美作勝南郡ほかの津山領で逃散(**一揆**)。

歳時—門松と前垂注連

泥棒は民間で捕えよの珍令

この三国では「竊盗見出さば、土人うちつどひてこれを逮捕すべし。もしこころを入ず、かつ出あはざるものあらば、罪に処せらるべきものなり」(徳川実紀)。■地元民が力を合わせて盗賊をつかまえよ。非協力のやからはお上で罰するぞ。小藩・天領・旗本領入り混じるこの地方の警察力が、いかに弱かったかを幕府自身が白状したような珍指令である。■そのくせ、非協力者は厳罰といばりくさっているところが滑稽というほかない。

延宝二年

1674 甲寅

1.18❖肥前島原城下火事。二月一日にも(**実紀五**)。

2.13❖箱根宿で四十九戸焼ける(**実紀五**)。

2.23❖江戸須田町の佐五右衛門、乱心して女房を刺し殺す。五月十三日死罪(**裁許帳一三五**)。

2—❖豊前宇佐郡中津領六郎丸村など逃散(**一揆**)。

3.11❖江戸神田佐久間町藤兵衛召仕五兵衛、主人の倅次郎兵衛を斬り殺す。四月四日鋸びきの上磔。父親も連累死刑(**裁許帳一五**)。

4.11❖京都大風雨、洪水。三条大橋流失。畿内各地に被害(**実紀五・久夢日記**)。

4.11❖美濃大雨、洪水。八十四軒傾覆(**実紀五**)。

4.24❖秋田城下大火、千九百六十六戸焼く。二十九日も(**実紀五**)。

4.29❖出羽新庄大火、百二十七戸焼失(**実紀五**)。

4—❖奥州八戸大火(**生活史**)。

5.8❖江戸神田多町一丁目湯屋茂右衛門の下人五兵衛、主人を斬り殺して逐電。九月十二日代わりに請人長右衛門死罪(**裁許帳二〇**)。

5.11❖江戸お玉ヶ池の先手藤掛式部邸前へ市民が約五百人も集まって悪口雑言。火盗改として峻厳苛酷すぎた(**市井の風俗**)。

【よみうり・瓦版】

6.13❖畿内大雨。淀川・大和川溢水。大坂市中橋多く落ち、水死甚だ多し(**災異志**)。

6.18❖下野・常陸・上野の地盗賊多し、土民積極的にこれに当たれ、との珍令(**実紀五**)。

【よみうり・瓦版】

8—❖諸国洪水(**災異志**)。

8—❖広敷番佐野市郎左衛門と弟二人斬。共謀して駿府の茶商を斬殺した(**実紀五**)。

9—❖武蔵荏原(えばら)郡旗本領荒井宿で越訴(**一揆**)。

10.24❖筑後の仁右衛門ら三人、盗み目的で長崎の油屋に放火。三年四月十八日火刑。他に仲間五人獄門、二人斬(**犯科帳**)。

秋—❖信濃佐久郡小諸領芦田村ほか強訴(**一揆**)。

12.4❖宅地を娼家に貸していた幕府の賎吏七人追放(**実紀五**)。

この年❖諸国凶作、飢饉(**災異志**)。

〃 ❖美濃郡上領二日町強訴(**一揆**)。

〃 ❖陸奥閉伊(へい)郡盛岡領栗橋村強訴(**一揆**)。

【よみうり・瓦版】

エコ・シティ江戸のゴミ処理

世界一の大都市江戸だ。ゴミ処理に当局は頭が痛かった。この月出された布令には「溝(掘割)往還の塵芥つみのせし船、滞りなく通行せしむべし。とどめ置くべからず。尤も塵芥は先々のごとく永代島にすてしむべし」(『徳川実紀』)とある。途中船を停めて掘りにゴミを捨てる業者がいたからである。永代島は隅田川河口の州だったので、埋立地造成にも一役買わせるつもりだったのだが、市民は面倒がって、禁令違反が跡を絶たなかった。

火盗改め藤掛式部襲われる

藤掛式部は延宝元年九月から二年五月まで火付盗賊改め役をやった。性過激な人物で、情容赦もなく人民を取り締まり、牢で責めたてた。冤罪もあったので、免職になった。なった当日、日ごろ怨みの連中がワッとおしかけ乱暴狼藉、表門など形もないまでに打ちこわされた。火盗改めは「鬼平」こと長谷川平蔵のような好吏もいたが、中には権限を一二〇パーセント悪用する藤掛のような手合いもいたのである。

1675 江戸市中での駕籠の使用を禁止の令

延宝三年

1675　乙卯

1.22❖阿蘇山噴火(**災異志**)。

1.28❖江戸馬喰町三丁目浪人中根快友の下女しな、主人を絞殺して自殺。二月二日死体を磔、その父母兄妹獄門、共謀の中根召仕長助磔(**裁許帳二**)。

2.1❖江戸場末に火災頻発。査察強化の令(**実紀五**)。

2.3❖江戸赤坂田町の五兵衛、町内で窃盗未遂でつかまったが、付木など火具を持っていたため放火犯とみなされ、十日火刑(**裁許帳一八八**)。

2.5❖長崎代官末次平蔵の若党西島紋兵衛の一行、矢上村で百姓と乱闘。五月二十二日西島と百姓二人遠島、とくに乱暴した百姓側の馬方斬(**犯科帳**)。

4.30❖信州飯山で二百六十四戸焼ける(**実紀五**)。

閏4.1❖富山火事。三丸米蔵と士庶の宅若干燃える(**実紀五**)。

春—❖諸国大飢饉。餓死者巷に充満(**泰平**)。

5.7❖陸奥宮城郡赤沼村で小針彦次郎が父の敵富永弥太郎を討つ(**敵討**)。

5.12❖江戸深川大火(**実紀五**)。

5.12❖江戸市内駕籠禁止令(**実紀五**)。

【よみうり・瓦版】

5—❖広島大火(**生活史**)。

6.3❖美濃加納暴風雨(**災異志**)。

6.6❖長崎椛島松田次郎兵衛斬。酔って犬の群を斬り払ううち、辻番某に刃先が当たり死なせた(**犯科帳**)。

9.21❖長崎桜町の有夫の女、皓台寺で密夫と刺しちがえ心中。二人の首獄門(**寛宝日記**)。

11.25❖京都油小路一条から出火、新院仮御所や公卿邸など上京焼亡(**実紀五・泰平・久夢日記**)。

12.6❖日向佐土原で百五十三戸焼ける(**実紀五**)。

12—❖信濃小県郡上田藩領平井村越訴(**一揆**)。

冬—❖上野山田郡館林領下山田村越訴(**一揆**)。

この年❖桑名領伊勢長島輪中愁訴(**一揆**)。

〃　❖陸奥磐井郡仙台領松川村越訴(**一揆**)。

〃　❖駿河大宮で宮受忠太夫が山本加右衛門の助太刀で兄の敵古留屋小兵を討とうとして返り討ち(**敵討**)。

風姿—江戸吉原遊女

延宝四年

1676 丙辰

2.15❖上野邑楽郡舘林領で誅求を越訴(**一揆**)。

3.30❖越後高田城下で三十七か町と士屋二百四十軒焼ける(**実紀五**)。

4.6❖江戸市谷田町二丁目の与右衛門、女房を斬り殺し即日死罪(**裁許帳一三一**)。

4.9❖偽の宿次証文を持って子探しの旅をつづけていた比丘尼妙心獄門(**裁許帳三二二**)。

4.20❖長崎代官末次平蔵家来陰山丸太夫と通詞下田弥惣右衛門、カンボジア密貿易で磔、子ら連累処刑。末次父子も流罪。(**犯科帳**)。

5.7❖京都・大坂大雨で鴨川洪水(**実紀五**)。

6.2❖石見津和野大地震、死者四十二(**実紀五**)。

6.8❖江戸谷中法華寺町で鈴木安兵衛が弟の敵笠原藤七を討つ(**敵討**)。

6.21❖奈良法華寺、雷火で焼亡(**白峯亭日記**)。

7.4❖諸国大風雨、尾張とくに被害大きく二千四百十七軒流失、十八人死(**実紀五・泰平**)。

7.8❖江戸小日向台町の茂太夫、牛込番町六郎兵衛方下女かねを盗み出して浅草の遊女屋へ売る。十二月十一日獄門(**裁許帳二一九**)。

8.17❖大番間宮勘右衛門、木挽町で館林藩士毛利七兵衛を斬り殺す。十九日切腹(**実紀五**)。

10.10❖日光御番高木甚左衛門、兄甚兵衛を殺害した罪で磔。凶行に協力した同僚二人斬、六人追放(**実紀五**)。

10—❖丹波船井郡園部領仏生村越訴(**一揆**)。

11.7❖吉原大火、遊女十二人焼死(**実紀五・武江・蜘蛛の糸巻**)。

12.14❖武州黒鍬谷で藤戸新蔵が父の敵清水権左衛門を討つ(**敵討**)。

12.26❖江戸筋違橋から出火、日本橋小舟町まで焼ける(**実紀五**)。

12.26❖京都仙洞御所失火で全焼(**実紀五・泰平**)。

この年❖美濃郡上領二日町逃散(**一揆**)。

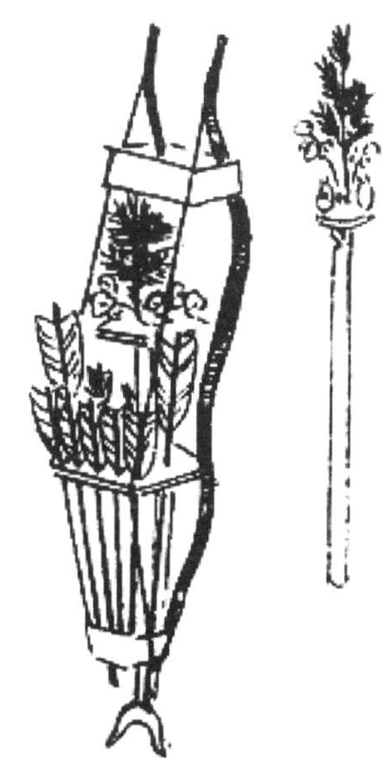

用具―破魔弓

【よみうり・瓦版】
再び江戸市内の駕籠乗用禁止

「このころ市井に轎に乗るものあまた見えたり。さきざき禁制たれば、今より後かたく乗るべからず」(徳川実紀)。■これまでも、何べんも禁制した、というのだ。いかに守られていないか、がよくわかる。旅先から帰ったときも、品川・千住・板橋・高井戸から内は乗ってはならぬ。もし背く者あらば、轎主、かごかきから家主まで厳にとがめられるべし。■この種禁令がいかに無意味なものか、このあと有名無実となって、駕籠は横行しているのである。

1678 茶店の女は、軒に二人まで、衣類は木綿のことの令

延宝五年

1677　丁巳

1.22❖対馬厳原大火。二百八十軒焼ける(**災異志**)。

1.29❖鎌倉亀ヶ坂下で能役者松枝久左衛門・岩井利兵衛が兄・甥の敵医師野田宗伴を討つ(**敵討**)。

1—❖肥前基肄郡佐賀領赤川村愁訴(**一揆**)。

2.4❖同心森作左衛門の小者伝蔵、松沢九郎兵衛宅に放火。三月二十一日火刑(**裁許帳一八九**)。

2.12❖無宿長三郎、木挽町六丁目市兵衛方に放火。十二月十八日火刑(**裁許帳一八九**)。

3.12❖奥州南部大地震・津波。十五日までつづき民家多く破損(**実紀五**)。

4.6❖江戸浅草で大火、浅草寺に及ぶ(**実紀五**)。

4.6❖丹波福知山大火、商家一千軒余焼失(**実紀五**)。

4.24❖大坂町人の下人勘太郎(11)幼主の病死に殉じ自殺(**新著聞集**)。

4—❖再び江戸市中駕籠禁止令。ただし五十歳以上は町年寄の証明書があれば乗ってもよろしい(**実紀五**)。

5.18❖肥前島原大火。城下商街多く焼亡(**実紀五**)。

5—❖三河碧海郡幕領大浜茶屋村愁訴(**一揆**)。

6.17❖肥前島原再び火事。城各所焼失(**実紀五**)。

7.11❖長崎新鍛冶屋町の三左衛門、片想いの新大工町八郎兵衛の女房を殺して自殺。首を獄門(**寛宝日記**)。

7.26❖関口作左衛門ら三代官、贓罪の科で切腹あるいは遠島(**実紀五**)。

8.11❖江戸南大工町指物屋甚四郎の弟子甚右衛門、解雇を恨んで甚四郎を殺害。九月三十日獄門(**裁許帳五三**)。

8.21❖美濃郡上領河辺村ほか越訴(**一揆**)。

9.8❖伊勢内宮近くから出火、市店二百余軒焼く(**実紀五**)。

9.17❖長崎諏訪神社で佐賀藩士姉川善兵衛らと長崎奉行所同心が喧嘩。負けた姉川ら帰国後藩命により斬(**寛宝日記**)。

9—❖出羽飽海郡庄内領で愁訴(**一揆**)。

9—❖陸奥弘前大火(**生活史**)。

10.3❖日向大風雨、洪水。高鍋・飫肥被害(**実紀五**)。

10.9❖常陸大風濤。計百八十九戸破損、三十六人水死。上総・陸奥・尾張でも津波(**実紀五**)。

10.12❖江戸滝山町長兵衛の女房いち、母を包丁で切り殺す。二十二日磔刑(**裁許帳四一**)。

10.13❖江戸上野池之端唐物屋源兵衛下人六兵衛と七兵衛、主人に切りつけその妻を殺害。上州でつかまり十一月一日磔、父・兄弟ら連累処刑(**裁許帳一三**)。

10.20❖京都の金屋喜右衛門の召仕市平、主の供をして長崎へ行き、宿泊先の丸山町渡辺与惣兵衛方で渡辺と口論、殺害した。十一月十六日斬。金屋は市平をとめなかった科で長崎本鍛冶町の石橋を架けさせられた(**犯科帳**)。

11.9❖江戸街頭での集団踊り禁止(**実紀五**)。

【よみうり・瓦版】

12.9❖本所の祐筆上原宇右衛門、侵入して

用具—ギツテウとブリブリの遊び

きた二人組に斬られ死亡(**寛保集成**)。

この年❖霧島山噴火(**災異志**)。

この年❖信濃伊那郡知久領阿島村強訴(**一揆**)。

〃　❖美濃豊島郡幕領熊野田村愁訴(**一揆**)。

延宝六年

1678　戊午

1.3❖在府の長崎奉行岡部孫九郎の六尺たち、江戸城下乗札(げじょう)のへんで煙草をのみ制止の同心と騒動した。のち斬(**実紀五**)。

1.9❖桜島噴火(**災異志**)。

1.10❖江戸四谷伊賀町から麻布新堀まで焼ける(**実紀五**)。

1中旬❖信濃佐久郡小諸領芦田村ほか越訴(**一揆**)。

3.12❖浅草聖天(しょうてん)町の大工長作、乱心して女房に斧で斬りつける。翌日斬(**裁許帳一三六**)。

4.4❖鹿児島大火。二千三百三十一戸焼ける(**災異志**)。

4.12❖江戸材木町五丁目針医杉本安清下人吉兵衛、乱心して安清の兄ら四人に斬りつける。六月十日斬(**裁許帳三二**)。

6.15❖松江大火、二百戸焼ける(**実紀五**)。

7.13❖江戸京橋で松枝主馬が十三年ぶりに父の敵荒川三郎兵衛を討つ(**敵討**)。

7.18❖四国大風雨。松山城下で八百三戸、郊外で千五百九十四戸、上佐で三千九十五戸損壊(**実紀五**)。

8.4❖京都・大坂大風雨。各川洪水。尾張・美濃も洪水、六十八戸流失(**実紀五**)。

8.5❖九州全域大風雨。小倉で二千八百四十八戸損壊(**実紀五**)、

8.12❖長崎東築町の金左衛門、家貸借のもつれから次郎左衛門を殺し自殺(**寛宝日記**)。

8.17❖江戸三十年来の大震(**実紀五**)。

8—❖茶店の女は、軒に二人まで、衣類は木綿のこと、の令(**実紀五**)。

9.4❖長崎本大工町の日雇頭三郎兵衛、出島舟番木村又七郎に反抗し脇差に手をかけた。翌五日死罪(**寛宝日記**)。

9.10❖水戸連日氷雨、田畑の損害大(**実紀五**)。

9—❖近江甲賀郡水口で越訴(**一揆**)。

11.21❖馬代奉行広沢平兵衛、贓罪により死刑、子三人も斬(**実紀五**)。

11—❖吉原江戸町玉屋の錦木太夫、侠客鐘弥左衛門と小多喜権兵衛の争いを、白刃に小袖投げて制し、艶名あがる(**久夢日記**)。

秋—❖全国的に暴風雨、洪水相つぐ(**生活史**)。

12.28❖美濃大垣大火。士屋七十軒、市街五、六か町焼ける(**実紀五**)。

この年❖名優四世市村竹之丞、厭世出家(**編年**)。

〃　❖近江蒲生郡幕領上野田村愁訴(**一揆**)。

〃　❖信濃佐久郡小諸領芦田村ほか越訴(**一揆**)。

〃　❖播磨美嚢(みのう)郡備中松山領三本村越訴(**一揆**)。

用具—蝶々モ止レ

【よみうり・瓦版】
江戸市内での集団踊り全面禁止

街頭集団乱舞は、日本人のストレス発散に役立つ大きなレクリエーションである。室町期の風流(ふりゅう)踊り、慶長の豊国踊りから、寛永期にはおかげ参りにまで発展、やがて幕末の「ええじゃないか」騒動につながる。■「さき(延宝五年八月)にも論告(ゆこく)せしを今猶(なお)やめずと聞(き)ゆ。令を用ひず、ひが事なれば、町奉行の下吏をめぐらし……」(徳川実紀)とおどしているのだが、そんなことで民衆のエネルギーを抑えつけることができるはずがない。

1680 前将軍家綱の法要中、内藤和泉守乱心、永井信濃守を殺害

延宝七年

1679　己未

1.15❖熊本大火。士屋七十六軒焼ける(**実紀五**)。

1—❖美濃郡上領増税反対一揆。家中抗争からむ(**一揆**)。

3.14❖石見津和野大火三百三十八軒焼く(**実紀五**)。

3.21❖京都島原で侠客そとば庄兵衛、大淀太夫の道中を妨げた牛車の藤七を懲らしめる。両人六月七日に決闘、庄兵衛勝つ(**久夢日記**)。

4.20❖播磨揖東(いとう)郡竜野領高駄村越訴(**一揆**)。

4—❖出羽由利郡矢島領笹子村など越訴(**一揆**)。

5.16❖京都大雨。淀川・桂川出水(**実紀五**)。

5.27❖主人を斬殺した江戸日比谷横町平右衛門・手代八右衛門・五郎右衛門死罪(**裁許帳五二**)。

5.29❖江戸堺町の大坂七太夫座から出火、浜町まで十七か町焼ける(**実紀五・武江**)。

7.22❖水戸大風雨。損害大(**実紀五**)。

8—❖九州出水。肥前・対馬被害大(**災異志**)。

10.9❖越後高田藩松平光長家の内紛(越後騒動)に幕府採決。重臣らそれぞれ他家預け(**実紀五**)。

10—❖出羽由利郡矢島領笹子村ほか越訴(**一揆**)。

11.3❖強盗殺人犯元鳥取藩士平井権八、品川で磔。吉原三浦屋の小紫、目黒東昌寺の権八墓前で自殺(**武江・兎園小説余録・一話一言二六・洞房語園**)。【よみうり・瓦版】

11—❖丹波天田郡綾部領小畑組越訴(**一揆**)。

生業—編笠茶屋

延宝八年

1680 庚申

1.7❖江戸赤坂三丁目の長四郎、別居の女房つねを突き殺す。翌日死罪（**裁許帳一三二**）。

1.12❖鹿児島大火。三千二百七十九戸焼け六十四人死す（**実紀五**）。

2—❖美濃郡上領市島村越訴（**一揆**）。

6.26❖内藤和泉守、増上寺の前将軍法要で乱心し永井信濃守を刺し殺す。翌日切腹（**実紀五・泰平・営中刃傷記**）。

閏8.5❖江戸地震、大風雨。城諸門の瓦落ち、海岸高潮、水死多し（**実紀五**）。

閏8.6❖東海道筋大風雨。民家流失六千余戸、水死三百人（**実紀五**）。

閏8.14❖江戸京橋から出火、十六か町燃える（**実紀五**）。

9.5❖坪内次郎太夫の召仕八蔵、主人に抗し乱暴。十一月二十五日獄門。その妻子ら計六人連累獄門（**裁許帳二**）。

9.5❖吉原江戸町の七兵衛、同町利右衛門方で抱え遊女いく世の舌を噛み切る。十二月二十一日江戸十里追放（**裁許帳二一五**）。

10.1❖長崎の髪結伝右衛門、袋町天野屋清兵衛の子伊勢松を、二十余か所も斬って殺し自殺（**寛宝日記**）。

10.5❖長州下関で曽根次郎吉が奈良屋善兵衛の助太刀で父の敵春城三左衛門を討つ（**敵討**）。

12—❖三河設楽郡幕領武節村など越訴（**一揆**）。

この年❖畿内と関東飢饉、多く死す（**災異志**）。

〃　❖丹後与謝郡宮津領で愁訴（**一揆**）。

〃　❖遠江引佐郡旗本領気賀宿愁訴（**一揆**）。

延宝年間

1673-1680

○—❖火盗改中山勘解由、江戸の不法者一掃に辣腕をふるう（**江戸真砂**）。

○—❖吉原雁金屋の遊女采女、金を使い果たし自殺した客に同情し鏡ヶ池に投身。寛文のことともいう（**街談文々集要**）。

生業—製薬店ノ招牌

【よみうり・瓦版】

凶賊平井権八を追った美女の小紫

権八は、鳥取藩士六百石の長男。父に暴言を吐いた同藩士を斬って逐電、江戸へ出て強盗殺人を重ね、この間三浦屋の小紫と馴染んだが、病魔に犯されていることを知り自首した。■若き凶賊と美女の後追い心中、芝居にならぬはずがない。現在も「幡随長兵衛精進俎板」（亨和三年初演）の長兵衛・権八鈴ヶ森の出会いが有名だが、幡随院長兵衛は権八処刑より二十一年も前の明暦三年に殺されているので、史実としては無稽である。

1681　妻が、将軍のお成りを美々しく飾って見物した、浅草の豪商追放

天和元年

1681　9・29改元　辛酉

1.1❖甲斐都留郡谷村領下吉田村越訴(**一揆**)。

1—❖上野利根郡沼田領百姓杉本茂左衛門、悪政を江戸へ越訴。成功したが磔となり「磔茂左衛門」の名を残す(**一揆**)。

2.26❖水戸大火。二千三百余戸焼く(**実紀五**)。

3.9❖長崎伊勢町の盗人左兵衛、放火で火刑。仲間三人獄門、三人流刑(**寛宝日記**)。

3.22❖長崎舟番吉田左次兵衛の伜権七、遊女かつ野を連れ出し、不心得を責めた母を斬り殺す。ついでにかつ野も殺し自殺。首を獄門(**寛宝日記**)。

3—❖旗本大久保彦六、横恋慕に応じない女中ふじを皿が一枚足りぬのを責めて自殺させる、のち亡霊に悩む(**久夢日記**)。

3—❖丹後与謝郡宮津領須津村愁訴(**一揆**)。

4.9❖桜井宗哲家の乳母さしとその夫宇右衛門共謀して桜井家へ放火。さしは八月七日牢死し首を獄門、宇右衛門十月二十五日火刑(**裁許帳一八九**)。

4—❖三河渥美郡旗本領中山村越訴(**一揆**)。

春—❖京都飢饉、餓死者多し(**泰平**)。

〃　❖上野利根郡沼田領月夜野村など越訴(**一揆**)。

5.18❖出羽飽海郡庄内領四ツ興屋村など越訴(**一揆**)。

5.27❖浅草黒船町の豪商石川六兵衛闕所追放。八日その妻が美々しく装って将軍の寛永寺お成りを見物したことを咎められた(**実紀五・過眼録・江戸真砂**)。

5.27❖江戸麹町十三丁目の源兵衛、酔って姪のなべを刺殺。七月牢死(**裁許帳六七**)。

6.21❖越後騒動に将軍綱吉最後の断。小栗美作父子切腹、永見大蔵ら遠島。藩主松平光長伊予へ配流(**実紀五**)。

8.16❖松平市正足軽山本平兵衛、浅草猿屋町で女房なつを刺し殺す。町方から引き渡しを受け松平家で処刑(**裁許帳一三二**)。

8.16❖諸国大雨、洪水。京都とくに被害大きく死者あり(**実紀五**)。

9.18❖斎藤宮内家来宮九兵衛、本所浅田屋敷で母を斬り殺す。自害を果たさず、二十九日磔(**裁許帳四一**)。

10.22❖甲府宰相鳥見役野村惣右衛門ら、二人死罪。料場へ入り込んだ餌差半兵衛を勝手に捕え牢死させた科(**裁許帳二五六**)。

10.28❖小倉大納言実起と二子、佐渡へ配流。孫にあたる、一宮済深法親王を養育していたが、勅旨に背いて参内させず(**実紀五**)。

11.15❖高倉前大納言、家人滝勘右衛門に弑殺される(**実紀五**)。

11.28❖江戸丸山本妙寺から出火、本郷・駒込へん焼ける(**武江**)。

12.13❖伊勢内宮失火、東西宝殿焼亡(**実紀五**)。

12.26❖藤堂主馬家来長谷川勘平の召仕久助死刑。主人の偽手紙で商人から呉服等をかたり取ろうとした(**裁許帳二七七**)。

12—❖陸奥白河領籏宿村など強訴(**一揆**)。

この年❖諸国凶作、都市窮民餓死多し(**実紀五・武江**)。

〃　❖甲州都留郡秋元家領十九か村越訴(**一揆**)。

〃　❖讃岐寒川郡高松領大川郷越訴(**一揆**)。

〃　❖日向那珂郡高鍋領本郷村など愁訴(**一揆**)。

生業—びわ葉湯売

天和二年

1682　壬戌

2.2❖将軍綱吉寵妾お伝の方の兄小谷権太郎、博奕のことから小山田弥一郎に殺される。小山田八月獄門(**女の世の中**)。

2.2❖下谷三枚橋通浪人矢野五左衛門の召仕八助、本郷四丁目同心永久保八郎兵衛方雪隠に放火。二十五日火刑(**裁許帳一八九**)。

3.14❖江戸下谷願古寺弟子先入、師僧を斬り殺した科により鋸びきの上磔(**裁許帳一〇四**)。

3.16❖盗犯で五島へ流されていた長崎の伊右衛門、ひそかに帰ったところを訴人によりつかまる。十九日斬(**寛宝日記**)。

3.21❖大番跡部九郎右衛門と小普請富士勘右衛門闘争、相討ち(**実紀五**)。

3.26❖長崎外浦町篠崎平吉方下人某、主人を殺し自殺。首を獄門(**寛宝日記**)。

3—❖安房北条領大神宮村、地頭非違を越訴(**一揆**)。

4.4❖浪人野村内蔵助養子清右衛門、養父の謀殺をはかり露顕。八月十四日磔(**裁許帳四五**)。

5.2❖但馬七味郡村岡で近藤源太兵衛が小山田清右衛門の助太刀で、十三年ぶりに兄の敵池田七郎右衛門らを討つ(**敵討**)。

5.7❖江戸麹町十三丁目の浪人永島貞右衛門、碑文谷九品仏で喧嘩を仲裁しようとして地元民多数に囲まれ、やむなく二人に手負わす。七月十二日死罪(**裁許帳一六六**)。

5.26❖桑山美作守、寛永寺法要で参向公卿を案内するとき不敬のことあり改易(**実紀五**)。

5—❖病馬の遺棄禁止。生類憐み令第一号。

6.11❖江戸南小田原町一丁目浪人望月兵左衛門同居の妻の母を斬殺。二十六日獄門(**裁許帳一四三**)。

7.2❖江戸落雷四十六か所。死者あり(**武江**)。

7.4❖博多中島町の市兵衛、長崎で磔刑。仲悪の兄半右衛門を切支丹であると訴えたが無根の誣告とわかった(**寛宝日記**)。

8.10❖腰物方津金又左衛門、奴僕を殺した罪で切腹(**実紀五**)。

8.14❖博奕首魁江戸牛込天竜寺門前浪人野村内蔵之助磔、伝通院前同天野十左衛門獄門(**裁許帳一七二**)。

8.14❖江戸下谷池之端の僧玄佐磔。後家を引き入れた女犯の罪で調べ中、殺人の前歴が露顕した(**裁許帳一〇六**)。

8.28❖江戸城西丸を訪れた朝鮮信使、幼君名代大老堀田正俊を拝礼することを拒否(**実紀五**)。

8—❖土佐安芸郡高知領室津浦村逃散(**一揆**)。

夏—❖京都及び近畿疫病流行、死者多し(**災異志**)。

9.18❖家光時代に造られた大船「安宅丸」経費節減で破却令(**実紀五**)。

10.28❖江戸八官町の市郎兵衛磔刑。人の請人として不都合があり手鎖処分中、勝手に鎖を外していた(**裁許帳二四一**)。

11.21❖代官中川八郎右衛門ら贓罪で切腹(**実紀五**)。

11.28❖江戸牛込から出火、四谷・赤坂・芝まで、大名邸二十四、旗本邸三十三焼ける(**実紀五、天和笑委集**)。

12.13❖遊女二人に禁制の船上出張売春をさ

用具—編笠

せていた江戸本所袋町てっぺん長助召仕八兵衛と女の雇い主二人磔(**裁許帳二一一**)。

12.28❖江戸駒込大円寺から出火、本郷・日本橋まで焼ける(**実紀五・泰平・武江・天和笑委集**)。

12.28❖江戸で大火中、さらに各所へ放火していた鶉(うずら)の権兵衛ら四人逮捕。翌年十月十二日火刑(**裁許帳一九一**)。

この年❖畿内・中国筋飢饉(**実紀五**)。

〃 ❖信濃小県(ちいさがた)郡上田領奈良本村越訴(**一揆**)。

〃 ❖播磨明石郡で苛政反対越訴(**一揆**)。

〃 ❖肥前基肄(きい)郡佐賀領薗部村愁訴(**一揆**)。

〃 ❖美濃厚見郡加納領強訴(**一揆**)。

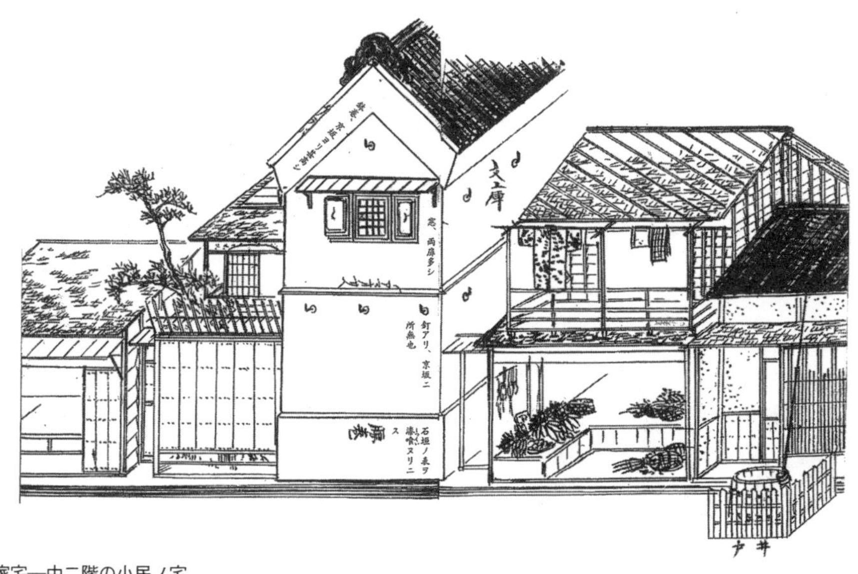

家宅―中二階の小民ノ宅

天和三年

1683　癸亥

1.1❖江戸大雨、洪水(**実紀五・武江・泰平**)。

1.18❖赤坂田町三丁目新右衛門方下女はる、ふらふらと主人宅に放火。二月九日火刑(**裁許帳一九〇**)。

1.22❖江戸三崎で火事、八か寺焼ける(**天和笑委集**)。

2.6❖江戸四谷塩町から出火、大名邸七、旗本邸二十三焼ける。別に白山から出火、大円寺など十余か寺と民家多数焼失(**天和笑委集**)。

3.6❖京極甲斐守家中八木玄立の若党高木市左衛門「暇をくれねば火をつける」とはり紙してつかまる。四月四日死罪(**裁許帳一六**)。

3.12❖書院番福井八郎兵衛以下高級旗本十人賭博罪で遠島(**実紀五**)。

3.29❖江戸駒込追分願行寺門前町八百屋太郎兵衛の娘お七(16)火刑。恋に狂って前年十二月二十八日?自宅に放火した(**武江・天和笑委集・近世江都著聞集・墨水消夏録・世事百談・一話一言三**)。【よみうり・瓦版】

3—❖信濃伊那郡幕領会地村愁訴(**一揆**)。

4.5❖日光大地震(**実紀五・泰平**)。

4.10❖仙洞御所の北面の士相楽治部大輔、博奕と殺人の科で遠島(**実紀五**)。

4.11❖江戸弥左衛門町佐兵衛方下人喜三郎、先月離別したかつを路上で斬り殺す。七月末死罪(**裁許帳一四四**)。

5.24❖日光山地震六十余回、御宮・奥殿すべて倒壊。二十五日も(**実紀五**)。

5.26❖下総佐原の甚三郎、養父に斬りつける。二十八日磔(**裁許帳四四**)。

5.29❖江戸八丁堀で金兵衛と仁兵衛が何者かに斬られ金兵衛死ぬ。妻を仁兵衛に寝とられた近くの座頭意津市の犯行と判明、意津市は座頭仲間に渡され、閏五月三日佃島沖で簀巻にされた(**裁許帳一五一**)。

7.6❖江戸麹町三丁目寄合辻番てんぼうの三左衛門、放火の罪で火刑(**裁許帳一九一**)。

7.17❖江戸小細工町二丁目太左衛門方元下人伝蔵、旧主方へ放火。八月十八日火刑(**裁許帳一九一**)。

7.30❖上州碓氷関を旅人にまぎれて通ろうとした無宿佐次兵衛、怪まれてつかまる。獄門(**裁許帳三二二**)。

8.6❖継母殺害の六郎兵衛、浅草で磔(**裁許帳四七**)。

9.23❖京都烏丸仏光寺下ル大経師意春の妻おさんと手代茂兵衛、密通の罪で磔刑、手引きした下女たま獄門(**及瓜漫筆・好色五人女**)。【よみうり・瓦版】

9.27❖手鎖の作兵衛・本郷の長兵衛、江戸浅草観音経堂へ放火。十月十二日火刑(**裁許帳一九二**)。

10.25❖江戸呉服町二丁目庄兵衛方下人小兵衛、裏の借家へ放火する。捕えられたが、十一月十七日牢死したので死体を火刑(**裁許帳一九六**)。

12.5❖江戸大火。三十九か町焼ける(**武江**)。

この年❖上野利根郡幕領生越村など愁訴(**一揆**)。

【よみうり・瓦版】

実説八百屋お七

『近世江都著聞集』などによると、お七・吉三のロマンスとは少々話がちがう。■大火で焼け出された一家が、しばし身を寄せたのは小石川の円乗寺で、そこの居候侍山田佐兵衛とお七は恋仲になる。吉三郎というのは寺の門番の伜で、これが新築なって帰宅したお七に「もう一度お店が焼けたなら恋し佐兵衛さんに」とたきつけたというのだ。■お七は十六歳ですと証言したのも、この吉三郎だという。何のために、そんな意地悪をしたのかわからない。

人妻おさんと茂兵衛の叶わぬ夢

典型的な不義密通である。大経師という名門町人の家柄も、悲劇のもとであった。■江戸出張の大が帰ってくるというので、手に手をとって逃げ出した二人、男の故郷の丹波でつかまり、十字架上へ。これとりもちの下女まで道づれ。これが普通の長屋の恋なら、ここまで厳しくはなかったろうに。そのかわり、西鶴の「好色五人女」門左衛門の「大経師昔暦」でフィクションを十分にまじえて、思いきり美しい悲恋物語に仕立て上げてもらった。

1684 抱え遊女に禁制の巡回売春をさせた浅草の五郎左衛門獄門

貞享元年

1684 2・21改元 甲子

2.12❖江戸麹町二丁目太兵衛方下人角蔵、女房の母を捨てる、月末死罪(**裁許帳一六**)。

2.16❖伊豆大島噴火。二十七日までつづき、溶岩が八町沖まで埋めた(**実紀五**)。

2.25❖謀判で横領金十五両を埋めようとした江戸東湊町惣右衛門方手代八郎右衛門死罪(**裁許帳二六〇**)。

2.25❖江戸鮫河橋の道春死罪。かねて遺恨の浪人明石数右衛門は放火犯であると偽手紙を添えて訴えていた(**裁許帳二七九**)。

2.25❖別件で手鎖処分中勝手に鎖を外した江戸小石川源覚寺門前六左衛門死罪(**裁許帳二四一**)。

2.26❖主人の娘と密通した江戸四谷塩町一丁目猪兵衛方下人長兵衛斬(**裁許帳九五**)。

3.2❖山城宇治大火(**実紀五**)。

4.5❖京都大火(**生活史**)。

4.6❖輪穴という道具を使って鳥をとった上総市場村の惣右衛門獄門(**裁許帳三一二**)。

5.17❖江戸南伝馬町二丁目太右衛門方に「雇い人の八右衛門を解雇せねば火をつける」との落し文。隣町武右衛門のしわざと判り、七月二十五日死罪(**裁許帳一二二**)。

5.18❖拾った金・衣類を隠していた江戸馬喰町三丁目利左衛門死罪(**裁許帳四〇九**)。

6.20❖江戸神田佐柄木町の次郎兵衛、乱心して女房を斬り殺す。七月三日死罪(**裁許帳一三六**)。

7.21❖武州岩槻藩の継嗣をめぐる御家騒動に幕府が断。藩改易、家臣四人切腹(**実紀五**)。

7.25❖抱え遊女に禁制の巡回売春をさせていた浅草三軒町五郎左衛門獄門(**裁許帳二一三**)。

8.28❖若年寄稲葉石見守正休殿中で発狂、大老堀田筑前守正俊を刺す。老中らで稲葉を討ち留め、堀田は間もなく絶命(**実紀五・営中刃傷記・泰平・一話一言三・現来集八**)。

8.29❖大番大岡伊左衛門方で同僚の小島源蔵が大岡を殺す、大岡の弟忠兵衛が小島を追い、討ちとめる(**営中刃傷記**)。

9.16❖上総神台村作左衛門方下人権四郎、作左衛門を殺す。天和元年主人の伜弥一右衛門も殺していたことがわかり、十二月三十日鋸びきのうえ磔。同類の岡村三郎兵衛獄門(**裁許帳三四八**)。

9.19❖相州大上村百姓彦右衛門の妻じょご、密夫の同村座頭遊立と謀って彦右衛門を斬り殺す。二十二日二人死罪(**裁許帳一五一**)。

10.23❖武州瀬山村正福寺住職知恩斬り殺される。知恩の姪と密通していた弟子清恩のしわざとわかり、十一月二十九日清恩磔、姪死罪(**裁許帳一〇六**)。

12.20❖日光山大火。本坊宿所と市街焼ける(**実紀五**)。

この年❖上野佐位郡安養寺領茂呂村越訴(**一揆**)。

〃 ❖丹波何鹿郡山家領十倉谷村など越訴(**一揆**)。

用具―番傘

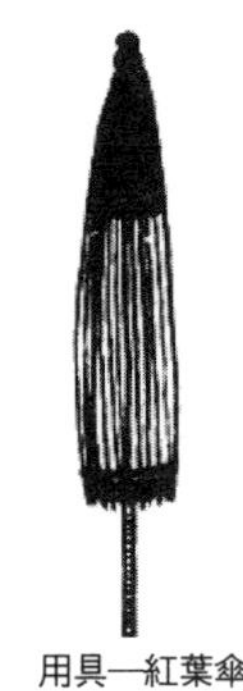

用具―紅葉傘

用具―番傘の記号

貞享二年

1685　乙丑

1.12❖西園寺中納言実輔発狂、夫人と婢計四人を殺し自殺(**実紀五**)。

1.21❖日向臼杵郡高鍋領渡川村など逃散(**一揆**)。

2.10❖書院番金森帯刀斬、子三人連座切腹。従者を斬殺するなど駿府在番中の悪行による(**実紀五**)。

2.20❖長崎茂木街道に面皮のはがれた前髪男の死体があった。犯人つかまり三人斬、四人追放(**寛宝日記**)。

3.19❖長崎で本博多町の某と材木町の某が斬り合い相討ち。衆道(しゅどう)のもつれかららしい(**寛宝日記**)。

3.22❖日向宮崎郡飫肥領清武村など逃散(**一揆**)。

3.26❖江戸上植町完元の召仕「何心なく」主家屋根に投火、くすぼらせただけだったが八月十五日火刑(**裁許帳一九六**)。

4.11❖江戸桧物町二丁目藤兵衛方へ「太左衛門に家貸したら放火する」の投げ文。店子茂兵衛のしわざとわかり、六月十三日死罪(**裁許帳一二四**)。

4.14❖武州下之村の百姓伝兵衛、鳥を鉄砲でうち獄門(**裁許帳三一三**)。

4.14❖駿河上柚野村の百姓藤兵衛獄門。鉄砲で鶴二羽をうった。(**裁許帳三一三**)。

4.26❖下総永井村の百姓八右衛門獄門。名主の鉄右衛門が隠し田を持っていると無根の訴えをした。仲間二人死罪(**裁許帳三二七**)。

4—❖旗本草壁作十郎、遊女を請け出したことを意見した妻と家来を斬る(**久夢日記**)。

6.12❖江戸磐井町四丁目半右衛門死罪。女房を浅草三谷町の遊女屋三之丞へ売って身柄を渡さなかった。三之丞も禁令違反で死罪(**裁許帳二〇二**)。

6.26❖市人から金を騙(かた)り取ろうとした書院番曽根平兵衛斬、子二人切腹。同じく勘定方坂部三左衛門とその子切腹(**実紀五**)。

7—❖京都東石垣の茶店六軒の亭主、遊女を隠し置いていたとして居宅前で斬首(**京都先斗町遊廓記録**)。

9.10❖江戸神田旅籠町桧物屋伝五兵衛の弟子伝助、寝ている師匠を傷つけて逐電。つかまって十二月三日磔。父ら死罪(**裁許帳二一**)。

9.12❖旗本内藤清兵衛の中間(ちゅうげん)長助ら中間仲間四人、かねて喧嘩相手の伝馬町三丁目又兵衛を呼び出し刺し殺した。十月二十五日主犯格の長助獄門、あと三人斬(**裁許帳三三三**)。

10.3❖江戸桧物町一丁目仁右衛門の養子三左衛門、養母と密通して仁右衛門を殺す。十八日獄門(**裁許帳九七**)。

10.25❖寸足らずの枡(ます)を私造した江戸馬喰町二丁目の惣兵衛獄門、倅(せがれ)死罪(**裁許帳三三二**)。

10.26❖江戸大地震(**実紀五**)。

11.21❖武州十条村甚三郎(29)死罪。同国西河原村伝右衛門方を解雇されたあと、同家下女りんをかどわかした(**裁許帳二二九**)。

12.18❖乱心して主人を傷つけた江戸平松町五兵衛方下人八兵衛死罪(**裁許帳二四**)。

12.27❖江戸木挽(こびき)町二丁目左兵衛方下人仁兵

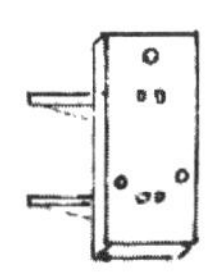
用具—下駄

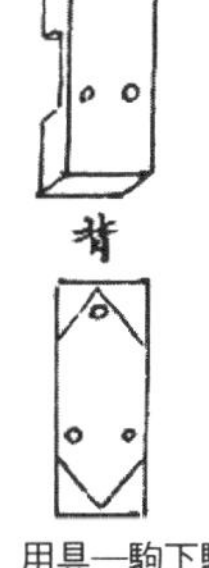

用具—駒下駄

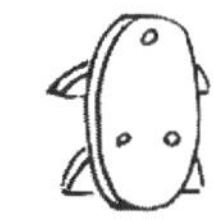
用具—外方下駄

1685 駿河上柚野村の百姓藤兵衛門、鶴を鉄砲でうち獄門

衛死罪。横恋慕した主家の娘の結婚話にケチをつける投書をした(**裁許帳一三三**)。

この年❖美作苫田郡津山領川崎村で暴動(**一揆**)。

貞享三年

1686　丙寅

1.24❖長崎港で唐船から白糸などを密輸入しようとしている十四人組を番船が現行犯逮捕。二月十四日穎川三郎兵衛ら四人獄門、十人斬(**寛宝日記**)。

2.23❖京都大風雨、雷(**泰平**)。

2—❖江戸麻布桜田町長幸寺住職日甚磔。松平摂津守奥女中さなと密通を重ねていた(**裁許帳一〇八**)。

3.30❖武州小倉田村の源左衛門斬。同村のきく・へん両女が松戸で関所破りしたなど無根の訴えをした(**裁許帳三二七**)。

閏3.25❖石見津和野城雷火で焼ける(**実紀五**)。

6.24❖水戸家中豊田五郎三郎の草履取織平、主を斬り殺す。翌日磔。姉・弟・甥姪まで六人も獄門(**裁許帳四**)。

8.9❖江戸馬喰町二丁目伊兵衛方下人吉兵衛死罪。密通で妊娠した下女はつにおろし薬を飲ませすぎて死なせた(**裁許帳二一七**)。

9.17❖大津円満院善見坊の小姓主計と下人甚兵衛、共謀して善見坊を斬り殺す。主計は鋸びきの上磔。両人の縁類多数獄門(**裁許帳四**)。

9.27❖旗本の暴力団大小神祇組大手入れ。二百余人を追捕、首魁十一人斬首(**実紀五・武江**)。

9.27❖江戸浅草田町の作兵衛、別件で手鎖中勝手に鎖を外し獄門、見のがしていた家主平左衛門死罪(**裁許帳二四二**)。

10.14❖信濃安曇郡松本領中萱村など強訴。嘉助騒動(**一揆**)。

11.13❖江戸鮫河橋の六兵衛死罪。別件で手鎖処分中、勝手に外して博奕を打っていた(**裁詩帳二四一**)。

11.16❖有夫の姪に遊女をさせていた江戸江戸堀六軒町の勘兵衛斬(**裁許帳二〇八**)。

11—❖屋台など火気を持ち歩く商売一切禁止(**実紀五**)。【よみうり・瓦版】

12.3❖武州加須町の宿屋で旅人の平兵衛が同行の甥彦三郎を刺し殺す。十二日死罪(**裁許帳六六**)。

12.4❖江戸小網町二丁目の長三郎、乱心して兄市郎兵衛を刺し殺す。十二日獄門(**裁許帳四八**)。

12.14❖上州赤沢村の奈左衛門、人身売買で逮捕。翌年四月十二日磔(**裁許帳二二一**)。

12—❖江戸三河町二丁目の七右衛門と同下人藤四郎、印判偽造で死罪(**裁許帳二六二**)。

この年❖伊予越智郡松山領延喜村越訴(**一揆**)。

〃　❖信濃伊那郡旗本領親田村越訴(**一揆**)。

〃　❖丹波天田郡福知山領で強訴(**一揆**)。

ささいな原因から南御堂前で凄惨な仇討

この血闘は凄惨なものになった討手の磯貝兵左衛門は、四か所の疵のうち二か所が深手、同姓藤助は深手一か所だったが、敵の島川太兵衛は二十一か所の疵のうえに止めを刺され、その二尺二寸五分の佩刀は、切り込み三か所と刃こぼれ無数で鋸のようになっていた。■三年前。兵左衛門の伯父・浪人本部実右衛門が徳島で島川太兵衛とすれちがったさい、傘が触れたことから口論、島川に斬殺されたのが事件のきっかけ。

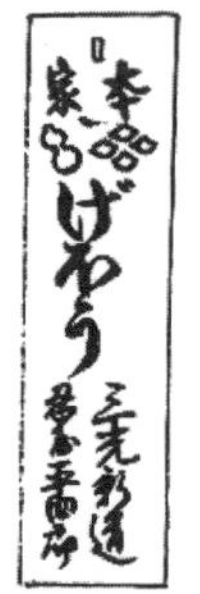

用具―下駄招牌

貞享四年

1687 丁卯

1.21❖長崎の持山金左衛門と五郎左衛門、唐人と連絡し伊王崎沖で抜荷(ぬけに)して就縛。六月二十六日磔、同類四人獄門(**犯科帳**)。

1.27❖江戸西紺屋町一丁目の三右衛門、金二分つきで貰った当歳の女児を本所四ツ目橋際へ捨ててつかまる。三月二十一日牢死したので首を獄門(**裁許帳七八**)。

1.28❖本格的生類憐(しょうるいあわれ)み令出る(**実紀五**)。

【よみうり・瓦版】

2.4❖台所頭(かしら)天野五郎太夫遠島。江戸城包所内の井戸に猫が落ちていた責任(**実紀五**)。

2.4❖吉原角町与左衛門方召仕伝吉、盗みを隠すため主家へ放火。火刑(**裁許帳一九二**)。

2.7❖江戸赤坂市木村の浪人小山安之進、新町四丁目長右衛門方へ火つけ装置を仕かけたところを町内の人につかまる。六月十日火刑(**裁許帳一九三**)。

2.28❖江戸甚右衛門町の甚左衛門、突如女房を刺し殺して家にとじこもる。乱気の態と見受けられたが四月十八日死罪(**裁許帳一三六**)。

3.21❖十三年前から偽銀(にせがね)を造っていた江戸下谷池之端の湯屋紋右衛門獄門。助手の砥屋(とぎや)仁兵衛斬(**裁許帳三三一**)。

3.26❖伯父を誹謗(ひぼう)する木札を町に立てた江戸浅草田町六郎左衛門死罪(**裁許帳二四九**)。

3.27❖本多中務大輔(なかつかさだいふ)家中岡野外庵の中間久兵衛死罪。同家乳母(うば)勤めの有夫のよしを誘い出して神奈川の旅宿へ売りとばした、よしも同断(**裁許帳二二〇**)。

4.10❖御殿番保泉(ほずみ)市右衛門奴僕、犬を斬って遠島(**実紀五**)。

4.12❖長崎港の大規模唐船抜荷(ぬけに)団摘発。八月二十一日二人磔、十一人獄門、六人斬。別に十人自殺(**犯科帳**)。

4.16❖紀州藩士和佐大八(24)京都三十三間堂で通し矢八千百三十三本の記録(**翁草二**)。

4.21❖妻の叔母と密通していた中山丹波守組同心柏村源兵衛獄門、女も同断(**裁許帳九九**)。

5.27❖小普請島田太郎左衛門の中間市兵衛、島田と老婢を切害する。八月十三日磔、弟ら遠島(**裁許帳六**)。

6.2❖大坂南御堂(みどう)前で浪人磯貝兵左衛門(26)同藤助(28)が伯父の敵徳島藩士島川太兵衛(36位)を討つ(**過眼録・雅俗随筆下**)。

【よみうり・瓦版】

9.9❖京都・奈良大風雨、春日社崩壊(**実紀五**)。

10.15❖江戸新石(こく)町一丁目五郎兵衛女房げん、召仕五兵衛とかけおち。翌年六月二十六日二人とも死罪(**裁許帳九一**)。

11.12❖旗本西尾八兵衛の中間九兵衛死罪。娘が解雇されたのを怒り、元雇い主の花川戸の七兵衛に斬りつけた(**裁許帳五**)。

11.29❖江戸下高縄で師僧を殺した生善(しょうぜん)寺の行故(ぎょうこ)磔刑(**裁許帳一〇四**)。

12.13❖石川佐左衛門組六尺角太夫ら三人、江戸城内に侵入、金蔵の錠をねじ切ったところでつかまる。角太夫磔、他の二人牢死体を斬。子ら獄門(**裁許帳一九八**)。

この年❖蝦夷地で土人反乱、松前藩兵が討伐(**大江戸春秋**)。

〃 ❖築前怡土(いと)郡直方領片山村越訴(**一揆**)。

〃 ❖長門厚狭(ながとあさ)郡萩領吉田騒動(**一揆**)。

【よみうり・瓦版】火を持ち歩いて売り歩く食品停禁

「饂飩(うどん)、河漏麺、其他何によらず火を持ちあるき売りあるく事、一切停禁すべし。店に居ながら煮売りするはくるしからず。もし違犯せば、本人はいふまでもなし、家主等までとがめらるべし」(『徳川実紀』)もちろん火災予防の趣旨からであろうが、寒夜に氷水汁のキツネうどんを食う客がいるはずがない。零細白営業者、自滅のほかあるまい。この禁令、いつ解除になったか不明。

畜生・士農工商、生類憐み令

中にはこんなあわれな例もある。元禄八年十月のことだが、江戸辻番の八兵衛、溝の中で子犬がクンクン泣いていたので、母犬の目につきやすいようにと、少し離れた屋敷の塀際へソッと置いてやった。それを「捨てた」とみなされ、なんと獄門刑。■徳川綱吉は宝永六年一月十日、六十三歳で死んだ。武士も町人も、いや役人までもが万歳を叫んで乾杯酒宴し、ために市井の酒価が高騰した。

元禄から享保へ
1688 ～ 1750
庶民台頭、万物活性化

富裕商人の勃興と彼らの衣服、
遊里での大浪費で関係業者も賑わい、
世は急に華やかムードとなった。

その裏には、
「生類隣みの令」の奇怪な圧力があった。
元禄十五年暮の赤穂義士一挙に
庶民が喝采したのも
幕府へ反発があったからである。

こうした変態政治を
是正しようとした六代家宣、
八代吉宗の「享保の改革」は成功しつつあったが、
享保十七年の大飢餓で崩壊してしまった。

5 代徳川綱吉
将軍在職年数：29 年　期間：1680 ～ 1709　生没年：1646 ～ 1709
四代家綱の弟。堀田正俊を助手に「賞罰厳明」の大名対策を進めたりしたが、
堀田暗殺後は牧野成貞、柳沢吉保を重用した「側用人政治」に転じ、
仏・儒教に凝りすぎて悪法「生類憐み令ユを出すなど偏執狂的な面も見せた。

6 代徳川家宣
将軍在職年数：4 年　期間：1709 ～ 1712　生没年：1662 ～ 1712
家綱の弟綱重の長男、甲府藩主から綱吉の養子に。
間部詮房や新井白石を重用して生類憐み令の撤廃など
「善政」だったが、僅か四年で死没した。

7 代徳川家継
将軍在職年数：4 年　期間：1712 ～ 1716　生没年：1709 ～ 1716
家宣の四男、父の死亡によって四歳で将軍職に。
間部詮房、新井白石が補佐したが、八歳で死亡。
徳川宗家の血はここで跡絶える。

8 代徳川吉宗
将軍在職年数：29 年　期間：1716 ～ 1745　生没年：1684 ～ 1751
紀州和歌山藩主徳川光貞の四男、藩政改革に成功。
宗家の血が絶えてたため将軍に迎えられ、
享保の改革などによって治績を残した徳川中興の祖。

元禄元年

1688　9・30改元　戊辰

1.4❖本多中務大輔家中錦織十郎右衛門方で若党山口儀右衛門が錦織伜弥五郎を殺して逃走(**寛保集成四八・町触二**)。

4.27❖江戸木挽町二丁目三左衛門方召仕五兵衛、主人の妻さわと家出。連れ戻され六月二十六日両人死罪(**裁許帳九二**)。

5.29❖鶏を絞め殺して売っていた江戸増上寺門前伊右衛門獄門(**裁許帳三九**)。

5.29❖江戸中川尻で鳥をとった磐井町三丁目の清兵衛獄門(**裁許帳三一四**)。

5.29❖モチ網で雁四羽をとった江戸芝金杉一丁目の作左衛門獄門(**裁許帳三一四**)。

7.11❖江戸元誓願寺前の五郎兵衛、一分二朱つきでもらった一歳の男児を捨てた。十二月二十五日獄門(**裁許帳七六**)。

7.12❖武州入間郡で土民を喰殺すなど山犬跳梁。生類憐令と関係なく鉄砲方田付四郎兵衛手出動、数十匹を殺す(**泰平**)。

7.13❖風袋を重くした秤で素麺を売っていた江戸麹町一丁目の喜平次死罪(**裁許三三二**)。

7—❖隠岐周吉郡の天領で役人非違を愁訴(**一揆**)。

8.4❖旗本羽山三太夫、中谷藤右衛門を斬り殺し切腹(**一話一言一**)。

8.6❖土屋主税所属の徒士、同僚を殺して自殺。同席者十人追放(**実紀六**)。

8.6❖江戸難波町四郎兵衛の召仕清兵衛、主人の妻に艶書を送ったこと発覚。十二月二十五日死罪(**裁許帳九三**)。

8.21❖江戸浅草鳥越三丁目の五兵衛死罪。八年前十二歳の少女をかどわかして吉原へ売っていた(**裁許帳二二二**)。

8.22❖「邪法戒を破った」科で江戸浅草童法寺住職閉門、弟子三人斬(**実紀六**)。

10.6❖改ざんした証文で貸し金の返済を求めた江戸下槙町の平兵衛死罪(**裁許帳二八〇**)。

10.10❖実の姉(18)を養家からつれ戻して吉原へ売った江戸浅草西中町平兵衛の女房死罪(**裁許帳二一〇**)。

12—❖出羽置賜郡米沢領屋代郷越訴(**一揆**)。

この年❖丹波桑田郡亀岡領勝林島村愁訴(**一揆**)。

❖象が来た
文化十年六月二十七日、オランダ船でやって来たインド象。この他にも享保十三年にベトナムから長崎に着いた象が、京都で天皇に、江戸で将軍と対面している(かわら版)

元禄二年

1689 己巳

1.11❖大坂北浜火事(**かわら版**)。

1.19❖オランダ・カピタンの参府に随行していた黒田五左衛門乱心通詞加福吉左衛門を斬り殺し自殺(**寛宝日記**)。

閏1.30❖納戸頭瀬名十右衛門、勤務を怠って娼家に遊んだ科で切腹、子二人も連座切腹(**実紀六**)。

閏1.21❖持弓頭中根主税八丈島へ遠流。火盗改在勤中さる娼家の財産を没収したとき、勝手に娼婦を売って代金を着服していた(**実紀六**)。【よみうり・瓦版】

3.1❖大坂中船場火事(**かわら版**)。

4.25❖酒井甚之丞ら元代官三人切腹、子ら遠島。在職中の贓罪による(**実紀六**)。

4.28❖江戸元赤坂町の吉兵衛、娘とくの失明を苦に剃刀で殺害した、六月四日獄門(**裁許帳六〇**)。

5.11❖地びき網で魚をとった江戸増上寺大門前清兵衛、市内の堀で網で魚をとった桜田久保町五郎左衛門死罪(**裁許帳三一五**)。

5.27❖江戸麹町九丁目安左衛門の女房さわ、預かり子の庄之助(4つ)を折檻死させた。六月四日獄門(**裁許帳六四**)。

6.11❖長崎沖で抜荷船活躍。十三、十四日も続いたが全員逮捕。十一人磔、六人獄門、一人斬(**寛宝日記**)。

6.19❖怪盗梅の吉兵衛実は大坂聚楽町梅渋屋吉兵衛、女房の弟の訴人により逮捕。天王寺屋の丁稚長吉を殺害するなど凶悪強盗で、磔(**過眼録・新著聞集**)。【よみうり・瓦版】

7.2❖蒔田権之助組与力竹林左兵衛の倅佐五兵衛、父を斬り殺す。十一日磔(**裁許帳三7**)。

7.12❖江戸本郷三丁目名主文左衛門ら三人、刀剣売買詐欺で死罪(**裁許帳二六三**)。

7.12❖盗んだ印で借金皆済の証文を作った江戸神田多町一丁目の十兵衛死罪(**裁許帳二六三**)。

7.15❖太田弥太夫方元下人常木平内、弥太夫に疵負わせ斬り殺された。十八日塩詰め死体を磔。請人も死罪(**裁許帳三五**)。

8.2❖稲垣数馬方元召仕鈴木金兵衛、稲垣家へ侵人して数馬の母を刺し殺して自害。塩詰め死体を磔。伜(3つ)兄・伯父獄門(**裁許帳七**)。

9.1❖酒井内匠頭家来森川忠右衛門の召仕半内、主人の父を斬り殺す。父母・弟とともに獄門(**裁許帳八**)。

9.14❖江戸町年寄役所の召仕市助、名主八郎右衛門宅へ放火予告の投げ文をし、十七日は同じ文言の札を立てた。十一月三日死罪(**裁許帳一六**)。

10.27❖武州中渋谷村の七兵衛、金二分つきで預かった巳之助(1つ)を目黒の原に捨てた。翌年九月十日獄門(**裁許帳七六**)。

11.3❖志摩今浦村の旅役者新六死罪。前年旅中、江戸木挽町五丁目勘右衛門の伜七之助をかどわかした(**裁許帳二二四**)。

12.19❖上総一ツ松村の百姓権平、親を斬り殺す。翌年九月十日磔(**裁許帳三九**)。

12.25❖姪を吉原へ売った武州坂本村の庄太夫死罪(**裁許帳二〇七**)。

【よみうり・瓦版】

遊女を売り飛ばした不届きな火盗改

江戸の治安に挺身すべき火付盗賊改の職にありながら「放火の賊詮議のとき娼家を闕所せるとて遊女まで売り払ひ」(寛政重修諸家譜)その代金を着服していたというのだから、恐れ入る。■あまりに不届きぶりが面白いので、遠島のあとを調べてみたら、十一年後の元禄十三年五月赦免されて江戸へ帰り、宝永三年に七十四歳で大往生していた。■十一年間の八丈島遠島では、どのような生活をしていたのであろうか。

凶悪知能強盗、梅の吉兵衛御用

胡椒粉を入れた紙袋を通行人にかぶせて金を強奪する手口だが、この五月十九日両替商の丁稚を言葉たくみにわが家へつれ込んで殺害し、百両を奪ったことが、訴人によってわかり御用。■頭脳犯らしく、大坂中の両替屋の手代、小者の身元を調べ上げていた。■こんな悪漢なのに、寛政八年江戸桐座初演並木五瓶作「隅田春妓女容性」という芝居では、主家の名剣を尋ね求める忠臣に仕立て上げられていた。

1691 江戸城大手門腰掛けで酔って眠った松平家の中間死罪

元禄三年

1690　庚午

1.12❖内藤上野介組同心小林与右衛門、有夫の女に密通を申しかけ、断られると投火した。三月十八日火刑。倅七之助連座獄門(**裁許帳一九七**)。

1.22❖小普請、石川九郎兵衛、勘定頭松平美濃守と路上対談中狂気して斬りつけ、松平の従者に斬り伏せられる(**実紀六**)。

2.25❖下総佐倉へん山犬横行、鉄砲方井上左太夫手出動(**実紀六**)。

3.6❖江戸弓町太兵衛方下人与四兵衛、女の不実を責め放火を予告するはり紙をした。四月二十六日死罪(**裁許帳一二六**)。

3.16❖金沢大火、六千六百三十九戸焼く(**災異志**)。

3.22❖相州円蔵村の作兵衛死罪。十一年前旅の山伏を殴り殺したことが発覚。共犯の佐次兵衛は牢死(**裁許帳一五六**)。

3.28❖江戸南榎町喜右衛門召仕紋助、女房かやと義母に疵負わせる。十二月六日死罪(**裁許帳一三三**)。

4.5❖武州駒引沢村の野井戸で地元の浪人松岡七兵衛の母の死体発見。松岡がつき落としたとわかり九月十日磔(**裁許帳四一**)。

4.22❖江戸吉原二丁目次郎左衛門下人伝兵衛死罪、元誓願寺前市郎兵衛の娘さんをかどわかし遊女に売っていた(**裁許帳二二二**)。

6—❖讃岐高松領小豆島越訴(**一揆**)。

7.6❖小姓組永田殿家来丸山政右衛門、乱心して父茂右衛門を斬り殺す。九月十日磔(**裁許帳四六**)。

7.12❖伊予宇和郡宇和島領山田東分愁訴(**一揆**)。

9.9❖江戸浅草諏訪町次兵衛の継子三四郎、父次兵衛と争論、疵つける。十月十日磔、三歳の倅獄門(**裁許帳四六**)。

9.19❖日向臼杵郡延岡領上野村など逃散(**一揆**)。

9.26❖江戸磐井町三丁目の権右衛門、一分二朱つきで預かった女児(1つ)を捨てる。十月二十七日獄門(**裁許帳七九**)。

9—❖越中富山城下で越訴(**一揆**)。

10.6❖長崎島原町の大坂屋忠右衛門、唐船から抜荷すべく船を出したが番船にみつかりそうになり、用意の銀六貫文を海へ捨てて逃げた。この銀が漁師の網にかかり発覚、翌年三月十三日磔、余類死刑(**犯科帳**)。

10—❖越後古志郡長岡領塩谷村など強訴(**一揆**)。

11.10❖江戸本八丁堀一丁目の僧秀山、近くの伊右衛門女房さんに狼籍しているところを近所の人々に取り押えられる。十二月六日死罪(**裁許帳一〇九**)。

11.25❖江戸西応寺町惣右衛門の召仕市助、叱られて怒り主人に疵つける。十二月二十七日磔、父と弟獄門(**裁許帳二三**)。

12.1❖江戸南伝馬町三丁目、三郎兵衛の元召仕九兵衛、侵人して三郎兵衛に疵負わせ自殺。塩漬け死体を磔、父兄獄門(**裁許帳三五**)。

12.6❖元美濃郡上藩士高尾権太夫仕官の口を世話すると称して口先ばかりの松平和泉守家来鈴木七兵衛を恨み、鈴木と家来

風姿—處女

風姿—勝山髷

風姿—島田髷

六人を斬り殺し、自分も斬死(**新著聞集**)。

12.9❖京都下立売から出火、千軒焼亡(**災異志**)。

12—❖奥州田島村源左衛門下人与三郎、主人の娘まつを殺害、自殺。塩詰め死体を磔(**裁帳一六**)。

元禄四年

1691　辛未

1.27❖出羽北山村弥兵衛女房はつ、同国中江村の六兵衛と密通、共謀して弥兵衛を殺害、放火。七月二十五日両人火刑(**裁許帳三八四**)。

2.10❖江戸麹町から出火、数町延焼(**実紀六**)。

2.24❖江戸南鍛冶町、一丁目油屋長助、荒川長門守邸下雪穏に放火。六月九日火刑(**裁許帳一九五**)。

2.26❖日向臼杵郡延岡領で逃散(**一揆**)。

3.25❖江戸桧物町二丁目太右衛門、女房を斬る。のち死亡。四月二十五日死罪(**裁許帳一三三**)。

3—❖高野山大火(**生活史**)。

5.18❖長崎伊勢宮神主島千太夫下人安左衛門、島夫婦を殺し下人一人を疵つけ自殺(**寛宝日記**)。

6.9❖江戸市谷左内坂一丁目仁兵衛女房しち火刑。家主久兵衛隣家に三回放火した(**裁許帳一九四**)。

6.12❖松平兵庫家中高岡三右衛門の中間伊兵衛死罪。使いの帰り酔って江戸城大手腰掛で眠っていた(**裁許帳一一六**)。

6.17❖阿蘇山噴火。飛石雨の如し(**災異志**)。

7—❖法華宗悲田院派の僧六十九人、異論を称したとして遠島(**実紀六**)。

8.3❖江戸南小田原町一丁目長左衛門の召仕七助、叱った主人を組み伏せ板で胸を突いた。十一月十日死罪(**裁許帳二八**)。

8.21❖江戸神田佐柄木町三宅左門下人杢左衛門、叱った主人に反抗、仲間大勢呼んできて悪口雑言した。死罪(**裁許帳三三九**)。

8.21❖奥坊主芦田宗達、城内で盗みを働いた科で磔刑(**裁許帳二〇〇**)。

8.23❖京都岩倉実相院門跡義延法親王(後西上皇第二皇子)かってに有馬へ行くなど不良の行跡により隠退、籠居(**実紀六**)。

閏8.21❖貧に迫って女房を吉原へ売った江戸芝西応寺町の五兵衛死罪(**裁許帳二〇三**)。

9.14❖江戸神田佐久間町四丁目次兵衛女房ろく乱心して実母と娘(1つ)を斬り殺す。十一月二十日磔。伜太郎市も獄門(**裁許帳四二**)。

10.22❖江戸南大工町二丁目山口宗倫死罪。人の噂ばかり書きたて「百人男」という本に仕立てた(**裁許帳二四〇**)。

10.25❖出羽亀岡村甚右衛門の下人彦作、主人の娘はる(15)を絞殺して自殺。死体磔。父・兄ら死罪(**裁許帳一七**)。

11.22❖主家門前で鷺を捕え食った鳥居久太夫召仕三助ら三人死罪(**裁許帳三〇六**)。

12—❖越前坂井郡丸岡領強訴(**一揆**)。

この年❖丹波桑田郡旗本領猪倉村騒動(**一揆**)。

風姿—婦人、平髷

風姿—婦人

1692 生類憐み令で蛇を使って客集めをしていた街頭薬売、追放

元禄五年

1692　壬申

1.29❖江戸鮫河橋中町の道信房清陽、近くの長左衛門留守宅に入りこみ、女房の顔を剃刀で斬る。三月十日死罪(**裁許帳一一〇**)。

2.6❖蛇を使って客集めをしていた街頭薬売り、生類憐令に触れ江戸追放(**裁許帳三一一**)。

2.9❖大番遠山平左衛門、発狂して西丸宿直所で自殺。翌日には小姓岸田忠助が本丸便所で自殺(**実紀六**)。

3.4❖神田御殿小屋番人堀長左衛門、妻子を斬り殺す。月末死罪(**裁許帳一三一**)。

6.12❖長崎の喜兵衛と加兵衛、死体を磔。唐船に漕ぎよせて積荷を盗んだこと露顕(ろけん)、自殺。他に獄門二人、遠島七人(**犯科帳**)。

6.25❖京都本院附武家神尾伊予守免職閉門。部下の同心に傷つけられたこと発覚。同心は斬(**実紀六**)。

6.26❖小納戸(こなんど)坊主木村喜清の下人角平、主人に対し慮外(りょがい)の悪口を吐き逮捕。十月十三日斬(**裁許帳二八**)。

7—❖高野山内紛に断、行人ら六百八十人流罪(**実紀六・泰平**)。

8.7❖飛騨大野郡なとの幕領で移領反対愁訴(**一揆**)。

11.1❖京都内裏(だいり)から出火、全焼。公卿邸・社寺多く類焼(**災異志**)。

11.4❖武蔵喜多見(きたみ)に横行する狼を退治するため鉄砲方田付四郎兵衛手出動(**実紀六**)。

11.27❖江戸五番町辻番人市右衛門死罪。長左衛門の娘せん(17)をかどわかして遊女に売ろうとした(**裁許帳二二四**)。

12.3❖画家英一蝶(はなぶさいっちょう)、三宅島へ遠流。高貴の婦人を模した「百人女臈」のため(**無名翁随筆・近世江都著聞集**)。【よみうり・瓦版】

冬—❖飛騨吉城郡天領古川郷で愁訴(**一揆**)。

元禄六年

1693　癸酉

1.14❖近江佐和山大火、千五百戸焼ける(**災異志**)。

3.3❖小普請古田佐次右衛門と鈴木彦三郎、座頭うねいちを斬り殺し逃走。十日古田だけ自殺(**町触**)。

3.11❖妻を妾(めかけ)奉公に出した江戸本所林町三丁目医師斎藤好庵死罪。とりもちした浪人岡田九左衛門同断(**裁許帳二一五**)。

3.27❖常陸小貫村百姓六右衛門下男源四郎、主人を斬り殺す、八月二十五日磔。手助けの二人と源四郎の父母獄門(**裁許帳八**)。

5.4❖出雲仁多郡上阿井村で百姓五兵衛ら三人、十七年ぶりに父の敵七郎兵衛を討つ(**敵討**)。

6.11❖江戸本郷二丁目の三左衛門、酔って母親を殴(なぐ)り、とめようとした家主召仕を鉋(かんな)で殴ってけがさせた。十月二十六日死罪(**裁許帳四二**)。

6.20❖江戸桶町一丁目の四郎左衛門、離別したばかりのつゆとその母を斬り殺した。十月二十六日死罪(**裁許帳一四六**)。

7—❖江戸大川に新大橋かかる(**武江**)。

風姿—男子

8.16❖魚釣り全面禁止、釣船営業停止の令(**実紀六**)。

8.22❖江戸橘町四丁目庄左衛門と長次郎磔。酒井河内守家来加藤孫六の召仕かめをかどわかして吉原へ売った(**裁許帳二二四**)。

9.16❖江戸五郎兵衛町三右衛門の下人、叱られたのを恨み主家屋根に投火。十一月二十五日火刑(**裁許帳一九八**)。

10.3❖尾張藩千代姫附用人中山茂兵衛、乱心して上臈里野を刺し殺し自殺(**実紀六・尾陽見聞実記**)。

10—❖長門萩領東条給地で逃散(**一揆**)。

11.26❖乱心してあらぬ振舞いが多かった下総古河城主松平日向守忠之、八万石没収(**実紀六**)。

12.11❖摂津尼崎で四百軒焼ける(**災異志**)。

冬—❖筑後三池郡久留米領田尻村越訴(**一揆**)。

元禄七年

1694　甲戌

1.20❖安房旗本領岩名村越訴(**一揆**)。

1—❖鄙猥の冊子を出した出版者四人処罰(**泰平**)。

2.11❖浪人中山安兵衛、伯父菅野六郎左衛門の危急に高田馬場へかけつけ、討たれた伯父の敵を討つ(**赤穂義士**)。

3.11❖浪人筑紫藺右衛門斬。前年から馬がものを言うなと虚説を流布してお札や薬を売っていた(**裁許帳一二二・元禄宝永珍話一・寛保集成四八**)。

3.11❖松平右京亮家来長谷川八郎太夫の中間巳之助、酔って馬に斬りつけ、とめようとした辻番清右衛門を傷つけ死なせた。閏五月十日下手人(斬)(**裁許帳三〇五**)。

3.16❖旗本水上左太夫の中間岸右衛門、遠州荒井宿で左太夫を斬殺、自殺。死体を磔にし、親縁三人流罪(**裁許帳九**)。

4.14❖御廊下番森権之丞の若党問屋孫七、主人の妻を斬り殺し自殺。二十二日死体を磔(**裁許帳一四**)。

4.14❖伊賀大野大火、一千余戸焼亡(**災異志**)。

4—❖応仁の乱から中絶していた京都葵祭再興。

5.19❖柳沢出羽守家来永井茂左衛門の下女ふき(13)主人の食膳に鼠の糞を入れたこと発覚。二十二日獄門(**裁許帳三〇**)。

5.27❖出羽能代大地震、三百九十四人死す。閏五月三日とも(**元禄宝永珍話一**)。

閏5.21❖下総印旛郡旗本領越訴(**一揆**)。

閏5.25❖伊予大地震(**災異志**)。

7.26❖江戸下谷車坂二丁目の忠兵衛「地頭に関し筋なき儀」を訴え、磔(**裁許帳三七二**)。

8.1❖歩行頭佐野内蔵丞、領民の訴えにより苛政顕れ免職逼塞。不正の家来梟(**実紀六・裁許帳二九三**)。

8.30❖二重底の枡を造った江戸桜田の善兵衛獄門(**裁許帳三三二**)。

9.1❖謀判して蔵米をかたり取った浅草蔵奉行米倉六左衛門、家人殺害も発覚して斬。養父斬、伜切腹(**実紀六・元禄宝永珍話一**)。

10.7❖大和松山二万八千石織田伊豆守信武、狂気して家臣を斬り自殺(**元禄宝永珍話一**)。

11.12❖主人の名で謀判、借金した旗本中根九郎兵衛家来小林弾右衛門獄門。伜千之助(9つ)も斬(**裁許帳、二六六**)。

【よみうり・瓦版】
英一蝶タダ遊びも年貢納め

一蝶(一六六二―一七二四)は本名多賀猪三郎。摂津の医者の子である。専業のほかに俳諧、雑文でも知られていた。この島流しには同じ吉原仲間の仏師民部、浪人村田半兵衛というのも一緒で、裏の真の遠島理由は「大名方にくっついて、その金で遊びまくった」というお粗末なものだった。その割りに十一年もの島は重すぎるようだが、幇間的タダ遊びが目に余ったのであろう。

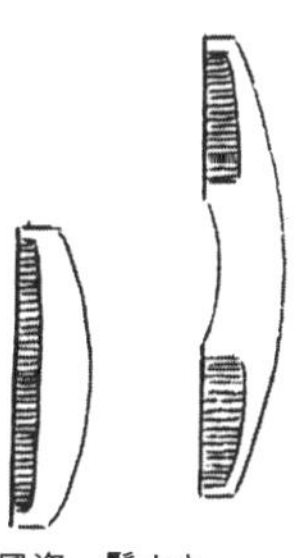

風姿—鬢カキ

1694 中山安兵衛、高田馬場で伯父菅野六郎左衛門の敵を討つ

11.23❖水戸光圀、佞臣藤井紋太夫を手討にする。

12.5❖江戸湯島六丁目浪人木村仁右衛門の下人六平、叱られて怒り主人を斬り殺す。翌年三月二十七日磔、兄弟、三人斬(**裁許帳一二**)。

12.15❖江戸新和泉町の清五郎、姉と口論、打擲した。二十五日死罪(**裁許帳五一**)。

12.25❖御納戸佐野喜左衛門若党中村万右衛門、代々木原で女房ふちを斬り殺す。翌年二月十二日斬。凶行を手伝った堀田権右衛門組同心藤沼又八、同断(**裁許帳一三八**)。

この年❖小鼓の名手観世新九郎、禁令に背いて品川沖で釣りをし、闕所・遠島(**江戸真砂**)。

元禄八年

1695　乙亥

1.19❖大坂島之内高間町帯屋九右衛門の伜八郎兵衛(25)恋仲の丹波屋与右衛門抱えつまを連れ出して殺害、後追い自殺した(**雅俗随筆下**)。

2.8❖江戸四谷伝馬町から出火、芝浦まで六万七千四百戸も焼ける(**実紀六**)。

2.10❖松平出羽守家来小川佐五右衛門の若党村竹伝右衛門、病気の女房しゅんを路上で絞め殺そうとした。六月十日死罪(**裁許帳一三四**)。

2—❖伯耆日野郡鳥取領川上村暴動(**一揆**)。

5.27❖「熊、狼のたぐいは棒で追い払え」の珍令(**実紀六**)。

7.22❖歩行人八人流罪。譜代の列に入れてほしいと請願、認められないのを怒り、一斉退職を申し出ていた(**実紀六**)。

8.22❖陸奥岩手郡盛岡領繁村など強訴(**一揆**)。

8—❖陸奥津軽郡弘前領で逃散(**一揆**)。

10.16❖鉄砲で鳥をうった大坂城番与力同心十一人切腹(**実紀六**)。

10.25❖江戸辻番の八兵衛、溝の中の小犬を母犬の目につきやすいようにと離れた屋敷際へ置いたのを「捨てた」とみなされ獄門(**裁許帳二九〇**)。

11.7❖丹波何鹿郡綾部領東栗村強訴(**一揆**)。

11.12❖盛岡藩、夫・舅ら四人を毒殺した女房を火刑に処する(**諸藩**)。

12.7❖大坂長町美濃屋の芸者三勝と大和五条赤根屋半七、難波墓地で心中(**元禄宝永珍話一、宮川舎漫筆・遊芸園随筆・摂陽落穂集二、雅俗随筆下**)。【よみうり・瓦版】

12.12❖書院番日根野十介、家人を手討ちにして士籍剥除(**実紀六**)。

12.26❖江戸数寄屋橋門外から出火、築地木挽町まで焼ける(**実紀六・武江**)。

この年❖下野都賀郡壬生領上稲葉村など越訴(**一揆**)。

〃　❖陸奥弘前領凶作、餓死者三万(**災異志**)。

生業—魚売(江戸初鰹売)

生業—魚売(泉堺)

元禄九年

1696　丙子

1.25❖江戸鞘町から出火、大火に(**実紀六**)。

1.30❖書院番頭高力伊予守、殿中で番士大岡三左衛門に殺害され、大岡は高力家来に討たれる(**実紀六・元禄宝永珍話一・現来集八**)。

2.4❖吉原京町一丁目介右衛門下人八助、会津の六右衛門に殺される。六右衛門とりこもるが捕えられる(**吉原に就ての話**)。

2.24❖長崎椛島町貞方六右衛門下人太郎助ら、二人、唐船から荷揚げした反物を盗みつかまる。六月十三日獄門(**犯科帳**)。

2.26❖江戸材木町の半兵衛磔。小犬を絞め殺し、かねて遺恨の孫右衛門の名を書いた紙片を首につけて捨てた(**裁許帳二九一**)。

2.26❖江戸永富町四丁目の八右衛門獄門。親戚の娘ゆふを、父親の同意書を偽造して吉原へ売った(**裁許帳、二六七**)。

4.9❖江戸田所町の吉兵衛、二分添えて預かった女児(1つ)を京橋二丁目に捨てた。六月十二日獄門(**裁許帳七六**)。

5—❖越中新川郡金沢領で逃散(**一揆**)。

6.6❖在所で火つけをした越後江口村の座頭津屋一、浅草で火刑(**裁許帳一九五**)。

6.19❖連夜淫雨のあと江戸地震。二十一日までつづく(**実紀六**)。

6.26❖江戸幸町の喜平次死罪。同町の与兵衛が犬を捨てたと無根の訴えをした(**裁許帳三二八**)。

7.2❖出羽河辺郡秋田領仁井田村暴動(**一揆**)。

8.9❖江戸本所で犬を殺した町人、浅草で斬。訴人した近所の娘(13)に金五十両の褒美(**元禄宝永珍話一・実紀六**)。

8—❖京畿飢饉。京都市民に二斗ずつ恩借(**実紀六**)。

9.9❖江戸大風雨。西丸坊主岩崎順佐の家族四人死亡(**元禄宝永珍話一**)。

11.6❖上総月出村甚三郎の女房やす死罪。回り道して市川の関所を抜けた。案内した西葛西の与兵衛獄門(**裁許帳三二五**)。

11.27❖旗本建部内匠頭家来藤井意斎、父才兵衛を突き殺して自殺。十二月二十五日塩詰め死体を磔(**裁許帳三九**)。

12.1❖但馬出石領浅間村などで打ちこわし(**一揆**)。

12.2❖丹波氷上郡柏原稲畑村愁訴(**一揆**)。

12.14❖吉原中之町蔦屋佐次右衛門方で下野佐野の炭問屋次郎右衛門が角町万字屋の遊女八橋を殺害、町の者たちを斬り払って逃げるが、物干から落ちてとり押えられる。金の切れ目で冷くなった女への恨み。いわゆる吉原百人斬り(**洞房語園後集・近世江都著聞集・洞房古鑑**)。【よみうり・瓦版】

この年❖江戸大川に永代橋かかる(**武江**)。

元禄十年

1697　丁丑

閏2.2❖山王社神主日吉大膳方で大膳と大番福島伊織が争闘、相討ち(**実紀六**)。

閏2.10❖石見安濃郡幕領刺賀村越訴(**一揆**)。

閏2.21❖町人長右衛門、身元不明の者から五百文つきでもらった五歳位の女児を斬り殺して麻布の川に捨てた。三月二十七

【よみうり・瓦版】美しい所作でこの世を去った男と女

お定まりの客と遊女、入れあげたはて家産蕩尽という平凡な筋道。■二人の着物の褄を帛紗で結び合わせていたところが劇作家の気に入られ、今でも「艶容女舞衣」(竹本三郎兵衛作・延享三年十一月初演)の二人が美しい所作を見せてくれる。■もっとも、女は島之内笠屋寄宿の垢摺女サンという下等遊女で、これでは趣きがないから、寛文ごろ実在した女舞笠屋三勝をモデルに加えた、という説もある。

吉原百人切りの恐怖

実際は百人でなく、八橋の他に二、三人斬っただけだが、切れ味はものすごく、八橋の上半身は手すりにしがみついて階段上に残り、下半身は下に落ちた。この刀、別称水もたまらぬ「籠釣瓶」、実は妖刀村正だったとか。■寛政九年「青楼詞合鏡」以来、この事件をとり上げた芝居数種あり、現在では、明治二十一年三世河竹新七作「籠釣瓶花街酔醒」が、もっぱら上演されており、アバタ面の主人公佐野次郎左衛門が、名刀争奪戦で活躍する。

日磔(**裁許帳七七**)。
3.3❖山城宇治橋消失(**月堂一**)。
5—❖越前大野郡勝山領で越訴(**一揆**)。
6.19❖江戸浅草明王院の道玄、師僧栄堅に数か所疵負わせる。牢死。十月二十二日塩詰め死体を磔(**裁許帳一〇五**)。
8.12❖江戸三河町三丁目の大工権十郎、江戸城の工事に出て柳の間の屋根で休んでいるところを茶坊主にとり押えられた。十二月二十七日死罪(**裁許帳一二〇**)。
8.13❖実の妹を遊女に売った奥坊主小川重悦斬(**実紀六**)。
8.13❖先手組与力二人、護国寺前で市人を斬り殺した科により切腹(**実紀六**)。
9.18❖江戸村松町一丁目の勘左衛門、身障者で前途を悲観、心中するつもりで五歳の娘を絞め殺し、獄門。手伝った竹川町の長兵衛死罪(**裁許帳六一**)。
10.5❖主人に疵負わせた小普請小佐手喜八郎、若党佐久山勘六磔。伯父ら流罪(**裁許帳二三**)。
10.11❖普請組同心長谷川久左衛門の養子半三郎、人を集めて騒ぎ、養父か注意したら逆上して棒で殴った。十一月三十日磔(**裁許帳四四**)。
10.12❖日光と鎌倉で大地震。鶴ヶ岡八幡の大鳥居倒れる(**実紀六**)。
10.17❖江戸大塚善心寺から出火、牛込・麹町・番町まで焼ける(**実紀六**)。
11.27❖岡山領上田村清十郎の妹ふく獄門。かねて恨みの下加茂村次右衛門を刺し殺し、自殺未遂(**諸藩**)。
11—❖豊後速見郡日出(ひじ)領貫井村など逃散(**一揆**)。
12—❖日向児湯(こゆ)郡高鍋領藤見村逃散(**一揆**)。
この年❖信州小県(ちいさがた)郡上田領別所村越訴(**一揆**)。
〃　❖美濃郡上領で愁訴(**一揆**)。

元禄十一年

1698　戊寅

3.6❖山城宇治大火(**災異志**)。
3—❖紀伊牟婁(むろ)郡須賀村など越訴(**一揆**)。
4.4❖留守居番秋山十兵衛と佐々喜三郎闘争、相討ち。秋山に非あり(**実紀六**)。
4.8❖江戸北品川の畑に八、九歳の男児の斬殺死体があった(**寛保集成四八**)。
4—❖上野群馬郡高崎領で愁訴(**一揆**)。
5.29❖水野美作守家来木本新七、千駄谷の路上で糀(こうじ)町天神前医師久保玄仙を殺害。八月十五日斬(**裁許帳四一九**)。
6—❖備後沼隈郡福山領強訴(**一揆**)。
8.26❖長崎唐人屋敷番人吉浦宅助を首領とする大規模抜荷団を摘発。五人磔、五人獄門、三人斬。船番や奉行所下役も入っていて、唐船から多量の荷を盗んでいた(**寛宝日記**)。長崎奉行免職、閉門(**実紀六**)。
9.6❖江戸数寄屋橋から出火、二、三十町焼け東叡山(とうえいざん)にも延焼(**実紀六・武江・江戸真砂**)。この火事で伝馬町牢切りほどきあり。深川妙栄寺日泰(42)のみ帰らず(**寛保集成**)。
【よみうり・瓦版】
11.11❖美作東北条郡津山領高倉村強訴(**一揆**)。
11.12❖江戸谷中感応寺日遼以下悲田派の僧八人遠流(**実紀六**)。
12.10❖江戸石(こく)町から出火、八丁堀・日本橋・佃(つくだ)島まで焼け死者多数(**実紀六・武江**)。
この年❖因幡高草郡鳥取領横枕村強訴(**一揆**)。

生業—小原女

元禄十二年

1699 己卯

1.27❖大和郡山大火、一千余戸燃える(**災異志**)。

2.6❖江戸大火。黒桑町から浅草まで焼ける(**災異志**)。

2—❖肥前津波。三百戸流れ千余人死す(**災異志**)。

4.4❖江戸日本橋へんから出火、筋違御門まで焼ける(**実紀六・武江**)。

4.7❖備後福山大火(**生活史**)。

4.22❖大番川久保伝左衛門、小田原で発狂、同僚二人傷つける(**実紀六**)。

4.27❖江戸小石川音羽町の寺尾善右衛門、牢死体を獄門。伜(10)も斬。旧主裏判の手形を偽造して町人から二百三十六両借りた(**裁許帳二六八**)。

5.7❖日比谷門番京極喜内家来白石権右衛門、乱心して朋輩村井小藤次を四か所斬る(**半日閑話**)。

7.26❖江戸麹町二丁目山本少兵衛、長崎で磔。長崎で落札した唐船貨物の代銀不払いと宿主甚右衛門殺害(**犯科帳**)。

8.19❖江戸芝田町で酔って薩摩藩の女乗り物にからんだ芝金杉一丁目の喜兵衛、供先山田七右衛門に左手を斬り落され、二十七日絶命(**裁許帳四一一**)。

9.9❖小姓岡八郎兵衛、芝で伊達美作守行列と紛糾、後刻槍を持って美作守邸へ乗り込む。伊達家来三人斬(**一話一語三七・実紀六**)。【よみうり・瓦版】

閏9.12❖高知朝倉町から出火、五百余軒焼ける(**災興志**)。

10.8❖遠山七之丞所属鳶の者五兵衛ら三人、小石川諏訪町の酒屋で代金待て待たぬで口論、仲間をつれてきて暴れた。十二月二十五日三人死罪(**裁許帳四二六**)。

11—❖武蔵榛沢郡旗本領荒川村愁訴(**一揆**)。

この年❖上野碓氷郡安中領五料村など愁訴(**一揆**)。

元禄十三年

1700 庚辰

2.27❖対馬大地震(**災異志**)。

2—❖江戸下谷車坂から出火、浅草へん焼亡(**武江**)。

3.22❖長崎の稽古通詞富永仁兵衛磔刑。偽判で和蘭人から百六十両借りたこと、カピタン部屋から懐中時計を盗んだこと(**犯科帳**)。

3—❖陸奥信夫郡幕領南矢野目村など愁訴(**一揆**)。

11.21❖石見邇摩郡石見代官所管内暴動(**一揆**)。

12—❖長崎代官高木彦右衛門の下人又助ら八人と佐賀藩士芝原清右衛門らが路上で喧嘩。下人ら佐賀屋敷へ押し入り乱暴、芝原ら代官所へ討入り、高木代官を殺害した。翌年三月佐賀側十人、代官所側八人死罪(**犯科帳**)。

【よみうり・瓦版】

大火で囚人解き放し

伝馬町牢の囚人解き放しは、この火事が最初ではない。明暦三年振袖火事のとき、牢奉行石出帯刀が自分の責任で解放したのがはじまりで、『日本近世行刑史稿』によると、元治元年まで計十五回の解き放しがあり、囚人の九割までが指定場所へ帰って減刑処分を受けている。■この元禄十一年の火事で、指定の本所回向院へ帰って来なかった妙栄寺住職・日泰がどんな罪で入牢していたのかわからない。「顔色青白く少々太り肉」とあるから、女犯罪か。

大名と旗本の争い、大目付の裁き

この紛争の発端は、直参の岡八郎兵衛が伊達の行列を割ったことにあり、岡は制止した供先を一人斬り、大勢にとり押えられた。帰宅した岡は槍を持ち出して伊達邸へ乗り込み、かけつけた大目付に鎮められる。奇妙なのは事件の結着で、伊達美作守改易、供先の家来三人死罪、岡は小普請入りですんだ。■大名側に厳しく、旗本側に軽いのである。幕初以来の大名・旗本の対立がまだ根強いとき、幕閣の真意が不可解である。

1701 赤穂藩主、浅野内匠頭、吉良上野介に斬りつけ、即日切腹

元禄十四年

1701 辛巳

1—❖日向児湯郡高鍋領三納代村逃散(**一揆**)。

3.14❖赤穂藩主浅野内匠頭長矩、殿中で高家吉良上野介義央に斬りつけ、即日切腹。【よみうり・瓦版】

5.9❖青山因幡守元家来石井源蔵兄弟、伊勢亀山で、二十五年ぶりに父の敵赤堀源五右衛門を討つ(**一話一言二一・新著聞集・月堂一**)。

6.6❖大坂で暴力団大手入れ、庵の平兵衛以下多数逮捕。翌年八月二十六日獄門四人(**元禄宝永珍話二・浪速五侠伝・著作堂一夕話**)。【よみうり・瓦版】

6.20❖京都落雷、死者多し(**月堂一**)。

7—❖出羽最上郡新庄領下ノ明村愁訴(**一揆**)。

8.4❖丹波船井郡園部領大戸村越訴(**一揆**)。

8.17❖伊勢長島大洪水(**月堂一**)。

8.18❖出羽田川郡庄内領海老島村愁訴(**一揆**)。

8.26❖住所不定団七九郎兵衛、大坂千日で獄門。父義兵衛を殺害したあと追剝など悪事を重ねていた(**雅俗随筆下**)。

8.28❖日向児湯郡佐土原領三財村逃散(**一揆**)。

10—❖駿河沼津大火(**災異志**)。

10—❖近江佐和山大火二千戸焼く(**災異占**)。

11.11❖市人から物品を訴取した小普請高林惣右衛門斬。子は切腹(**実紀六**)。

12—❖下総匝瑳郡旗本領椿新田越訴(**一揆**)。

冬—❖陸奥和賀郡盛岡領外根倉銅山暴動(**一揆**)。

この年❖京都大雷雨、洪水。水死多し(**災異志**)。

〃 ❖美濃恵那郡岩村領竹折村越訴(**一揆**)。

元禄十五年

1702 壬午

2.11❖江戸四谷新宿太宗寺へんから出火、品川まで焼ける(**実紀六・元禄宝永珍話二・武江**)。

2.15❖江戸麻布の堀美作守下屋敷前で五、六歳の女児が斬り殺されていた(**寛保集成四八**)。

2.28❖出羽田川郡庄内領大中島村愁訴(**一揆**)。

2—❖下野都賀郡旗本領栗野村愁訴(**一揆**)。

2—❖丹後与謝郡宮津領強訴(**一揆**)。

4.3❖大坂千日前で阿波座の表具屋小兵衛倅小三郎(**24**)と新町車屋忠右衛門抱え田村(21)が心中(**赤穂義士**)。

4.27❖小十人斎藤甚助斬、子二人遠島。殿中でかねて遺恨の伴野弥五郎の刀を盗み隠した(**実紀六**)。

5.22❖病気と称して出勤せず遊んでいた奥医師吉田盛方院改易(**実紀六**)。

6.20❖京都大雷、洪水。九十八か所に落雷(**泰平**)。

6.22❖美濃岩村城主丹羽和泉守氏音改易。家中結党・騒擾が理由で、家人の死刑・遠流多数(**実紀六**)。

7.15❖赤穂浪士橋本平左衛門、大坂蜆川新

吉良邸討入り

この夜吉良邸にいた男性は、上杉家からの附人を含め九十数名。このうち小林平七、清水一学ら十六人が寝巻き姿で勇戦、闘死した。鎖着込、頭に鉢金という完全武装の赤穂方は死者なく、軽傷者数人だけ。■吉良側殉難者の中には茶坊主、馬丁ら非戦闘員もいた。その一人牧野春斎少年は江戸町家の子だったが、茶坊主として吉良上野介に近侍。同夜死者の刀をとって戦い、ついに上野介に殉じて死んだ。

下人二人を手打ちにした書院番切腹

「書院番大久保半右衛門、常に家人を虐使し、其上こたび婢二人まで手討したるにより、不仁なりとして切腹せしめらる」(徳川実紀)武士がその下人を斬り捨てる手討の特権も、無制限に許されていたのではないことが、これでわかる。■ただし、現代の人権の感覚はまだなく、「仁」「不仁」の形が重視された。■享保四年には、女中を手討にした旗本が追放され、また町人を「無礼討ち」にした武家が、処罰された例も数多い。

地淡路屋のはつと心中(**赤穂義士**)。

7.28❖京都と土佐で大風雨。土佐の損亡十六万石(**災異志**)。

8.21❖伊勢長島城主松平佐渡守忠充、城地一万石没収。乱心して家臣三人に腹切らせた(**実紀六**)。

8.26❖大坂の暴力団雁金文七ら五人処刑(**宮川舎漫筆**)。

8—❖蝦夷松前大風雨、洪水。四十七人死す(**災異志**)。

閏8.25❖偽印で金を詐取した小普請佐脇次郎左衛門斬(**実紀六**)。

10.13❖馬事方橋本権之助、犬を傷つけ切腹(**実紀六**)。

11.5❖賭奕の罪で小普請島田三左衛門ら三人斬、他に遠流十八人(**実紀六**)。

11.11❖日向那珂郡高鍋領北方郷強訴(**一揆**)。

12.14❖大石内蔵助ら赤穂浪士四十六人、本所松坂町の吉良上野介邸を襲撃、上野介を討ちとる(**実紀六ほか**)。【よみうり・瓦版】

12.21❖牛込逢坂官邸預重田伊兵衛、同邸同心組頭鈴木五郎右衛門斬、重田の長男連座切腹。飛書を作って二丸張番御牧甚兵衛を誣告した(**実紀六**)。

12.25❖京都松屋町丸太町から出火、二百九十六軒焼ける(**元禄宝永珍話二**)。

12.26❖江戸浅草本願寺から出火、本所猿江まで焼ける(**実紀六**)。

この年❖江戸下高縄のかごかき兵三郎・吉兵衛獄門。鈴ヶ森で客をおどして衣類・金子を奪った(**例類集三**)。

元禄十六年

1703 癸未

2.4❖吉良邸討入りの赤穂浪士四十六人、預かり先の四大名邸で切腹(**実紀六ほか**)。

2.9❖婢を二人も手討ちにした書院番大久保半右衛門切腹(**実紀六**)。【よみうり・瓦版】

3—❖河内志紀郡などの大和川筋愁訴(**一揆**)。

3—❖摂津東成郡なとの大和川筋愁訴(**一揆**)。

4.4❖大坂内本町橋詰町平野屋彦右衛門手代徳兵衛(31)と堂島新地中町天満屋利右衛門方茶立女はつ(19)心中(**心中大鑑・雅俗随筆下**)。

4.21❖石川備中守家臣の子梶川勝蔵(12)、江戸深川三十三間堂で通し矢一万十一本の記録を達成(**新著聞集**)。

6.27❖後妻の連れ子と姦通した犬医師畠山元悦斬(**実紀六**)。

6—❖蝦夷松前大雨、洪水。山崩れで七十余戸倒壊(**災異志**)。

10.27❖長崎で抜荷未遂の無宿吉平次ら三人磔、四人獄門、二人斬(**犯科帳**)。

11.18❖江戸四谷北伊賀町から出火、赤坂・麻布・芝に及ぶ(**実紀六・泰平・月堂見聞集**)。

11.22❖関東大地震、江戸大火、安房・上総・伊豆大島など津波。死者総計十五万四千三百(**実紀六・武江・元禄宝永珍話二・一話一言補遺**)。

11.29❖江戸小石川水戸邸から出火、湯島・神田・浅草・本所・深川に及ぶ。両国橋・大橋など焼け落ちる(**実紀六・月堂一・武江**)。

【よみうり・瓦版】
刃傷、江戸城松ノ廊下
幕府編纂の公式史書『徳川実紀』が、傷害被害者の吉良上野介に相当批判的なのは、興味深い。■「……されば賄賂をむさぼり、其家巨万をかさねしとぞ。長矩は阿諛せず……義央ひそかにこれをにくみ」といった調子である。このためばかりではあるまいが、以後世論は反吉良親浅野一辺倒となった。■竹田出雲ら作の本格義士劇「仮名手本忠臣蔵」が世に出たのは、討入りから四十七年後の寛延元年八月で、これが日本人の義士観を決定的なものとした。

大坂で一斉手入れで五人組を逮捕
摘発の端緒は、南久宝寺町河内屋五兵衛方雇人喜兵衛が夕涼み中、無法者庵の平兵衛に斬られた一件である。暴力団一掃を決意した奉行所は、総力をあげて平兵衛以下全市の一味多数を逮捕した。■磔刑の平兵衛の他、喧嘩屋五郎左衛門・からくり六兵衛・雁金文七・とんび勘右衛門・神鳴庄九郎・かいたての吉右衛門の面々が刑死・牢死。■このあぶれ者どもを美化し、劇化したのが、享保十五年江戸中村座狂言「名月五人男」である。

元禄年間

1688-1703

○—❖吉原に花魁の称はじまる。また局女郎を梅茶と称す(**花街史**)。

○—❖江戸の京極備中守下屋敷で尾崎りやが二十三年ぶりに父の敵岩渕伝内を討つ(**敵討**)。

宝永元年

1704　3・13改元　甲申

1.7❖伯耆会見郡鳥取領押口村愁訴(**一揆**)。

2.19❖初代市川団十郎、市村座の舞台で同座頭取俳優杉山半六に刺し殺される。半六と伜の嫁との密通を意見したのを逆恨みしていた。半六死罪(**思出草紙**)。

2.19❖高知紺屋町から出火、三百余軒焼く(**災異志**)。

2.19❖相州小田原洪水、八人死す(**災異志**)。

3.18❖江戸浅草竹町の渡し舟転覆、四十余人水死(**青楼年歴考**)。

6.15❖江戸大雨・洪水。七月二日まで水ひかず(**武江・元禄宝永珍話三**)。

7.1❖土佐大風雨・洪水。四日、十一日も(**災異志**)。

7—❖利根川溢れ江戸亀戸・本所・深川・浅草まで出水、死者多し(**実紀六**)。

7—❖長門阿武郡萩領で越訴(**一揆**)。

7—❖広島領水害(**災異志**)。

7—❖江戸地震頻発(**災異志**)。

8.4❖江戸・下総洪水。利根川の溢水で本所・深川・浅草浸水、死者多数(**災異志**)。

8.25❖偽書偽印で借金した小普請溝口右近、井出藤九郎斬(**実紀六**)。

8—❖陸奥信夫郡幕領渡利村愁訴(**一揆**)。

12—❖丹波多紀郡篠山領で強訴(**一揆**)。

この年❖河内交野郡小田原領森村愁訴(**一揆**)。

宝永二年

1705　乙酉

2—❖讃岐丸亀で六ツ子出産。うち四人死に、女房も、三月四日死す(**元禄宝永珍話三**)

4.21❖おかげ参りはじまる。一か月間に山城から出た数九千四百五十人(**月堂一**)。

閏4.1❖江戸増上寺庫裡から出火、全山焼亡、四人死す(**月堂一**)。

5.16❖大坂の豪商淀屋辰五郎闕所。遊女身請けのため御用金と称して番頭管理の自宅金庫から五千両かたりとったのが直接理由。大名への債権銀一億貫目帳消し(**元正間記・元禄宝珍話三・淀の流れ・一話一言三七・塵塚**)。【よみうり・瓦版】

5—❖飛騨益田郡幕領阿多野村愁訴(**一揆**)。

6.22❖三河・遠江など東海水害(**災異志**)。

11.4❖江戸大火。呉服橋・鍛冶橋間南北六町東西三町焼亡(**武江**)。

生業—呉服売

地震についで今度は富士山噴火
当日地元では午後四時ごろ深夜のごとく暗黒となり、地震、雷、降灰の連続。これが十日余つづき、十二月三日まで江戸でも砂積もること四寸ほど。十一月二十三日は地震最大規模に達し男女絶死多数。(『宝永年間書覚』)これで見ると突発的大爆発でなく、中小爆発の連続だったようである。また、遠隔地では津波の被害甚大で、大坂では死者三千二十人に及んでいる。

宝永三年

1706　丙戌

1.14❖江戸神田須田町から出火、本所・小伝馬町・新材木町焼亡(**武江**)。

1.15❖京都田中村大火(**災異志**)。

2.15❖八王子千人同心五十六人、譜代の格を請願して逆に追放される(**実紀六**)。

2.20❖江戸南鍛冶町から出火、南北四町東西二町焼亡(**武江**)。

6.7❖京都堀川下立売の鼓師高井伝右衛門、鳥取藩士中山伝右衛門に殺される。中山の妻たねと密通のための妻敵討(**月堂一**)。

7.27❖長崎東浜町の伝七、抜荷の罪で磔。仲問四人獄門(**犯科帳**)。

9.15❖江戸大地震。城石垣所々崩壊(**実紀六**)。

9.15❖宮古島大地震(**災異志**)。

11.2❖伊勢山田大火(**災異志**)。

11.16❖江戸四谷竹町から出火、四町半程焼ける(**武江**)。

11.20❖江戸和泉町から出火、幅三町長さ十五町ばかり焼ける(**武江**)。

12—❖法華僧四十三人、邪法を唱えた罪で流罪、追放(**実紀六**)。

この年❖伊勢参宮の道中に男女交合の見世物が出る(**芸界きくま、の記**)。

宝永四年

1707　丁亥

1.15❖江戸新同心町から出火、本所・本小梅まで焼ける(**武江**)。

1.15❖浪人の子柘植平之丞乱心、門番小笠原信濃守家来を傷つける(**宝永年間講覚**)。

1—❖小普請奉行間宮播磨守、いつも金を無心する妻方親類の浪人を、支配方に断って手討ちにする(**宝永年間諸覚**)。

2.25❖旗本徳永頼母、寝所で元奉公の侍に殺害される。同侍は逃走、手引きした草履取り七助傑刑(**宝永年間諸覚**)。

3.24❖小姓組石来一学、乱心して姉聟の大番組頭窪田伊右衛円を殺害、自殺(**実紀六・宝永年間諸覚**)。

4.10❖代官鈴木三郎左衛門改易。浅草の渡し船内で賄所六尺彦太夫の無礼を咎め刃傷に及んだ(**実紀六**)。

6.20❖大番前場清右衛門、家来に殺される(**実紀六**)。

8.1❖江戸小石川立慶橋へんから出火、幅四町長さ三十町焼ける(**武江**)。

8.7❖火事で焼け出され新番三宅権左衛門方へ居候していた小普請小屋七郎左衛門、三宅を殺し自殺(**実紀六・宝永年間諸覚**)

10.4❖江戸・東海・近畿・四国大地震、各所で津波。大坂では、一万六百余軒倒壊、三千二十人死す(**実紀六・宝永年間諸覚**)。

【よみうり・瓦版】⇨

11.23❖富士山大噴火。東側から灰砂ふき出し田畑埋没。二十八日ようやく鎮静。肩に新山生じ「宝永山」と命名(**実紀六・武江・翁草三**)。【よみうり・瓦版】⇨

この年❖蝦夷松前大火六十七軒焼亡(**災異志**)。

〃　❖伊予宇和郡宇和島領騒動(**一揆**)。

〃　❖讃岐小豆郡幕領池田村越訴(**一揆**)。

【よみうり・瓦版】

大坂の豪商淀屋辰五郎闕所

このときの辰五郎は五代目で、本名岡本三郎右衛門(18)。根っからの遊び好きで、一年半の間に遊興に使った金が、十六万六千両。もちろん悪い取巻きがいて、手代ら五人が同時に獄門になっている。■もっとも、五千両事件は表面上の理由で、実は長年にわたるおごりに鉄槌を下したのであろう。■屋敷は百間四方。名園中の「夏座敷」は障子・天井ビードロ張りだったという。大名貸し銀一億貫目の帳消しが、幕府の本当のねらいかも知れない。

宝永の東海地震

午前十一時ごろと翌五日午前六時ごろの二回にわたり江戸から大坂まで広範囲にわたる大地震で、とくに駿府城、久能山大破損、幕府から若年寄稲垣対馬守らが見分に急行した。原、吉原などの宿は高波で建物ゼロとなり、荒居港では舟百五十艘が流失した。まことに前代未聞の大地震であった。

宝永五年

1708　戊子

1.8❖安芸世羅(せら)郡など広島領奥山筋村々強訴(**一揆**)。

1—❖信濃高井郡松代領強訴(**一揆**)。

3.8❖京都油小路へんから出火、御所ことごとく炎上(**実紀六・月堂一・翁草三・元禄宝永珍話四・塩尻九**)。

3.29❖備中山田村の七兵衛、盗みの目的で胸上村伝九郎方へ放火。七月二十七日火刑。共犯のかめ獄門(**諸藩**)。

3—❖陸奥信夫郡福島領南矢野目村など愁訴(**一揆**)。

4.11❖京都吉田大火(**災異志**)。

5.10❖ひそかに伊勢参宮していた小普請佐々伊織遠島(**実紀六**)。

5—❖播磨美嚢郡下館領三木越訴(**一揆**)。

6.22❖山城伏見洪水(**泰平**)。

6—❖岡山大風雨・洪水(**災異志**)。

7.2❖京都・畿内大風雨。神社仏閣多数倒壊(**実紀六・泰平・月堂一**)。

7—❖書院番安部助四郎方で、訪れた乳母の夫某が乳母を斬り殺し助四郎にも傷負わせたあげく家来たちに殺された(**宝永年間諸覚**)。

10.29❖官事と偽って市人から金をかすめ取った旗本高山兵左衛門、木村惣四郎斬(**実紀六**)。

12.29❖大坂道修(どしょう)町から出火、六十五か町七千四百九十一軒焼く。死者七人(**月堂一・宝永年間諸覚**)。

12—❖洛北八瀬と比叡山の立入権紛争に老中秋元喬知(たかとも)、八瀬側勝訴の判定を下す(**江戸と京都**)。

この年❖相模足柄郡小田原領山北村など越訴(**一揆**)。

〃　❖丹波何鹿(いかるが)郡三か村強訴(**一揆**)。

〃　❖幡磨神東郡福本領寺前村など愁訴(**一揆**)。

宝永六年

1709　己丑

1.20❖新将軍家宣(いえのぶ)、生類憐令(しょうるいあわれみのれい)撤廃(**実紀七**)。

1.20❖水戸領百姓三千人江戸藩邸に押しかけ、代官松波勘十郎の免職を要求。藩松波を追放(**月堂一**)。

2.16❖江戸上野東叡山吉祥院で前将軍の法事中、旗本前田采女(うねめ)が御用掛織田監物(けんもつ)を刺し殺す。前田狂乱の体だったが十九日切腹(**実紀七・営中刃傷記・泰平・現来集八・元禄宝永珍話四**)。

3.9❖江戸下谷車坂大久寺から出火、東叡山の子院多く焼ける(**実紀七**)。

5.8❖上野群馬郡の総社領で越訴(**一揆**)。

7.4❖畿内・近国大風、民家多く倒壊。小豆島で小笠原備中守入国の船が難破、備中守水死(**泰平・月堂一**)。

この年❖琉球飢饉、死者二千人(**生活史**)。

生業—油売・花売

宝永七年

1710　庚寅

1—❖伊豆三宅島噴火(**災異志**)。

2.25❖上総相馬郡相馬領で愁訴(**一揆**)。

3.15❖浅間山噴火(**生活史**)。

3.18❖長崎榎津町の新助死罪。抜荷が露顕したので大坂へ高とびしたが、駕籠かきと喧嘩してつかまり長崎へ送り返された(**犯科帳**)。

3.18❖備前無宿善左衛門、抜荷の罪で長崎で磔。資金を貸した長崎西築町与兵衛同断(**犯科帳**)。

4—❖越後蒲原郡村上領太田村など越訴(**一揆**)。

4—❖播磨多可郡幕領安楽田町愁訴(**一揆**)。

5.30❖桑名藩士野村増右衛門、同類三十人と共に斬。郡代役として不正が多かった(**翁草四・月堂一**)。

5—❖京都で飛鳥井家と難波家、蹴鞠道(けまりどう)の本流争い中、難波家の家来岡田安兵衛(66)が飛鳥井家の安田右京(46)に斬りつけ、飛鳥井家来に殺される。安田も六月十八日切腹(**月堂四**)。

5—❖佐渡羽茂郡幕領夷組など越訴(**一揆**)。

6—❖播磨神東郡福本村ほか越訴(**一揆**)。

7.10❖長門豊浦郡萩領浮石村越訴(**一揆**)。

7—❖讃岐小豆郡池田村ほか越訴(**一揆**)。

7—❖長門美祢(みね)郡伊佐山中村逃散(**一揆**)。

9.29❖大坂東堀油屋橋際の油屋の娘そめ(2つ)丁稚久松(13)が守りしているうち川へ落ち水死。久松、土蔵内で首つり自殺(**江戸の実話**)。

11.4❖長崎大井手町の喜右衛門、抜荷の罪で磔、船頭与惣次獄門(**犯科帳**)。

11.4❖長崎内中町の伽羅(きゃら)目きき和泉屋市郎左衛門、抜荷の罪で磔。婿(むこ)の太右衛門自殺(**犯科帳**)。

12.5❖大坂淡路町飛脚屋忠兵衛、北新地槌屋の芸者梅川と心中。金に困って江戸送り金二百五十両の封印を破った容疑で吟味中牢死したともいう(**実事談**)。

12.19❖江戸神田小柳町真田家中屋敷から出火、長さ二十五町幅四町焼ける(**実紀七・武江**)。

12—❖周防吉敷郡萩領長野村越訴(**一揆**)。

この年❖全国痘瘡流行。小児十人中八九死す(**災異志**)。

〃　❖遠江(とおとうみ)で夫免高廃止要求の強訴(**一揆**)。

生業—菜蔬売

1711 晝(ひる)八ツの太鼓を間違えて打った江戸城太鼓坊主追放

宝永年間

1704-1710

○—❖金尺の松崎吟之進、恋人の敵留屋権蔵兄弟を討つ(**武家の生活**)。

正徳元年

1711　4・25改元　辛卯

1.4❖江戸芝土器(かわらけ)町から出火、新掘海手まで焼ける(**実紀七・武江**)。

1.9❖江戸新和泉町から出火、霊岸島まで焼ける(**実紀七・武江**)。

3—❖江戸不忍池畔から出火「延焼万家に及ぶ」(**武江**)。

4.7❖大坂いたち堀から出火、十五か町千九百七軒焼ける(**月堂五**)。

6—❖越後蒲原(かんばら)郡新発田領中之島村不穏(**一揆**)。

7—❖東海道大風雨。船と橋流失多(**実紀七**)。

8.10❖阿波美馬郡徳島領一宇村など強訴(**一揆**)。

10.3❖晝八ツの太鼓を間違えて打った江戸城太鼓坊主一人追放、一人閉門(**実紀七**)。

11—❖安房安房郡北条村など強訴。万石騒動(**一揆**)。

12.11❖江戸神田須田町から出火、日本橋・霊岸島・鉄砲洲まで五十余町焼ける(**実紀七・武江・泰平**)。

この年❖伊豆三宅島噴火(**生活史**)。

〃　❖琉球凶荒(きょうこう)・飢饉(**生活史**)。

正徳二年

1712　壬辰

1.29❖宇都宮大火(**災異志**)。

2.8❖江戸浅草花川戸から出火、本所・深川まで燃える(**実紀七・武江**)。

2.23❖江戸新材木町から出火、大川端・霊岸島まで焼ける(**実紀七・月堂一**)。

3中旬❖江戸深川に全長七尺、全身に毛の生えた怪魚あらわれる(**月堂一**)。【よみうり・瓦版】

3—❖越前勝山で山崩れ、洪水、人多く死す(**災異志**)。

4.24❖江戸木挽町から出火大火(**実紀七**)。

4—❖長門美禰(みね)郡萩領で越訴(**一揆**)。

7.2❖摂津大風雨。尼崎へん洪水(**月堂五**)。

7.12❖京都室町二条下ルから出火、三十七軒焼ける(**月堂五**)。

7.21❖安房北条領主屋代越中守忠位、領民の訴えにより改易、佞臣(ねい)に治政を任せ、里正三人を死刑にするなど暴戻(ぼうれい)(**実紀七**)。

8.18❖書院番井出左門逼塞(ひっそく)。養子長五郎が発狂して婢を殺し自殺しかけたのを隠していた(**実紀七**)。

8.18❖山城・摂津大雨、各川洪水、死者多し(**災異志**)。

9.11❖勘定奉行荻原重秀、度重なる貨幣改鋳の責により罷免(**実紀七**)。

9—❖東海と西日本水患。淀城石垣崩れる(**実紀七**)。

風姿—編笠

9—❖越中射水郡の金沢領で強訴(**一揆**)。

9—❖加賀石川郡で強訴(**一揆**)。

9—❖陸奥白河郡中畑村愁訴(**一揆**)。

10.7❖加賀江沼郡日吉村なとで打ちこわし(**一揆**)。

10.21❖越中砺波郡金沢領土生新村で打ちこわし(**一揆**)。

12.1❖江戸下谷から出火、神田に至る(**実紀七**)。

正徳三年

1713　癸巳

3.20❖京都椹木町油小路から出火、七十三か町千百七十九軒焼く(**実紀七・泰平・月堂六**)。

閏5.11❖小普請小林半之丞、身持不正と殺人で遠島(**実紀七**)。

閏5.25❖小十人窪田三右衛門ら四人、博奕で遠島。元方金奉行諸星清左衛門ら二人、汚職で追放(**実紀七**)。

閏5❖留守組与力石黒源次郎の実父渡辺柳軒、家主半兵衛を斬り殺し死罪(**寛保集成四三**)。

6.25❖大坂大雷雨(**泰平**)。

6—❖日向那珂郡高鍋領福島郷強訴(**一揆**)。

7.14❖長崎うちこわし(**一揆**)。

10.2❖備前円山村の小兵衛、妻の下女奉公先伊勢村与八郎方で与八郎の母を殺し自殺。首を獄門、伜打首(**諸藩**)。

10.26❖京都で罪人十四人斬。うち偽銀造り二人と飛脚銀盗み一人獄門(**月堂六**)。

12.22❖江戸下谷池之端から出火、深川洲崎に至る一里一町余の間焼亡(**実紀七・武江・月堂六**)。

この年❖佐渡幕領で越訴(**一揆**)。

〃　❖肥後天草で愁訴(**一揆**)。

〃　❖飛騨益田郡幕領阿多野村越訴(**一揆**)。

正徳四年

1714　甲午

3.5❖大奥月光院附年寄絵島(33)信州高遠へ配流、山村長太夫座役者生島新五郎(44)三宅島へ遠流。その他死罪二、改易二、流罪八、追放五人(**実紀七・翁草四・一話一言二二・月堂七**)。【よみうり・瓦版】

3.15❖信州松本大地震。死者五十七(**月堂七**)。

5.13❖京都銀座手入れ。年寄深江庄左衛門ら四人遠島、三人追放。度重なる改鋳で私利を得ていた容疑。深江の妻とは十八日に自殺(**実紀七・月堂七・過眼録**)。

6上旬❖長崎で風邪大流行、二万人死す(**月堂七**)。

7.23❖京都西刑場で十二人斬罪(**月堂七**)。

8.5❖武蔵多摩郡旗本領愁訴(**一揆**)。

8.8❖大坂で大潮、死者出る(**月堂七**)。

8—❖全国疫病流行。死者多し(**災異志**)。

11.18❖養父に手向いした京都柳馬場六角の六兵衛(30)入牢。四年後の享保三年三月二十六日斬(**月堂九**)。

11.24❖洛南淀三栖大方焼失(**月堂七**)。

11.27❖近江堅田大火(**月堂七**)。

12.29❖江戸竜ノ口から出火、中橋・芝口橋・木挽町まで焼ける(**災異志**)。

この年❖陸奥信夫郡福島領、二十三か村越訴(**一揆**)。

〃　❖陸奥桧山郡騒動(**日歴**)。

【よみうり・瓦版】

怪魚の名は「万歳楽」

漁師の四ツ手網にかかったこの怪魚、長さ七尺の総身鼠色。全身に生えた毛は、長さ七寸にも及ぶ。頭鼠の如く、目赤し。尾は燕のごとく二岐。■江戸城へ献上して将軍のごらんに供したが、皆々おどろきあきれるばかりで、名もわからない。折りから入府中の前関白近衛基燕公が、じっと観察して「万歳楽」と命名した。■現在の動物学者が鑑定したら、さしあたりイルカの一種か。近衛公にめでたい名前をつけてもらったが、その後の生死不明。

お騒がせ、絵島生島事件

高級奥女中と役者の一恋愛にすぎないのだが、当時の幕藩体制下では、許すべからざる大犯罪だ。死罪人まで出ている。もっとも、絵島らもやり方が少々派手すぎた。■絵島は配流先の信州高遠で、木綿衣類一汁一菜の生活を続け、寛保元年六十歳でわびしく死に、生島新五郎は三宅島で二十九年間の流人生活のあと、寛保三年七十二歳で死んだ。■絵島生島については、『翁草』四、『一話一言』五、二二など文献が多く、『徳川実紀』七も相当詳述している。

正徳五年

1715　乙未

1.3❖旗奉行青木新五兵衛の僕、城内書院番所へんでしきりに鼓のかけ声を発す。狂人の侵入を許した責で目付戒飭(かいちょく)(**実紀七**)。

1.5❖江戸亀井町から浜町まで焼く(**実紀七**)。

1—❖日向宮崎郡高鍋領金崎村など逃散(**一揆**)。

4.3❖市人から収賄していた元方金奉行平岡十左衛門追放(**実紀七**)。

4.4❖小十人依田甚五左衛門発狂、同僚吉野伊左衛門に疵負わせる。八月十一日親戚稲葉家預け(**実紀七**)。

5.15❖陸奥守山侯松平大学頭の従者と奴僕、江戸城内玄関前与力番所に立ちふさがるなど不謹慎の振舞あり、遠島(**実紀七**)。

6.11❖淀川三十石船中で有馬玄蕃頭の飛脚同士が喧嘩、一人が他を切り殺し自殺(**月堂八**)。

8.23❖小姓組山名左膳、狂気して妻を殺害・自殺(**実紀七**)。

10.18❖先手組小笠原新九郎組の同心発狂、同僚らが監視中走り出、そこらの刀をふり回して番人を傷つけた。すぐ処刑。同僚ら怠慢を責められ遠島(**実紀七**)。

10.23❖盗みを重ねていた若狭敦賀(つるが)の魚屋庄兵衛(23)入牢。四年後の享保三年七月二十六日斬(**月堂一〇**)。

10.28❖大和十市郡旗本領越訴(**一揆**)。

11.4❖摂津西成郡崇(そう)禅寺松原で大和郡山藩士伊藤勝右衛門、山口武兵衛兄弟が末弟遠城惣左衛門の敵同藩生田伝八郎と対決、助太刀七人をつれていた生田のため返り討ちとなった(**月堂八・筆拍子二**)。

12.3❖高知南奉公人町から出火、五百軒程焼亡(**災異志**)。

12.30❖江戸竜ノ口から出火、数寄屋橋門内・木挽町まで焼ける(**武江・泰平**)。

この年❖越中射水郡金沢領放生津越訴(**一揆**)。

正徳年間

1711 -1715

○❖長崎総年寄高木彦右衛門、鍋島家来分深堀官左衛門の足軽と紛糾、乗り込んで来た深堀勢に斬り殺される(**翁草五三**)。

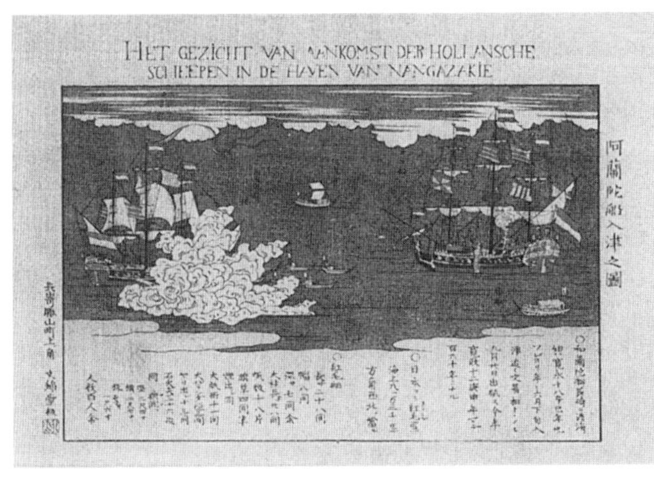

❖オランダ船入港
寛永十六年
ポルトガル船の来航を禁止し、
鎖国令を完成させた幕府は、
寛永十八年
オランダ商館を平戸から
長崎の出島に移した。
以後西欧からは
オランダ船の入港だけが
認められた(かわら版)

享保元年

1716　6・22改元　丙申

1.10❖江戸小石川大塚・内藤宿・赤坂と次々出火、余程の大火となる(**月堂八**)。

1.11❖江戸下谷無名坂から出火、神田・柳原・霊岸島に及ぶ(**実紀七・月堂八・一話一言三五・泰平・武江**)。

1.17❖江戸築地から出火、鉄砲洲・飯田町に達する(**月堂八・一話一言三五**)。

1.18❖江戸浅草諏訪町から出火、深川木場まで燃える(**武江・月堂八・一話一言三五**)。

1.29❖江戸柳原土手から出火、大川端まで幅三町長さ十六町焼亡(**月堂八**)。

2.7❖江戸本郷五丁目から出火、約十町焼ける(**月堂八**)。

2.14❖江戸日本橋二丁目から出火、八丁堀まで二十四、五町焼ける(**月堂八**)。

2.22❖江戸南鍛冶町から出火、京橋西側まで焼ける(**月堂八・一話一言三五**)。

2—❖加賀石川郡徳光村越訴(**一揆**)。

閏2.4❖洛北雲ヶ畑の四郎兵衛、放火で入牢。二年四月牢死、三年三月首を獄門(**月堂九**)。

3.23❖京都で十三人処刑、内わけは母殺し磔一、もらい子殺し獄門一、放火火刑三、殺人打首一、盗み斬七(**月堂八**)。

3.27❖養子にした乳児を捨てた京都大仏正面の宗休(80)逮捕。三年三月二十六日引回しの上獄門(**月堂九**)。

4—❖河内渋川郡幕領鞍作村越訴(**一揆**)。

5—❖山城淀・宇治.木津各川出水(**泰平**)。

5—❖佐渡羽茂群幕領二十三か村越訴(**一揆**)。

5—❖信濃筑摩郡松本領和田村など強訴(**一揆**)。

6.25❖石見那賀郡浜田領十一か村愁訴(**一揆**)。

6.27❖小普請奉行多賀主税(ちから)と同役川口権平喧嘩、双方手疵(てきず)でのち死す(**営中刃傷記**)。

6—❖周防佐波郡徳山領強訴(**一揆**)。

7.4❖大坂曽根崎火事、堂島・上福島・中福島まで幅五町長さ二十五、六町燃える。三千六百三十五戸焼失(**月堂八**)。

7.17❖大坂高麗橋で妻敵討(めがたき)。松江藩茶道玉井定義(47)が妻かん(35)と密夫の同藩池田軍次(23)を討ち果たす(**摂陽落穂集**)。

7中旬❖大和葛城(かつらぎ)山大鳴動(**月堂九**)享保三年ともいう。

9.26❖霧島山噴火、被害甚大(**災異志**)。

10.4❖土佐藩、養父と妻を殺した百姓を「引回し槍ためし」の刑に(**諸藩**)。

11.20❖石見美濃郡幕領波根東村など愁訴(**一揆**)。

この年❖青山百人組徒士(かち)鈴木主水と新宿橋本屋の遊女白糸心中(**情死考**)。

〃　❖摂津武庫郡尼崎領東尻池村愁訴(**一揆**)。

風姿—編笠・京女(愛宕詣)

風姿—編笠・京女(花見)

1718 京都の牢から遠島者十一人、隠岐島へ出発

享保二年

1717　丁酉

1.4❖奈良興福寺講堂から出火、諸伽藍(がらん)焼亡(**月堂九**)。

1.7❖江戸元数寄屋町から出火、尾州藩浜屋敷まで焼ける(**実紀八**)。

1.13❖江戸大火(**災異志**)。

1.22❖江戸小石川馬場横から出火、本郷・駿河台・神田・日本橋・深川にまで及ぶ。一説死者三千(**実紀八・月堂九・青楼年歴考・享保通鑑・武江・泰平**)。

1.23❖江戸赤坂から音羽まで焼ける(**実紀八**)。

2.14❖伯耆・因幡の鳥取領で六千人強訴(**一揆**)。

3.30❖周防吉敷(よしき)郡萩領仁保村など越訴(**一揆**)。

4.12❖京の大盗八文字屋喜兵衛獄門。南禅寺塔頭(たっちゅう)で留守番を殺したのが逮捕の端緒(たんちょ)(**月堂一〇**)。

6.9❖江戸小伝馬町から出火、箕輪(みのわ)まで焼ける(**実紀八**)。

6.28❖江戸麹町三丁目町医村井長庵(39)と小手塚村無宿三次(37)ひき回しの上品川で獄門。喧嘩殺害・強窃盗・婦女略取等々(**江戸の実話**)。

7.13❖京都で四十か所に落雷。二人死す(**月堂九**)。

7.21❖京都で殺人犯二人斬(**月堂九**)。

7.29❖紀伊牟婁(むろ)郡和歌山領尾鷲(おわせ)で騒動(**一揆**)。

7—❖全国的大旱、虫害。八月もつづく(**災異志**)。

8.16❖江戸・関東大風雨(**武江・泰平・伊勢町元享間記**)。

8—❖丹波何鹿郡綾部領で強訴(**一揆**)。

10.26❖大番伊藤新五郎発狂、継母の姉聟(むこ)安藤彦右衛門を殺害。父の賄頭伊藤新兵衛宅へ押込(**実紀八**)。

10—❖秋田侯佐竹家中の私曲処分。九千石家老戸村十太夫遠慮、千三百石小野崎権太夫隠居ほか(**月堂九**)。

11.18❖無尽講で金をかすめ取った小普請天野佐十郎死刑(**実紀八・享保撰要類集**)。

11.26❖京都上賀茂で百十六軒焼ける(**月堂九**)。

11—❖備後沼隈郡福山領で数千人強訴(**一揆**)。

秋—❖石見那賀郡浜田領で強訴(**一揆**)。

〃　❖備中吉備郡松山領で強訴(**一揆**)。

12.6❖周防玖珂(くが)郡岩国領日積村など強訴(**一揆**)。

12.12❖江戸神田横大工町から出火、日本橋北側まで焼ける(**実紀八・武江・月堂九**)。

12.27❖江戸四谷大木戸から出火、二、三町焼ける。つづいて牛込山伏町から出火、市谷・番町・麹町・桜田まで幅一里長さ四里も焼ける(**泰平・月堂九**)。

12.29❖高松城下八十余か町焼ける(**月堂九**)。

12—❖主人の娘を打ち殺した奥州芦沢村百姓十左衛門の下人弥平磔、父金兵衛連累死罪(**享保撰要類集**)。

この年❖出羽最上郡新庄領神田村愁訴(**一揆**)。

生業—行燈

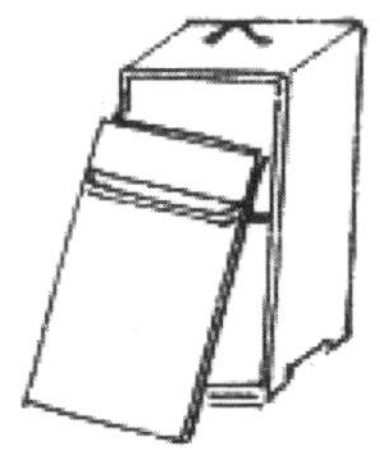

生業—慳貧蓋

享保三年

1718　戊戌

1.28❖備後恵蘇・三次郡広島領騒動(**一揆**)。

3.5❖仙台藩家老片倉小十郎の剣道指南役田辺志摩、農夫四郎左衛門を無礼討にする。遺児あり。姉(11)妹(8つ)敵討を決意する(**実事譚**)。【よみうり・瓦版】

3.11❖周防玖珂郡萩領九か村で強訴(**一揆**)。

3.12❖備後と安芸の福山・広島領三十三村暴動(**一揆**)。

3.26❖京都で十四人処刑。内わけは貰い子遺棄など獄門四、窃盗、傷害等死罪十人(**月堂九**)。

3—❖周防玖珂郡岩国領越訴(**一揆**)。

4.1❖仙台大町から出火、七日の火事と合わせ七十三か町、三千八百余軒焼ける(**月堂一〇**)。

4.5❖近江草津で八か町焼け本陣も焼亡(**実紀八・月堂九**)。

4.20❖江戸小伝馬町から浅草大恩寺まで焼ける(**実紀八・月堂一〇**)。

4.27❖信州深井村百姓太郎兵衛の妻(19)女児四人を安産(**月堂一〇**)。

5.1❖江戸五郎兵衛町から出火、八丁堀・築地まで焼ける(**武江・月堂一〇**)。

5—❖摂津高槻藩家老深瀬団右衛門「不届の儀」で斬。幼児を含む三子打首(**月堂一〇**)。

6.18❖江戸芝浜松町から出火、増上寺中門前など二町四方を焼く(**月堂一〇**)。

6—❖蝦夷松前大雨洪水(**災異志**)。

7.26❖京都で殺人・盗みなどの十一人死罪(**月堂一〇**)。

8.21❖京都の牢から遠島者十一人、隠岐島へ出発(**月堂一〇**)。

9.4❖幕府、法華宗内の三超派を邪法と断じ、関係者の流罪・閉門・押込など多数(**月堂一〇**)。

9.22❖大坂新町の揚屋茨木屋幸斎入牢・闕所。巨富を擁し、公儀の地に能舞台を作るなど傍若無人の驕奢(きょうしゃ)ぶりだった(**月堂一〇・翁草三九・過眼録**)。

閏10.14❖公儀餌差を詐称して金品をかたり取っていた西村喜之助獄門(**寛保集成四八・泰平・亨保撰要類集**)。

閏10.19❖長崎で密貿易していた京都東石垣田中屋半兵衛こと辰砂(しんしゃ)の源兵衛ら二人死罪。子分七人、大坂で鼻そぎ追放(**月堂一〇**)。

11—❖上野邑楽(おうら)郡館林領四十一か村越訴(**一揆**)。

12.1❖上州館林領四十二か村、重税反対を越訴。勝利となったが、翌年名主三人斬(**一揆**)。

12.3❖江戸築地飯田町など二町焼亡(**月堂一〇**)。

12.5❖江戸小石川伝通院裏から出火、千駄木・谷中まで幅十余町長さ、二里の間焼亡(**月堂一〇**)。

12.6❖尾張中島郡起村越訴(**一揆**)。

12.11❖江戸上野屏風(びょうぶ)坂上から出火、浅草御蔵前、東は大川端まで焼ける(**月堂一〇**)。

12.19❖京都二条城で刀・衣類を盗んだ在番士の家来(19)斬(**月堂一〇**)。

この年❖石見鹿足(かのあし)郡津和野領七日市村など不穏(**一揆**)。

〃　❖周防吉敷郡萩領越訴(**一揆**)。

〃　❖駿河駿東・富士郡旗本領逃散(**一揆**)。

【よみうり・瓦版】
宮城野信夫の仇討

幼い姉妹は仙台へ出、藩剣術指南役滝本伝八郎に住み込んで剣を学び、五年後ついに宿意(しゅくい)を達する。大守は姉妹を称揚し、のち二人とも良縁を得た。■以上が、後世有名な「宮城野(みやぎの)・信夫(しのぶ)」の史実であるが、仙台藩にこれに関する記録がないのは、どうしたことであろうか。民間では、安永九年立川焉馬(えんば)作「碁太平記白石噺(ごたいへいきしろいしばなし)」の芝居が有名だが、もちろん虚構が大部分である。

生業—行燈・焼芋

1719 安藤対馬守邸別当の子新夫婦、母親と一緒の寝所を苦に心中

享保四年

1719　己亥

1—❖近江浅井郡彦根領で強訴(**一揆**)。

2.13❖江戸本町へんと内外神田焼亡(**武江**)。

2.14❖江戸不忍池近くから出火、常磐橋門外まで焼ける(**実紀八**)。

3.10❖江戸下谷七軒町から出火、浅草・本所まで焼亡(**実紀八**)。

3—❖小出信濃守家来竹村佐五兵衛の中間喜六死罪。主人の姪を斬り殺し、主人の母と妻を傷つけた。実兄が連累死罪になるはずだったが義絶中とわかり遠島ですんだ(**享保撰要類集**)。

3—❖蝦夷松前で二百二十余戸焼ける(**災異志**)。

4.3❖加賀大聖寺家中「婚礼につき」喧嘩。死傷多数。ただし「委細之様子相知れ不申候」(**月堂一一**)。

4.26❖京都で三条大宮西入ル伊兵衛(27)ら斬罪九人(**月堂一一**)。

4—❖伊予宇和郡宇和島領下灘村騒動(**一揆**)。

5.22❖二十一年間無人島で暮らした漁夫、助けられ帰国、江戸着(**翁草**)。

6.26❖京都西刑場で七人斬罪。乱心一、盗み六(**月堂一一**)。

7—❖安藤対馬守邸内稲荷別当の子(25)の新夫婦、母親が一緒に寝るのを苦に高田馬場で刺しちがえ心中。奉行所この母親を追放処分(**女の世の中**)。

8—❖周防徳山城下強訴(**一揆**)。

9.24❖江戸一橋で侍体とはらみ女の心中(**編年**)。

10.3❖江戸赤羽橋で雪駄直し男と青道心女が心中(**編年**)。

10.15❖大坂網島大長寺墓地で今橋通堺筋の紙問屋治兵衛と曽根崎新地の遊女小春が心中(**摂陽落穂集**)。

10—❖周防大島郡萩領越訴(**一揆**)。

10—❖周防玖珂郡萩領山代郷越訴(**一揆**)。

11.26❖京都で十三人処刑。師僧を殺した江州途中村閔蔵主(30)磔のほか放火の火刑二、捨て子・謀判などの獄門十人(**月堂一一**)。

11.29❖京都で十二人処刑。盗人、かたりなどいずれも斬(**月堂一一**)。

この年❖陸奥田村郡守山領上行合村強訴(**一揆**)。

享保五年

1720　庚子

1.12❖紀伊伊都郡高野山領清水村など愁訴。桝一揆(**一揆**)。

1.23❖陸奥田村郡守山領小川村など強訴(**一揆**)。

1.28❖浅草蔵奉行増井弥左衛門ら八人、汚職で遠島・免職など(**実紀八**)。

1—❖周防大島郡萩領越訴(**一揆**)。

1—❖出羽村山郡幕領要害村強訴(**一揆**)。

2.3❖陸奥白河領須賀川一万人強訴(**一揆**)。

2.19❖近江膳所で町家三か町、武家邸三十余焼ける(**月堂一二**)。

3.4❖岡山藩、後家と密通の吉田孫六郎を獄門に処し、当歳の伜打首(**諸藩**)。

3.25❖養母と争い養家の姉妹を打擲した小

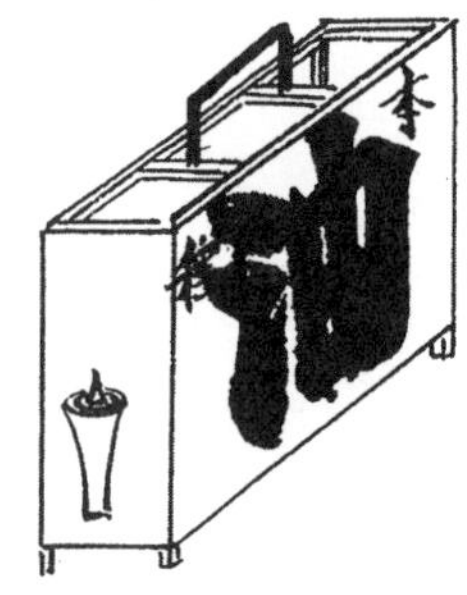

生業—行燈・油

深川の町医者殺し犯、盗品の名刀で逮捕

下男直助が中島隆碩夫妻を殺したのは、手癖が悪くて解雇を宣言されたのが原因だった。直助は「色浅黒く鼻筋通り、目の内すずしく」(手配書)という男前だったが、犯行から半年後の享保六年六月、権兵衛と変名して麹町の米つき屋に奉公しているところを捕まった。医師夫妻殺しのあと、奪った名刀が証拠となって、鋸びきの極刑。■直助と権兵衛は、よく別人のように伝えられるが、これは同一人と見たい。なお中島隆碩は旧赤穂藩士で、一時は復讐の義挙に加わっていた。

普請馬場勘四郎切腹(**実紀八**)。

3.27❖江戸箔屋町から出火、日本橋・伝馬町・神田・下谷・上野・箕輪まで焼ける(**実紀八・武江・泰平・月堂一二・伊勢町元享間記**)。

3―❖出羽村山幕領谷地強訴(**一揆**)。

4.1❖江戸城本丸玄関前で書院番藤枝若狭守の刀番が石垣に向かって立ち小便。目付にみつかったが、主人藤枝と話しあった結果、珍しく内済ですんだ(**享保通鑑**)。【よみうり・瓦版】

4.1❖鳥取大火。武家屋敷大半と町家二千余軒焼ける(**月堂一二**)。

4.1❖山城千代原村の柏屋庄右衛門ら長崎抜荷の疑いで入牢。このあと、三日間三条大橋でさらしの上、粟田口で鼻そぎ追放(**月堂一二**)。

4.2❖主人の金を掠めて出奔していた二条城番肥田采女家来伊藤角之進斬(**月堂一二**)。

4.2❖百日目付石丸数馬の家来某、喧嘩して同輩を斬り殺す。打首(**月堂一二**)。

4.5❖肥前津高郡細田村の与七郎、借金の催促を怒って同村荘右衛門を野道で殺し、面皮を剥ぐ。磔。(**渚藩**)。

4.14❖和泉岸和田藩二千石岡部数馬(21)母の召仕小蝶に振られたのを怒り手討ちにし、家老小倉伝兵衛の子伝四郎に斬り殺される。小倉父子自害(**月堂一二**)。

4―❖周防玖珂郡萩領山代地方騒動(**一揆**)。

5.11❖二条城内土蔵から二百両盗んだ三輪市十郎組同心柘植文左衛門獄門(**月堂一二**)。

5.18❖小普請医箕浦保寿庵追放。自宅失火の際病気の養父寿元を助け出さず焼死させた(**実紀八**)。

6.21❖豊前・豊後・筑後洪水(**月堂一二**)。

6.24❖京都富小路姉小路上ルから出火、十四軒焼ける(**月堂一二**)。

7.19❖江戸南鞘町二丁目から出火、伝馬町・銀座町など幅二町長さ十三町焼く(**月堂一三**)。

7.28❖町方で反物をかたり取った京都西町奉行所同心志村官助(32)獄門、同針立庄七(31)斬。(**月堂一二**)。

8.16❖東海道を荒らし回っていた凶賊佐々波伝兵衛。乞食団の協力により富士川でつかまる。江戸鈴ヶ森で死刑(**享保通鑑**)。【よみうり・瓦版】

8.27❖京都で十八人処刑。放火五、もらい子殺し三人、殺人未遂一、盗み九(**月堂一二**)。

10.27❖陸奥大沼・会津郡八村強訴、越訴(**一揆**)。

12.1❖江州西坊本で四百軒焼失(**月堂一**)。

12.23❖京都で十四人処刑。新銀偽封印で獄門四、盗賊ら十人(**月堂一二**)。

12.25❖小普請阿部新右衛門、亡父の妾の弟小貫善右衛門を斬り殺す。かねて小貫は慮外の振舞が多かったので咎めなし(**享保通鑑**)。

12.30❖江戸深川の町医中島隆碩夫妻、下男の直助に斬殺される(享保六年一月十五日とも)のち権兵衛と変名していた直助御用、享保六年七月二十六日鋸びきの上磔(**享保通鑑・享保撰要類集**)。【よみうり・瓦版】

この年❖両御番内藤新五左衛門の弟大八、新宿で遊女のことで信濃屋下男と喧嘩、殴られて帰る。五左衛門怒り大八に腹を切らせる(**江戸真砂補正**)。

〃　❖播州赤穂領塩屋村越訴(**一揆**)。

【よみうり・瓦版】

城内立ち小便、内済に

よほどこらえかねたのであろうが、場所が悪かった。勢いよくやっている所を目付当番戸田肥前守にみつかり、与力一人、同心二人の監視下に置かれ、目付両人立ち合いのうえ、主人の藤枝若狭守と戸田肥前守が話しあった。■たかが立ち小便でなんとも大層なことだが、最終結果はアッケなく「内済」。■殿中でスネに灸をすえようと袴をまくって切腹させられた例があるが、これは幕初のこと。享保は、ここまで融通がきく世になっていた。

大泥棒佐々波伝兵衛、富士川の河中で御用

伝兵衛は一人力で、輩下大ぜいの豪の者であったが、東海道富士川で、かねて内命を受けていた乞食団に発見され、河中で立ちくらみして、あっさりつかまった。前に殺した男の亡霊がとりついたのだという。■このころ、品川の松右衛門の統率する乞食団を、犯罪の捜査や犯人追捕に利用することが多かった。組織的な情報網を持っていたからであろう。ただし犯人を縛る権限はなく、この場合も伝兵衛を簀巻にして江戸へ送った。

享保六年

1721　辛丑

京都先斗町に滞在客用長期契約売女「つくしわた」誕生

1.8❖江戸呉服橋から出火、鉄砲洲・南本郷町まで焼ける(**実紀八・月堂一二**)。

1.27❖江戸麻布善福寺門前から出火、武家屋敷を主に幅五町長さ一里焼亡(**月堂一二**)。

1—❖陸奥会津領五目組騒動(**一揆**)。

2.1❖近江彦根円常寺町から出火、武家屋敷八か町焼ける(**月堂一二**)。

2.3❖江戸三河町四丁目から出火、神田・下谷・上野・浅草まで焼ける(**武江**)。

2.4❖江戸牛込御納戸町から出火、小日向・小石川へん焼け日暮里に至る。伝通院へ避難して焼死する者、三百八十余人(**武江**)。

2.7❖江戸四谷から出火、武家屋敷多く焼け麻布三間家に至る(**月堂一二**)。

2.9❖江戸四谷忍町から出火、赤坂・麻布・三田・芝浦まで焼ける(**実紀八・泰平・月堂一二**)。

2.14❖江戸神田小川町火事。町人火消と松平大炊頭(おおいのかみ)火消が喧嘩、双方死人二、三人ずつ、手負い無数(**月堂一二**)。

3.3❖江戸神田三河町三丁目から出火、須田町・桶町・山谷・千住大橋まで(**月堂一二**)。

3.4❖江戸牛込神楽坂から出火、小日向・小石川・伝通院・大塚・駒込まで焼ける(**月堂一二**)。

5.9❖出羽最上郡新庄領南東町など愁訴(**一揆**)。

5.19❖水戸藩士村上又四郎、男色のことで同藩渡辺覚之助に意趣あり。斬るつもりで渡辺宅を訪れたが不在のため玄関先で割腹(**楓軒偶記**)。

6.5❖旅僧日延と江戸根津門前の私娼りん、上野不忍池で心中未遂。二人日本橋で三日間さらし(**史実と芝居と**)。

6.12❖江戸雑司谷本能寺の下男庄助(12)の死体が大塚村の畑地から発見された。住職の日彦が女を隠していることに気づいたので所化らで絞め殺して埋めたと判ったが、処分は意外に軽く日彦と所化本好遠島(**享保通鑑**)。【よみうり・瓦版】

6.18❖京都鴨川出水。五、六人水死(**月堂一三**)。

6.28❖浅間山噴火。大石落ち十五人死(**月堂一三**)。

7.4❖江戸南八丁堀左官八郎兵衛の後家、永代橋上で内弟子の八蔵に傷つけられる。養子にして貰えなかったのを恨んでの犯行で二十六日獄門(**享保通鑑**)。

7.15❖吉原で江戸町三郎兵衛抱え遊女若山と町人体のもの心中(**編年**)。

7.27❖腰物奉行、三宅弥市郎の子左門、解雇した下人郡平に斬り殺される(**享保通鑑**)。

7—❖香具屋田中近江父子を殺害した元召仕権兵衛鋸びきの上磔(**享保撰要類集**)。

閏7.9❖備中・伊予・但馬・近江・美濃・伊勢など大風雨・洪水。十一日までつづく(**月堂一三**)。

閏7.13❖出羽阿久津川洪水。渡船転覆、四十余人水死(**月堂一三**)。

閏7.14❖京都大風雨。保津川・木津川・淀川出水(**月堂一三**)。

閏7.17❖大力男本多藤内、江戸日本橋の高札四枚を抜く。八月四日獄門(**享保通鑑**)。【よみうり・瓦版】

閏7中旬❖江戸茗荷谷(みょうがだに)の商家の若女房が病死したあと、その幽霊が出て亭主に金品を

生業一行燈

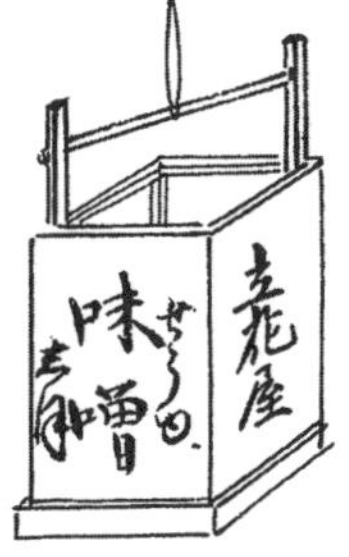

生業一行燈

ねだる。捕えてみると女房づきの下女だった。幽霊姿で三日間晒のあと追放(**江戸の白波**)。

8.6❖小十人荻原弥右衛門、門番小屋で喧騒の博徒を殺傷。咎めなし(**実紀八・寛保集成四七**)。

8.8❖越後樽手村百姓又兵衛方へ賊が入り、金品奪ったうえ隣人を斬り殺して逃走。賞金十枚つきで手配(**寛保集成四八**)。

8.22❖山城伏見三栖で十人処刑。磔一、獄門三、斬四、追放二(**月堂一二**)。

9.16❖備前加茂市場村庄屋源次郎の倅、平次兵衛、田畑荒らしの群鳥を鉄砲でおどすうち暴発し、同村市右衛門の娘にあたり即死。平次兵衛自殺(**諸藩**)。

10.20❖戸田山城守家来佐藤郷右衛門、同僚大沢伝内を斬って逐電。翌年三月自害(**享保世話一**)。

10—❖京都紙屋川に幼女の絞殺死体(**町触**)。

11—❖日向諸県郡高鍋領三名村など逃散(**一揆**)。

12.10❖江戸三河町から出火、八丁堀・築地・鉄砲洲まで焼く(**武江・月堂一三**)。

この年❖出羽村山郡幕領不作を愁訴(**一揆**)。

〃 ❖京都先斗町滞在客用長期契約売女「つくしわた」誕生(**花街史**)。

山王祭

【よみうり・瓦版】

悪僧らの少年殺人

庄助少年の死体は首に縄が巻かれ、あばら骨に強打の跡があるなど、見るも無残な有様であった。■住職の日彦和尚は、しきりに内済をすすめたが、さいわい庄助の父が先手与力某に奉公していたため、この与力があやしみ、正式捜査となった。寺社奉行・町奉行・火盗改合同の詮議で、寺ぐるみの庄助殺害、それに住職の女犯まで判明したのに、処分は遠島ですんだ。■名奉行大岡越前守も捜査に一役買っているだけに、この処分の軽さは不可解だ。

怪力大男、高札を引き抜く

乱心男本多藤内は、前年まで若狭小浜十二万三千石酒井家で徒士を勤めていた。三十五歳位。大変な豪力で、高札場の矢来をねじ切って侵入、高札四枚をひっこ抜いたところを、近所の通報でかけつけた与力・同心が取り押えた。月番南町奉行大岡越前守が調べたが、「三奉行立会いで調べろ」といばるばかりで、ついに乱心者として処置された。■当時は、乱心者でもすぐ死刑にした。心神喪失とか耗弱とかの考え方は、明治以降の刑法である。

享保七年

1722　壬寅

1722 京都で市内から集めた小便の配分で、洛南と洛西の村が争論

1.21❖江戸小石川餌差町から出火、小川町・飯田町・雉子橋まで焼ける(**実紀八・月堂一三**)。

2.1❖江戸一番町から出火、小川町・水道橋・本郷に至る(**実紀八・月堂一三**)。

2.16❖松平淡路守家来田中左源太の槍持、浅草並木町で酔って暴れ、所の者共に打擲され槍を打ち折られる(**享保世話一**)。

2―❖但馬朝来郡生野代官所管内愁訴(**一揆**)。

3.2❖松平日向守足軽石上仁太夫、酔狂して町人の妻を傷つけるが、治療代支払いで示談(**享保世話一**)。

3.4❖大久保淡路守組宮沢岡右衛門(40位)、妻(33)と子供四人を刺し殺し自殺(**享保世話一**)。

3.6❖江戸で盗人九人処刑。打首・新刀様(**享保世話一**)。

3.26❖伊達遠江守家来津田十郎右衛門、同藩佐藤清八を討って立退く(**享保世話一**)。

4.2❖吉原松葉屋の遊女瀬川こと大森たか、夫の敵下男源八を討ち、剃髪(**翁草五五**)。

4.4❖江戸で盗賊友右衛門(38)ら五人斬。犯行地上野で獄門(**享保世話一**)。

4.21❖阿部因幡守家祐筆桂原多兵衛方で下女(16)が多兵衛の妻を屏風ごしに十余か所刺して殺す。いっしょにいた男児は無事(**享保世話一**)。

4―❖大坂寺町大仏勧仕所前で天満の青物問屋半兵衛(38)と妻千代(24)が心中。義母と手代の不義を苦にした(**江戸の実話**)。

5.22❖久世隠岐守家中宮田八郎次(26)吉原京町万字屋抱え初糸(23)を刺し殺し、自殺未遂。六月九日斬(**享保世話一**)。

6.9❖江戸で罪人斬首十九人(**享保世話一**)。

6―❖信濃伊那郡高遠領で凶作暴動(**一揆**)。

閏7❖信濃佐久郡小諸領芦田村など強訴(**一揆**)。

8.12❖相州小田原で伊東はる、僕鉄平の助太刀で二十八年ぶりに父の敵大西助次郎を討つ(**敵討**)。

8.14❖尾張暴風雨。宮ノ浜の大潮で四、五百人行方不明(**月常一四**)。

8.27❖伯耆会見郡鳥取領米子強訴(**一揆**)。

夏―❖京都市中から集めた小便の配分をめぐって洛南十一か村と洛西八か村が争論。翌年夏解決(**江戸と京都**)。

9.5❖柳原三位卿家来山内忠蔵(22)乱心、宿坊の、百万遍塔頭長昌院院主を斬り殺し、今出川寺町で通行人を斬る(**月堂一四**)。

10.24❖越後頸城郡高津村など百四十九か村暴動(**一揆**)。

12.6❖江戸小石川菜園に養生所開業(**武江**)。

【よみうり・瓦版】

12.6❖江戸神田新銀町から出火、西神田、一円焼亡(**武江**)。

12.23❖京都五条通上行寺の自戒坊(27)磔。宮川町六丁目近江屋の下女を誘い出し伏見栗栖野で刺し殺した(**月堂一四**)。

12.23❖京都西刑場で斬首六人。二人は市中で金をゆすった東町奉行所の家来、四人は盗賊(**月堂一四**)。

12―❖葵紋を着用して金銀を詐取していた浪人山名左内死罪(**寛保集成、享保通鑑**)。

12―❖周防佐波郡徳山領強訴(**一揆**)。

生業―豆腐屋

12—❖相模津久井郡幕領与瀬村など愁訴(**一揆**)。

この年❖山下幸内(松下甚内とも)評定所の目安箱に政道の是非を述べた上書を投じ将軍吉宗に賞される(**翁草一一**)。

〃　❖石見那賀郡浜田領吉地村など強訴(**一揆**)。

〃　❖越前南条郡福井領春日野村愁訴(**一揆**)。

〃　❖丹波多紀郡篠山領で強訴(**一揆**)。

年中行事

【よみうり・瓦版】
赤ひげの養生所

八代将軍吉宗が、伝通院前の医師小川笙船の建言により開設した。町奉行の支配に属し、幕府官医から選ばれた二十人が勤務、責任者である肝煎は小川笙船。対象は看病人のいない極貧の病人に限られ、一切無料。最初四十人を収容したが次第にふえ、享保十八年には百十七人に達した。小石川薬園（東京都文京区）内に新築の柿ぶき施設には男女別病人部屋と薬部屋、役人詰所などが完備し、見習医師の研修の場ともなっていた。

1723 相対死(心中)厳禁の触出されるが効果なし

1.3❖伊予宇和郡宇和島領四郎谷村飢饉、愁訴(**一揆**)。

2.11❖出羽村山郡幕領長瀞村暴動(**一揆**)。

2.16❖江戸赤坂伝馬町から出火、芝浦まで焼ける(**実紀八・武江・泰平**)。

2.20❖相対死(心中)厳禁の触(**卯花園漫筆・百戯述略**)。【よみうり・瓦版】

3.27❖石見浜田松平周防守奥方附局滝野(23)中老沢野(38)にいじめられ自殺、滝野の召仕山路(14)仇を報ず。芝居の「尾上岩藤」の原形(**月堂一五**)別説あり。(享保九年四月三日参照)

3—❖おかげ参りさかん。京都祇園町の三十八人、三味太鼓でくり出す(**月堂一五**)。

【よみうり・瓦版】

4.1❖仙台領足立村百姓四郎左衛門の娘すみ(16)・たか(13)五年前に父を殺した同藩片倉小十郎剣術指南役田辺志摩を討つ。いわゆる宮城野信夫の仇討(**月堂一五・半日閑話四・一話一言四二**)。

4.9❖江戸で放火犯八人火刑(**市井の風俗**)。

4.18❖豊前宇佐八幡宮全焼。鳥居から自然発火したという(**月堂一五**)。

4.20❖近江彦根沢町から出火、三十余町千四百余軒程全焼。死人三十人余(**月堂一五**)。

4.21❖備中松山大火。家中残らず焼ける(**月堂一五**)。

春—❖諸国疱瘡流行、小児死亡多し(**災異志**)。

5.2❖京都宮川筋四丁目から出火、計百八十二軒焼ける(**月堂一五**)。

5.3❖洛北貴船など在所で火事頻々。放火多し(**月堂一五**)。

5.15❖対馬府中大火、町家三百七軒、侍屋敷十三焼ける(**災異志**)。

6.18❖父親をひきずり回すなど乱暴した岡山領松崎村の孫八(47)磔(**諸藩**)。

6.26❖酒井雅楽頭家中鈴木金五郎(22)成田弥三郎の妻(49)と密通、成田を殺す。金五郎はじめ関係の男次々非業の死(**享保通鑑**)。

6—❖江戸神田三河町の質屋の女房(30位)雇人(16)と通じていたが、三田へんで男を刺し自殺(**女の世の中**)。

7.14❖関所破りとしてお尋ねの浪人戸田半左衛門こと内藤斎宮、常陸若森村で逮捕。九月上旬獄門。妻子を捨て絵を描きながら越後・信州を放浪していた(**享保通鑑**)。

【よみうり・瓦版】

7.25❖松平大隈守の中間仁之丞へ(22)同僚三平(30)喧嘩、斬り殺す。助太刀の両人逃亡(**享保通鑑**)。

8.8❖下野・陸奥境で湖水切れ、下野側大洪水(**月堂一六**)。

8.10❖江戸・関東・奥州風水害(**月堂一六**)。

8.22❖江戸元飯田町の薬種屋手代又七、口論して番頭を斬殺、はしごを引いて二階へとりこもった。町方が出動したがけが人続出、やっと町人の弥惣兵衛がとり押えた(**捕物の話**)。

9.9❖美濃上有知大火、八百三十軒焼く(**月堂一五**)。

9—❖越後魚沼郡の幕領暴動(**一揆**)。

10.11❖丹波氷上郡磯の百姓竹右衛門(40位)と弟の同郡柏原の藤助(25)、たがいに遺恨あり決闘、藤助が竹右衛門夫婦を殺す。

放浪の絵師、関所破りで獄門

武蔵栗橋の関所をニセの証明書で抜けようとした、ただそれだけの理由で、この放浪の画人は獄門となった。れっきとした会津藩士の生まれで妻子もあるのだが、何を発心したのか、これを国許に預けて各地を回り、ところどころで絵を描いて旅費としていた。■逮捕直前の人相書によると、「年五十四五歳、惣髪、背高き方。脇差だけ帯びて諸国を廻り、このほど信州路から越後路を通り候事。(衣類は花色小袖、紋所丸にもっこう」

生業—針売

いずれも武勇の一門だった（**月堂一六**）。

10.24❖江戸愛宕山下から出火、芝浦まで焼ける（**実紀八・月常一六**）。

11.6❖盛岡藩、女犯殺人の僧を磔（**諸藩**）。

11.20❖九州大地震。十二月までつづく（**泰平**）。

12.5❖江戸牛込天神町から出火、大手町・麹町一帯焼亡（**実紀八・月堂一六**）。

12.16❖陸奥石川郡白河領石川村など強訴（**一揆**）。

12.27❖京都西刑場で夜盗一人斬（**月堂一六**）。

この年❖信濃伊那郡幕領飯島村越訴（**一揆**）。

〃　❖大坂で無法者濡髪長五郎処刑（**実事譚**）。

吉原で遊ぶ武士階級

【よみうり・瓦版】

心中の禁止令

触の内容は「男女申合にて相果候者之儀、自今は死骸取捨、一方存命に候はば下手人（斬）申付け、双方存命候はば三日さらしの上非人手下へ」というきびしいものであった。■「心中」という字は、使っていない。ただし民間の目は、なかなかクールで、「忠相（大岡）が賢才にてさへ停止すること能はず。況んや凡下をや」（卯花園漫録）と、禁止の実効はあきらめきっている。げんに、この禁令以降も、心中は一向に減少しなかったのである。

祇園からおかげ参り

子は親に、妻は夫に、丁稚は番頭に、一言の断りもなく飛び出して伊勢神宮をめざす「おかげ参り」――貧民主体の爆発的集団行動とされているが、この享保八年京都祇園祭組のは少々様子がちがう。祇園町の連中だけにすべてが豪華なのである。「男女三十八人の外荷持、駕篭之者共大勢召連、参宮仕り候。のぼりに『千里安行参』と書付け其次に三色染分の吹貫、大太鼓笛鼓（つづみ）、三味線の類持たせ、衣類種々異形（後略）」（『月堂見聞集』巻一五）

1725 島原遊廓に八十年ぶりに夜見世復活

享保九年

1724　甲辰

1.30❖江戸加賀町から出火、三十間堀・木挽町・浜御殿に至る(**実紀八・月堂一六**)。

2.12❖松平左近将監家来、元小者に斬りつけられ、斬り捨てる(**市井の生活**)。

2.13❖播磨灘で小倉の船海難、三十七人死す(**月堂一六**)。

2.15❖江戸新寺町阿部川町から出火、本所まで焼ける(**実紀八・月堂一六**)。

2.18❖京都二条新地で町の人たちがあばれ者四人を赤裸に剥いて追放(**月堂一六**)。

2.21❖大坂大火。二十二日も燃える(**泰平**)。

2.28❖越後蒲原郡村上領川瀬村など暴動(**一揆**)。

2—❖大坂で主人と下女心中。女だけ死ぬ(**実紀八**)。

2—❖越前坂井郡丸岡領山窪村など強訴(**一揆**)。

2—❖備前邑久郡岡山領強訴(**一揆**)。

2—❖京都暴風雨(**災異志**)。

3.21❖大坂南堀江から出火、船場・島之内・天満まで南北五十町東西十余町焼け、死者三千(**月堂一六・翁草一二二・摂陽落穂集八・浪華百事談二・享保通鑑**)。

3—❖江戸本郷から築地まで火事(**武江**)。

4.3❖石見浜田松平周防守上屋敷で、殿側室のおみち(21)が老女沢野(61)にいじめられ自害。おみちの召仕おさつ(24)が沢野を刺し殺す(**一話一言三八・四二**)。【よみうり・瓦版】

4.8❖鳥取城下大火。武家百二十軒、町家三十余町焼ける(**月堂一六**)。

閏4.6❖京都下珠数屋町東洞院西入ルつるがや与兵衛(24)、不明門通七条上ルの銭湯へ盗みに入り留守番の小者を絞め殺す。同月二十七日獄門(**月堂一六**)。

閏4.8❖洛東白川村で二百二十軒焼ける(**月堂一六**)。

閏4.9❖京都西刑場で盗賊ら三人斬(**月堂一六**)。

5.10❖京都四条北の芝居から出火、南北祇園町ほぼ全焼(**月堂一六・花街史**)。

5.12❖伊賀者松林孫市郎死刑。さきに山里多門から金を盗んだ同僚をひそかに亡命させていた(**実紀八**)。

5.13❖名古屋ねぎ町から出火、百三十七か町五千三百二十七軒焼け死者十二人(**月堂一六**)。

5—❖大和平群郡椿井村など愁訴(**一揆**)。

5—❖大坂疫病流行、毎日五、六百人死ぬ。六月までつづく(**月堂一六**)。

6.9❖近江朽木村で一人死刑。元禄十四年盗みを働いた女を百姓四人で殴殺、その遺児の訴えで犯人を一人仕立てねばならぬことになり四人でくじを引いた(**月堂一六**)。

6上旬❖京都でも疫病流行。小児は十人中八、九人死ぬ(**月堂一六**)。

6.11❖伊勢の津いよ町から出火、百十三軒焼ける(**月堂一六**)。

6下旬❖仙台領大雨十日以上。床上四、五尺浸水もあり米損十二万石(**月堂一六**)。

6—❖備前西大寺村の十太郎獄門。寺々開帳をあてこんで遊女を呼んで売春させていた(**諸藩**)。

9.2❖加賀石川郡金沢領松任付近打ちこわし(**一揆**)。

生業—羅宇屋・錠前直し

10.28❖小普請本間権三郎の妻(16)大金を持って若党と家出する。十二月若党金を持って消え、家改易(**女の世の中**)。

11.12❖日向臼杵郡延岡領門川村など強訴(**一揆**)。

12.21❖京都で十三人処刑。火刑三、獄門二、斬首八(**月堂一二**)。

12.22❖大和添下郡郡山領愁訴(**一揆**)。

この年❖陸奥刈田郡仙台領太平村暴動(**一揆**)。

享保十年

1725　乙巳

2.14❖江戸青山久保町から出火、赤坂・四谷・市ヶ谷・牛込・小石川・下谷金杉に至る(**実紀八・月堂一七・泰平・武江**)。

3—❖武蔵賀美郡旗本領勅使河原村越訴(**一揆**)。

4.10❖五百石長田新右衛門の弟三郎次郎、親戚の服部右衛門七方で同家用人森田源五右衛門の妻と密会中、森田に発見され、二人とも斬り殺された(**女の世の中**)。

4—❖日向臼杵郡延岡領田原村逃散(**一揆**)。

4—❖但馬朝来郡幕領梁瀬村越訴(**一揆**)。

7.5❖小普請原田弥兵衛狂乱、同輩佐藤半九郎を斬り殺す(**実紀八**)。

7.28❖信州松本七万石水野隼人正忠恒(22)殿中で乱心、長門府中五万石毛利讃岐守の嫡子主水正師就(19)に傷おわす。秋元家預け、改易(**実紀八・月堂一八・泰平・翁草・営中刃傷記・現来集八**)。

夏—❖対馬に痘瘡流行、人多く死す。秋までつづく(**災異志**)。

9.25❖長崎、昼夜八十二回の大震(**泰平**)。

10.5❖長崎・平戸大地震(**月堂一八**)。

10.24❖吉原伏見町町田屋遊女西尾と江戸馬喰町二丁目七兵衛剃刀心中(**編年**)。

11.1❖島原廓に八十年ぶり夜見世復活。ただし月十五日だけ(**月堂一八**)。

11.27❖検見で不正していた岡山領中島村名主源十郎磔。共謀の百姓千右衛門獄門(**諸藩**)。

11—❖出羽秋田領坊主沢村越訴(**一揆**)。

11—❖陸奥白河領矢田野村強訴(**一揆**)。

12.5❖書院番細井三郎の家老、妻と密通した男を四谷西念寺で討つ(**武家の生活**)。

この年❖春から秋まで全国的に天候不順。不作で餓死者多し(**生活史**)。

〃　❖肥前早岐郡平戸領大柳山暴動(**一揆**)。

〃　❖伯耆日野郡鳥取領越訴(**一揆**)。

〃　❖大和添下郡郡山領強訴(**一揆**)。

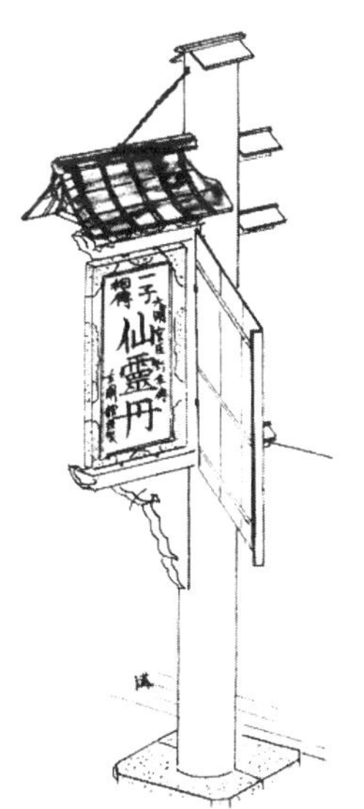

生業—江戸製薬店建看板

【よみうり・瓦版】
芝居、尾上・岩藤事件
天明二年初演「鏡山旧錦絵」の原形である史実の事件は、享保八年三月二十七日と九年四月三日の二説あり、登場人物のほとんどが名前も年も違うが、やや信憑性の強い九年説に拠ることとした。■おみち(芝居の尾上)は大和郡山藩家老の娘、沢野(岩藤)は石見津和野藩家中の娘、女主人公おさつ(おはつ)は長門長府家中娘、と身元もはっきりしている。■おさつは殿に賞められ、奥女中を勤めたあと、同藩士と幸福な結婚をする。

1727 南町奉行大岡忠相(ただすけ)大金の拾得に名さばき

享保十一年

1726　丙午

2.22❖火盗改飯田惣左衛門免職・閉門。無実の男を放火犯として処刑した(**実紀八**)。

2.29❖越前勝山領山津波、大風雨。田畑埋没し死者無数。三月十四日再発。死者四百七十人(**泰平・享保通鑑**)。

3.19❖越前勝山の弁慶ケ岳震動。土石が川を塞ぎ死者無数(**実紀八**)。

3.27❖盛岡で妹を殺した男獄門(**請藩**)。

3.29❖吉原角町中万字屋の名妓玉菊(25)病死。のち慰霊の玉菊灯籠はじまる(**墨水消夏録一**)。

3—❖美作勝南郡幕領十六か村愁訴(**一揆**)。

4.25❖江戸上野の小間物問屋藤田屋武助方で同居の浪人山田左内と武助の妻の密通が発覚。夫の届出で男は非人手下、女は吉原奴婢(ぬひ)へ(**女の世の中**)。

4—❖旗本大久保佐渡守邸雪隠で他家の足軽体の男が自殺していた(**享保通鑑**)。

5—❖江戸浅草の米商手代小揚理兵衛の忠節を賞し二百五十八坪の地を賜り、林大学頭に命じてその伝を刊布させる。旧主死んで残された老母を守ること二十六年(**実紀八**)。

6.2❖江戸湯島聖堂横で巡礼姿の女と心中した男、死ねずに逃げ去る(**編年**)。

7.16❖江戸金六町で木挽と非人の娘心中。男は生き返る(**編年**)。

7.16❖江戸伝馬町大津屋の手代と吉原江戸町菱屋の遊女花村、両国橋から投身心中。女だけ死ぬ(**編年**)。

7.21❖播磨飾東(しきとう)郡竜野領網干強訴(**一揆**)。

8.16❖江戸品川で三河屋の小春、侍と心中(**編年**)。

10—❖武蔵豊島郡幡ヶ谷で山崎喜右衛門ら三人、兄の敵中野唯八を討つ(**敵討**)。

12.4❖美作津山領の百姓八千人蜂起して山にこもる。藩、鉄砲隊で制圧。翌年一月百三十人獄門(**月堂一九・享保通鑑**)。

12❖豊後海部(あまべ)郡佐伯領堂間村逃散(**一揆**)。

この年❖河碧海郡竜海院領強訴(**一揆**)。

〃　❖陸奥白河郡大輪久村など越訴(**一揆**)。

享保十二年

1727　丁未

1.30❖江戸本所梅堀馬場町から出火、深川まで焼ける(**月堂一九**)。

閏1.2❖江戸浅草寺門前から出火、二町余焼ける(**月党一九**)。

閏1.2❖奥坊主藤本道賀泊り番中、何者かが邸に侵入、妻と娘手疵(てきず)、泊りに来ていた数寄屋坊主飯沼庭林の母即死(**享保通鑑**)。

2.16❖播磨灘風浪、船多く難破し、二百八十人死す(**月堂一九**)

2.19❖京都と諸国大風雨、人多く死す(**災異志**)。

2.25❖江戸新材木町白子屋(しらこや)庄三郎娘で養子又四郎の妻くま(22)死罪、手代忠八(37)獄門、下女久(32)同菊(18)死罪、庄八妻つね(48)遠島。共謀して又四郎を追い出そうとしただけの事件で死刑四人はきびしいと

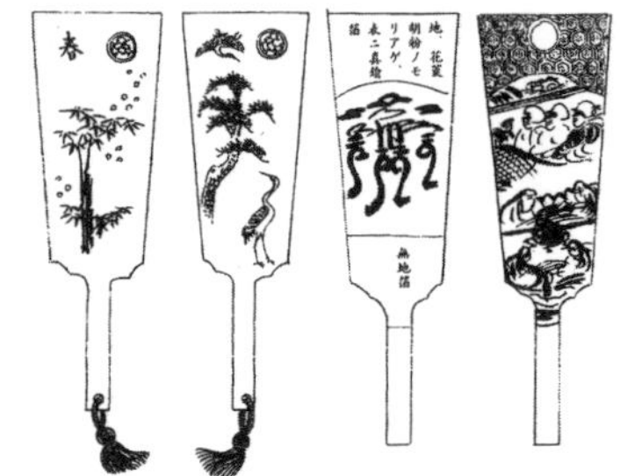

歳時―羽子板

評判(**武江・享保通鑑・兎園小説余録・近世江都著聞集・江戸真砂**)。【よみうり・瓦版】

2—❖先手同心金沢源助と鈴木太次右衛門、路上で争闘。金沢深手で同夜死す(**享保通鑑**)。

3.1❖高知城火事。二日再出火し城下に延焼、ほとんど焼ける(**月堂一九**)。

5.10❖佐渡雑太郡相川金山坑夫不穏(**一揆**)。

5—❖肥後八代郡幕領五ヶ庄逃散(**一揆**)。

6.13❖水戸藩船頭梶右衛門と紀州藩船頭弥兵衛、船堀で口論、斬合い梶右衛門即死、弥兵衛重傷(**享保通鑑**)。

6.13❖高木主水正下屋敷縁側で家来の木村又右衛門が手水使っていると、鉄砲玉が飛んできて腹を貫通。助かった(**享保通鑑**)。

6.26❖江戸銀座四丁目の糸屋の手代、麹町で十七両二分拾い届けた。南町奉行大岡忠相は所々札を立て、あらわれた落とし主永楽屋手代から謝礼三分の一を贈らせた(**享保通鑑**)。【よみうり・瓦版】

6.29❖細川備中守家来飯田九助、召仕と密通した妻を去らせ、召仕を討つ(**享保通鑑**)。

7.20❖江戸大雨洪水。山谷・千住へん屋根までつかり死人多し(**月堂一九**)。

7—❖豊前宇佐郡中津領逃散(**一揆**)。

7—❖美濃加茂郡苗木領神土村など越訴(**一揆**)。

8.4❖房州で難破した船の荷物を売り払った船頭と所の名主礫(**享保通鑑**)。

9.6❖丹後田辺城下大火。武家屋敷二町と町家の七割位焼ける(**月堂一九**)。

10.14❖青山大膳亮下屋敷前で、玉田忠四郎支配大橋新右衛門(24)が元同僚中沢孫三郎を討つ。四年前父を殺した敵だが、出家していて刀を持たぬので自分の脇差を渡して闘わせた(**月常一九・享保通鑑**)。

10—❖上野甘楽郡で秣場争奪から越訴(**一揆**)。

11.1❖吉原で浅草忠右衛門召仕庄介(23)京町一丁目伊勢屋抱えはつね(22)が心中未遂(**編年**)。

12.3❖江戸四谷西念寺坂で書院番細井新三郎家用人が、妻と出奔した同僚用人を討つ。妻敵の方は無刀だった(**騒動**)。

12.6❖江戸表二番町から出火、麹町・赤坂まで旗本邸三十軒焼く(**月堂一九**)。

12.9❖甲府大火。番士宅すべて焼ける(**実紀八**)。

12.10❖再び江戸表番町出火、麹町元室町・山王・永田・愛宕下まで焼く(**月堂一九**)

冬—❖伯耆会見郡など鳥取領暴動(**一揆**)。

【よみうり・瓦版】白子屋おくま事件

母娘共謀の養子追い出し劇で、だれ一人死んでいないのに刑が重すぎるのは、名奉行大岡越前どんな考えがあってのことか。そんなことよりおくまが並はずれた美人だったため事件が有名になり、安永四年刊「恋娘昔八丈」で白木屋お駒に変身する。■「此時お熊は衣裳きよらかに出立、白無垢の中着うるはしく、上に黄八丈の小袖を着し、縄にくくられて馬に乗り……(近世江都著聞集)処刑前の引き回し、おくま最後の艶姿である。

大金拾得にも大岡の名さばき

享保の十七両二分は、当時と現在の米価から換算してみると、約百八十万円。名奉行大岡越前守が、所々に札を立てさせて落とし主を捜したのは、広報機関のなかった当時としては、まず妥当な処置だろうが、拾い主への謝礼三分の一は、現代に比べやや高すぎるように思われる。■もっとも、各所に札を立てた費用は、だれが負担したのだろうか、という疑問が残るが、もちろん奉行所の公費であろう。そうなると大岡は、やはり名奉行ということになる。

1728 尾州脱藩の安財数馬、日光帰りの将軍吉宗を狙撃し失敗

享保十三年

1728 戊申

1.22 江戸高砂町の上長勾当、訴訟のことで北町奉行所へ来ていて乱心、雪隠内で首・腹などを切り自殺(**享保通鑑**)。

2.16❖江戸猿楽町から出火、小川町一帯の武家屋敷多く焼ける(**武江**)。

3.25❖江戸芝口二丁目の大和屋市右衛門(27)、亀屋抱え女左門と心中(**編年**)。

3—❖筑後三潴郡柳河領逃散(**一揆**)。

4.17❖上州松崎山で尾州脱藩し安財数馬(24位)鉄砲で日光帰りの将軍吉宗を射ち自殺。駕籠脇の今井仙右衛門に当たり将軍無事。吉宗と尾州宗春の確執から(**徳川の家督争い**)。

5.19❖腐米処理汚職で関東郡代下役五人死罪、郡代伊奈半左衛門免職(**享保通鑑**)。

6.7❖京都祇園祭巡行中豪雨、鴨川増水。三条大橋に荒莚百二十枚を敷いて御輿を渡す(**月堂二〇**)。【よみうり・瓦版】

6.19❖交趾国から献上の象二匹、長崎へ上陸(**月堂二〇**)五月二十七日江戸城で将軍が見、中野で飼育され寛延まで生きる(**編年**)。
【よみうり・瓦版】

6.24❖吉原で伏見町四ツ目屋抱えきさらぎ(25)と揚屋町権兵衛倅権右衛門(19)が心中(**編年**)。

7.8❖近畿で大風雨。とくに京・伏見で洪水(**月堂二〇・泰平**)。

7.21❖西本願寺前坊官下間大弐・同宮内・家老横田内膳、新門主選びで騒動を招いた責任により入牢(**月堂二〇**)。

8.4❖京都大風雨、洪水。二条・四条・松原各橋流失(**月堂二〇**)。

8.13❖京都淀・伏見・八幡で洪水(**月堂二〇**)。

8.18❖筑後竹野郡久留米領で五千七百人強訴(**一揆**)。

9.1❖江戸で大風雨、洪水。諸橋落失、小石川へん二階まで浸水(**武江・泰平・月堂二〇・享保通鑑・一話一言三**)。

9.4❖書院番三枝長十郎改易。家出した妹二人を三年間も放置するなど家政不良(**実紀八**)。

12—❖佐渡雑太郡北狭府村などで愁訴(**一揆**)。

冬—❖河内河内郡幕領松原村で愁訴(**一揆**)。

歳時—繭玉

将軍ご落胤を語る、天一坊事件
名奉行大岡越前が、天一坊は吉宗の落胤だと信じながらも、天下国家のため涙をのんで抹殺した、という説はあやしい。第一、終始調べに当たったのは、関東郡代伊奈半左衛門で、大岡はタッチしていない。■伊奈が紀州に人をやって調べたところでは、吉宗の手がついたといわれるおよしも、生まれた赤ん坊も早く死んでいたことが確認されている。■それに吉宗が紀州にいたのは、十二歳までだ。いかに絶倫の吉宗でも、十二歳では……。

享保十四年

1729 己酉

2.13❖江戸浅草門外から出火、深川・築地まで焼ける(**実紀八・武江・月堂二一.**)。

2下旬❖江戸麹町三丁目高間屋伝右衛門の妻、同居人藤兵衛と半蔵門堀へ投身心中(**編年**)。

3.7❖陸奥信夫・伊達郡六十八か村で強訴(**一揆**)。

3.8❖上野今泉村百姓半左衛門方で、下人の三郎兵衛が主人と長男を斬り殺し二男に傷負わせ逃走(**寛保集成四八**)(**享保十五年の説も**)。

3.8❖飛騨高山で大火、約二千軒焼失(**月堂二一**)。

3—❖江戸神田紺屋町二丁目家持市左衛門の妻かよ(31)と雇人半助(33)心中。生き残った半助死罪(**編年**)。

4.21❖江戸品川南伝馬宿山伏南覚院方、源氏坊天一こと改行(31)品川で獄門。参謀格の南覚院こと赤川大膳ら四人遠島。将軍落胤を主張する天一坊事件落着(**実紀八・享保通鑑・一話一言・楓林腐草・武江**)。

【よみうり・瓦版】

4.28❖熊本城下藪ノ内から出火、武家千百余軒、町家三百三十軒焼け九人死す(**月堂二一**)。

5.25❖吉原角町上総屋遊女高松(19)と浪人(24位)が心中(**編年**)。

6.12❖対馬で大雨・洪水(**災異志**)。

6.18❖江戸本所入江町の売女宿源左衛門獄門、同甚右衛門打首。客と売女を絞殺して金を奪い心中に見せかけていた(**編年**)。

6.22❖近江坂本で十七か所に落雷。舟に落ちて四人死ぬ(**月堂二一**)。

6下旬❖麻布で刻み煙草売り男と浄瑠璃語り乞食女が心中(**編年**)。

7.14❖鳥取で大水。平地で六尺増水、三十余人死す(**月堂二一**)。

8—❖越後蒲原郡新発田領大江山で強訴(**一揆**)。

9.14❖京都で大雨、洪水。鴨川で四尺増水(**月堂二一**)。

11.24❖武蔵入間郡幕領下奥富村で愁訴(**一揆**)。

11.29❖評定所留役山本伝九郎、安野八郎左衛門切腹。武州農民から訴訟について収賄していた(**実紀八**)。

この年❖伊予桑村郡松山領滑川村で騒動(**一揆**)。

〃　❖石見仁多郡松江領で愁訴(**一揆**)。

【よみうり・瓦版】
雨の祇園祭巡行

「五日の八ツ時(午前二時)より雨降続けて、山鉾合羽を着せ渡る。鴨川水の高さ六尺余、小屋掛、仮橋漂流す」(『月堂見聞集』巻二〇)。山鉾に合羽を着せ、の表現が面白い。ビニールシートのない時代だ。■「神輿三条橋を過て、川原町より四条へ出づ。三条橋へ荒筵を敷く。一枚並べにして其の数百二十枚」もっとも先例あり、十三年前の正徳五年(一七一五)六月五日、同様雨で三条橋に筵を敷いたそうである。

ゾウが来た

この象はベトナムから長崎へ着いたときは雄雌二匹だったが、雄の方が死に、雌だけが飼育人や警固役人計十三人を従えてゆっくり東上した。享保十四年四月中旬には京都御所で中御門天皇と対面「時あれば他の国なる獣もけふ九重に見るはうれしき」とその御製を頂いている。江戸城で将軍拝謁のあと中野の飼育場で二十年間も生き、骨は中野の宝泉寺に納められとあるから、まずは幸福な晩年だったということか。

1730 車専用の鴨川渡河路で牛車が暴走、幼女が犠牲に

享保十五年

1730　庚戌

1.12❖江戸下谷池之端から出火、本郷・小石川焼ける。旗本邸被災多し(**月堂二二**)。

2.15❖京都建仁寺北側から出火、祇園町の二百七十七軒焼ける(**月堂二二**)。

2.28❖京都西刑場で盗賊人斬(**月堂二二**)。

3.8❖上州仁田村百姓三郎兵衛、元主人の同国今泉村半左衛門父子を斬り殺し、二男に傷負わせ逐電(**享保通鑑**)。

4—❖備中哲多郡松山領宮河内村で騒動(**一揆**)。

5.13❖京都大和大路三条下ルの車道で近くの伝四郎の娘(4つ)が東寺内住吉町車屋茂兵衛雇人太兵衛の牛車にひき殺された。太兵衛は伝四郎の助命嘆願により遠島ですんだ(**町触**)。【よみうり瓦版】

6.6❖奥丹波で洪水、そのあと旱魃(**月堂二二**)。

6.20❖京都上立売室町から出火、西陣の百三十四町、二万七千二百五十軒を焼き死者十四人(**泰平・月堂二二・実紀八・翁草三六**)。

6.27❖新番窪寺小左衛門狂気、外戚の小十人松下助左衛門に斬りかけて討ち留められた(**実紀八**)。

6—❖陸奥石川郡白河領蒜生村などで越訴(**一揆**)。

7.24❖若狭で大風雨。町家倒壊、船沈没で四人死す(**月堂二二**)。

8.21❖江戸で大風雨、深川・本所床上浸水(**月堂二二**)。

8.29❖江戸で大風雨、深川三十三間堂倒れ、築地浸水(**武江**)。

夏—❖対馬で麻疹流行。秋までつづく(**災異志**)。

9.28❖広島藩主松平安芸守の夫人前田氏節子(51)霞ヶ関邸で割腹自殺。中臈ら跡追い(**将軍と大名**)。

9下旬❖京都・大坂・近江で麻疹大流行。十月下旬江戸へ移り、ついで関東・北国へ(**月堂二三**)。

11.20❖近江膳所青物町から出火、六十七か所、三百世帯焼ける(**月堂二三**)。

11.23❖近江堅田で大火。南から北へ焼き抜ける(**月堂二三**)。

11—❖肥前高来郡島原領南有島村で逃散(**一揆**)。

この年❖大坂城金蔵で千両箱一つ紛失。犯人は在番士大久保某の中間梶助とわかり間もなく獄門。この事件表沙汰なし(**翁草一二**)。【よみうり瓦版】

となった。

歳時—享保雛

享保十六年

1731　辛亥

1—❖讃岐三野郡丸亀領下高瀬村で逃散(**一揆**)。

2.15❖高知で大火。武家邸四十五、六軒、町家千余軒焼ける(**月堂二三**)。

3.12❖陸奥和賀郡盛岡領鬼柳村などで強訴(**一揆**)。

3.17❖江戸芝三田から出火、麻布・赤坂まで、武家屋敷多く焼ける(**月堂二三**)。

4.15❖江戸目白台から出火、牛込・市谷まで燃える。別に麹町から出火、桜田・芝・浜御殿へんまで焼ける(**実紀八・泰平・武江**)死者千余人(**月堂二三**)。

5.4❖京都下鴨社の神宝を質に入れていた同社家鴨脚(いちょう)右京・御矢川主税遠島(**月堂二三**)。

5—❖江戸小石川富坂町の勘兵衛、町内の家主の女房と心中(**編年**)。

6.23❖吉原江戸町二丁目兵庫屋で、同家抱え遊女音羽(18)と神田松田町酢問屋丹波屋七郎兵衛(25)が剃刀(かみそり)心中。二人とも助かり三日間晒の上非人手下へ(**編年**)。

7.10❖京都神泉苑前で百三世帯焼失(**月堂二三**)。

7.22❖京都から流人五人壱岐へ出発。神宝盗みの下鴨社家、謀判の所司代与力など(**月堂二三**)。

7.13❖遠江で暴風、船の沈没三百九十八艘、人死無数。

7—❖飛騨大野郡幕領高山で打ちこわし(**一揆**)。

8.9❖吉原京町二丁目菱屋抱え花桂と、三十間堀の材木屋善六心中(**編年**)。

8—❖江戸中橋の味噌屋手代と根津屋抱えゆき(18)心中未遂。晒(さらし)(**編年**)。

9.8❖旗本岡部靫負の用人(23)と奥方附女中(42位)心中(**編年**)。

11—❖陸奥信夫・伊達郡百二十一村で愁訴(**一揆**)。

12.11❖'江戸浅草諏訪町家主吉兵衛方で元召仕三之助(37)が吉兵衛夫婦を殺害、娘に傷負わせて逃走(**町触**)。

この年❖武蔵代々木村百姓弥平次、女房を殺害。妻の親兄弟が乱心を理由に助命嘆願したが認められず死罪(**享保撰要類集**)。

〃　❖和泉日根郡岸和田領佐野村で越訴(**一揆**)。

〃　❖但馬朝来郡の幕領で越訴(**一揆**)。

【よみうり・瓦版】

車道を進行中の牛車が暴走し、交通事故

車による交通事故は、ごくまれではあるが、やはり江戸時代に起こっている。車道(くるまみち)というのは、三条通の南側、車専用の鴨川渡河路で、牛車が大津から米を積んで西行中、炎天にあえいでいた牛が流れを見て興奮、水を求めて走り下ったのだという。■幕府は交通事故については、一方的に加害側厳罰主義で、享保十三年九月には、江戸牛込で通行人をはね殺した大八車のひき手を死刑にしている。今度の場合、被害者遺族の嘆願で助命になったのは珍しい。

大坂城千両箱盗難事件

はじめ御金奉行河原清兵衛と輩下同心らに疑いがかかり、厳しい取り調べがあったが、捜査のため来坂した幕府目付役能勢(のせ)甚四郎らは、外部犯人説をとり、市内遊所に金使い荒い客を届けるよう手配。この網にかかって、天満の大黒屋で豪遊していた中間(ちゅうげん)梶助が浮かび上がった。■遊女になじんで、その金に困り犯行に及んだと自供したが、犯行の手口などは公開されなかった。河原清兵衛は、最後まで貧乏くじで、監理不行届きで御役御免

岡山藩、米不足のため他国の商人の藩内宿泊の禁止

享保十七年

1732 壬子

1.13❖江戸で大地震(**災異志**)。
2.5❖安芸高田郡広島領有留村で越訴(**一揆**)。
2.12❖江戸芝愛宕下から出火、飛び火して幸橋などの大名邸多く焼く(**実紀八・武江・月堂二四**)。
2.16❖対馬府中で大火。千二百九十五軒焼け八人死ぬ(**災異志**)。
3.10❖伊勢河曲郡神戸領十日市場なとで越訴(**一揆**)。
3.28❖江戸浅草寺町から出火、本所・深川まで焼ける(**実紀八・武江・月堂二四**)。
4.9❖抜け参りに参加していた播州のしな(9つ)京都へんで行方不明となる。奉行所が沿線に手配、間もなく大坂で発見(**町触**)。
4.25❖子供をつれて湯島天神参詣中の徒士針谷平七、つき当たって雑言の町人を斬り捨てる。構いなし(**月堂二五**)。
5—❖島原に西門が開いたので、一般女性の見物人を招くため宮古路豊後の芝居を廓内で興行。見料二十文(**月堂二四、花街史**)。
5—❖京都七条新地の茶屋六軒、盗賊を泊らせたため闕所(けっしょ)、売女ら島原へ(**月堂二五**)。
閏5.7❖京都で盗賊犯ら十人斬(**月堂二五**)。
閏5.9❖駿河富士郡幕領岩本村で騒動(**一揆**)。
閏5.18❖京都円山涼阿弥の賭博を手入れ、旦那衆の町人三十七人を逮捕、うち十一人入牢、二十二人手錠(**月堂二五**)。
閏5.26❖京都西刑場で斬罪四人。いずれも盗賊犯(**月堂二五**)。
6.9❖浅間山噴火(**災異志**)。
6.16❖遠州灘大荒れ、難破死多し(**月堂二五**)。
6.24❖丹波福知山城下で大火、町家六百十八軒焼ける(**月堂二五**)。
7.6❖肥前で大風雨(**災異志**)。
7.16❖伊予松山付近で打ちこわし(**一揆**)。
7中旬❖伊予松山で騒動(**一揆**)。
8—❖越前福井で騒動(**一揆**)。
夏—❖西海・中国・四国で霖雨、洪水、蝗害。飢死一万二千百七十二人(**泰平**)。
9.26❖武蔵豊島郡幕領滝野川村で愁訴(**一揆**)。
9—❖出雲飯石・神門郡で強訴(**一揆**)。
9—❖筑後三潴(みつま)郡柳河領で愁訴(**一揆**)。
10.15❖近江野洲宿で約六十軒焼ける(**月堂二五**)。
10.16❖目付の名をかたって浪人から金を借りた西丸火番野口平三郎斬(**実紀八**)。貸した二宮官次も偽証と知っていたのがわかり死罪(**寛保集成四三・享保撰要類集**)。
12.13❖伯耆汗入(あせり)郡鳥取領上山地方で強訴(**一揆**)。
12.13❖京都西刑場で盗犯四人斬(**月堂二六**)。
12.26❖丹波亀山城下の放火犯を京都粟田口で火刑。洛西樫原で糸飛脚から銀を盗んだ男獄門(**月堂二六**)。
この年❖武州幸手(さって)宿の馬子左兵衛、牢死体の首を獄門。旅の役者から酒手をおどし取った(**享保撰要類集**)。
〃 ❖伊予宇摩郡の幕領で越訴(**一揆**)。
〃 ❖石見那賀郡浜田領で騒動(**一揆**)。
〃 ❖石見美濃郡浜田領で騒動(**一揆**)。

風姿—編笠

風姿—菅笠

享保十八年

1733　癸丑

1.25❖江戸の米商間高源兵衛、群集二千人に包囲され打ちこわされる(**実紀八・江戸真砂**)。【よみうり・瓦版】

1.25❖安芸広島で騒擾(**一揆**)。

1—❖長崎で打ちこわし(**一揆**)。

3.4❖伯耆鳥取領坪上山地方で強訴(**一揆**)。

3.5❖丹後加佐郡田辺領南有路村で強訴(**一揆**)。

3.7❖商人から金を奪おうとして傷を負わせた小普請六郷平左衛門の伜次郎吉斬(**実紀八**)。

3.21❖飛騨大野郡高山で打ちこわし(**一揆**)。

3—❖内藤丹波守組鎌田円八、新番算伝五郎方に侵人してつかまる。何も盗んでいないが、「侍身分不届」として死罪(**享保撰要類集**)。

3—❖東本願寺法主、一か月間の江戸下向中におかみそり代銀七千三百四十枚、志納金一万三千余両をかせぐ(**月堂二七**)。【よみうり・瓦版】

4.26❖金沢で大火、二千三百軒焼亡(**月堂二七**)。

6.21❖大和郡山松平甲斐守家の騒動に断。家老武田阿波父子と家族斬。他に切腹十五人(**月堂二八**)。

6—❖諸国で風邪、疫病流行。九月までつづき、大坂の患者三十三万人という(**武江・月堂二八・一話一言二**)。

8.14❖玄海灘にわかに荒れ、大船五艘難破、死者多し(**月堂二八**)。

8.23❖先手頭高林市左衛門の妾死刑、高林減俸、閉門。妾が婢を殺し自殺の態にしていた(**実紀八**)。

夏—❖名古屋で畳屋と遊女心中未遂(**生活**)。

9.25❖西本願寺が管理している京都山科の蓮如(れんにょ)廟で東本願寺が焼香を強行しようとしたため東西門徒が乱闘(**月堂二八**)。

9.26❖讃岐大内郡高松領落合村で越訴(**一揆**)。

秋—❖信濃水内郡飯山領大川村で暴動(**一揆**)。

〃　❖丹後加佐郡田辺領上与保呂村で強訴(**一揆**)。

12.20❖江戸で打ちこわし(**日歴**)。

12—❖江戸の貧民権兵衛、兄の埋葬に困って死体を裏に埋める。露顕して非人手下に(**町触**)。

冬—❖備後で狂犬病流行。藩主の命で捕犬(**月堂二八**)。

この年❖金沢藩士堀又左衛門、同僚田宮軍治を斬って逐電(**武家の生活**)。

〃　❖岡山藩、他国商人の藩内宿泊を禁止。虫害よる米不足対策と呉服等の買入れ制限が目的(**月堂二七**)。

〃　❖江戸新材木町の商人、町奉行に表彰され下谷に百十一坪の宅地を賜る。長年旧主を守って忠義をつくした(**実紀八**)。

〃　❖蝗(こう)害(がい)による餓死者一年で十七万人(**生活**)。

〃　❖出雲仁多郡松江領下郡村で愁訴(**一揆**)。

〃　❖越前南条郷福井領糠浦で越訴(**一揆**)。

〃　❖備後広島領で暴動(**一揆**)。

【よみうり・瓦版】

米屋うちこわし

高間源兵衛は本来上総佐貫の大百姓の子で、元禄年中父が江戸に開いた米屋を継ぎ、今は本船町に米問屋の店を構え、押しも押されもせぬ勢い。享保十八年はじめから勘定奉行細田丹後守と結託して御用金による米の買い占めを強行、これが米価を狂騰させたとして庶民から憎まれていた。群集は本船町の本店をはじめ、芝、本所、下谷、浅草などの支店も襲い、財宝を打ち砕いて川へ投ずるなど大暴れ、のち首魁三人が捕らえられ、罰せられた。

お東のおかみそり代

ここに法主とあるのは第十九代乗如のこと。「おかみそり代」とは正式には「剃刀頂戴礼銀」で、僧籍加入希望者(普通少年)の毛髪に法主がチョロット剃刀を当てる、あの儀式である。一人銀一枚だから、一か月間に七千三百余人が「坊主にさせられた」わけで、考えてみればこんなラクな金儲け法はない。「本山にさしたる田録も無きにかく富饒(ふじょう)となるは、全く天下の愚民崇信して金銭をなげうつゆえ」(中井竹山『草茅危言』)

1735 江戸音羽の法華宗日妙、世をたぶらかす説法をして磔刑

享保十九年

1734 甲寅

1—❖陸奥磐城郡平領入野村で越訴(**一揆**)。

2.18❖京都西刑場で夜盗ばかり十五人斬。首領格の三五郎(34)、六条新地で女房の茶屋を盗人宿兼盗品取引場に(**月堂二八**)。

2.30❖小田原で大火、城下ことごとく焼失(**実紀八**)。東下中の知恩院宮の道具全焼(**月堂二八**)。

2—❖備後福山で大火(**災異志**)。

2—❖播磨加古郡幕領福里村で愁訴(**一揆**)。

2—❖三河宝飯郡旗本領久保村で越訴(**一揆**)。

3.1❖因幡気高郡鳥取領で暴動(**一揆**)。

3.29❖久我殿家来平井数馬(62)、同僚林兵庫(67)を斬り殺し自殺(**月堂二八**)。

3—❖諸国で疫病流行、死者多し。夏までつづく(**災異志**)。

4.4❖江州蒲生郡弓削村阿弥陀寺住職真銅(39)京都で打首。女中の給銀で文句をつけに来た善介を鎌で切り殺した(**月堂二八**)。

4.25❖丹波亀山で大火。柳町・塩屋町など二百八十二世帯焼ける(**月堂二八**)。

6.22❖京都で落雷しきり。二条城・大仏殿などに被害(**月堂二九**)。

6—❖下総古河城で塩硝蔵爆発(**生活史**)。

7.6❖甲州代官奥野忠兵衛、民政不良で免職(**実紀八**)。

8—❖遠江引佐郡幕領都田村で越訴(**一揆**)。

夏—❖全国的に疫病流行(**災異志**)。

9.5❖小普請武井善八郎・鈴木新三郎、屋敷に卑賤を集めて賭博していた科で死刑。他に御家人三人遠島など(**実紀八**)。

10.23❖岡山藩士浅野安左衛門、弟の敵を討つ(**諸藩**)。

11—❖播磨美嚢郡明石領野瀬村越訴(**一揆**)。

12.2❖小普請金子八太夫、不正養子で切腹。これに協力の御家人も処罰(**実紀八**)。

12.24❖甲府城渡櫓から金子若干紛失。八年後の寛保二年甲州高畑村百姓治郎兵衛が盗んだとわかり処刑されたが、不可解な点多し(**実紀八・裏見寒話**)。【よみうり・瓦版】

12—❖肥後阿蘇郡熊本領色見村逃散(**一揆**)。

この年❖酒井伯耆守組加藤主膳の居候加藤吉三郎、博奕帰り町人を脅かし死罪(**続類集**)。

〃 ❖加賀石川郡金沢領村井村騒動(**一揆**)。

〃 ❖但馬朝来郡幕領楽音寺村愁訴(**一揆**)。

享保二十年

1735 乙卯

2.7❖肥後益城郡熊本領永柏村で逃散(**一揆**)。

2—❖江戸下谷長者町の勘助、各所で金をかたり取った罪、獄門(**享保撰要類集**)。

6.21❖五畿内で大風雨、洪水(**泰平**)。

7.3❖江戸で大風(**泰平**)。

9—❖畿内・中国・九州で疫病流行、人多く死す(**泰平**)。

11.21❖小普請日下弥三郎、あらぬことを目安箱に投書して閉門(**実紀八**)。

11—❖陸奥岩瀬郡会津領長沼町強訴(**一揆**)。

12.27❖西丸腰物番尾崎仁右衛門、商人から金を詐取した罪で遠島(**実紀八**)。

この年❖江戸音羽町の法華宗日妙、世をたぶらかす説法をしたとして磔(**大江戸春秋**)。

風姿—編笠

元文元年

1736　丙辰

1.16❖武蔵伊子勢村百姓為右衛門の伜六十郎(8つ)、山中で襲ってきた猪の前足をつかんでねじ伏せ、かけつけた父親が打ち殺した(**元文三**)。

2.2❖切手同心山崎忠次郎死罪、同聟善四郎追放、その妻しゅん吉原送り。事由不明(**元文三**)。

2.16❖公簿を改ざんして金を横領した勘定方苅部文助死刑(**実紀八**)。

2.17❖下野大田原城下で大火。侍屋敷九十六、町家百二十軒焼ける(**元文三**)。

3.25❖旗本花房平右衛門の妾、糀町天神新馬場で「鳶の者躰の者大勢夥敷なぶり申候て大さはぎ有レ之候由」(**元文三**)。

3—❖金沢で大火、三千六百九戸焼ける(**花街史**)。

4.11❖駒込へんの座頭村上正順(25)と駒込浅香町うどん屋市野屋の娘はる(21)、山王山下で心中(**元文三**)。

4—❖播磨揖東郡竜野大江島村などで騒動(**一揆**)。

5.2❖美濃高須で大雨・洪水。二十九か村水没(**元文三**)。

5.3❖江戸下谷八軒町から出火、上野広小路・東叡山本坊・下寺・金杉まで焼ける(**災異志**)。

5.19❖吉原一文字屋抱え市野と浅草諏訪町の浪人服部有七が心中未遂(**編年**)。

5下旬❖諸国大雨、洪水。肥後・越後・備中など被害大(**元文五**)。

5—❖越中富山で騒動(**一揆**)。

6.5❖榊原式部大輔の行列が大井川を東へ渡っているとき急に増水、三十人水死(**元文五**)。

6.6❖江戸浅草新寺町常林寺元弟子順賀(21)獄門。常林寺へ盗みに入り、僧二人を傷つけた(**元文五**)。

6.11❖出羽庄内などで大雨、洪水(**元文五**)。

6.25❖安芸広島で騒動(**一揆**)。

8.9❖森川兵部少輔の道中日用請負市兵衛、尾州宮ノ渡し船中で御役人生駒三郎右衛門に斬り殺される(**元文三**)。

8.17❖若狭・越前で猛風雨、死者三。山城淀・三河岡崎・武蔵川越でも出水(**元文五**)。

9.7❖相模高座郡旗本領で越訴(**一揆**)。

11.25❖武蔵葛飾郡小菅村五郎橋で谷十三郎、父の敵伴六左衛門を討つ(**敵討**)。

11—❖備後甲奴郡福山領で強訴(**一揆**)。

12.2❖鉄砲方井上左太夫と鉄砲箪笥奉行屋代要人閉門。車仕掛の巨砲の開発を命じられながら怠慢、進捗せず(**実紀八**)。

12.5❖陸奥田村郡守山領大供村などで強訴(**一揆**)。

12—❖越後蒲原郡幕領紫雲寺村で越訴(**一揆**)。

12—❖遠江引佐郡浜松領都田村ほかで越訴(**一揆**)。

この年❖摂津武庫郡尼崎領浜村で越訴(**一揆**)。

〃　❖丹波何鹿郡綾部領栗村などで強訴(**一揆**)。

〃　❖丹波天田郡福知山領で愁訴(**一揆**)。

〃　❖大和吉野郡峯寺村などで越訴(**一揆**)。

生業—あめ細工

【よみうり・瓦版】

不可解な甲府城金蔵破り事件

盗まれた金額もはっきりしないのに、幕府がよほど重大視する理由があったとみえ、翌年春勘定奉行松波筑後守、目付松前主馬が江戸から派遣されている。■八年もたって、甲州の一百姓が犯人としてつかまり、磔刑に処せられているが、このとき江戸から目付安部主計頭が出張して来ていることがわかっているだけで、逮捕のいきさつなど一切不明である。要するに、相当裏面に政治的に複雑な事情のからんだ事件のようである。

元文二年

1737　丁巳

1736　巨砲の開発を怠り、鉄砲方井上左太夫、鉄砲箪笥奉行屋代要人閉門

1.9❖江戸本所中郷で本町三丁目の医師奥養院(52)が若党渡辺惣七(33)に斬り殺される。惣七自殺、死体を磔(**元文五・寛保集成四八**)。【よみうり・瓦版】

1.14❖三河吉田で、五十余軒焼亡(**元文六**)。

1—❖山城八幡下村故庵(元淀屋辰五郎)方で娘佐伊(以保とも)と居候の浪人大野左門斬り殺される。佐伊の夫左仲の妻敵討(**翁草**)。【よみうり・瓦版】

1—❖甲州小人西尾三次郎(25)甲州上石田村百姓伝兵衛の娘まつを刺殺して逐電(**寛保集成四八**)。

3—❖因幡岩見郡鳥取領海土村で愁訴(**一揆**)。

4.7❖陸奥津軽で大雨・洪水(**元文一三**)。

4—❖京都院附与力浅田宇右衛門と用人二人死罪。部下与力の死亡を隠して遺族に給与を渡していた(**翁草一五一**)。

春—❖旗本北条新蔵の娘、若党と家出して雑司谷法明寺で心中(**女の世の中**)。

5.2❖越前丸岡城下で大火。侍屋敷六十五、町家三百十一軒焼亡、死者五(**元文六**)。

5.3❖江戸下谷相生町から出火、東叡山各坊を焼き金杉に至る(**実紀八**)。

6.2❖信濃善光寺門前町大火。五百十八軒焼け三人死す(**元文五**)。

6.6❖遠江相良猛風雨。堤防二千間切れ、家六軒潰れる(**元文七**)。

6.11❖肥前高来郡島原領土黒村騒動(**一揆**)。

6.14❖越後で大雨、洪水、潰家三十四軒(**元文二**)。

6.21❖小普請岩波庄七郎乱心、家僕と他家の僕を殺害(**実紀八**)。

7.3❖大坂曽根崎新地三丁目大和屋重兵衛方で薩摩藩士早田八右衛門、遊女菊野ら女四人男一人を斬り殺す。翌年二月十六日獄門(**摂陽落穂集八**)。

7.26❖三河田原で大雨、洪水、堤防多く切れる(**元文七**)。

8.7❖江戸駒込養心寺へ賊十四、五人も侵入、僧二人斬り殺す(**元文七**)。

8.11❖江戸小日向吉川町の次郎右衛門こと藤蔵死罪。侍の恰好をして町家をおどし金をせびっていた(**元文七**)。

8.11❖和泉泉郡王寺村で愁訴(**一揆**)。

8.19❖美濃加納で大雨、洪水。水損二万三千石余(**元文七**)。

8—❖陸奥耶麻郡会津領竹屋村愁訴(**一揆**)。

夏—❖山城淀大雨、洪水。水損、二万八千石余(**元文七**)。

9.2❖小十人海上助五郎遠島。酔狂、抜刀して往来人をおどした(**実紀八**)。

9—❖豊後岡領で旱魃と大雨、洪水(**元文一三**)。

9—❖諸国、虫害で不作(**災異志**)。

10.4❖松平幸千代家来富永九八郎、江戸麻布三河台馬場で割腹、同夜死す(**元文七**)。

10.7❖肥後球磨郡で大雨、出水(**元文七**)。

10.30❖豊前中津城で煙硝蔵怪火、侍ら六人即死(**元文一三**)。

11.13❖三河南部で大火。農家二百八十軒焼ける(**元文一三**)。

12.17❖江戸本郷の旗本家来の娘(17)、近所の浄瑠璃語りに頼み二人で出奔(**元文一四**)。

この年❖阿波三好郡祖谷山、阿佐谷で強訴(**一揆**)。

聖護院で心中、家業不振で身請も叶わず

よくある男の家業不振を苦にした首つり心中だが、天明年間中村重助ら作「近頃河原達引」で、すっかり有名になってしまった。■幕府の厳禁政策で心中を正面立てるわけにゆかず、公卿侍の喧嘩やら孝行猿回しやら、ミックスした複雑な筋になっているが、心中賛美にはまちがいない。■「そりゃ聞こえませぬ伝兵衛さん……」は有名だ。二人の墓は洛東鳥辺山の日蓮宗実報寺墓地にある。別に現場の聖護院にも、南東門わきに供養塔が立っている。

元文三年

1738　戊午

1.14❖下総結城の城下で、三百三十軒焼ける(**元文一四**)。

1—❖豊後大野郡の臼杵領で逃散(**一揆**)。

1—❖豊後海部郡の熊本領佐賀関で打ちこわし(**一揆**)。

2.5❖内藤備後守領小石浜で大火、町家二百六十三軒焼ける(**元文一四**)。

2.27❖山田奉行堀対馬守免職、閉門。権勢でおどし金を押借りした(**実紀八**)。

3.14❖吉原新町河岸の山田屋へ下谷金杉の鳶の者大勢が乱入、亭主・下人を打擲するなど乱暴。町中総出で六人を捕え、全員牢舎(**元文一四**)。

3.18❖中奥番日下部作十郎、狂気して妻を斬殺(**実紀八**)。

4.17❖江戸南八丁堀一丁目の加兵衛、男女両相を堺町で見世物にした科で過料(**元文一四**)。

4.21❖御馬預加藤権次郎遠島。病気と称して勤仕せず遊興、酒興の生活(**元文一四**)。

4.26❖上野舘林城、雷雨で大破(**元文一四**)。

春—❖江戸で人妻・娘の出奔相つぎ三十五、六人にも及ぶ。心中もあり(**編年**)。

5.11❖江戸神田永富町の野菜売り藤兵衛(19)女房(20)の首を斬り割腹自殺(**元文一四**)。

5—❖前月から諸国で大雨。東海・山陽で被害大(**災異志**)。

7.2❖摂津武庫郡旗本領大市村など逃散(**一揆**)。

7.11❖江戸皆川町三丁目の魚売り権八夫婦心中(**編年**)。

7.13❖大番組頭平岡弥次右衛門の養子孫三郎、実家の下女と心中(**編年**)。

7—❖伊予新居郡立川銅山で鉱夫離山(**一揆**)。

9.17❖陸奥磐城、平領民、苛税に抗し城下で打ちこわしのあと山へこもる。十月上旬やっと鎮圧(**元文一九**)。

9.21❖江戸芝神明社神主斎藤修理の娘(22)、若党(19)と出奔(**編年**)。

10.4❖三河碧海郡刈谷領熊村などで強訴(**一揆**)。

10.15❖立花飛騨守家中の召仕女(21)、同家の馬場で近所の町人と心中(**編年**)。

10.27❖丹波船井郡の上総鶴牧領で強訴(**一揆**)。

11.6❖旗本朝比奈主馬、弟と娘をつれて出奔。家改易(**編年**)。

11.13❖徳大寺卿家来中村主水の下部と所司代の侍が四条河原で喧嘩(**実説芝居ばなし**)。

11.16❖京都釜座通姉小路上ル呉服商井筒屋伝兵衛(22)と先斗町四条上ル近江屋新助抱えお俊(19)、聖護院の森で心中。家業不振で身請けできないのを悲観(**及瓜漫筆**)。

【よみうり・瓦版】

秋—❖駿河富士郡大宮町で愁訴(**一揆**)。

12.16❖但馬朝来・養父郡の数十か村で暴動(**一揆**)。

この年❖関東で凶作(**武江**)。

〃　❖伯耆鳥取領で暴動(**一揆**)。

〃　❖江戸で深沢定八、父の敵石井清助を討つ(**敵討**)。

〃　❖盗賊文七、京都の牢から地下に穴を掘って逃走。仲間の訴人でつかまり獄門(**翁草五五**)。元文四年のことともいう

【よみうり・瓦版】

美男若党が主人の町医者を殺害

江戸の街頭で主人の町医を斬り殺して自殺し、磔にかけられた若党渡辺惣七は、手配書によると「中肉中背、色白く、鼻筋通り、きれいなる生まれ付。二重まぶたの眼中すゞしく相見へ候」とある。■およそ犯罪人の手配で、これだけ容貌を賞められている例は、あまり見ない。よほどの美男だったということである。以前、解雇されて主家を恨んでいたというが、解雇理由になにか色恋沙汰がからんでいたのかも知れない。

山城八幡の妻敵討

要するに、女主人公佐伊の夫左仲が、佐伊とその情夫大野左門を殺した妻敵討で、おかげで左仲は無構。■佐伊は、三十二年前闕所となった豪商淀屋辰五郎(のち下村故庵)と元新町名妓吾妻の間に生まれた絶世の美人、左仲はつまらぬ遊び人上がりで完全別居中、大野左門は地侍に剣術を教えるうち、佐伊とねんごろになり、いつか亭主づらしていた。■そんな左仲が、よくぞ妻敵討をやったものだと不思議だが、やはり佐伊に未練があったのだろうか。

1738 盗賊文七、京都の牢から地下に穴を掘って逃走

元文四年

1739　己未

2.21❖伯耆・因幡の鳥取領二十四か村で暴動(**一揆**)。

3.2❖美作勝北郡三十四か村で暴動(**一揆**)。

3.4❖江戸神田明神下から出火、柳原まで焼亡(**武江**)。

3.7❖播磨佐用郡平福領十八か村で打ちこわし(**一揆**)。

3.24❖伯耆会見郡鳥取領で打ちこわし(**一揆**)。

3.25❖武蔵荏原郡品川宿内で対立騒動(**一揆**)。

3—❖佐渡雑太郡相川で強訴(**一揆**)。

4.3❖伯耆八橋・久米郡の鳥取領で打ちこわし(**一揆**)。

4.26❖竹橋門当番松平弾正少弼(しょうひつ)家来水間権右衛門乱心、同僚飯沢清右衛門を刺し殺し自害(**半日閑話二**)。

5.29❖難破後二十年間無人島で生活した遠州荒井の甚八(67)ら三人帰国(**真佐喜のかつら八・元文ニニ**)。

7.16❖大坂に大雪、寒気で死者多し(**泰平**)。

7—❖伊豆田方郡の幕領で逃散(**一揆**)。

9.25❖京都伏見石田町筋で願人坊主が伏見聚楽町二丁目平七の牛車にひかれ死す。平七死罪(**町触**)。

10.3❖但馬美方郡村岡領小代庄で騒動(**一揆**)。

この年❖京都で迷子七件(**町触**)。

〃　❖陸奥大沼郡五か村愁訴(**一揆**)。

元文五年

1740　庚申

3.5❖江戸築地飯田町で板倉家中山下宇右衛門、先内武平治兄弟が母の敵杉山嘉右衛門を討つ(**江戸真砂**)。

3.19❖大坂町奉行稲垣淡路守免職、閉門。豪商辰巳屋の後見になろうと望んでいる木津屋吉兵衛から賄賂をとって辰巳屋手代新六を無実の罪に陥れようとした(**翁草六三**)。

5—❖百姓上野長之助、父の敵を討つ(**敵討**)。

6.5❖岡山藩獄から四人脱走。翌日三人捕われ、長門萩の三五郎獄門、二人打首(**諸藩**)。

閏7.16❖京坂で大水害。三条大橋流失(**泰平**)。

寛保元年

1741　2・27改元　辛酉

2.15❖肥後益城郡熊本領三十か村で愁訴(**一揆**)。

3.8❖伊予浮穴郡松山領十三か村で強訴(**一揆**)。

4—❖陸奥信夫郡福島領松川村などで愁訴(**一揆**)。

5.25❖陸奥弘前で大火(**災異志**)。

6.2❖岡山で成瀬太左衛門、知友田宮軍次の

生業—なめ物売・漬物売・炭売

敵堀又左衛門を討つ(**敵討**)。

6.4❖姫路藩主榊原式部大夫政岑、吉原三浦屋の十代高尾を、二千五百両で身請け(**花街史**)。

7.11❖伊予浮穴郡松山領二十五か村で逃散(**一揆**)。

7.11❖二条城大番別所弥四郎、京都脱出をはかり、死刑(**実紀九**)。【よみうり・瓦版】

7.21❖大番関内記改易。家婢に傷つけられたうえ逃げられた(**実紀九**)。

7—❖蝦夷渡島大島で噴火、津波。千人死す(**災異志**)。

7—❖日向高鍋藩領で渡船転覆、十六人死す。船頭四人死罪(**諸藩**)。

7—❖蝦夷根府田・熊石間で大津波。千余人死す(**災異志**)。

10.29❖下総香取郡旗本領で愁訴(**一揆**)。

11—❖京都大火、被災二千八百戸、十四か寺焼失(**災異志**)。

12.9❖長崎で喜三次と伝十郎、母の敵甚太郎を討つ(**敵討**)。

12—❖伊勢飯高郡の紀州領大足村で越訴(**一揆**)。

12—❖陸奥紫波郡盛岡領八幡通で越訴(**一揆**)。

この年❖江戸八官町で比丘尼(僧形の売女)と桜田へんの武士情死(**武江**)。

〃　❖阿波名西郡徳島領南谷などで騒動(**一揆**)。

〃　❖下野河内郡旗本領大山村で愁訴(**一揆**)。

〃　❖豊後佐伯領で逃散(**一揆**)。

寛保二年

1742　壬戌

1.25❖陸奥岩瀬郡などの白河領七か村で強訴(**一揆**)。

2—❖伊予浮穴郡砥部など四十か村で暴動(**一揆**)。

3.2❖桜島噴火(**災異志**)。

5.23❖陸奥江差郡野手崎村で百姓鈴木善六、二十九年ぶりに父の敵百姓六之助を討つ(**敵討**)。

7.28❖五畿内で大風雨、三条大橋流失(**泰平**)。関東でも大風雨、江戸水死多し(**武江**)。

7—❖武家方六尺大勢、葺屋町の市村羽左衛門座に乱入、所々うちこわし、看板まで持ち去る(**寛保集成四八**)。

8.2❖江戸本所・深川などで大洪水(**災異志**)。

8.9❖関東で大風雨、水害(**泰平**)。

8—❖陸奥信夫・伊達郡の百二十か村で騒動(**一揆**)。

9.8❖安芸高田郡広島領杉原村で強訴(**一揆**)。

9—❖肥前松浦郡唐津領で逃散(**一揆**)。

11.16❖納戸番下吏井出勘右衛門死刑。納戸から正平革を盗むなど悪事(**実紀九**)。

12—❖武蔵荒川筋で川普請夫役反対騒動(**一揆**)。

この年❖和泉泉南郡で暴動(**一揆**)。

〃　❖越前足羽郡福井領で打ちこわし(**一揆**)。

生業―サボン玉売

【よみうり・瓦版】
情弱の二条城番、職場放棄で死刑

死刑の理由というのがふるっていて「これは二条城に戍役してありながら、しきりに故郷(江戸)に帰らまほしく思ひ、ひそかに奴のさまして城を迯出せしをとらへられたるなり」(徳川実紀)。■二条城勤番は一年交替で、それほど辛い勤務でもないのだが、このウェット旗本、江戸の妻子恋しさのあまり、ついに下僕の姿に身をやつして城を抜け出し、翌日祇園にひそんでいるところをつかまった。関ヶ原戦からすでに百四十年、世も変わった。

寛保三年

1743　癸亥

2.5❖西本願寺門主静如、幕命により隠居、とりまき多数処罰。召仕や遊女を池にはめて追い回したりフゴに入れてつり揚げたり変態の行為が目に余った（**寛延雑秘録**）。

【よみうり・瓦版】

3.4❖日向児湯郡高鍋領鶴谷地方で逃散（**一揆**）。

6—❖近江伊香郡膳所領菅浦村で愁訴（**一揆**）。

8.9❖信濃安曇郡松本領成相組などで越訴（**一揆**）。

8—❖肥後益城郡熊本領で郡代排斥騒動（**一揆**）。

9.1❖江戸で大火（**江戸真砂**）。

11—❖京都清水新地の茶屋大津屋りん方で泊まり客の江州松本村僧侶顕随がりんの娘を殺害して自殺、りんも娘を坊主の枕席に出した罪で闕所（**花街史**）。

秋—❖大名留守居役十余人、公金横領などで処罰（**我衣**）。

この年❖讃岐大川郡高松領富田村で越訴（**一揆**）。

〃　❖陸奥牝鹿郡仙台付近で騒動（**一揆**）。

延享元年

1744　2・21 改元　甲子

2.5❖陸奥和賀郡盛岡領富士根村など強訴（**一揆**）。

4.7❖徳川を名乗る怪人物を逮捕せよの厳命。三十位、六尺有余怪力、骨相よく弁説さわやか。間もなく京都で逮捕、処刑（**実紀九**）。

5—❖江戸両国橋はじめて架けかえ。万治二年架橋、寛保二年八月大水で破損（**我衣**）。

6—❖諸国で風邪流行。八月までつづく（**我衣**）。

7.3❖京都に大雨・洪水（**泰平**）。

7.25❖田安家近習頭須田一学の弟留之助死刑。市人から物をおどし取ったり酒屋で暴れたり乱行つづき（**実紀九**）。

7—❖丹波天田郡福知山領堀村などで強訴未遂（**一揆**）。

8.11❖蝦夷松前で大風、雷雨。死者三十人（**災異志**）。

8—❖江戸芝へ津波、横死者多数（**災異志**）。

この年❖阿波三好郡祖谷山で愁訴（**一揆**）。

延享二年

1745　乙丑

1.27❖和泉日根郡幕領九か村で愁訴（**一揆**）。

1—❖摂津・河内の幕領で二万人愁訴（**一揆**）。

2.12❖江戸千駄谷から出火、青山・桜田・麻布・三田・高輪・品川に至る（**武江**）。

2.15❖豊後日田代官所の十二か村、森領へ逃散（**寛延雑秘録**）。

2—❖陸奥信夫・伊達郡二十九か村で打ちこわし（**一揆**）。

3.7❖小普請漆原平石衛門、偽養子が露顕して遠島（**実紀九**）。

男色をめぐって大喧嘩、刃傷

加害者波多野のあまり立派でない遺書が残っている。■「もののふの家に生まる、身なれども。かく成り行くぞおろかなりけり　我が身も悪と知りながら止事を得ず。■古今愛着の道かくの如し。（中略）ひっけう（畢竟）命を加様の事に捨てたるは、勇に似て実はおく病なり。ぶしの大道を心懸、忠孝を尊ぶの士、尤も深くつつしむべき也」■要は「おれはバカだ」のくり返しである。低教養の下扱武士の自己陶酔的価値観は、こんなものだったのか。

駿府城内の質屋殺しの処分不可解

当人米津喜兵衛は、駿府在番中金に困り、重代の具足を市内の質屋伝十郎に二十五両で入質した。帰府の日は迫ったが金がなく、気が気でないとき伝十郎が城内長屋を訪れ、二十五両さえ頂いたら利子はいいですよといってくれた。■それをどう逆上したのか伝十郎を殺害、すぐ露顕して捕えられ江戸送り。それにしても、どうして凶行にまで及んだのか、不可解な点の多い事件だが、一番わからないのは凶悪な殺人が、なぜ軽い追放ですんだのか。

3.22❖江戸青山から出火、六道・品川へ延焼(**泰平**)。

3—❖陸奥伊達郡幕領飯坂村で愁訴(**一揆**)。

5—❖讃岐多度郡丸亀で用銀反対騒動(**一揆**)。

6.18❖越後岩船郡村山領で三千人打ちこわし(**一揆**)。

7—❖三河八名郡鳳来寺領山吉田村などで強訴(**一揆**)。

8.13❖江戸長谷川町の浪人辻沢治(16)、路上で母かよに乱暴しようとした新大坂町のあぶれ者喜八(46)を斬り捨てる。奉行沢治を絶賛(**寛延雑秘録**)。【よみうり・瓦版】

8—❖伊予浮穴郡松山領久万山で逃散(**一揆**)。

12.1❖上州前橋領各村で越訴(**騒動**)。

12—❖豊前宇佐郡中津領鳥越村で逃散(**一揆**)。

閏12❖伯耆会見郡鳥取領天万村で強訴(**一揆**)。

延享三年

1746　丙寅

1.22❖小普請米良(めら)新三郎追放。町人から衣類を買って金を払わず、催促に来た町人の親を斬り殺した(**実紀九**)。

1.22❖豊後日田代官所管内十一か村で逃散(**一揆**)。

2.3❖小普請杉山彦七郎切腹。甥の福森半七郎の行状を意見、半七郎が反抗したので斬り殺し、とめようとした半七郎の姉も傷つけ死なせた(**実紀九**)。

2.7❖大坂在番水野河内守の家人ら、男色のことから争闘、波多野祖父之助(28)が鈴木甚蔵(23)と山下源助(50)を斬り殺し入水自殺。他に後日死亡二人(**寛延雑秘録**)。【よみうり・瓦版】

2.30❖江戸築地から出火、浅草から小塚原まですこぶるの大火となる。別に本所霊山寺横堀から出火、寺院多く焼亡(**武江**)。

5.8❖四国巡見中の神谷左門の家来吉村武太夫伊予大洲の宿で中間孫平に殺される。孫平は神谷が成敗(**寛延雑秘録**)。

5—❖小普請長野善太夫の中間甚内、主人の娘すへを斬り殺し、善太夫に討ち留められる。死体を磔(**享保撰要類集**)。

5—❖飛騨大野・吉城郡の幕領で越訴(**一揆**)。

7.16❖西丸小十人美濃部左伝次乱心し、伯父横地善左衛門を斬り殺す。二十五日切腹(**寛延雑秘録**)。

夏—❖江戸品川宿場女郎某、愛人の手代某が主命により結婚するのを悲しみ首つり自殺。辞世「川竹のまことは賎(しず)にきへなかれ身のうきくさのなみとたへなん」(**寛延雑秘録**)。

9—❖陸奥田村郡守山領二十五か村で強訴(**一揆**)。

10.16❖書院番米津喜兵衛追放。駿府在番中金談のもつれから出入りの質屋を家来に殺させた(**実紀九・寛延雑秘録**)。【よみうり・瓦版】

12.13❖浪人原田伊太夫(27)、吉原江戸町一丁目太四郎抱え尾上(23)と心中未遂。両人三日間晒(さらし)のうえ非人渡し(**情死考**)。

12.16❖高知で大火。二千六百軒焼ける(**災異志**)。

12.19❖富士見奉行永田権左衛門死刑。浪人本多縫殿右衛門に逆心あるかのように無根の密告をした(**寛延雑秘録**)。

【よみうり・瓦版】

お西のご門主さまに幕府がお灸

『寛延雑秘録』の表現は、一方的に憎悪の念がこもっているが、話半分にしても相当な坊主だったようである。つねに剣槍弓馬を好み、人を殺傷、とくに女に目がなく、手当たり次第に手をつける。ついに、幕府の手が回わったのは当然であった。ところが隠居のあとも、のんびり遊び暮らし、寛政八年七十五歳で大往生している。■もっとも当時両本願寺の堕落(だらく)ぶりは目に余るものがあり、識者のこれを指弾する評論が、数多く残されている。

孝子、痴漢を斬る

この喜八というしれもの、かねて沢治の母に恋慕し、再三いい寄っていた。母の危急にかけつけた沢治にも悪口雑言、たまりかねた沢治が抜き討ちに斬り捨てた。■筋が通っているので沢治に咎(とが)めなく、それどころか南町奉行島田長門守は「若年の者には珍しき残る所なき働き。よりより大名方へも申しとらせ」と殺人加害者に対し、仕官のことまで暗示している。■はたして沢治が仕官の口にありついたかどうか、それは記録がない。

1747 大盗日本左衛門、京都西奉行所へ正装にて自首

冬—❖美作勝南郡幕領稲穂村で逃散(**一揆**)。

この年❖寄合小花和靫負、水野隼人正家の無礼な小姓折井数馬を斬り、護送中赤坂溜池に身を投じて死す(**過眼録**)。

〃 ❖但馬朝来郡幕領大月村愁訴(**一揆**)。

〃 ❖出羽山形で打ちこわし(**一揆**)。

〃 ❖肥後飽田郡熊本領で銀札騒動(**一揆**)。

延享四年

1747　丁卯

1—❖豊後佐伯郡佐伯領八戸村で逃散(**一揆**)。

2.9❖江戸外桜田で大火(**災異志**)。

3.11❖大盗日本左衛門こと浜島庄兵衛(29)、江戸で獄門、子分三人同断。江戸・東海道で大名や金満家を対象に大規模な窃盗を重ねたが、捜査が厳しくなったのを察し、一月七日京都西町奉行所へ麻上下姿で自首していた(**実紀九・翁草三九・村井随筆・過眼録・江戸真砂・兎園小説余話・武江**)。

【よみうり・瓦版】

4.16❖江戸城二丸全焼(**災異志**)。

5.13❖出羽上ノ山城下で打ちこわし。十二月五人死罪(**一揆**)。

7.12❖江戸白金樹木谷で西丸表坊主白井宗務の娘が元中間庄助(23)に斬り殺される(**実紀九・寛保集成**)。

8.15❖寄合七千石板倉修理殿中で乱心、熊本藩主細川越中頭宗孝に斬りつける。細川翌日死し、板倉二十三日切腹(**実紀九・泰平・営中刃傷記・翁草一一・半日閑話八**)。

【よみうり・瓦版】

8—❖蝦夷松前で大風雨、水死六十人(**災異志**)。

9—❖諸国で疫病流行。十月までつづく(**災異志**)。

10.6❖寄合医馬島友甫乱心、妻と義母を殺す。切腹(**実紀九**)。

11—❖摂津八部郡旗本領脇浜村で愁訴(**一揆**)。

11—❖陸奥耶麻郡会津領で塩川組郷頭排斥騒動(**一揆**)。

12.5❖京都四条で火事。劇場焼ける(**災異志**)。

12.18❖加賀藩側用人大槻伝蔵に越中五箇山配流を申し渡し。享保以来の御家騒動、表面上一応落着(**御家騒動**)。

この年❖伊予喜多郡大洲領で愁訴(**一揆**)。

〃 ❖但馬朝来郡幕領大月村で愁訴(**一揆**)。

〃 ❖三河碧海郡刈谷領高浜村で強訴(**一揆**)。

〃 ❖美濃厚見郡加納領で強訴(**一揆**)。

用具—紙鳶

寛延元年

1748　7・12改元　戊辰

2.10❖周防郡徳山領譲羽村で越訴(**一揆**)。

2.12❖越前足羽郡福井領四十五か村で強訴(**一揆**)。

2.15❖備前児島郡小川村の百姓弥九郎、親殺しの罪で磔刑(**諸藩**)。

2—❖日向宮崎郡延岡領富吉村で越訴(**一揆**)。

3—❖信濃伊那郡幕領林村で越訴(**一揆**)。

3—❖三河宝飯郡吉田領岩崎村で越訴(**一揆**)。

3—❖陸奥耶麻郡会津領小荒井組愁訴(**一揆**)。

5—❖讃岐三豊郡高松領笠田村などで二万人打ちこわし(**一揆**)。

夏—❖日向延岡領三ケ所村で強訴(**一揆**)。

9.25❖竹姫附台所頭水野七郎右衛門切腹。金ほしさから無縁の市人の子を養子に仕立てようとした(**実紀九**)。

10.22❖出羽村山郡幕領で越訴(**一揆**)。

10—❖越後魚沼郡幕領所小千谷越訴(**一揆**)。

11.15❖丹波多紀郡篠山領泉村強訴(**一揆**)。

12.13❖豊後国東郡延岡領大岩屋村で逃散(**一揆**)。

12.21❖播磨印南郡姫路領で二十一組一万人打ちこわし(**一揆**)。

12.27❖勘定奉行逸見出羽守免職。下吏収賄の責任(**実紀九**)。

この年❖出羽村山郡新庄領大沼村で強訴。堀内村では名主排斥騒動(**一揆**)。

❖神田大明神祭礼番付
毎年庶民の待っている年中行事の中で、神田や氷川神社など大きな祭の時期になると祭番付として売り出された。霞ケ関の番付坂と呼ばれるところに売り場があった(かわら版)

【よみうり・瓦版】

大盗日本左衛門、自首も芝居風

黙阿弥作「白浪五人男」の筆頭、日本駄右衛門のモデルである。「丈五尺八寸ほど、色白く鼻筋通り、おも長」という堂々たる美男で、これが麻上下、大小で自首してきたときは、京都西町奉行所でもおどろいた。尾張藩の足軽の子で、女にモテすぎて身を持ちくずし、ついに数十人を率いて大泥棒。■大名や富豪ばかりねらうので、幕府の権威にもかかわり、老中堀田相模守の特命で、火盗改徳ノ山五兵衛以下二十二人の専従捜査員が、必死に捜査していた。

城中で大目付が大名を殺し騒動

江戸城大広間北縁に血だらけの武士が倒れており、苦しい息の下で「予は細川越中」と名乗った。熊本五十四万石当主宗孝とわかり、手当てしたが翌日絶命。■一方、加害者らしい男が近くの雪隠にひそんでおり、「小便していたら斬りかかってきたので、先に斬ってやった」などと口走り、こちらは七千石大目付板倉修理とわかった。乱心とはいえ、殿中刃傷の罪は重く、水野監物邸で切腹。大目付の大々名殺しに、城中はしばし大騒ぎだった。

金欲しさに無縁の偽養子を仕立てた水野七郎右衛門切腹

寛延二年

1749　己巳

1.6❖大坂新町二丁目扇屋四郎兵衛抱え名妓夕霧死す(**江戸の実話**)。

1.17❖播州姫路領加古川で大規模な一揆、打ちこわし。七人死罪、三十二人獄死。

2.29❖某藩江戸留守居役の妾八重(かしくとも)、酒を意見した兄吉兵衛を傷つけ、死なす。三月獄門(**実事譚**)。

2—❖越前吉田郡松岡領で暴動(**一揆**)。

3.18❖大坂南新地福島屋のお国(22)と大宝寺町の大工六三郎(18)西横堀で心中(**実事譚**)。

3.18❖御家人の召し連れる従者無礼の振舞多しと厳重戒飭(かいちょく)の令(**実紀九**)。

6.21❖金目当に無縁の子を養子にしていた漆奉行粕谷金太夫、勘定方勘野喜六郎切腹(**実紀九**)。

7.3❖播州姫路で洪水、死者一千余人(**泰平**)。

7.19❖金目的に無縁の者を養子にしていた小普請小島源左衛門、小宮山源次郎、同新左衛門切復(**実紀九**)。

7—❖丹後・但馬で大風雨(**恭平**)。

8.13❖江戸大風雨。小日向・下谷・浅草出水、神田橋流失(**武江**)。

8.20❖丹波多紀郡篠山領て強訴(**一揆**)。

8.28❖旗本金田主殿の中間新兵衛(41)、柳原堤で紙入れを奪おうとした暴漢と争い斬り殺した。無構(**享保撰要類集**)。

8—❖播州赤穂領塩屋村で愁訴(**一揆**)。

9.11❖甲府勤番水野六左衛門追放。暇出した家人と争い、ひそかに殺させた(**実紀九**)。

9—❖桜島噴火(**災異志**)。

10.24❖讃岐多度郡丸亀領山階村で強訴(**一揆**)。

10—❖豊後島原領九十八村で強訴未遂(**一揆**)。

10—❖陸奥安積郡二本松領日和田村などで八千人強訴(**一揆**)。

10—❖陸奥安達郡二本松領油井村ほかで強訴未遂(**一揆**)。

11—❖陸奥白川郡幕領三十五村強訴(**一揆**)。

12.10❖陸奥信夫・伊達郡幕領六十七か村で強訴(**一揆**)。

12.12❖陸奥田村郡三春領十二か村で数万人強訴(**一揆**)。

12.21❖陸奥耶麻郡など十四か村で数万人強訴(**一揆**)。

12.23❖陸奥田村郡守山領十か村で打ちこわし(**一揆**)。

12.26❖陸奥楢葉郡幕領下川内村などで打ちこわし未遂(**一揆**)。

12—❖出羽田川郡庄内領で愁訴(**一揆**)。

12—❖陸奥高田領板橋村で強訴(**一揆**)。

この年❖出羽村山郡幕領水沢村で越訴(**一揆**)。

〃　❖武蔵秩父郡忍領大宮村なとで暴動(**一揆**)。

〃　❖陸奥津軽郡弘前領で逃散(**一揆**)。

〃　❖土佐・陸奥津軽で飢饉(**災異志**)。

用具一笠、武士の旅中の菅笠

寛延三年

1750　庚午

1.2❖越後蒲原郡会津領津川で騒動(**一揆**)。

1.15❖讃岐多度郡丸亀領九か村暴動(**一揆**)。

1.16❖伊予浮穴郡大洲領小田などで二万人暴動(**一揆**)。

1.29❖陸奥河沼郡会津領島村などで打ちこわし(**一揆**)。

1—❖備前高来郡諫早領で越訴(**一揆**)。

2.15❖陸奥白川郡幕領八か村で強訴(**一揆**)。

2—❖伊予周敷郡幕領北条村で騒動(**一揆**)。

2—❖佐渡雑太郡吉岡村などで越訴(**一揆**)。

3.19❖代官山中新次郎遠流。偽養子と汚職(**実紀九**)。

4.10❖上州前橋藩国家老川合勘解左衛門(46)、自邸で江戸家老大塚又内・本多民部左衛門を討ち自殺。国替運動で対立(**御家騒動**)。

6.16❖名古屋本町一丁目で五つ位の妹を負っていた九つ程の姉娘が祭礼の車にひかれて死んだ。妹は無事(**さたなし草・年号記**)。

7.1❖松平志摩守家人と紀州藩家老渡辺数馬の従者が江戸路上で争い、松平の家人斬り殺される(**実紀九**)。

7.9❖甲州八代郡米倉村で煙草新税、反対打ちこわし。のち指導者五十人牢死(**騒動**)。

7—❖旗本の奉公人、髭など生やし、かさ高くいばる風あり、厳禁の令(**享保撰要類集**)。

7—❖陸奥耶摩郡会津領塩川村で愁訴(**一揆**)。

8.20❖剣術指南大井二蔵、盗賊の宿をしていたとして死罪(**大江戸春秋**)。

8.26❖京都で大風雨、大雷。二条城天守閣雷火で炎上、再建なし(**実紀九・泰平**)。

8—❖陸奥白川郡幕領戸塚村などで暴動(**一揆**)。

9—❖丹波船井郡鶴牧領和田村で騒動(**一揆**)。

11.1❖伊予吉田領広早村で騒動(**一揆**)。

秋—❖上総夷隅郡大多喜領四村強訴(**一揆**)。

12中旬❖日向宮崎郡延岡領五村逃散(**一揆**)。

この年❖京都三条木屋町の旅宿で客の置いていった荷物から徳川家康画像がみつかり西町奉行所で保管。二十四年後の安永三年南禅寺金地院へ納める(**翁草八九**)。【よみうり・瓦版】

〃　❖豊後耶馬渓の難所に青の洞門が貫通。

用具—菅笠・處女

用具—菅笠・旅客

【よみうり・瓦版】

家康の画像宿屋に忘れ物

その客は宿帳に「谷元之丞」と書いていたが、何の手がかりにもならず。預かっていた西町奉行所がいつか忘れてしまったのもダラシなかったが、二十四年も経ってあわてて大行列で寺へ納めたのも滑稽といえば滑稽。考えられるのはこの谷元之丞氏、案外倒幕の先駆者で、徳川権威の浅深を測ってみたかったのか、一寸したいたずら気分だったのか、そのへんがわからない。江戸幕府も開創後すでに二百五十年、そろそろこの手が現れてよい頃である。

宝暦から寛政へ

1751～1803

過渡期、先ずは平穏だが

宝暦六年名古屋の柄巻師と女中が
共に正装、辞世の和歌を残して
心中したのが評判になった。
そんな時勢だったのが、
一方明和四年には、
尊王論鼓舞の藤井右門らが死刑になった。
幕府以来はじめての、
この種の思想犯の出現である。
天明元年九月の神田祭。
大衆が町同心を襲って、
頭を割るやら両刀を奪うやら。
これも例のないことで、すべては過渡的な珍現象。
老中松平定信の「寛政の改革」は、
精神面ひきしめの効果も狙ったものであろう。

9 代徳川家重
将軍在職年数：15 年　期間：1745 ～ 1760 年　生没年：1711 ～ 1761 年
吉宗の長男、言語が不明瞭のため、
側用人の大岡忠光が仕えたが、
政治の過半を隠居した吉宗がみた。

10 代徳川家治
将軍在職年数：26 年　期間：1760 ～ 1786 年　生没年：1737 ～ 1786 年
九代家重の長男。幼時から祖父吉宗に鍛えられて文武の英才に育ったが、
二十六年間の将軍在任中、枢要の権はすべて権臣田沼意次に握られ、
能力を発揮する機会がなかった。
その反動か、将棋は奥義を極め、本まで出している。

11 代徳川家斉
将軍在職年数：50 年　期間：1786 ～ 1837 年　生没年：1773 ～ 1841 年
御三卿一橋治済の長男。
就任と同時に家斉の知らぬ間に老中松平定信の寛政の改革が始まる。
非常な好色家で四十人の側室に生ませた子が五十五人。
その養子先や嫁ぎ先を優遇しすぎて一般大名の反発を招いた。

1754 京都の医師山脇東洋、伏見刑場で日本最初の解剖

宝暦元年

1751　11・27改元　辛未

1.10❖日向宮崎郡延岡領大塚村などで逃散(**一揆**)。

1.12❖丹波船井郡鶴牧領鹿場村で越訴(**一揆**)。

2.29❖京都大地震(**泰平**)。

4.25❖備前津高郡森久村の伝助、父親殺害の罪で磔刑(**諸藩**)。

4.25❖越後高田で大地震。圧死者一万六千三百余人(**泰平・翁草一六八**)。

4.25❖伊豆君沢郡旗本領江梨村で愁訴(**一揆**)。

5—❖日向宮崎郡延岡領富吉村などで越訴(**一揆**)。

6—❖土佐高岡郡仁淀川上流村々で強訴(**一揆**)。

6—❖日向臼杵郡延岡領上野村で強訴(**一揆**)。

7.28❖大坂でおりく・十兵衛心中(**かわら版**)。

8.8❖信濃更級郡松代領七十二か村強訴(**一揆**)。

8.10❖美濃郡上郡十か村で強訴・越訴(**一揆**)。

8.24❖小姓組千石朝比奈百助(二十二日病死)の嫡子万之助(24)、亡父の妾きのと用人松田彦右衛門が風呂場で密通しているのをみつけて二人を斬り捨て、とめようとした妻の兄植村千吉(22)まで斬り殺して自殺(**実紀九・翁草一一・江戸真砂**)。【よみうり・瓦版】

10.12❖上総勝浦一万一千石植村土佐守改易。八月二十四日朝比奈万之助に殺された親戚植村千吉の跡目を立てさせようと偽りの工作をした(**実紀九**)。

10—❖丹波多紀郡篠山領佐貫谷村で強訴(**一揆**)。

11.11❖江戸芝口の市兵衛、節義を賞され奉行所から金三十両を賜る。旧主足袋屋仁兵衛の窮地を救うため自分の足指三本を切って救済嘆願書を出した(**実紀九**)。

11.29❖伯耆会見・日野郡坪上山地方で暴動(**一揆**)。

この年❖吉原扇屋の歌仙、遊女から女芸者に転身。芸者の始まり(**武江**)。同じころ京都島原にも芸者あらわれる(**花街史**)。

〃　❖近江甲賀郡美濃部村で越訴(**一揆**)。

〃　❖但馬朝来郡幕領楽音寺村で愁訴(**一揆**)。

宝暦二年

1752　壬申

2—❖長門阿武郡萩領で強訴(**一揆**)。

7.16❖旗本松原内膳、穴八幡門前遊女屋で地の者と喧嘩、大騒動。十二月切腹(**大江戸春秋**)。

7.26❖小十人能勢小十郎品川で喧嘩、何者かに打ち殺される(**大江戸春秋**)。

11.12❖江戸霊岸島白かね町の名主片岡与平次、山田屋彦兵衛の手代を殺し逐電(**大江戸春秋**)。

11.21❖越前大野郡十三か村で騒動(**一揆**)。

11.24❖京都朝廷、参議清水谷季家を謹慎処分とする。所司代酒井讃岐守と通じて宮中の動静を関東へ報じていた(**江戸と京都下**)。

11.25❖高知八百屋町から出火、三百余軒焼

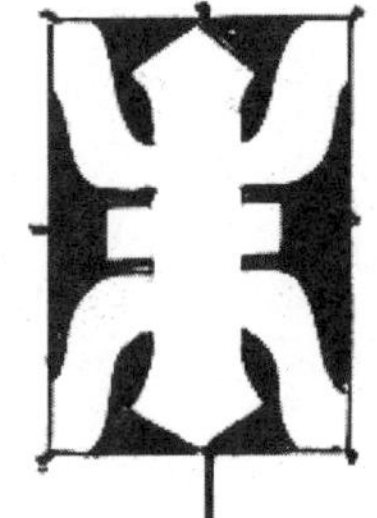

用具一紙鳶

ける（**災異志**）。

12.14❖丹波何鹿・天田郡綾部領で強訴（**一揆**）。

12―❖三河加茂郡挙母領飯野村などで強訴（**一揆**）。

この年❖和泉日根郡旗本領馬場村で騒動（**一揆**）。

〃　❖信濃伊那郡高遠領などで愁訴（**一揆**）。

〃　❖備中浅口郡岡山領長尾村で騒動（**一揆**）。

〃　❖備後御調・沼隈郡福山領で暴動（**一揆**）。

〃　❖陸奥大沼郡会津領滝沢村で打ちこわし（**一揆**）。

宝暦三年

1753　癸酉

2.21❖書院番長谷川平蔵の父隠居自休、芝で奥平大膳太夫の足軽村上文右衛門と争い右腕負傷（**大江戸春秋**）。

2.23❖豊後大野郡岡領緒方村などで強訴（**一揆**）。

2.26❖勘定・長崎両奉行兼帯松浦河内守、長崎での私曲で免職、閉門（**実紀九**）。

3―❖備後沼隈郡福山領で強訴、打ちこわし（**一揆**）。

4―❖大坂河堀口でおさわと茂兵衛心中（**かわら版**）。

4―❖全国麻疹流行。九月までつづき多く死ぬ（**泰平・武江**）。

6.27❖志摩鳥羽領で騒動（**一揆**）。

9.13❖下野宇都宮領で騒動（**騒動**）。

9.21❖無尽講を作って金を詐取していた切米手形改近藤与左衛門遠流（**実紀九**）。

秋―❖蝦夷地で麻疹流行、死者多し（**災異志**）。

12.10❖伊予新居郡西条領十五か村で強訴（**一揆**）。

12―❖丹波多紀郡篠山領小田中村などで強訴（**一揆**）。

この年❖江戸通新町半七磔、同家主平吉死罪。半七は五か所から礼金つきで貰った幼児を絞め殺したり川に投げて殺したりし、平吉は金をもらって黙認していた（**免園小説余録**）。【よみうり・瓦版】

〃　❖下総で百姓雄之助・鎌吉、父の敵を討つ（**敵討**）。

〃　❖信濃の旗本領で愁訴（**一揆**）。

〃　❖大和十市郡七か村で強訴（**一揆**）。

宝暦四年

1754　甲戌

初―❖陸奥稗貫郡盛岡領大迫通で強訴（**一揆**）。

2―❖常陸筑波郡幕領城戸村で越訴（**一揆**）。

2―❖三河額田郡岡崎領上大門村で越訴（**一揆**）。

2―❖大和十市郡八か村で越訴（**一揆**）。

閏2.7❖京都の医師山脇東洋、伏見刑場で日本最初の解剖をする（**江戸と京都**）。

閏2.13❖越前丹生郡鯖江領で越訴未遂（**一揆**）。

3.19❖筑後竹野郡久留米領十六か村で十六万八千人強訴（**一揆**）。

4.27❖名古屋で大水。五月六日までつづく

【よみうり・瓦版】

名家三軒を潰した密通事件

止めに入って斬られ死んだ植村千吉の本家は、上総勝浦一万一千石の植村土佐守恒朝である。土佐守は何とか千吉の跡目を立てさせようと、病死の形にしていろいろ工作、これが発覚して所領没収となった。たかが故人の妾と用人の密事から名家が三軒もつぶれたのは、まことに残念至極であると『翁草』の筆者神沢杜口はなげいている。■もっとも勝浦の植村土佐守は、宗家（大和高取藩）預けのあと、宝暦三年罪を許されているから、家名断絶は免れた。

礼金目当てに乳児を連続殺人

半七・平吉刑書（老中堀田相模守差図、南町奉行土屋越前守掛）を見ると、二人の惨忍なやり口がわかる。■「礼金都合五両三分請取、右小児五人或は〆殺、或は乍レ生土中へ埋、或は菰に包み川中へ打込、畑地へ捨候も有之。人倫に有レ之間敷仕業、重々不届至極……」■礼金目当てに次々と乳児をもらい、次々と殺す犯罪は江戸期を通じ相当に多い。その惨忍さはもとよりだが、その裏に社会的病根と施策の不備があることを知らねばならない。

1756 林大学邸失火「大学が孟子（もうし）わけなき火を出して　ちんじ中庸（ちゅうよう）論語道断」の落首

（**さたなし草**）。

春—❖蝦夷松前で大火、二百四十七戸焼く（**災異志**）。

5.13❖小普請清島直次郎、不良行為で遠島（**実紀九**）。

5—❖大和葛下郡郡山領平田庄で越訴（**一揆**）。

7.26❖土佐大風雨、津波（**災異志**）。

8.10❖美濃郡上領中桐村などで強訴（**一揆**）。

11.19❖中山大納言栄親ら四卿、朝廷から蟄居に処せられる。親鸞への大師号勅許を望む西本願寺から収賄した（**江戸と京都**）。

【よみうり・瓦版】

11—❖信濃佐久郡二十一か村で強訴（**一揆**）。

秋—❖蝦夷地で飢饉（**災異志**）。

〃　❖安芸山県郡広島領六か村で騒動（**一揆**）。

12—❖陸奥紫波郡八戸領土館村などで愁訴（**一揆**）。

冬—❖比叡山山門修理に出張していた町奉行同心相川又四郎、乱心して同僚佐伯吉五郎を殺害、二人に傷負わせ（一人はのち死亡）自殺（**翁草一二〇**）。

宝暦五年

1755　乙亥

2.27❖小普請奉行佐野長門守免職。下僚の失敗を報告する公文書に罪なき者の名を加えた（**実紀九**）。

3.27❖小普請小野三郎右衛門追放。妾と姦通した男に白刃でおどされ、妾を譲り渡す証文を書いた（**実紀九**）。

4.12❖加賀石川郡金沢領本吉で打ちこわし（**一揆**）。

5.25❖木曽川治水難工事の責を負い薩摩藩士平田靱負ら自刃（**物語藩史**）。

6—❖肥後で洪水（**泰平**）。

7—❖加賀金沢で打ちこわし（**一揆**）。

7—❖信濃水内郡松代領北堀村で越訴（**一揆**）。

7—❖美濃郡上郡二十七か村で強訴・越訴（**一揆**）。

8.24❖九州で大風雨、所々破損（**泰平**）。

8—❖伊予宇和郡宇和島領山田村で強訴（**一揆**）。

夏—❖安芸沼田郡広島領大塚村で騒動（**一揆**）。

9.3❖出雲飯石郡広瀬領赤名村などで騒動（**一揆**）。

9.10❖出羽置賜郡米沢領李山村などで打ちこわし（**一揆**）。

9.15❖陸奥田村郡守山領九か村で強訴未遂（**一揆**）。

9.28❖日向臼杵郡延岡領山裏村で逃散（**一揆**）。

9—❖和泉で打ちこわし（**一揆**）。

10.19❖出羽山形周辺で打ちこわし（**一揆**）。

10.22❖出羽村山郡天童周辺で打ちこわし（**一揆**）。

11.29❖奥祐筆組頭蜷川八右衛門免職。家婢の父の宅地に関し公辺を斡旋した（**実紀九**）。

11—❖土佐高岡郡檮原村などで逃散（**一揆**）。

12.5❖備後恵蘇郡広島領で打ちこわし（**一揆**）。

12.27❖伊予宇和郡宇和島領山田村で強訴（**一揆**）。

12—❖周防佐波郡徳山領で暴動（**一揆**）。

この年❖奥羽で大飢饉、とくに津軽（**災異志**）。

〃　❖出羽秋田領で暴動（**一揆**）。

〃　❖陸奥宮城郡仙台領で打ちこわし（**一揆**）。

用具—ヤッコ凧・扇凧

宝暦六年

1756　丙子

1.1❖長崎で大火(**泰平**)。
1.13❖伊勢桑名で大火。城も焼亡(**災異志**)。
2.28❖大坂で大火(**泰平**)。
3—❖江戸で連日出火。烈風激しく物騒(**泰平**)。
4.12❖加賀金沢で打ちこわし(**一揆**)。
5.9❖加賀石川郡金沢領弓波村で騒動(**一揆**)。
5.21❖大坂の盗賊讃岐の五兵衛火刑(**摂陽落穂集八**)。
6.18❖西丸小姓小沢瀬兵衛追放。三児遠流。不良の四男熊之助と共に奴僕体の者と喧嘩し討ち留めた(**実紀九**)。
7.1❖大坂で大地震(**災異志**)。
7.16❖江戸で武家屋敷専門に盗みを重ねていた無宿庄次郎死罪(**例類一一**)。
7.30❖近江で大地震(**泰平**)。
8—❖三河設楽郡鳳来寺領で宗徒と百姓争論(**一揆**)。
8—❖桜島噴火(**災異志**)。
9.6❖伊予越智郡今治領大島で強訴(**一揆**)。
9.16❖上方で大風雨。淀・伏見洪水(**泰平**)。
10.4❖宇治川・木津川出水、大坂で洪水(**泰平**)。
10—❖阿波那賀郡仁宇谷で強訴(**一揆**)。
11.23❖江戸林大学頭邸失火、大火となる。落首あり「大学が孟子わけなき火を出してちんじ中庸論語道断」(**親子草一**)。

【よみうり・瓦版】▷

11.28❖阿波名西郡など八か村で強訴未遂(**一揆**)。
12.22❖妾をつれて出奔していた小普請島山伊織遠流(**実紀九**)。
この年❖越前丹生郡沢浪村で郷士山形忠三郎が佐川源次兵衛の助太刀で父の敵郷士杉原軍兵衛を討つ(**敵討**)。
〃　❖河内交野郡津田村などで越訴(**一揆**)。

宝暦七年

1757　丁丑

3.20❖備前赤坂郡岡山領中勢実村で強訴(**一揆**)。
3—❖大和吉野の竹林院前で百姓吉太郎が父の敵百姓大八郎を討って自殺(**敵討**)。
3—❖美濃武儀郡郡山領上ノ保村で暴動(**一揆**)。
4.28❖名古屋大池で美濃月吉村新七(23位)と名古屋流川彦助娘かつ(22)が帯と帯を結び合わせて心中(**さたなし草**)。
4下旬❖東海道と北国筋で大雨・洪水(**泰平**)。
4—❖奥州飢饉、江戸の米価上る(**武江**)。
5.18❖西丸新番石川六右衛門の三男幸之助、罪あって遠流(**実紀九**)。
5—❖信濃水内郡飯山領瀬木村で越訴(**一揆**)。
6.22❖武蔵多摩郡八王子周辺で打ちこわし(**一揆**)。
7.6❖秋田藩、銀札廃止反対の三人を斬、八人を切腹させる(**秋田騒動**)。
7.7❖札差の大通大口八郎右衛門、吉原中ノ町で浅草非人頭善八と喧嘩(**大江戸春秋**)。
8.27❖大坂町奉行細井安芸守、桜井丹後守免職。開墾のための貯蓄銀を私した(**実紀**

【よみうり・瓦版】

親鸞聖人の大師号で、公卿収賄

宝暦十一年が宗祖親鸞の五百回忌にあたるので、両本願寺ではひそかに、自派の努力で大師号の勅許を得たいと公卿間に運動していた。そんな折りの宝暦四年五月、天文博士家の土御門三位泰邦が西本願寺を訪れ「お東さんに勅許が下りそうですよ」とたきつけた。お西第十七世の法如は大いにおどろき、ボス公卿の中山栄親に二十両贈って取りまとめを頼んだ。結局所司代酒井讃岐守の干渉で両本願寺ともに勅許は下りず、お西のワイロは取られ損。

碩学、洒脱な落首の傑作

将軍家重の娘万寿姫のお宮参り当日、江戸大火、その火元が八重洲河岸の林大学頭邸だとあるから問題だ。林家は、いわずと知れた歴代幕府儒官の長、学問最高権威の家柄である。それだけに孟子・中庸・論語で皮肉ったこの落首は、痛烈である。■「ちんじ」は椿事ないし珍事で、珍事中夭(思いがけない災難)という熟語に掛けた。「論語道断」は、もちろん「言語道断」である。江戸期落首史上の最高傑作ではあるまいか。

1760 江戸神田から出火、大橋、永代橋落ちる

九)。

8.27❖普請奉行稲垣出羽守出仕停止。京都町奉行在職中長楽寺の訴訟裁断に過失があった(**実紀九**)。

8.30❖江戸畳町の十右衛門夫婦、召仕の伊兵衛に割木で殴殺される(**宝暦集成三一**)。

9—❖出羽置賜郡の米沢領で愁訴(**一揆**)。

10.26❖名古屋久屋町の柄巻師きく屋久左衛門と同家女中そな、正装して心中。ともに辞世の和歌を遺す(**さたなし草**)。

【よみうり・瓦版】

12.22❖備中西原村の仁太夫と妹貞香、従妹のさいを殺害。ともに死罪(**諸藩**)。

12.26❖江戸浅草黒船町から出火、大火(**武江**)。

12—❖但馬城崎郡豊岡領で強訴(**一揆**)。

この年❖大隅大島郡徳之島で逃散(**一揆**)。

〃 ❖上野多野郡で越訴(**一揆**)。

〃 ❖三河碧海郡岡崎領木戸村で愁訴(**一揆**)。

宝暦八年

1758　戊寅

2.23❖美濃郡上郡歩岐島村などで越訴(**一揆**)。

2—❖阿波美馬郡重清村で越訴(**一揆**)。

3—❖江戸霊岸島から出火、大川端まで焼ける(**武江**)。

4.27❖西丸小姓組水野清九郎追放。妾を他所に置いて常に行き来し、時には鎌倉などへ遊楽していた(**実紀九**)。

5.23❖小普請島田主計遠流。母と妹をつれて娼家に遊ぶなど乱行、ついには娼婦を拘引した(**実紀九**)。

7.21❖越前大野郡郡上領石徹白村で越訴(**一揆**)。

8.21❖小普請横山軍次郎追放。家出して帰ってきた弟重三郎を無届で家にかくまっていたが、重三郎が市人との争いに加わったため露顕(**実紀九**)。

10—❖摂津東成郡古河領平野郷で越訴(**一揆**)。

11—❖越中砺波郡金沢領下梨村で騒動(**一揆**)。

12.25❖美濃郡上城主金森兵部少輔改易。領民に対し苛酷、騒擾を招いた。他に家人の斬二、遠流二など家政乱脈(**実紀九・泰平**)。

この年❖作家馬場文耕獄門(**大日本人名辞書**)。

〃 ❖摂津八部郡尼崎領東尻池村で愁訴(**一揆**)。

〃 ❖但馬朝来郡幕領百三十村で愁訴(**一揆**)。

宝暦九年

1759　己卯

3—❖越後蒲原郡幕領二十六村で越訴(**一揆**)。

4.10❖金沢で未曾有の大火。十二日まで燃えつづけ、一万五百八戸焼け千二百二人死す。城も全焼(**実紀九・泰平**)。

4.17❖日向児湯郡幕領穂北郷で逃散(**一揆**)。

春—❖阿波三好郡祖谷山強訴(**一揆**)。

5.18❖肥前蓮池城下で勝野造酒之丞、父の敵谷崎蔵人を討ち自殺(**敵討**)。

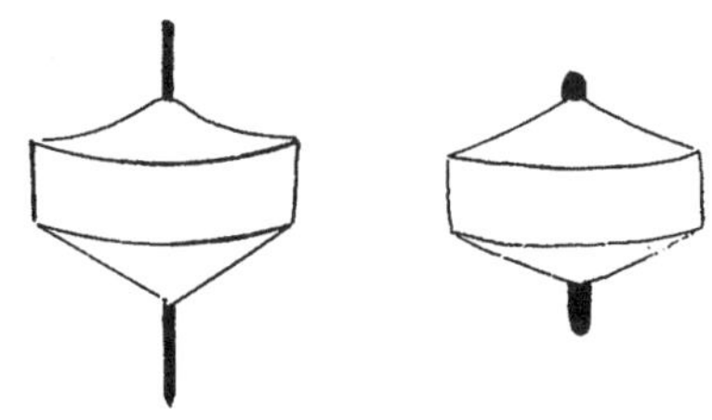

用具—獨楽(こま)

6—❖伊勢一志郡和歌山領小川村で愁訴(**一揆**)。

7.22❖出雲飯石郡広瀬領赤名村で強訴(**一揆**)。

7—❖下野都賀郡下妻領渋井村で越訴(**一揆**)。

9.2❖代官山中源四郎追放。治政を属吏に任せて顧みず。また賦税を横領したその子庄三郎も遠島(**実紀九**)。

11.15❖五畿内に大風雨・大雷(**泰平**)。

12.5❖安芸賀茂郡広島領竹原新田で騒動(**一揆**)。

12—❖上野甘楽郡藤岡などで愁訴(**一揆**)。

この年❖伊予周桑郡松山領久妙寺村で逃散(**一揆**)。

〃　❖紀伊牟婁郡和歌山領新庄村で越訴未遂(**一揆**)。

〃　❖土佐安芸郡高知領野根村で逃散(**一揆**)。

〃　❖備前磐梨・和気郡岡山領で騒動(**一揆**)。

〃　❖伯耆日野郡鳥取領で越訴(**一揆**)。

宝暦十年

1760　庚辰

2.2❖小普請多喜茂左衛門遠島。市人を打擲するなど不良の振舞多し(**実紀九**)。

2.4❖江戸赤坂今井谷から出火、北は田町、南は品川に及ぶ(**実紀九・武江・泰平・後見草**)。

2.5❖江戸神田から出火、柳原佐久間町・深川まで焼け、大橋・永代橋落ちる。同じ日芝増上寺から出火、田町まで焼ける(**実紀九・泰平**)。

2.7❖加賀大聖寺で大火(**災異志**)。

3—❖美濃大垣で大火(**災異志**)。

4.21❖江戸浅草山ノ宿の太郎兵衛、元雇人の喜兵衛(34位)にさすがで刺し殺される(**天明集成四九**)。

7—❖出羽置賜郡仙台領十一か村で強訴(**一揆**)。

10—❖出羽飽海郡庄内領五十二か村で愁訴(**一揆**)。

10—❖土佐安芸郡高知領北川郷で騒動(**一揆**)。

10—❖豊前宇佐郡中津領矢部村で越訴(**一揆**)。

この年❖百姓辰之助、父の敵を討つ(**敵討**)。

〃　❖播磨多可郡姫路領で強訴(**一揆**)。

宝暦十一年

1761　辛巳

2.13❖小普請新見又十郎遠島。博奕、遊興で負債多く、奴婢もいなかった(**実紀一〇**)。

2.13❖商人市兵衛の名で高利貸しをしていた小普請関三右衛門追放(**実紀一〇**)。

3—❖奥州と蝦夷松前で大風雨。七十余艘破損(**泰平**)。

4.12❖京都柳馬場押小路下ル帯屋長右衛門(45)と隣家の信濃屋勘兵衛娘お半(13)桂川の渡しで悪船頭に殺され金を奪われる(**異聞雑稿・及瓜漫筆**)。【よみうり・瓦版】

4—❖摂津東成郡古河領など三村で越訴(**一揆**)。

【よみうり・瓦版】

男は袴、女は白小袖に正装し辞世を残し心中

主人と女中、借金の重圧が原因らしいが、男は袴をつけ女は白小袖の正装。男がまず女を刺し殺し、自分は腹かき切って死んだ。珍しく双方辞世を遺す。久左衛門のは「相合の袖をしぼるやしぐれ傘」「身におもきかねをうき世に借りたればはだかで帰る死出の山路」、そなのは「よしあしの言の葉くちて枯野かな」。■善悪とか道徳とか人の世の批判ももう聞かないですむ、カラリとした枯野へさあ旅立とう、という女の句に実感がある。

お半、長右衛門謎の心中

安永五年十月、大坂豊竹座初演「桂川連理柵」(近松東南作)の両人は、おとなの心中をやってのけたが、これはもちろん芝居ごと。『及瓜漫筆』では、二人の死を享保十九年のこととし、お半懐妊説まで加えている。■要するに諸説紛々。しかし事件のあったことだけは確かで、新京極三条下ルの誓願寺墓地には並んだ墓が立っており、今も香華が絶えない。別に桂川旧渡し場(右京区西京極佃町)下手に、自然石二本の供養塔もあった。

1763 吉原で「太夫」の称、京都では「大天神、小天神」の称消える

8—❖伊予宇和郡宇和島領三机で強訴(**一揆**)。
9.21❖豊後府内領竹下村などで強訴(**一揆**)。
10.18❖備前児島郡天城村の助太郎、妻とその密夫同村三太郎を斬殺。構いなし(**諸藩**)。
10—❖近江蒲生郡彦根領愛知川南筋で騒動(**一揆**)。
11—❖所司代、島原を京都全遊廓の惣年寄に任命する(**京都府下遊廓由緒**)。
12.11❖信州小県郡上田領十余村で暴動(**一揆**)。
12.22❖信濃伊那郡飯田領中村などで強訴(**一揆**)。
この年❖出羽平賀郡秋田領植田村で越訴(**一揆**)。
〃 ❖大隅大島郡徳之島で逃散(**一揆**)。
〃 ❖佐渡雑太郡小倉村など五十八村で越訴(**一揆**)。

宝暦十二年 1762 壬午

2.11❖百人組与力榊原友左衛門追放。養妹を後妻にし、生まれた女児を男だと届けていた(**実紀一〇**)。
2.16❖江戸芝浦から出火、増上寺・神明焼ける(**実紀一〇**)。
2.18❖信濃更科郡上田領塩崎村で暴動(**一揆**)。
2.2❖若狭で大風(**泰平**)。
2.22❖山城宇治で大火(**泰平**)。
2.22❖奈良で大火(**泰平**)。
2.26❖寺から百二十両盗み、女郎買いしていた親王院徒弟教遍遠島。求刑死罪だったが、師僧らの助命嘆願が容れられた(**江戸の犯科帳**)。
4.4❖福井で大火。三百人が焼死(**災異志**)。
4—❖陸奥本吉郡仙台領日門村愁訴(**一揆**)。
6.21❖大坂金奉行前田伴次郎・同蔵奉行村上茂助遠流。商人から収賄(**実紀一〇**)。
7.2❖発狂、養父を傷害した小普請武蔵孫之丞死罪(**実紀一〇**)。
7—❖武蔵秩父郡の忍領で強訴(**一揆**)。
9—❖武蔵高麗・多摩郡田安領七か村で越訴(**一揆**)。
10.1❖怪賊柿木小僧金介、名古屋の牢から脱獄、間もなく乞食団が取り押えた(**さたなし草・白峯亭日記**)。【よみうり・瓦版】
10.4❖大番榊原源左衛門遠島。二、三男が腰物方石巻善次郎方へ盗みに入り同家女中を斬り殺すなど家庭乱脈(**実紀一〇**)。
10.16❖小普請浅野熊之助重追放。継母が男二人と共に殺された不祥事件の責任(**実紀一〇**)。
11.1❖江戸南茅場町町医藤田三庵方で召仕長助が三庵の妻みねを薪割で殴り、重傷を負わせて逃走(**町触・天明集成四九**)。
11.13❖備中賀陽郡高松領で越訴・逃散(**一揆**)。
12.29❖書院番岡野伊右衛門追放。家士小林次右衛門を無礼討ちしたとき届けに偽りがあった(**実紀一〇**)。
この年❖丹波船井郡で越訴(**一揆**)。

用具—叩き獨楽

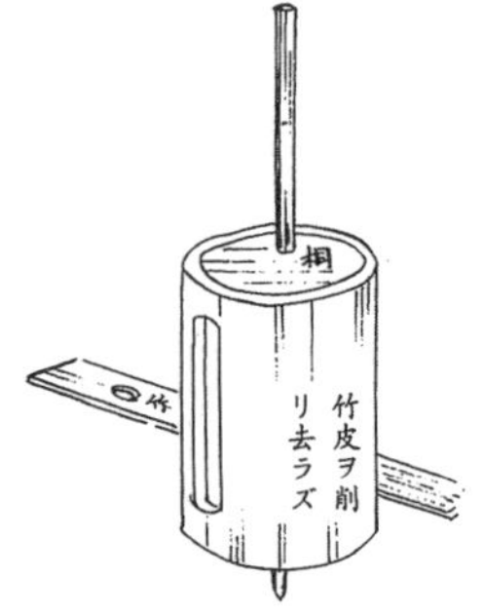

用具—竹獨楽

ことだろう。

宝暦十三年

1763　癸未

2.10❖江戸深川中島町の梅助と母・妹、本郷菊坂の加六に疵（きず）負わされる（**大江戸春秋**）。

3—❖江戸大火。四谷大番町から牛込・目白・大塚に及ぶ（**災異志**）。

5.17❖出羽秋田領飯島村で騒動（**一揆**）。

5.25❖奥州中村で豊後森藩士佐々木清十郎、父の敵同姓九郎右衛門を討つ。敵は清十郎の父、家老軍右衛門の実弟で、清十郎の母と密通、軍右衛門を殺し、二人で逃亡していた（**村井随筆**）。【よみうり・瓦版】

7.16❖旗本松原内膳、江戸穴八幡（あなはちまん）前の遊女屋で市人と大喧嘩。十二月切腹（**大江戸春秋**）。

7.26❖小十人頭能勢（のせ）小十郎、品川で喧嘩し打ち殺される。相手知れず（**大江戸春秋**）。

7—❖三宅島噴火、以後断続（**災異志**）。

8.2❖領民に課金を強制していた田安家郡奉行竹内勘左衛門放逐（ほうちく）（**実紀一〇**）。

9.3❖大坂安治川口で過書船大破損（**泰平**）。

9—❖因幡邑美郡鳥取領妻取で騒動（**一揆**）。

10.6❖名古屋で大火（**災異志**）。

11.7❖豊後直入（なおいり）郡岡領九重野で逃散（**一揆**）。

11.12❖江戸霊岸島白かね町の名主片岡与平次、山田屋彦兵衛の手代を殺し出奔（しゅっぽん）（**大江戸春秋**）。

11.27❖讃岐三重郡高松領大野原新田愁訴（**一揆**）。

この年❖奥州会津郡倉谷村無宿又左衛門、代官陣屋の牢を放火脱獄。つかまって火刑（**続類集三四**）。

〃　❖大隅大島郡徳之島で逃散（**一揆**）。

宝暦年間

1751-1763

○—❖吉原角町万字屋の抱え立花、客両人との義理に苦しみ自殺（**洞房語園三**）。

○—❖吉原から太夫の称消える。京都では大天神・小天神の称消え、島原に「ナマスことば」始まる（**花街史**）。

明和元年

1764　6・2改元　甲申

1—❖陸奥紫波郡八戸領志和通で強訴（**一揆**）。

2.4❖寺社奉行毛利讃岐（さぬき）守閉門。下野国長安寺・天性寺の本末（ほんまつ）論争を家士に任せ、不正な判断をさせた（**実紀一〇**）。

2.20❖江戸神田新白銀町から出火、幅三町、長さ十一町焼け、鍛冶橋門焼失（**実紀一〇・武江・後見草中**）。

2—❖出羽田川郡庄内領大部新田で強訴（**一揆**）。

2—❖越前足羽郡福井領南山村で逃散（**一揆**）。

3.21❖伊予宇和郡宇和島領小原村で越訴（**一揆**）。

3.26❖越後頸城郡高田領今町で打ちこわし（**一揆**）。

【よみうり・瓦版】

怪盗柿木小僧脱獄

相当名高い盗賊だが、出自（しゅつじ）前歴はわからない。脱獄のとき同室の四人をつれ出しており、戸に消し炭で「人間業（わざ）ではとうてい我らをつかまえることはできまいぞ」と書き残していた。■ところがこの金介、間もなく天領地美濃鳴門村で、あっさりつかまった。■訴人した者がおり、とろろ汁を食べかけたところへ、尾張藩に協力する乞食の一団が襲い、眉間を棒で割られて取り押えられた。佐々波伝兵衛の時のように、乞食団がここでも活躍している。

十三後に果たした父の仇、敵は実の叔父

事件は十三年前にさかのぼり、寛延三年四月六日、家老軍右衛門が弟の九郎右衛門に殺され、九郎右衛門は軍右衛門の妻をつれて逃げた。■父を殺し母を奪った肉親の叔父を敵とねらわねばならぬ忘れがたみの清十郎は、十八歳になった宝暦十二年四月探索（たんさく）の旅に出、ついに翌年五月奥州相馬で本懐を達することができた。このとき実の母がどうしていたか、その後どうなったか、記録は残っていない。母は母なりに複雑な心情があった

3—❖陸奥伊達郡幕領長倉村などで愁訴(**一揆**)。

4.4❖対馬の通詞鈴木伝蔵、朝鮮使一行の都訓導崔天悰を大坂の旅宿で刺し殺す(**実紀一〇・後見草中**)。

4.27❖加賀藩、大賊白銀屋与右衛門を「生胴」の刑に処す(**諸藩**)。

5.26❖清水家家老村上肥前守、奉職無状、専越として免職(**実紀一〇**)。

5.26❖西丸新番組頭今村金兵衛、小普請太田織部の貯金を費消したとして追放。訴えを受けて等閑にしていた同新番頭大久保九郎閉門(**実紀一〇**)。

5—❖陸奥会津郡幕領南山大石組で越訴(**一揆**)。

7.8❖出羽飽海郡庄内領荒目田で暴動(**一揆**)。

7—❖名古屋で加藤貞堅を殺した大塚弥右衛門獄門(**さたなし草**)。

8—❖平賀源内火浣布をつくる(**武江**)。

夏—❖小姓組杉原七十郎、大川の涼み船から落ちて水死。同席の旗本三人追放(**実紀一〇**)。

9.12❖下野芳賀郡宇都宮領二十か村で打ちこわし(**一揆**)。

12.17❖伊勢山田で大火(**武江**)。

12.23❖江戸神田関口町から出火、神田の町々焼亡(**武江**)。

12—❖阿蘇山噴火(**災異志**)。

閏12.17❖江戸浅草田町から出火、大川端聖天町まで焼ける(**武江**)。

閏12.17❖武蔵・上野幕領で二十万人暴動(**一揆**)。

閏12❖信濃更級郡上田領で稲荷山村天狗騒動(**一揆**)。

この年❖吉原でふたたび火災(**青楼年暦考**)。

明和二年

1765　乙丑

1—❖武蔵足立・入間・比企三郡の富家打ちこわされる。二月首謀者獄門(**生活史**)。

4—❖会津若松で大火、二百十二戸焼失(**生活史**)。

4—❖京都鴨川で洪水(**生活史**)。

6.26❖盛岡藩、親を鈍器で打ち殺した男を引回し五日晒しの上磔(**諸藩**)。

7.3❖山城・近江・伊勢・紀伊・播磨で大風雨(**泰平**)。

7.25❖常陸茨城郡大足村で百姓茂助とつや、父と夫の敵百姓吉兵衛を討つ(**敵討**)。

8.3❖五畿内でまた大風雨(**泰平**)。

8—❖美濃に大水(**災異志**)。

10—❖阿蘇山噴火(**災異志**)。

11❖丹波多紀郡篠山領市原村などで越訴(**一揆**)。

この年❖盗賊神道徳次郎ら処刑**江戸の実話一**)。

❖平安大火
元治元年七月
長州藩の兵士が
平安の御所を攻撃し、
幕府の護衛兵と
蛤御門で激闘した。
兵火は、御所周辺から
ほぼ京都全市に拡がり、
二万八千戸が焼亡、
鴨川の河原や街道は
避難民であふれた。
長州征伐の始まりとなる
(かわら版)

明和三年

1766　丙戌

1.19❖美濃池田・大野郡五か村で強訴(**一揆**)。

1.28❖奥州津軽・青森で大地震、大雪、大火(**泰平**)。

1―❖蝦夷松前で大地震(**災異志**)。

2.6❖丹波熊野郡幕領久美浜で騒動(**一揆**)。

2.10❖奥州弘前で大地震(**生活史**)。

2.27❖長崎で大火、二千三百八十戸焼ける(**災異志**)。

2.29❖江戸堺町から出火、牢屋敷近くまで燃え、両芝居類焼(**武江**)。

3.6❖福井大火、六千戸焼亡(**災異志**)。

3.25❖水戸で大火(**泰平**)。

4.6❖長崎で大火(**災異志**)。

4.13❖江戸で神田筋違から浅草まで焼ける(**災異志**)。

4.13❖桜島噴火(**災異志**)。

春―❖邪法御蔵門徒手入れはじまる。牢死多数(**後見草中・過眼録**)。

5―❖武蔵足立郡深作村百姓佐五右衛門の妻さつ、至孝を賞され銀二十枚賜わる。夫の死後よく姑に仕えた(**実紀一〇**)。

7.6❖江戸で大雨、小日向・小石川・本所へん浸水(**武江・泰平**)。

7―❖西日本で大旱害(**災異志**)。

8.10❖蝦夷桧山郡松前領江差で打ちこわし(**一揆**)。

9.3❖行方不明の朝鮮行便船の捜索を関係先に手配(**実紀一〇**)。

9.15❖水戸侯の行列、神田祭の町人と喧嘩。以後同祭停止。天明元年復活(**泰平**)。

【よみうり・瓦版】

9.29❖小普請外村大吉斬。家を賭博場として無頼を集め、逮捕の後牢を抜け出て僧形となり常陸の寺に隠れていた(**実紀一〇**)。

10―❖江戸で大火(**災異志**)。

12―❖播磨で大風(**災異志**)。

歳時―灌仏会

歳時―浅草川開き

【よみうり・瓦版】水戸侯の行列神田祭と喧嘩

このときの水戸侯は僅か十六歳の第六代徳川治保である。同じ年二月十四日父宗翰が三十九歳で急死、三月二十五日に家督相続したばかりで、いわば喪中の身なのだが、それが下城の途、なぜ神田祭の行列と争ったりしたのか、詳細は不明である。外神田、神田神社の神田祭は六月の山王祭と並んで天下祭と称され、三十数台の山車が市民を楽しませてきた。それが翌年から中止になったというのも不可解きわまる。何か政治的理由があったのか。

明和四年

1767　丁亥

2.18❖播州明石で大火。塩屋村とも悉く焼亡(**災異志**)。

3.25❖越前坂井・足羽郡福井領川北地方で打ちこわし(**一揆**)。

3.29❖関東各地横行の不良遊民を逮捕せよとの厳命(**実紀一〇**)。

4.9❖江戸金六町から出火、材木町まですこぶる大火となる(**実紀一〇**)。

4.21❖使番馬場三郎右衛門ら四人免職。病気と称して新参者に宿直させていた。他に同様不良旗本の処罰十六人(**実紀一〇**)。

4.28❖中山道鴻巣宿で三百四十三軒焼く(**半日閑話**)。

4—❖広島で大火(**泰平**)。

4—❖蝦夷松前で四百戸焼ける(**災異志**)。

5.11❖武蔵新里村の百姓半次郎(27)、養父瀬左衛門に疵負わせ逐電(ちくでん)(**天明集成四九**)。

5.12❖江戸日比谷門内から出火、すこぶる大火に及ぶ(**実紀一〇**)。

5.12❖江戸増上寺御霊屋(おたまや)で御数寄屋(おすきや)坊主と大奥表使女中が心中(**江戸の女**)。

7.2❖尾張・三河で山津波、洪水。人畜多く死す(**泰平・さたなし草**)。

7.21❖小普請遠藤甚四郎遠島。遊女上がりの妾から借りた金で次の妾を囲うなど乱脈(**実紀一〇**)。

8.13❖越前坂井郡福井領三国で打ちこわし(**一揆**)。

8.17❖丹波多紀郡篠山領市原村で強訴(**一揆**)。

8.21❖尊王論鼓吹の藤井右門(48)磔、山県大弐(43)死罪(**実紀一〇・過眼録**)。【よみうり・瓦版】

8.26❖江戸で大風。深川三十三間堂倒壊(明和6年の説も)。(**後見草中**)。

8—❖飛騨大野郡幕領高山付近で強訴(**一揆**)。

10.9❖小普請本間鉄五郎追放。無頼と交わり無刀で市中を横行(**実紀一〇**)。

11.4❖佐渡雑太(さわた)郡幕領五十二か村で強訴(**一揆**)。

秋—❖出雲松江で打ちこわし(**一揆**)。

秋—❖江戸に髪切り魔跳梁(ちょうりょう)(**後見草中**)。

12.5❖皇権回復論の竹内式部、遠流途中の三宅島で病死(**殉難**)。

12.23❖大坂住吉屋町紙屋利兵衛方打ちこわし。翌年一月末までに計九十六軒(**摂陽落穂集九**)。

12—❖陸奥会津郡幕領南山田島村で越訴(**一揆**)。

生業—荒神松売

明和五年

1768　戊子

1.12❖小普請内藤四郎兵衛、下渋谷で行き倒れ死。無刀、赤裸（**実紀一〇**）。

1.13❖江戸本所から出火、大火に（**実紀一〇**）。

1.22❖大坂と諸国に風邪流行（**生活史**）。

2—❖丹波多紀郡篠山領曽地口村で騒動（**一揆**）。

3.14❖京都東寺・鳥羽へんで洪水（**泰平**）。

3.14❖大坂曽根崎新地で大火（**泰平**）。

3.22❖越前・加賀の二百六十五か村二万人打ちこわし（**一揆**）。

4.5❖吉原全焼（**武江・半日閑話**）。

5—❖出羽飽海郡庄内領江地村で強訴未遂（**一揆**）。

6.16❖名古屋御器所七本松で心中。ともに十七日書絶命（**さたなし草**）。

7.22❖小普請荒川八三郎追放。先手組巡察の体を装い、往来人をとがめののしって横行した（**実紀一〇**）。

7—❖加賀能美郡金沢領小松で騒動（**一揆**）。

7—❖筑後荒瀬村で越訴（**一揆**）。

7—❖山城で大風雨、洪水（**災異志**）。

9.13❖伊勢鈴鹿郡亀山領八十二か村で打ちこわし（**一揆**）。

9.19❖越後新潟で強訴（**一揆**）。

9.20❖蝦夷松前領生符村で打ちこわし（**一揆**）。

10.5❖大番下枝采女（うねめ）遠島。博奕（ばくえき）を常とし俳優の真似をするなど行状最低（**実紀一〇**）。

10.18❖小普請山崎縫殿助の伜菊三郎押込（おしこめ）処分。白山社で旗同心西山勇次らと争い二刀を奪われた（**実紀一〇**）。

10.19❖上野利根郡沼田領月夜野村で越訴（**一揆**）。

10.19❖但馬出石領十二か村で強訴（**一揆**）。

10.21❖越後蒲原郡新発田領横越村で越訴（**一揆**）。

10—❖越後魚沼郡幕領十日町で打ちこわし（**一揆**）。

11.7❖吉原全焼（**蜘蛛の糸巻**）。

11—❖無宿十次郎（27位）獄門。飛騨高山百姓由右衛門の娘すきをかどわかし、気賀関所破り（**天明集成四九**）。

秋—❖加賀能見郡金沢領八日市などで強訴（**一揆**）。

〃　❖大和山辺郡津領丹波市周辺で打ちこわし（**一揆**）。

12.1❖阿波侯蜂須賀重喜、家臣に苛酷（かこく）であるとして隠居処分（**半日閑話・阿淡夢物語**）。

12.4❖江戸麹町五ノ町から出火、大火に及ぶ（**実紀一〇**）。

12.17❖越前南条郡福井領河野浦で強訴、打ちこわし（**一揆**）。

12.18❖江戸本石町へんから出火、大火に及ぶ（**実紀一〇**）。

12—❖河内幕領古市村などで強訴（**一揆**）。

12—❖周防熊毛郡萩領伊保年村で強訴未遂（**一揆**）。

12—❖蝦夷有珠山で噴火（**災異志**）。

冬—❖摂津東成郡古河領平野郷で強訴（**一揆**）。

この年❖追いはぎ、縄抜けの武蔵東方村五兵衛獄門（**続類集一二**）。

〃　❖大和十市郡旗本領九か村で強訴（**一揆**）。

【よみうり・瓦版】**尊王論で幕府批判、藤井右門磔**（はりつけ）

幕初から二百六十四年、ようやく尊王論に基づく幕政　批判論者の登場である。藤井は、元禄義挙に加わらなかったので評判のよくない赤穂（あこう）藩家老藤井又左衛門の長男。竹内式部とともに、京都で尊王論を説き、のちに江戸へ出て山県大弐（だいに）と交わる。山県は軍学者を表看板（おもてかんばん）に、江戸で過激の論を鼓吹（こすい）、ともに明和三年十二月逮捕された。■藤井の方が量刑が重いのは「南風に乗じ品川へんに放火して江戸城を攻め……」などと、剣呑（けんのん）な具体論を公言していたからである。

生業—瀬戸物焼接

生業—鋳鉄師

1771 関東で大風。人家多く倒れ、船永代橋を突き破る

明和六年

1769 己丑

1.14❖河内幕領古市で打ちこわし（**一揆**）。
1—❖讃岐那珂郡丸亀領塩飽島で打ちこわし（**一揆**）。
1—❖備中後月郡の岡山領で強訴（**一揆**）。
1—❖諸国風邪流行。三月までつづく（**災異志**）。
2.1❖信濃筑摩郡名古屋領贄川村などで強訴（**一揆**）。
2.8❖河内丹南郡二十一か村で越訴未遂（**一揆**）。
2.9❖陸奥会津郡幕領田島村で強訴（**一揆**）。
2.17❖美作久米郡南条村・京尾村など打ちこわし（**一揆**）。
2.25❖信濃更級郡松代領真島村で強訴（**一揆**）。
3.2❖河内幕領古市で打ちこわし（**一揆**）。
3.4❖江戸佃島渡船転覆、三十余人死す（**半日閑話**）。
4.23❖吉原大火（**かわら版**）。
5.23❖江戸両国油屋の女房、妾を殺して自殺（**半日閑話**）。
6.3❖出雲松江で騒動（**一揆**）。
6—❖陸奥会津郡の会津領で越訴（**一揆**）。
7.3❖江戸浅草蔵前の豪商の伜伊之助（21）と吉原扇屋抱え三芳野（24）、深川の慈眼寺で首つり心中。「浦里時次郎」の原形（**実説芝居ばなし**）。
7—❖陸奥信夫・伊達郡の幕領ほかで打ちこわし（**一揆**）。
8.26❖江戸で大風雨、大雷。深川三十三間堂倒れる（**泰平**）。
8.26❖山城木津川・淀川で出水（**泰平**）。
8—❖全国に風邪流行。死者多し（**泰平**）。
10.30❖京都三条大納言季晴卿邸門前で塩売り（24位）が自殺。三条家の息女清姫（19）に言い寄られていたという（**茶町子随筆**）。
10—❖信濃小県郡など上田領ほかで愁訴（**一揆**）。
11.22❖江戸神田金沢町茂八方で召仕の喜助（24）が茂八の妻かつを斬り殺して逃走。全国手配（**天明集成四九**）。
秋—❖美濃多芸郡大垣領志津村で暴動（**一揆**）。
12—❖備中阿賀郡幕領実村などで逃散（**一揆**）。
この年❖佐渡雑太郡の幕領で騒動（**一揆**）。
〃　❖肥後飽田郡の熊本領で愁訴（**一揆**）。
〃　❖常陸行方郡麻生領延方村で騒動（**一揆**）。

明和七年

1770 庚寅

2.6❖加賀能美郡金沢領十八か村で打ちこわし（**一揆**）。
2.28❖江戸城納戸局から銀が多く盗まれていた（**実紀一〇**）。
2—❖名古屋入江町で召仕女（17位）主人を怨み放火。すぐ鎮火（**さたなし草**）。
2—❖信濃佐久郡小諸領塩沢村で打ちこわし（**一揆**）。
3.23❖伊予喜多郡大洲領蔵川村で強訴、逃散（**一揆**）。

生業—古傘買

3—❖出羽村山郡幕領寒河江で騒動(**一揆**)。

4.28❖名古屋伏見町筋で小間物商八文字屋(30位)が御園町田中勘左衛門の娘(18位)を殺し首つり(**さたなし草**)。

4—❖美濃厚見郡加納領で打ちこわし(**一揆**)。

5上旬—❖駿河興津に十四人乗った朝鮮船が漂着(**泰平**)。

5—❖諸国大旱、害虫多発(**武江**)。

5—❖伊勢古市で大火(**災異志**)。

6.15❖越前敦賀郡小浜領四十八か村で強訴(**一揆**)。

6—❖越中高岡の佐源太、鋳物師綸旨取次役になりたいと謀書を老中に提出、獄門判決のあと牢死(**天明集成四九**)。

6—❖若狭小浜領で大凶作(**災異志**)。

7.2❖名古屋で大火(**泰平**)。

7.15❖熊本で大火(**泰平**)。

8.5❖京都で大規模な私娼狩り。以後島原送りを「島流し」と称する(**花街史**)。

8.22❖伊予宇和郡宇和島領白髪村などで越訴(**一揆**)。

8—❖信州松代領松原村で越訴(**一揆**)。

夏—❖諸国に旱魃つづく。三都井戸水かれる(**泰平**)。

〃　❖安房勝山領金尾谷村などで越訴(**一揆**)。

9.8❖備中小田郡幕領笠岡で強訴(**一揆**)。

9—❖備後沼隈郡の福山領で強訴(**一揆**)。

9—❖諸国疫病流行、人多く死す(**災異志**)。

11—❖丹波多紀郡篠山領大山追入村で越訴(**一揆**)。

11—❖備後双三(ふたみ)郡の三原領で暴動(**一揆**)。

12—❖飛騨益田郡幕領小坂村などで越訴(**一揆**)。

この年❖下総匝瑳(そうさ)郡旗本領松山村などで年貢不納(**一揆**)。

〃　❖陸奥信夫・伊達郡幕領で再騒動(**一揆**)。

明和八年

1771　辛卯

1.20❖江戸麻布から芝まで焼亡(**武江・泰平**)。

1—❖全国痘瘡大流行、小児多く死す(**半日閑話**)。

2.17❖牛込御細工町家主五兵衛の倅(せがれ)五郎(5つ)が家から持ち出した一両小判を近くの嘉助倅万五郎が小石に替えたというので一悶着(ひともんちゃく)(**一話一言**)。

2.24❖備後世羅郡広島領稲田村で騒動(**一揆**)。

2.29❖江戸村松町から出火、すこぶる大火(**実紀一〇**)。

3.10❖薩南女護島・八重島で洪水、島民過半水死。

3.23❖宗対馬守家来田島左近右衛門の家人、朝鮮で虎退治(**半日閑話一二**)。

3.27❖京都で大雨、鴨川出水。江州彦根では大雹降る(**泰平**)。

3—❖紀州徳川重倫(しげのり)、長男弥之助を生んだ妾を斬る(**徳川の家督争い**)。

3—❖おかげ参り盛ん(**泰平**)。

3—❖琉球で洪水(**生活**)。

4.7❖吉原全焼(**蜘蛛の糸巻・半日閑話一二**)。

4.13❖薩摩不川山で高橋べんが父の敵矢野長左衛門を討つ(**敵討**)。

4.29❖役所土蔵から刀・衣類を盗んだ評定所同心山崎幸太・市場金次獄門(**続類集**)。

生業—灰買

生業—紙屑買

1772 目黒行人坂から出火し江戸大火となる

4—❖常陸久慈郡水戸領太田で暴動(**一揆**)。

5.25❖大番岩出平左衛門追放。無縁の浪人の娘を妻にし、不良少年を家来にした(**実紀一〇**)。

6.2❖江戸で大地震(**泰平**)。

6.2❖小普請渥美太郎兵衛の子又四郎、盗みの罪で死刑、父追放(**実紀一〇**)。

6.16❖九年前難破、ボルネオに漂着した筑前の水夫孫太郎(26)、オランダ船で帰国、長崎奉行の調べのあと帰郷(**翁草九〇**)。

6—❖伊勢参宮の七十人を乗せた桑名船が大風で転覆、四十人死す(**さたなし草**)。

7.20❖肥前松浦郡唐津領平原村などで一万数千人騒動(**一揆**)。

7.22❖全国大風雨。京・大坂・伊賀・伊勢洪水、淀大橋流失(**泰平**)。

8.2❖関東で大風。江戸人家多く倒れ、船が永代橋を突き破った(**武江**)。

8.7❖越前大野郡勝山領五十一か村で強訴(**一揆**)。

夏—❖出羽置賜郡米沢領で愁訴(**一揆**)。

11.16❖丹波多紀郡篠山領六か村で五千人暴動(**一揆**)。

12.4❖西丸小十人藤井利八郎遠島。財用尽きて亡命し、細民と賭博(**実紀一〇**)。

12.14❖飛騨大野郡幕領七か村で打ちこわし。大原騒動(**一揆**)。

12.18❖甲府勤番河野徳五郎ら三人遠島。酒を飲んで市店で刃傷(**実紀一〇**)。

12—❖大番美濃部伊織、二条在番中同僚下島甚右衛門に疵負わせる(**一話一言二三**)。

この年❖神奈川無宿長八こと善六獄門。江戸上野山下で病人を打擲、気絶させて身ぐるみ剥いだ(**例類一一**)。

〃 ❖スリ・盗み・恐かつの武州川越無宿権助こと馬次郎死罪(**例類二九**)。

〃 ❖盗み六件で長崎東浜町無宿武平太死罪(**例類二六**)。

〃 ❖江戸浅草無宿権太郎死罪。本来土蔵破りだが、路上人につき当たり羽織を奪った一件が重視された(**例類一二**)。

〃 ❖野州で四件の土蔵破りを働いた無宿彦八・乙七死罪(**例類一一**)。

〃 ❖江州若松村百姓勘兵衛ら、年貢の十か年賦を強訴、重追放(**江戸の犯科帳**)。

〃 ❖紀州侯行列に加わっていた家臣高島角兵衛、尾張笠寺で自殺(**白峯亭日記**)。

〃 ❖近江神崎郡旗本領若松村で強訴(**一揆**)。

〃 ❖播磨美嚢郡館林領三木で越訴(**一揆**)。

〃 ❖江戸で髪切という奇病流行。脱毛症か。

安永元年

1772　11・16改元　壬辰

2.4❖武蔵大駄村の百姓友次郎(25)父勘十郎に疵負わせ逃走。全国手配(**天保集成四九**)。

2.27❖吉原火事(**蜘蛛の糸巻**)。

2.28❖江戸で大火。都心南西から北東へ燃える(**武江**)。

2.29❖江戸目黒行人坂から出火、白金・麻布・西久保・神田・下谷・浅草・千住まで焼ける。別に本郷菊坂から出火、駒込・千駄木・谷中から東叡山に至り、死者合せて四百余人(**実紀一〇・武江・泰平**)。この火事で秋元永朝、独断で内桜田門を開き、避難民を大手へ誘導(**泰平追加**)。

風姿—男子髷風・武家

風姿—男子髷風・町家

4—❖諸国に疫病流行。五月までつづく(**災異志**)。
5.2❖伊予宇和郡宇和島領で騒動(**一揆**)。
5—❖霧島山噴火(**災異志**)。
6—❖東日本で冷害(**災異志**)。
7.3❖肥前・肥後・筑後大風雨、死者多数(**災異志**)。
7—❖二月二十九日の江戸大火、目黒行人坂大円寺雇人長五郎(18)の失火とわかり火刑(**蜘蛛の糸巻・半日閑話一二**)。
8.1❖江戸で大風雨。大船が当たって永代橋落ち、諸侯邸多く潰れる。芝浦・本所水没、死者無数(**半日閑話一二**)。二、三日も風雨つづく(**現来集・泰平**)。
8.11❖無刀で娼家に遊び乱暴した小普請宇野市十郎・小姓組山崎兵庫養子左門追放(**実紀一〇**)。
8.21❖東海と中・四国で大風雨。人畜多く死す(**泰平**)。
8.23❖酒店で酔狂、市人に刃傷した小普請岡部徳五郎ら追放(**実紀一〇**)。
8—❖陸奥八戸領で霜害大(**生活史**)。
10.17❖幼法親王を擁して威福を専らにしたとして東叡山凌雲院大僧正義順追放。他に僧三人追放(**実紀一〇・半日閑話一二**)。
12.11❖河内丹南郡北野田村などで強訴(**一揆**)。
この年❖武蔵八木宿の千八、甲府金手町六兵衛の娘いぬを誘い出して小仏関所を抜ける。磔判決だったが、解き放しの帰牢で遠島に減刑(**江戸の犯科帳**)。
〃　❖江戸谷中の浪人古山左膳、父の中間から金を奪い獄門いい渡し。牢類焼の解き放し後帰らず(**例類二〇**)。
〃　❖元主家の土蔵から衣類を盗んだ甲府柳町の甚助死罪(**例類一一**)。
〃　❖かねて遺恨の姉聟庄屋弥兵衛を殴殺した河内岸和田の百姓源兵衛獄門(**例類二八**)。
〃　❖主人喜右衛門の妻ますに密通を持ちかけ、おどしてますを自殺に追い込んだ無宿喜八磔(**例類二五**)。
〃　❖越後魚沼郡幕領堀之内村で強訴(**一揆**)。
〃　❖越中新川郡金沢領で強訴(**一揆**)。

安永二年
1773　癸巳

2.19❖市人に偽券で借金した西丸小十人組太田源蔵遠島。死刑判決だったが、解き放し帰牢で一等減刑(**実紀一〇**)。
2—❖飛騨大野・吉城郡の幕領で強訴(**騒動**)。
3—❖江戸疫病流行。五月までつづき死者十九万人?(**武江**)。
3—❖中旬江戸深川仲町の芸者みち(17)実母と口論、二階から突き落としたうえ包丁で胸を刺して殺した(**岡場遊廓考**)。
【よみうり・瓦版】
閏3❖長門阿武郡萩領出雲村で暴動(**一揆**)。
4.1❖飛騨大野郡などの二十か村で三万人強訴(**一揆**)。
4.7❖小普請花房五郎右衛門遠島。病と称して出仕せず遊行、妓女を誘い出して家に隠していた。父・子も処罰(**実紀一〇**)。
4—❖長門厚狭郡萩領埴生村で暴動(**一揆**)。
5.11❖二条在番中奴僕に身をやつして亡命

【よみうり・瓦版】
深川芸者の沽券にかかわる殺人事件

物干から突き落としておいたうえ、ノコノコ降りて行って出刃包丁で胸を刺して殺すというのだから、すさまじい。七月十五日、千住で死罪になったのだが、当然だろう。父の留守中、愛人のことで母から注意され、口論になったというが、これが十七歳少女のすることか。深川仲町は江戸芸者の発祥地であり、のちの羽織芸者の本場である。男を男とも思わぬ、粋と鉄火の美人群の集結地である。■その深川の沽券にかかわる残念な事件といえる。

風姿—男子髷風

1774 御所の経費を水増し請求していた賄方(まかないかた)を幕府が手入れ

した大番井上富次郎遠島(**実紀一〇**)。
5.11❖武蔵足立郡旗本領で強訴(**一揆**)。
6上旬❖江戸霊岸島恵比須屋抱え小竹、新川酒店番頭小八と心中、男は助かる(**岡場遊廓考**)。
6—❖伊勢・美濃で洪水(**泰平**)。
6—❖京都淀・伏見で洪水(**泰平**)。
7.8❖山城はじめ諸州で大風雨、洪水(**泰平**)。
7.16❖大坂阿倍野街道で心中あり(**摂陽奇観**)。
8.1.❖尾張中島郡法立村で水論から打ちこわし騒動(**さたなし草**)。
8上旬❖江戸赤坂裏伝馬町名主五兵衛の倅千太郎、氷川を俳徊する遊蕩人だったが病死。友人集まって故人の好きな祇園拍子つきで葬送した(**武江**)。
9.22❖飛騨大野郡幕領十か村で暴動(**一揆**)。
9—❖伊予越智郡幕領宮ヶ崎村で越訴(**一揆**)。
11.16❖安芸山県郡広島領加計村で越訴(**一揆**)。
11中旬❖飛騨の百姓騒擾、代官大原彦四郎を監禁する(**半日閑話一二**)。
11—❖信濃水内郡飯山領南条村などで一万人強訴(**一揆**)。
この年❖越中無宿長七、飛脚便を頼まれた状箱を途中開封した科で死罪(**例類一一**)。
〃　❖隠岐越智郡幕領津戸村で愁訴(**一揆**)。
〃　❖加賀江沼郡大聖寺領毛合村で不穏(**一揆**)。
〃　❖出羽田川郡庄内領山谷村などで越訴(**一揆**)。
〃　❖肥後天草郡幕領高浜村で騒動(**一揆**)。
〃　❖備後神石郡広島領で越訴(**一揆**)。

安永三年

1774　甲午

3.8❖小普請大岡助左衛門斬。遊興で負債多く、病と称して博奕していた。他に不良行為で旗本六人を処罰(**実紀一〇**)。
3.30❖各藩江戸留守居役の豪華な酒宴を禁ずる(**実紀一〇**)。
3—❖常陸久慈郡水戸領保内郷などで強訴(**一揆**)。
3—❖飛騨宮村の百姓太七ら年貢延納を強訴して磔刑(**天保類集一四**)。
4—❖江戸両国に屁の曲びりをする見世物登場、大人気(**放屁論**)。
4ころ❖出羽田川郡幕領京田村強訴(**一揆**)。
6.6❖江戸に大雷。三十七か所に落ちる(**泰平**)。
6.13❖京・大坂・堺で大風雨。船の覆没(ふくぼつ)多し(**実紀一〇**)。
6.23❖全国で大風雨。西日本でことに被害甚大、泊船覆没による死者多し(**泰平**)。
6—❖江戸深川・浅草・馬喰町の町人四人、金銀貨偽造で磔刑(**生活史**)。
8.27❖禁裏賄方役人の不正に幕府の断。田村肥後守ら四人死罪。他に処罰百数十人、業者の追放八百余人(**実紀一〇・翁草一五一・例類一九**)。【よみうり・瓦版】
9.14❖伊勢渡会郡幕領山田で越訴(**一揆**)。
9.19❖紀州高野山で大火(**泰平**)。
この年❖江戸内藤新宿の茶店渡世庄右衛門死罪。盗賊無宿曽平を止宿させ分前をもらっていた(**例類一二**)。
この年❖西丸の馬飼い嘉助、仲間の源七と口論、殺害。調べ中手錠を外し逃走(**江戸の犯科帳**)。

用具—婦人履物・跡歯一種

用具—婦人履物・半四郎下駄

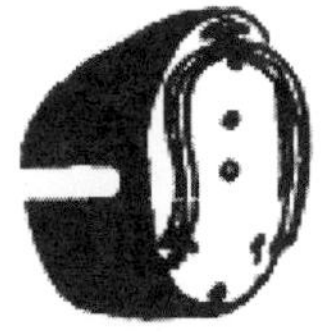
用具—婦人履物・吉原遊女用下駄

〃　❖大坂升屋町坪屋徳兵衛の下人亀之助、女中まつの不実を責め、疵負わせて死なせ下手人（**斬**）（**例類一五**）。

〃　❖飛騨高須西町百姓勝次・次郎丸、水争いを指導、新田儀助方を打ちこわし、獄門（**天保類集一四**）。

〃　❖長崎沖合で唐船から抜荷をしていた元稽古唐通詞中山直右衛門こと北山進士死罪（**例類二七**）。

〃　❖下総海上郡旗本領八木村で愁訴（**一揆**）。

〃　❖下野河内郡旗本領下大山村で騒動（**一揆**）。

〃　❖但馬朝来郡幕領楽音寺村で越訴（**一揆**）。

〃　❖丹波多紀郡篠山領で越訴（**一揆**）。

〃　❖備後恵蘇郡広島領で暴動（**一揆**）。

安永四年

1775　乙未

1.13❖安芸安芸郡広島領海田村で越訴（**一揆**）。

2.4❖小普請森新三郎家の内紛に断。家政を専権した新三郎亡父の妾鏡台院（32）遠島、その弟弥兵衛（28）死罪（**実紀一〇・泰平・過眼録**）。

2.23❖家人を殺して余人の犯行に見せかけていた小十人建部半次郎追放（**実紀一〇**）。

3.8❖駿河蓼原村百姓与左衛門、養母いちと女房ふしを殺害、逃走（**町触**）。

4.18❖同僚から預かった金を持って逐電した長州藩蔵元附中間市右衛門死罪（**例類二〇**）。

春—❖奥州弘前領で疫病流行、死者数万（**生活史**）。

5.18❖奥医師多紀安元出仕停止。下僕が犬の喧嘩から市人を打ち殺した（**実紀一〇**）。

5.27❖市井で喧嘩仲裁業をやり自宅を賭場にしていた小普請小把源太夫遠島（**実紀一〇**）。

5.28❖女中上がりの妾を斬殺した小普請座光寺藤三郎追放（**実紀一〇**）。

5—❖前月来の霖雨で京都洪水（**泰平**）。

5—❖志摩鳥羽浦へ琉球人漂着（**泰平**）。

6—❖摂津で洪水（**泰平**）。

7.3❖（十五日とも）京都先斗町で大丸下村家の彦右衛門（35）狂乱、通行人を殺傷して自殺。即死五、六人、手負い無数（**大江戸春秋・村井随筆**）。【よみうり・瓦版】

9.2❖主人から預かった衣類を入質、同僚の衣類を盗んで出奔した駿府火消役池田左門の家来十川惣助死罪（**例類二〇**）。

9.27❖小普請猪五郎太夫遠島。追放の罪人や逃亡の娼婦をかくまい、六月には人を殺した（**例類一〇**）。

秋—❖小児の急病流行（**生活史**）。

閏12❖大番郷渡頼母斬。強談判に来た債権者武蔵羽村の禅林寺宗甫を惨殺した。加担した子供らも処罰（**実紀一〇**）。

この年❖摂津西成堀町の京屋源助、兄嫁きくを殺害した科で死罪（**例類二八**）。

〃　❖二条在番本間源次郎の家来羽島丹次中追放。四条芝居へ無銭入場しようとして制止した木戸番を殴った（**例類二〇**）。

〃　❖信濃伊那郡飯田領大島村で騒動（**一揆**）。

〃　❖下野都賀郡古河領国府塚村で騒動（**一揆**）。

【よみうり・瓦版】
御所の水増し請求に処断
賄方役人は、宮廷側給与による御所事務職員の一部である。御所の経理は、賄方役人の請求書を基に幕府側代官がまとめ、所司代から幕府へ通じる、いわば一方的請求がそのまま通る仕組みなので、水増し請求による業務上横領が横行していた。■今度の手入れは、こうした積年の悪習に幕府側が断を下したもので、所司代土井大炊頭、町奉行山村信濃守の直接指揮で行われた。幕府の決意のほどが見てとれる。

大丸の本家主人先斗町で狂乱
かねて乱心気味で、先斗町へ出養生に来ていたらしい。それがフラフラと家を出て、やたらに通行人を斬り、自分も割腹自殺（手代の老人が刺し殺し、自分も自害したともいう）。手負いの数は、本によってマチマチだが、二十三人から三十六人、四十五人、他に馬三匹。恐ろしくよく斬ったものだが、それもそのはず、刀が村正だったという。■大丸の創始者下村彦右衛門兼雄（一六八八～一七四八）は、教養高い徳人で、以後代々彦右衛門を称している。

1776 予約した芝居茶屋の桟敷がふさがっていたため、江戸家老切腹

安永五年

1776　丙申

2.18❖某大藩の江戸家老、堺町の茶屋で割腹自殺。奥方の市村座の座席予約が手違いでとれなかった責任から(**半日閑話一二**)。

【よみうり·瓦版】

2—❖上方に疫病流行(**生活史**)。

3.18❖陸奥菊多郡中田村の五郎橋で百姓弥藤次·丹次、十三年ぶりに父の敵百姓佐十郎を討つ(**敵討**)。

3末❖全国的に麻疹流行、多く死す。五月までつづく(**武江·後見草下**)。

3—❖駿河駿東郡二十八か村で箱根用水争論(**一揆**)。

6.19❖大坂天王寺村住禁裏楽人岡対馬、乱心して妾なおを刺し殺し、井戸で自殺未遂(**例類二**)。

8.2❖紀伊海草郡高野山領五か村で打ちこわし(**一揆**)。

9—❖相模·安房で大風雨·洪水(**生活史**)。

11.1❖紀伊海草郡高野山領十か村で強訴(**一揆**)。

11—❖越後中沢新田の百姓与助死罪。借金の催促に来た同国土地亀新田の仙太郎を絞め殺した(**新類集一**)。

12.11❖備中分柳村の又助ら三人死罪。共謀して備前大木村の薬売り仙吉を殺害、金を奪った(**諸藩**)。

12.15❖上総長生郡旗本領六か村で強訴(**一揆**)。

12—❖信濃松本城下で大火(**生活史**)。

この年❖伊勢山田で町家へ押し入り銭を奪った無宿長蔵死罪(**例類二一**)。

〃　❖江戸堺町に怪力女の見世物出る。元湯島大根畑の女郎という(**半日閑話一三**)。

〃　❖『柳多留』に「江戸っ子にしてはと綱はほめられる」文献に江戸っ子の文字初見。

〃　❖上総埴生郡旗本領一松村で強訴(**一揆**)。

〃　❖美濃不破郡旗本領大石村で強訴(**一揆**)。

安永六年

1777　丁酉

1.4❖大坂堀江で心中あり(**摂陽奇観**)。

1.12❖信濃高井郡など百二十九か村で打ちこわし(**一揆**)。

1.16❖加賀石川郡金沢領相川で打ちこわし(**一揆**)。

3.6❖出羽平塩村の寺男嘉吉(25)和尚の宥成を殺害、逃走(**天明集成**)。

3—❖陸奥閉伊郡盛岡領七か村で強訴(**一揆**)。

4.10❖近江愛知郡彦根領など十七か村で越訴(**一揆**)。

4.10❖大和添下郡郡山付近で打ちこわし(**一揆**)。

4.13❖佐渡雑太郡相川で逃散(**一揆**)。

5.2❖名古屋熱田伝馬町三河屋遊女滝尾と本町筋紙屋新町手代惣兵衛(24)心中(**さたなし草**)。

5.5❖甲州身延山久遠寺貫首日唱、東叡山六院家との宗論に敗れ入牢。二十九日に牢

風姿—婦人髷

死し、死体を小塚原に捨てられる（**半日閑話一三**）。【よみうり・瓦版】

6.15❖江戸木挽町五丁目俳優坂田幸之助の母いろ、召仕の文五郎(23)に絞殺される。逃走した文五郎手配（**天明集成・半日閑話一三**）。

6.21❖陸奥閉伊郡盛岡領釜石で打ちこわし（**一揆**）。

6—❖伊予宇和郡宇和島領御荘村で強訴（**一揆**）。

7.24❖西丸小十人本多斧次郎の弟彦右衛門追放。火盗改役人の真似をして吉原で通行人にいばりちらし、町の衆に取り押えられた（**実紀一〇**）。

7—❖奥羽で大雨・洪水（**泰平**）。

7—❖下総印旛沼で氾濫（**泰平**）。

8.25❖肥前・肥後で大雨・洪水（**災異志**）。

8—❖紀伊牟婁郡田辺で強訴（**一揆**）。

10.13❖甲州身延山久遠寺炎上（**泰平**）。

10.21❖大番飯室八郎兵衛の子八郎左衛門死罪。自邸で開帳していた博奕の争いから松田百次郎を殺した。連座処罰多数（**実紀一〇**）。

10.21❖名古屋門前町若宮境内の芝居で三丸付中間多数が狼籍。二十三人入牢（**さたなし草**）。

12.19❖大坂で大火（**泰平**）。

この年❖江戸芝無宿金五郎死罪。盗みと往来でのかんざし抜きとり五十件（**例類一二**）。

〃 ❖銀メッキしたきせるなどを無垢（むく）と偽って売っていた江戸本所無宿藤十郎死罪（**例類一二**）。

〃 ❖江戸赤坂無宿六之助こと金次死罪。盗みを重ねたうえ、呉服屋であばれ金をせびり取ろうとした（**例類一二**）。

この年❖武蔵播羅（はたら）郡旗本領上根村で越訴（**一揆**）。

安永七年

1778　戊戌

1.18❖山陽道で大地震。十余日もつづく（**災異志**）。

2.12❖江戸本石町から出火、霊岸島・深川まで焼ける（**武江・実紀一〇**）。

2—❖江戸で御蔵門徒処罰（**生活史**）。

3.17❖伊豆三原山大噴火。連日砂礫飛び黒煙天をかすめる（**実紀一〇**）。

5—❖下野都賀郡日光で打ちこわし（**一揆**）。

6.26❖大坂大雷雨。四天王寺五重塔に落雷（**実紀一〇**）。

6—❖肥後で大津波。家・船多く損ず（**泰平**）。

6—❖陸奥白川郡棚倉領八か村で愁訴（**一揆**）。

7.2❖前日の大雨で京都洪水（**実紀一〇・泰平**）。

7—❖周防都濃郡徳山領須万村で騒動（**一揆**）。

閏7—❖越後蒲原郡新発田領大面村で打ちこわし（**一揆**）。

8—❖伊勢台風、船多く破損（**災異志**）。

11.4❖小普請斎藤八十郎の亡父の妾清信院、獄死体を磔。町人宇七と密通し、邪魔になる八十郎を縊殺した。宇七と加担した弥兵衛獄門（**実紀一〇**）。

11.9❖酒にふけって家政を紊（みだ）した小普請近藤大三郎父久五郎追放（**実紀一〇**）。

11.29❖西丸小姓組森忠右衛門牢死。借金に耐えかね一家夜逃げをはかった（**実紀一〇**）。

11.29❖名古屋で大火（**泰平**）。

【よみうり・瓦版】某大藩家老、座席予約できず切腹

家老が割腹して果てたのは、侍らしくもなく堺町芝居茶屋の二階だった。しかも、その原因が、ふるっている。奥方が市村座の芝居を見物することになり、桟敷を予約しておいたところ、当日になって何の手違いか、その場所がふさがっていた。申し訳けないから死をもってお詫びを、というのである。某大藩というだけしかわからないが、こんなのを犬死というのであろう。芝居の方も遠慮して、当日は正午で閉場したという。

身延山貫首宗教論争に敗れ獄死

日唱は、安永三年身延山に入って「不受不施」の教義を主張、日遵ら東叡山六院家と対立していた。日唱の方から幕府に訴え、論争がつづいていたが、この日、日唱側邪義の判決が出、二十八日入牢させられた。一十九日牢死。日蓮宗では、これまでも他宗派に対する猛烈な教義攻撃と同時に、自宗派内部の対立抗争がはげしく、しばしば幕府権力の介入を招いてきたが、このように凄惨な結果となったのは、珍しい。もっと裏があるとも思われる。

11—❖備前美津石村の路上で、土倉市正元家来花房元右衛門が同国父井村の八郎兵衛を討ち捨て逐電(**諸藩**)。

12.3❖名古屋で大火(**泰平**)。

12.25❖高利貸しをしていた検校七人勾当一人、権利剝奪(**史実と芝居と**)。

この年❖ゆすり常習の江戸千住無宿きねずみ幸七、百姓召仕吉兵衛を酔わせ金を奪った科で死罪(**例類一二**)。

〃　❖ライ病と称して金をかたり取っていた出羽無宿藤蔵死罪(**例類九**)。

〃　❖病気の父を放置し、諫めた妹を打擲した無宿清太郎磔(**天保類集六二**)。

〃　❖播州北野村西念寺住職縁誉獄門。狐つきと称して女を縛り強淫した(**例類二〇**)。

〃　❖出羽平鹿郡秋田領十か村で愁訴(**一揆**)。

〃　❖備後神石郡福山領父木町で越訴(**一揆**)。

〃　❖奥州八戸に麻疹流行(**災異志**)。

安永八年

1779　己亥

1.18❖越前坂井郡丸岡領九か村で一万人強訴(**一揆**)。

2—❖名古屋城御多門で武具紛失(**白峯亭日記**)。

4—❖美濃厚見郡幕領岩地村で愁訴(**一揆**)。

5.19❖蝦夷松前領茅部で強訴(**一揆**)。

7.1❖五畿内大風雨・水害(**災異志**)。

7.12❖五畿内でふたたび大風雨(**災異志**)。

7—❖三河碧海郡刈谷領四か村で越訴(**一揆**)。

8.4❖小普請医須磨良川遠島。しばしば娼家に遊び博奕にふけるなど不良行為。同類の処罰多し(**実紀一〇**)。

8.19❖小十人山下勘解由遠島。病と称して勤仕せず、酒にふけって裸で闘争するなど不良行為(**実紀一〇**)。

8.24❖東海・東山・北陸道で洪水(**災異志**)。

8.25❖江戸で大風雨、洪水。和泉橋落ち、小日向・小石川浸水(**実紀一〇・武江**)。

8.25❖日光山で大風雨(**泰平**)。

夏—❖蝦夷地に天然痘(**生活史**)。

〃　❖大坂城番衆萩野源太夫の僕常次(18)主人を殺して大小を奪う。捕えられ高麗橋で磔(**摂陽落穂集**)。

9.19❖佐渡大工町の吉、死罪。祭礼で町同心山本安太夫と喧嘩、傷負わせた(**例類一五**)。

9.26❖京都で大火(**泰平**)。

9.29❖桜島南岳噴火。熱砂流出し死者一万六千余人。十月に入り江戸で降灰(**泰平・一話一言四四・翁草九四**)。

10❖摂津菟原郡尼崎領本山で騒動(**一揆**)。

12.11❖遠江上野郡村の十助、掛川城内の銅金具を盗み売り払った科で死罪(**例類二六**)。

冬—❖大坂長柄の十右衛門、島流し途中逃走、大坂で入牢中脱獄、ふたたび捕えられついに獄門(**摂陽落穂集**)。

この年❖伊勢塩浜村の漁師六右衛門、漁場荒らしの四日市漁師と海上で乱闘、二人に傷負わせて死なせ、獄門(**例類一五**)。

〃　❖大隅大島郡徳之島で逃散(**一揆**)。

〃　❖丹波桑田郡旗本領三か村で強訴(**一揆**)。

〃　❖常陸新治郡志筑領下佐谷村で騒動(**一揆**)。

風姿—島田髷・男髷・高島田髷

安永九年

1780　庚子

3—❖千曲川水害のたびに私財を投じて罹災(りさい)民を救恤した信濃小見村の農木島太右衛門、苗字帯刀を許される(**実紀一〇**)。

4.30❖安房南朝夷村に七、八人乗り大型南京船漂着(**実紀一〇**)。

4—❖蝦夷撫島で大津波。碇泊中の露船、山へ打ち上げられる。

5.3❖大坂で大火(**泰平**)。

5—❖越後頸城郡糸魚川で越訴(**一揆**)。

5—❖丹後与謝郡宮津領で暴動(**一揆**)。

6.2❖京・大坂に大雷雨(**泰平**)。

6.3❖江戸に大雷雨(**泰平**)。

6.26❖江戸各川氾濫。永代橋・新大橋落ちる(**武江・泰平・後見草下**)。関東各地出水、民家多く流される(**実紀一〇**)。

夏—❖蝦夷で疱瘡流行、死者六百四十七人(**災異志**)。

10.16❖京都に大雷雨(**泰平**)。

11.9❖陸奥胆沢郡水沢日高小路で小沢嘉右衛門、十七年ぶりに養父の敵佐藤新兵衛を討つ(**敵討**)。

11—❖丹後与謝郡宮津領加悦谷で強訴(**一揆**)。

この年❖大坂堂島新地五丁目の米商明石屋清助獄門。加賀米の詐取を企み偽役人を仕立てて策動した(**例類九**)。

〃　❖駿河惣右衛門村の百姓市郎右衛門死罪。借金一両の催促をした吉右衛門を石で打ち殺した(**例類一五**)。

〃　❖甲州市川大門村無宿清右衛門、盗みで甲府入牢中脱走、つかまって死罪(**例類二六**)。

〃　❖無宿天王寺の音吉ら三人死罪。盗みで大坂入牢中、格子を切って脱走、さらに盗みを重ねていた(**例類二六**)。

〃　❖長崎清水寺住職大安、有夫の女と密通して死罪(**例類二〇**)。

このころ江戸に不良団小便組横行(**楓軒偶記**)。

〃　❖江戸で子供の遊び「むくろんげ」流行(**現来集**)。

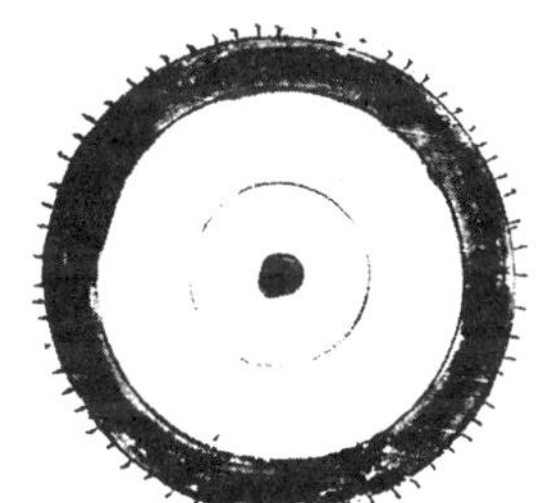

用具—傘・奴蛇ノ目傘

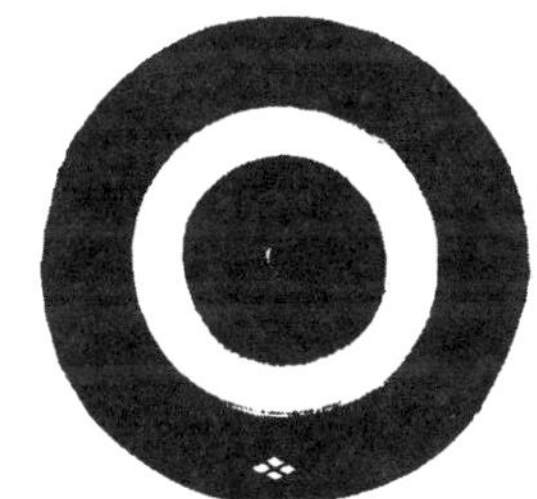

用具—傘・黒蛇ノ目傘

風姿—婦人髷・島田崩髷

風姿—婦人髷・島田髷

1782 京都近江屋伊兵衛の女房かね、女児を置き忘れ、奉行所全市へ手配

天明元年

1781　4・2改元　辛丑

1.8❖江戸堺町で大火(**泰平**)。

2.17❖小普請本庄巳之助遠島。卑賤と交わって博奕にふけり、ついには剃髪、亡命していた(**実紀一〇**)。

3.18❖桜島噴火(**災異志**)。

3—❖名古屋白壁町から出火、稀な大火となる(**白峯亭日記**)。

5—❖江戸に小児病流行(**生活史**)。

5—❖越中富山で打ちこわし(**一揆**)。

5—❖信濃安曇郡松本領で愁訴(**一揆**)。

閏5.2❖出羽村山郡幕領寒河江付近で打ちこわし(**一揆**)。

閏5.20　越中氷見郡金沢領高岡で打ちこわし(**一揆**)。

6.15❖筑後柳河領築米猟で暴動(**一揆**)。

7.2❖薩摩・大隅・日向で大風(**泰平**)。

7.6❖浅間山爆発。死者二千。江戸に灰降る(**蜘蛛の糸巻**)。

7.14❖江戸八十年ぶりの大地震(**編年**)。

7.27❖畿内と近国に大風雨(**泰平**)。

7—❖駿河宝泰寺の下男(30余)と他寺の所化僧(18)が同国杉縄手三ノ森で同性心中、下男は助かる(**一話一言二**)。

8.9❖上野甘楽郡高崎領五十三か村で二万人暴動(**一揆**)。

8.18❖薩摩小山田村百姓治右衛門の子太郎八(14)・万亀(12)、至孝を表彰される(**一話一言六**)。

8—❖肥後天草領富岡で蔵元打ちこわし(**一揆**)。

8—❖上野国五十三か村の三千人、絹改所の廃止を要求して強訴。高崎藩廃止を決める(**き、の・後見草下**)。

9.11❖小普請春日左衛門隠居処分。密通した妻と家来を手討ちにしたが、妻の父である養父との板挟みに苦しみ神経衰弱となる(**実紀一〇**)。

9.15❖神田祭当日各所で喧嘩。湯島一丁目で町同心が若い者に頭を打ち割られ、三河町では同心が群集に大小を奪われる(**天明紀聞**)。【よみうり・瓦版】

9.30❖吉原伏見町家田屋から出火、一町焼亡(**蜘蛛の糸巻**)。

9—❖江戸にリュウマチ流行。十月までつづく(**生活史**)。

10.2❖本所回向院住職、何者かに殺害され、二百両奪われる(**天明紀聞**)。

10.15❖近江栗太郡膳所領狼川村などで強訴(**一揆**)。

11—❖摂津猪飼野村の伊兵衛、酒代を催促した同村武右衛門を田へ突き落としたうえ小刀で疵つけ、死罪(**新類集一**)。

11—❖山城伏見などで強訴(**一揆**)。

12.18❖上野利根郡沼田領十六か村で強訴(**一揆**)。

12.20❖安芸沼田郡広島領河戸村で愁訴(**一揆**)。

12—❖近江甲賀郡膳所領石部宿で打ちこわし(**一揆**)。

この年❖信州弥津東町の百姓長蔵、近くの嘉助と密通した妻あさを離婚したが、二人が結婚したのを怒り嘉助を殺害。下手人(斬)(**例類一五**)。

〃　❖諸国で凶作。天変地異多し(**明和誌**)。

〃　❖大和十市郡旗本領で強訴(**一揆**)。

用具―桐下駄

天明二年

1782　壬寅

1.4❖徳島城下で大火(**泰平**)。

2.2❖五畿内に大風雨(**泰平**)。

4.7❖金沢で大火(**泰平**)。

4.30❖摂津地黄村の百姓彦兵衛死罪。同村嘉兵衛ののどにきせるを突っ込んで殺し、金を奪った(**例類二**)。

春—❖全国で長期冷雨。西国とくに九州凶作(**生活史**)。

5.3❖淡路三原郡徳島領十二か村で強訴。縄騒動(**一揆**)。

5下旬❖伊勢松阪で大風雨・洪水(**泰平**)。

6.14❖京都鴨川で氾濫(**泰平**)。

6.20❖江戸下駄町の道具屋某、ある店で買った古かぶとをかぶって帰宅中、飯田町で後ろから斬りつけられ、驚いて逃げた。あとで調べたら現場に抜き身持った侍が死んでいた(**天明紀聞**)。

6.21❖安芸豊田郡広島領大崎島で越訴(**一揆**)。

7.2❖京都猪熊下長者町上ル近江屋伊兵衛の女房かね、外出して三か月の女児をどこかへ置き忘れ半狂乱。奉行所が全市に手配(**町触**)。

7.14❖関東で大地震。江戸・小田原殊に激甚(**泰平・天明紀聞・大江戸春秋・後見集下**)。

7.25❖西丸小十人小宮山太郎兵衛遠流。市人から衣服をかたり取って娼家に遊んだ(**実紀一〇**)。

7—❖山城伏見で奉行苛政を越訴(**一揆**)。

8.4❖江戸に津波。洲崎・深川被害大、水死多し(**泰平**)。

8.16❖奸計で米商から詐取した小普請宮重音吉士籍剝奪(はくだつ)(**実紀一〇**)。

8.20❖和泉大島・泉郡五十四か村で打ちこわし。千原騒動(**一揆**)。

8.29❖大和東佐村の農落合平兵衛、苗字帯刀許可。凶荒に私財を投じて窮民を救恤した(**実紀一〇**)。

9.9❖江戸で暴風雨、大川洪水(**実紀一〇**)。

10—❖伊勢三重・員弁(いなべ)郡忍領北勢地方で打ちこわし(**一揆**)。

10—❖伊予宇和郡宇和島領明石村で強訴(**一揆**)。

11.9❖近江滋賀郡叡山領坂本村で強訴(**一揆**)。

12.23❖伊勢桑名・員弁郡桑名領十八か村で強訴(**一揆**)。

12.26❖摂津武庫郡尼崎領で強訴未遂(**一揆**)。

この年❖武州浦和の百姓新八、酔って女房もんに暴力をふるって死なせ死刑(**例類二八**)。

〃　❖スリ常習の江戸神田新銀町平吉、偽手紙で琥珀(こはく)などを詐取しようとして獄門(**例類九**)。

〃　❖阿波海部(かいふ)郡徳島領塩深村で逃散(**一揆**)。

〃　❖越後魚沼郡幕領で越訴(**一揆**)。

この年❖出羽山本郡秋田領能代で打ちこわし(**一揆**)。

〃　❖肥前彼杵(そのき)郡諫早(いさはや)矢上村で暴動(**一揆**)。

用具—雪駄

【よみうり・瓦版】

祭のどさくさで同心が袋叩きに

神田祭の雑踏(ざっとう)と混乱、そして喧嘩は江戸の一名物だったが、これに便乗した大衆の集団行動である。日ごろの身分制の抑圧をはね返そうとするエネルギーの爆発でもあった。そして、この例もそうであるが、この種の行動はたいていの場合、犯人の逮捕などおよそ不可能であった。民衆側が捜査に協力しないからである。こうした偶発的行為、やがて打ちこわしなど大規模な大衆行動に発展してゆく。幕府開創からすでに百七十八年経っている。

天明三年

1783　癸卯

1783 浅間山大噴火、火山灰が空を覆い異常低温。桜島噴火、京都まで灰降る

1.18❖出雲飯石郡松江領三刀屋で一万人暴動(**一揆**)。

1—❖若狭遠敷郡小浜領忠野村で強訴(**一揆**)。

2.1❖石見安濃郡幕領大田で打ちこわし(**一揆**)。

2.1❖大坂で打ちこわし(**一揆**)。

2.2❖江戸で大地震(**泰平**)。

2.5❖肥前島原で大火(**泰平**)。

2.22❖京都で大火(**泰平**)。

2.23❖伊勢津で大火(**泰平**)。

2.29❖信州飯田で大火(**泰平**)。

2—❖大坂で米買い占め反対騒擾(**生活史**)。

2—❖備後神石郡福山領笹屋丸で強訴(**一揆**)。

3.10❖陸奥岩木山噴火(**災異志**)。

3.25❖江戸霊岸島で大火(**泰平**)。

3—❖伊勢度会(わたらい)郡神宮領山田で打ちこわし(**一揆**)。

3—❖丹波桑田郡篠山領で強訴(**一揆**)。

4.8❖江戸深川で大火(**泰平・武江**)。

4.12❖出羽新庄村百姓重四郎(24)、継母かめを殺害、逃走(**天保集成四九**)。

4.23❖江戸南品川で大火(**泰平・武江**)。

4.23❖京都祇園で大火(**泰平**)。

4.23❖丹波亀山で大火(**泰平**)。

5.26❖美作津山などで打ちこわし(**一揆**)。

5—❖江戸・京都・大坂で打ちこわししきり(**現来集二**)。

6.14❖下総で大風雨・水害(**災異志**)。

6.17❖江戸に大雨。千住・浅草・小石川出水、神田上水切れる(**武江・泰平**)。

7.3❖信州高島藩諏訪家の紛争に断。老臣諏訪図書父子切腹、年寄渡辺助右衛門以下十四人処刑(**翁草一一七**)。

7.3❖信濃佐久郡凶作で騒動(**一揆**)。

7.6❖浅間山大爆発。熱泥流出して村々を襲い死者二万余(**実紀一〇・後見草下・一話一言二八、四四・翁草一〇三**)。

7.9❖青森で大火、百八十四軒焼ける(**災異志**)。

7.20❖陸奥弘前領青森などで打ちこわし(**一揆**)。

7.25❖陸奥北部盛岡領野辺地で打ちこわし(**一揆**)。

7.29❖浅間山鳴動(**現来集**)。

7—❖上野碓氷郡安中で強訴(**一揆**)。

8.1❖相模鎌倉へんに大風雨。人家五十軒倒れ漁船二十六艘破損(**天明紀聞**)。

8.7❖桜島噴火、京都まで灰降る(**災異志**)。

8.23❖加賀石川郡金沢領宮腰で打ちこわし(**一揆**)。

8—❖武蔵北部で打ちこわし(**一揆**)。

8—❖陸奥盛岡で打ちこわし(**一揆**)。

8—❖陸奥白河領で米問屋打ちこわし(**一揆**)。

9.19❖仙台で御用商阿部清右衛門方を打ちこわし(**一揆**)。

9.20❖上野安中で強訴(**一揆**)。

9.26❖上野群馬郡高崎領六か村で強訴(**一揆**)。

9—❖越後頸城郡幕領柿崎地方などで打ちこわし(**一揆**)。

9—❖出羽秋田領六郷地方で打ちこわし(**一揆**)。

10.1❖上野前橋領片貝村などで打ちこわし(**騒動**)。

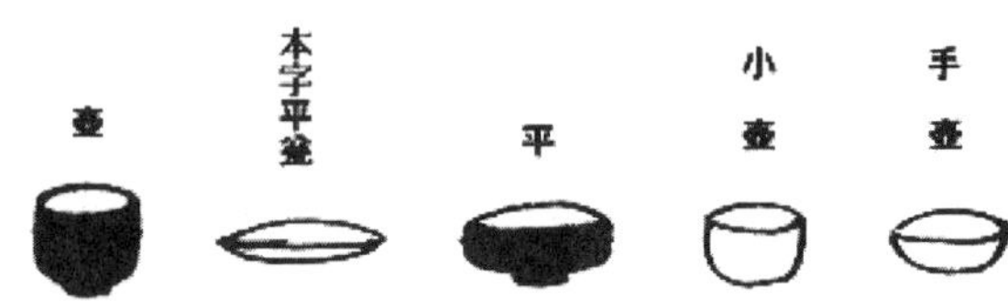

用具—神供・平賀・小壷・手壷・壷・平

10.2❖上州佐久郡一帯で打ちこわし(**騒動**)。

10.7❖能登鳳至郡金沢領輪島で打ちこわし(**一揆**)。

10.8❖江戸牛込神楽坂行元寺門前で下総早尾村百姓初太郎こと富吉(28)が父庄蔵の敵同村百姓組頭甚内、現在先手組二宮丈右衛門(48)を討つ(**天明紀聞・翁草一二六・一話一言二九・武江**)。【よみうり・瓦版】

10.10❖出羽村山郡松山領五百川村などで騒動(**一揆**)。

10.11❖上野群馬・勢多郡三か村で打ちこわし(**一揆**)。

10.11❖大坂城内に雷火、角櫓など焼失(**天明紀聞**)。

10—❖越後魚沼郡幕領三ヶ宿村などで強訴(**一揆**)。

10—❖信濃伊那郡の高遠領で暴動(**一揆**)。

10—❖信濃佐久郡幕領軽井沢で打ちこわし(**一揆**)。

10—❖信濃小県郡松本領平賀で打ちこわし(**一揆**)。

10—❖下総結城領で打ちこわし(**一揆**)。

11.3❖越後柿崎で打ちこわし。柿崎騒動(**騒動**)。

11—❖豊後岡七万石嫡子中川内膳正不行跡につき逼塞。家臣一人死罪(**天明紀聞**)。

11—❖下総埴生郡佐倉領成田村で強訴(**一揆**)。

11—❖下野安蘇郡佐野などで打ちこわし(**一揆**)。

11—❖陸奥伊達郡幕領掛田村などで強訴(**一揆**)。

秋—❖全国で大凶作、米価高騰で諸民難渋。紀州ではワラを食す(**天明紀聞**)。

12.11❖陸奥青森で千八百軒焼ける(**災異志**)。

12.20❖江戸浅草鳥越から出火、本所・深川まで焼ける(**武江**)。

12.28❖下総印旛郡などの佐倉領で強訴(**一揆**)。

冬—❖陸奥盛岡領逃散(**一揆**)。

〃　❖信濃小県郡上田領下室賀村などで越訴(**一揆**)。

この年❖江戸神田無宿清次郎、スリ常習。十五歳以下なので非人手下に(**江戸の犯科帳**)。

〃　❖吉原の扇屋、五明楼を称す。娼家楼号のはじまり(**花街史**)。

〃　❖越後新潟地方で強訴(**一揆**)。

〃　❖上野勢多郡前橋領で騒動(**一揆**)。

〃　❖信濃小県郡松本領で打ちこわし。平賀騒動(**一揆**)。

〃　❖丹後熊野郡久美浜村で騒動(**一揆**)。

〃　❖出羽村山郡幕領細野村で騒動(**一揆**)。

〃　❖常陸那珂郡那珂湊で暴動(**一揆**)。

〃　❖備後御調郡尾道で打ちこわし(**一揆**)。

〃　❖武蔵荏原郡目黒村で打ちこわし(**一揆**)。

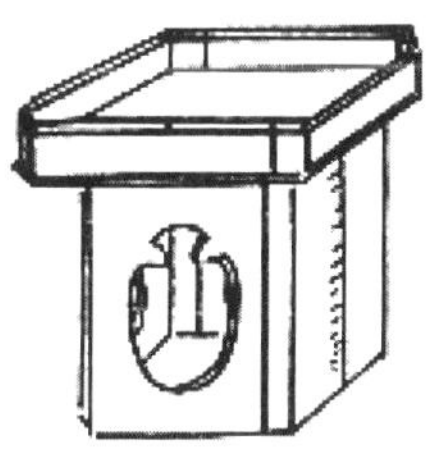

用具—三方

【よみうり・瓦版】

酒の上の口論で争い斬られた親の仇討ち

十七年前の明和四年九月十五日、早尾村氏神祭礼日、富吉の父庄蔵と仲よしの甚内が、酒の上の口論で争い、庄蔵は斬られて死んだ。富吉は仇討を決意、江戸へ出て真刀無念流戸ヶ崎熊太郎の召使いとなり、剣を学んだ。戸ヶ崎は、当時屈指の剣客である。そして、ついにこの日、武士となっている甚内とめぐり合い、堂々と名乗って脇差で渡り合い、本懐をとげた、正規の届けは出ていなかったが、奉行所は敵討と認めてくれ、すべて無事落着した。

1784　「漢倭奴国王」印、百姓甚兵衛が畑の土の中から発見

1.3❖江戸青山・麻布へんで大火(**泰平**)。

1.3❖江戸城吹上苑で将軍御覧の縦四間横二間の大凧を揚げたところ数人つり上げられ途中から落ち、側役堀田豊前守即死、数人負傷。以後大凧揚げ中止(**天明紀聞**)。

1.19❖蝦夷駒ヶ岳噴火(**災異志**)。

1.24❖丹波亀山城下で大火(**泰平**)。

1—❖陸奥田村郡三春領三か村で騒動(**一揆**)。

閏1.23❖江戸神田鍛冶橋二丁目から出火、鍋町・塗師町焼ける(**武江**)。

2.23❖筑前博多湾口志賀島で「漢倭奴国王」の金印発見(**一話一言二**)。【よみうり瓦版】

2.28❖武蔵多摩郡三十七か村打ちこわし。武州村山騒動(**一揆**)。

2.30❖大坂北新地へんで大火(**泰平**)。

2—❖安芸広島で打ちこわし(**一揆**)。

2—❖阿波那賀郡で暴動(**一揆**)。

3.24❖新番佐野善左衛門、殿中で若年寄田沼山城守意知(意次の子)を斬り、大目付松平対馬守に取り押えられる。四月三日田沼死し佐野切腹(**実紀一〇・営中刃傷記・翁草一〇八・後見草下・き、の・一話一言三九・過眼録・蜘蛛の糸巻・兎園小説余話**)。【よみうり瓦版】

3—❖尾州藩御細工方坊主若林菊弥、御道具多く盗み逐電(**白峯亭日記**)。

3—❖上野那波郡伊勢崎領島村で打ちこわし(**一揆**)。

3—❖摂津武庫・有馬郡十一か村で打ちこわし(**一揆**)。

4初❖勘定方樋口岩之丞狂乱、同居人木村千之丞の妻を井戸で死なせ、大酔ののち自分の二児も井戸へ投げ込む(**天明紀聞**)。

4.16❖吉原水道尻から出火、全廓焼亡(**武江・蜘蛛の糸巻・き、の**)。

5.10❖出羽山形で打ちこわし(**一揆**)。

5.27❖越後魚沼郡幕領神立村で騒動(**一揆**)。

5—❖大坂城代戸田因幡守が江戸へ転勤したあと、家老住居床下から首なし死体発見。家老調べられる(**天明紀聞**)。

6.13❖越前敦賀で打ちこわし(**一揆**)。

7.24❖長崎大火。唐人避難で混雑(**災異志**)。

8.1❖陸奥弘前で大風(**災異志**)。

夏—❖諸国飢饉、疫病。人多く死す(**武江**)。

〃　❖陸奥弘前領で蝗害(**災異志**)。

9.19❖仙台で打ちこわし(**災異志**)。

10.9❖丹後熊野郡幕領佐野村で強訴(**一揆**)。

11.12❖信濃水内郡松代領二十五か村で強訴。山中騒動(**一揆**)。

12.26❖江戸八重洲河岸から出火。大名小路・新橋・数寄屋橋・木挽町・築地まで焼ける(**武江・泰平・一話一言七・後見草下**)。

12—❖信濃更級郡松代領山中地方で暴動(**一揆**)。

この年❖越中無宿平五郎度々増上寺大屋根に登って銅瓦を盗み、死罪(**例類一一**)。

〃　❖大坂梶木町青木屋数馬、舅喜八と口論、疵負わせ、死罪(**例類一五**)。

〃　❖和泉泉郡旗本領大津村で打ちこわし(**一揆**)。

〃　❖加賀能美郡金沢領小松で騒動(**一揆**)。

〃　❖駿河庵原郡幕領清水港で打ちこわし(**一揆**)。

〃　❖遠江榛原郡掛川領番生寺村で越訴(**一揆**)。

したともいわれる。

血迷うた四千石の藤原外記

いくら大身でも遊興費はかさむし、大金持ちの恋敵が女を身請けしそうだし、切羽つまってやけになり、女を知り合いの百姓家へつれ出して刺し殺し、自分も腹を切った。それだけの無分別事件であるが、あわれをとどめたのは外記の老母と十九歳の若妻、それに家来たちだ。なんとか内済にしようと運動したのをかえって咎められ、母と妻は一族預け、家来らもそれぞれ罰せられた。「君と寝ようか四千石とろか……」の歌だけが残っている。

怪盗、田舎小僧お縄

新助は武蔵入間郡の生まれで、田舎小僧と呼ばれていたのだが、いつか稲葉小僧になった。山城淀稲葉侯家臣の子というのはウソ。この手の怪賊は、つかまり方が意外にあっけないのが多く、新助も一橋邸へ忍び込んで、あっさり下人にとり押さえられた。その前一度つかまったが、縄目のまま不忍池へとびこみ、巧みに縄抜けして逃げたという経歴があり、このころお染久松の狂言で、お染の兄の悪党が池に投じて逃げる趣向は、新助がモデルだという。

天明五年

1785　乙巳

1.23❖名古屋清水八王子前から出火、大火となる。建中寺炎上（**白峯亭日記**）。

1.27❖五畿内に大雷雨（**泰平**）。

3.23❖大坂で大火（**泰平**）。

4—❖江戸千住の大百姓、娘の労咳をなおそうと他人に三百両渡して下女を殺させ生肝を娘に呑ませた。両人死罪（**天明紀聞**）。

4—❖河内石川村の百姓定吉、弟と共謀、母を殺害（**天明紀聞**）。

春❖安芸賀茂郡広島領川上村で強訴（**一揆**）。

5.3❖安芸高宮郡広島領中筋村などで強訴（**一揆**）。

6—❖西日本で旱魃（**泰平**）。

6—❖出羽由利郡亀田領払川村など強訴（**一揆**）。

7.11❖大坂で大雷雨（**泰平**）。

8.13❖寄合四千石藤枝外記(25)吉原大菱屋抱え綾衣(19)と心中（**実紀一〇・天明紀聞・き、の・一話一言二七・後見草下**）。【よみうり・瓦版】

9.10❖伊予宇和郡宇和島領宮内村で強訴未遂（**一揆**）。

9.16❖大名屋敷専門に盗みを重ねていた怪盗稲葉小僧新助就縛。十月二十二日獄門（**天明紀聞・き、の・兎園小説余録・後見草下**）。【よみうり・瓦版】

9.16❖山城伏見で奉行苛政を越訴（**一揆**）。

10.19❖小普請花形源次郎追放。隣家の奴僕と喧嘩、双方仲間を集めて大乱闘、死傷者まで出た（**実紀一〇**）。

10.24❖下野和泉村の百姓藤右衛門、かねて恨みの与左衛門とその妻、伜二人を斬り殺して自殺（**例類一五**）。

11.25❖阿波麻植郡徳島領飯尾村で越訴（**一揆**）。

この年❖江戸橋本町四丁目の助左衛門、偽の吉田家認可状で神主に化け、寄進金百両以上を集めた（**例類九**）。

〃　❖無宿新五郎、盗みで神領払いの身なのに伊勢山田で盗みを重ねた。山田奉行は追放を宣したが評定所の決により死罪（**例類二六**）。

〃　❖駿河無宿三之助、運送を頼まれた荷から衣類などを盗み、死罪（**例類一一**）。

〃　❖かごかき利八ほか一人、急死した客から金を盗み、死罪（**例類一一**）。

〃　❖奥羽で凶作。とくに仙台領と南部・津軽で被害甚大（**泰平**）。

〃　❖上総天羽郡旗本領金谷村で越訴（**一揆**）。

〃　❖肥前松浦郡平戸領今福村で騒動（**一揆**）。

この年？❖二千石米倉丹後守、遊女と心中（**情死考**）。

【よみうり・瓦版】

甚兵衛の歴史上の大発見、博多で金印

福岡市街と博多湾を隔てる海ノ中道の西端、そこで百姓の甚兵衛が畑の溝を掘っていると鍬の先にカチンと何かが当たった。とり上げて土を払うと一辺二、三センチの純金のハンコで、漢字五つが三行に彫ってある。「漢（かん）の倭（わ）の奴（ぬ）の国王」と読める。中国後漢光武帝（二五-五七在位）が、朝貢してきた国々へ渡した印であるとされている。日本では第十一代垂仁天皇のころ。旧黒田侯爵家蔵。国宝。

田沼意知、殿中で斬られる

後から一声かけた佐野が、抜き討ちに田沼の肩を斬り下げたとき、一緒にいた三人の若年寄は一散に逃げ散った。佐野を組みとめたのは、七十歳の大目付松平対馬である。佐野の動機は全くの私怨だったのだが、田沼はよほど評判が悪かったと見え、その葬送には石の雨が降った。一方、浅草徳本寺の佐野の墓には、庶民の参詣ひきもきらず、ついには世直し大明神とまであがめられた。佐野が切腹した翌日から、五穀の値が下がりだ

大災防止のため、夜泣き蕎麦など火を用いる街頭販売の禁止

天明六年

1786　丙午

1.19❖江戸幸橋門外備前町から出火、大名屋敷・町家多く焼ける(**真佐喜のかつら**)。

1.22❖江戸湯島から出火、四方に延焼、聖堂も類焼、日本橋・深川に及ぶ(**実紀一〇・武江・一話一言七・後見草下**)。

1.22❖信州無宿長吉、火事の解き放しで帰牢せず、以後七件の強盗を働いていたが、つかまって死罪(**例類二六**)。

1.23❖江戸西久保光明寺向町から出火、赤羽・田町まで焼ける(**真佐喜のかつら**)。

1.24❖江戸本所三ツ目から出火、深川霊巌寺通・扇橋まで焼ける(**真佐喜のかつら**)。

1.25❖江戸本所四ツ目から出火、釜屋堀まで焼ける(**武江・蜘蛛の糸巻**)。

2.9❖日光山で大火。奉行・諸役人住居全焼(**実紀一〇・泰平**)。

2.21❖箱根に大地震。二子山崩れ、温泉多く破壊(**実紀一〇**)。

2.26❖江戸駒込白山権現へんから出火、小石川・水道橋・本郷焼ける(**真佐喜のかつら**)。

2—❖火災防止のため夜泣き蕎麦など火を用いる街頭販売を禁じる(**天明紀聞**)。

4.7❖仙洞附三枝豊前守の子式部追放。酔って奉行所の者と称し市人に酒食を強要した(**実紀一〇・天明紀聞**)。

4.9❖日光山四十一坊と民家十三か町焼ける(**蜘蛛の糸巻**)。

4.14❖安芸広島で騒動(**一揆**)。

4.21❖越前勝山で打ちこわし(**一揆**)。

4—❖肥後八代郡熊本領種山村で騒動(**一揆**)。

5.9❖奥医松平善甫追放。奴僕の喧嘩から市人の群と争い、疵つけられ逃げ帰った(**実紀一〇**)。

5.19❖凶作、米価高騰、買い占めで江戸市中に打ちこわしはじまる(**一揆**)。

6.22❖大坂天下茶屋で紀州家中寺島六郎兵衛乱心、人足伊助を斬り殺し三人に疵負わせる。自殺未遂のち死罪(**例類二九**)。

6—❖河内で洪水(**泰平**)。

7.10❖江戸で未曾有の大洪水。新大橋・永代橋落ち墨田川両岸と近隣の五十余か村ことごとく浸水。雨その後も止まず、十四日市中再び浸水(**泰平・武江・翁草一〇三・親子草一**)。

7.16❖江戸でまたも洪水。青山・牛込など高地まで山水につかる。近郊草加・粕壁・越谷・栗橋など一面海の如し(**実紀一〇・後見草下**)。

7中旬❖備中玉島の浪人小野勘介、富屋久兵衛を殺し自殺(**寝ざめの友**)。

7.25❖越後頸城郡糸魚川領八か村で強訴(**一揆**)。

8.29❖若狭・丹後で大風(**災異志**)。

8—❖甲斐の幕領で騒動(**一揆**)。

9.9❖信濃伊那郡飯田知久で打ちこわし(**一揆**)。

9.21❖河内大庭六番村の弥右衛門、養父の悪口いった伯母のもとを槍で突き殺した。牢死(**例類四**)。

9—❖陸奥田村郡守山領で強訴(**一揆**)。

10.25❖安芸安芸郡広島領熊野村で強訴(**一揆**)。

10—❖三河八名郡豊橋領大木村で強訴未遂(**一揆**)。

用具—味噌屋招牌

11.22❖土佐幡多郡宿毛で打ちこわし(**一揆**)。

11―❖伊予浮穴郡松山領久万山で逃散(**一揆**)。

11―❖遠江中郡の浜松領・幕領で打ちこわし(**一揆**)。

11―❖備後恵蘇郡など二十か村で三千人暴動(**一揆**)。

11―❖武蔵荏原郡彦根領用賀村などで騒動(**一揆**)。

秋―❖近江蒲生郡で打ちこわし(**一揆**)。

12.8❖伯耆日野・会見郡五か村で強訴(**一揆**)。

12.12❖備中都宇郡高松村で逃散(**一揆**)。

12.14❖備後沼隈郡などの福山領で二万人暴動(**一揆**)。

12.16❖備前上道郡岡山領海面村で愁訴(**一揆**)。

12.17❖備前和気郡岡山領八木村で強訴(**一揆**)。

12中旬　安芸高宮郡広島領熊野村などで強訴(**一揆**)。

12.25❖紀伊日高郡田辺で打ちこわし(**一揆**)。

12.25❖備中小田・後月郡幕領五か村で強訴(**一揆**)。

12―❖日向児湯郡の高鍋領で暴動(**一揆**)。

この年❖江戸新材木町の無宿藤次郎坊主、殺人強盗、土蔵破りなど重科で獄門(**例類一一**)。

〃　❖備中の御料所地内で松平内蔵頭家来が代官万年七郎右衛門の中間を斬り殺す(**天保類集五**)。

〃　❖長崎唐人番佐々木万蔵の元下人文次郎、追放地の長崎へ立ち戻り、佐々木宅から衣類を盗み、死罪(**例類二六**)。

〃　❖諸国で大凶荒、収穫三分の一、各地で飢饉(**雲室随筆**)。

〃　❖石見安濃郡の銀山管内で強訴(**一揆**)。

〃　❖越後魚沼郡幕領二十数か村で強訴(**一揆**)。

〃　❖出羽雄勝郡秋田領中村で逃散(**一揆**)。

〃　❖播磨加東郡旗本領古川村で打ちこわし(**一揆**)。

〃　❖肥後熊本で打ちこわし(**一揆**)。

紀伊国屋文左衛門の小判の豆撒き

1787 江戸赤坂の雑穀商で始まった打ちこわし全国に拡がる

天明七年

1787　丁未

1.7❖出羽村山郡幕領白岩山で打ちこわし(**一揆**)。

1.17❖番頭水上美濃守邸で先輩同役大久保玄蕃頭ら七人を招き芸者を呼んで宴会あり。大久保ら膳碗を割り大小便するなど乱暴の限りを尽くした(**実紀一一・後見草下・一話一言二七・き、の**)。

1.17❖江戸青山から出火、権太原・千駄ヶ谷まで燃える(**武江**)。

1.20❖江戸赤坂などの米屋二十三軒打ちこわされる。日を追って拡がる(**一話一言補遺**)。

1.20❖伊賀名張郡名古屋領加木屋村などで暴動(**一揆**)。

1.25❖上野山田郡幕領七か村で打ちこわし(**一揆**)。

1.26❖備後神石郡福山領野村などで打ちこわし(**一揆**)。

2.7❖紀伊日高郡田辺で打ちこわし(**一揆**)。

2.13❖江戸八丁堀岡崎町の三次郎、奉行所から二十両を賞賜される。主人の借財の詫びにと小指を切り、慈悲の沙汰を願い出ていた(**真佐喜のかつら**)。

2.13❖信濃高井郡幕領中野村で暴動(**一揆**)。

2.16❖土佐吾川郡十か村で逃散(**一揆**)。

2末❖周防玖珂郡萩領鹿野村などで強訴(**一揆**)。

3.27❖伊予松山領来住村で逃散(**一揆**)。

4.22❖土佐高知で打ちこわし(**一揆**)。

4—❖丹波船井郡の亀岡・園部領で騒動(**一揆**)。

5.2❖江戸赤坂で大規模な打ちこわし。つづいて長崎・大坂・和歌山・大和郡山・奥州石巻などに拡がる(**親子草一・噺の苗・き、の**)。

【よみうり・瓦版】

5.4❖摂津尼崎領西宮で騒動(**一揆**)。

5.10❖大坂で米屋二百軒打ちこわし(**一話一言七・泰平**)。

5.11❖筑前秋月で打ちこわし(**一揆**)。

5.13❖和歌山城下で打ちこわし(**一揆**)。

5.13❖大和郡山で打ちこわし(**一揆**)。

5.14❖奈良で打ちこわし(**一揆**)。

5.16❖大和葛下郡郡山領下田村などで打ちこわし(**一揆**)。

5.20❖広島で打ちこわし(**一揆**)。

5.22❖福井で打ちこわし(**一揆**)。

5.22❖近江浅井郡彦根領五か村で強訴(**一揆**)。

5.26❖駿府で打ちこわし(**一揆**)。

5.27❖下総千葉などで打ちこわし(**一揆**)。

5.28❖長崎で打ちこわし(**一揆**)。

5—❖この月打ちこわしのあった国は安芸・和泉・河内・紀伊・周防・摂津・筑前・長門・備後・武蔵・山城など(**一揆**)。

6.11❖伊予宇和島で打ちこわし(**一揆**)。

6.13❖駿河藤枝宿で打ちこわし(**一揆**)。

6.13❖駿河丸子宿で打ちこわし(**一揆**)。

6.13❖播磨揖東郡林田で強訴(**一揆**)。

6.14❖陸奥河沼郡会津領坂下村で打ちこわし(**一揆**)。

6.17❖播磨赤穂郡相生浦で打ちこわし(**一揆**)。

6.23❖越後頸城郡高田領稲田村で打ちこわし(**一揆**)。

用具—酢屋の屋号

用具—曲物の看板

6—❖この月打ちこわしのあった国、相模・筑後・肥後・日向・武蔵・陸奥など(**一揆**)。

7.1❖旗本田付四郎兵衛、呉服橋外で駕籠脇の士に慮外者を無礼討ちさせる(**天明紀聞**)。

7.2❖吹上奉行金子彦八郎、路上で何者かに首を打ち落とされる(**天明紀聞**)。

7—❖讃岐山田郡高松領古高松村で越訴(**一揆**)。

10.20❖このころ松江で囚人三人脱獄(**坐臥記**)。

10—❖北国米買い上げ汚職で天守番頭土山宗次郎死罪。他に業者ら死罪四、追放・押込など三十四人(**翁草一二六・き、の**)。

【よみうり・瓦版】

11.9❖吉原角町から出火、花川戸まで焼け、廓も全焼。火は一部大川を越え小梅村を焼く(**実紀一一・天明紀聞**)。

11.19❖丹波船井・桑田郡の七か村で打ちこわし(**一揆**)。

11—❖駿河駿東郡十八か村で強訴(**一揆**)。

12.12❖相模津久井郡旗本領川尻村で打ちこわし(**一揆**)。

12.19❖小普請太田鉄五郎追放。町方同心と偽って市人に酒食を強要(**実紀一一**)。

12.23❖小普請能勢兵五左衛門死刑。身持放埒を意見した妻と止宿先の町人を殺害、逃走していた(**実紀一一**)。

12—❖尾張知多郡名古屋領加木屋村などで暴動(**一揆**)。

この年❖諸国飢饉(**災異志**)。

〃　❖神田無宿徳次郎こと源助死罪。吉原角町伊兵衛抱え住の江を盗み出そうと近くの土蔵に放火した(**例類二九**)。

〃　❖大坂天満臼屋町の大坂屋音吉、無宿伊三と喧嘩、川へつき落として死なせた。伊三の方が理不尽だとして遠島ですんだ(**例類一五**)。

〃　❖下総前貝村百姓源兵衛養子三次郎死罪。離縁話に逆上して養父を打擲、死なせた(**例類二八**)。

〃　❖和泉今在家村の百姓次兵衛、恋人の近所のまきと痴話喧嘩、池につき落として死なせ斬刑(**例類二八**)。

〃　❖野州無宿茂兵衛こと喜八、四十三件もの押し入り強盗で獄門(**例類一一**)。

〃　❖伊勢度会郡神宮領山田で打ちこわし(**一揆**)。

〃　❖越前大野郡で強訴(**一揆**)。

〃　❖信濃伊那郡で騒動(**一揆**)。

〃　❖駿河駿東郡沼津領西熊堂村で強訴(**一揆**)。

〃　❖肥前松浦郡平戸領今福村で騒動(**一揆**)。

〃　❖陸奥白川郡幕領塙村で打ちこわし(**一揆**)。

【よみうり・瓦版】

貧民徒党の打ちこわし、江戸から国中に

はじめ江戸赤坂の雑穀商で始まった打ちこわしは、すぐ全市に拡がり、つづいて長崎など全国に波及した。安永九年以来、七年連続の凶作で米価は天井知らず、そこへ奸商が買いだめして売らず、ついに庶民の怒りが爆発したのである。このとき、関東郡代伊奈右近将監という能吏が、御手元金二十万両を活用して一両二斗で米を買い求め、半価で貧民に与えたので、四方から江戸へ入る米がふえ、万民しばらくホッとしたといわれる。

北国米買い上げで汚職

実は陰の主犯格は、半知召上ですんだ元勘定奉行赤井豊前守忠晶であるといわれる。この人は前、越前守と称し、火付盗賊改、京都東町奉行、西丸留守居などを歴任したやり手だが、すこぶる私利奸佞の名が高かった。とくに京都では「様々新規の事を企、私欲甚し。凡京町奉行始ってより滝川山城守(元禄期の西町奉行)と此越前守ほどの奸謀の人を聞かず」(翁草)とまでいわれた。それが、なぜ死刑を免れたか、そのへんがよくわからない。

天明八年

1788　戊申

1.4❖相模津久井郡幕領中野村などで打ちこわし(**一揆**)。

1.6❖相模愛甲郡旗本領田代村で打ちこわし(**一揆**)。

1.30❖京都東山団栗図子から出火、西へ延焼して未曾有の大火となる。三千百余か町、十八万三千軒焼け、御所・二条城も炎上(**実紀一一・天明紀聞・翁草一三七・一話一言七・武江・泰平**)。【よみうり・瓦版】

3.6❖前伏見奉行小堀和泉守政方(49)領地召し上げ、小田原藩預け。他に家臣の死罪二、遠島・追放など十二人と伏見町人多数処罰。安永七年着任以来暴戻荒淫の悪政を重ね、文殊九助らが江戸へ直訴していた(**続実紀一・翁草一三六・続甲子夜話三八・天保集成一〇〇・享保通鑑・泰平・伏見民政誌・雨中之鑵子**)。【よみうり・瓦版】

3.6❖伊予宇和郡宇和島領富野川村で強訴未遂(**一揆**)。

4.28❖伊予宇和島領惣川村で逃散(**一揆**)。

5―❖飛騨吉城郡幕領大沼村愁訴(**一揆**)。

6.5❖松前船、奥蝦夷クナシリで土人に襲われ六百七十人殺害される(**き、の**)。

6.16❖京都で大雨、鴨川・桂川一丈余増水、橋残らず流失。伊勢でも洪水(**天明紀聞**)。

8.4❖信濃伊那郡高遠領北福地村で越訴未遂(**一揆**)。

8.29❖博奕常習の小姓組金田惣兵衛ら四旗本遠島(**続実紀一**)。

9.27❖伊予喜多郡大洲領大瀬村で騒動(**一揆**)。

9.28❖信州内山村百姓惣右衛門、上州境の山小屋で狼に襲われる。伜亀松(11)鎌の柄を狼の口に突っこみ、父子協力して打ち殺した。官から亀松に褒美(**真佐喜のかつら・一話一言七・村井随筆**)。【よみうり・瓦版】

10―❖小普請戸田鍋五郎改易。貸した刀で水戸藩士が人を殺した(**天明紀聞**)。

12―❖若狭遠敷郡小浜領忠野村で打ちこわし(**一揆**)。

この年❖京都の富商南湖忠蔵、官の威を借りて米相場を操作した科で闕所(**一話一言七**)。

〃　❖ゆすり・スリ・盗人宿の江戸下柳原同門町いよ遠島(**江戸の犯科帳**)。

〃　❖武蔵吉祥寺村の無宿伝蔵磔。父源助の家へ盗みに入り、見とがめた源助を包丁で傷つけた(**例類二八**)。

〃　❖大坂無宿庄七こと忠五郎獄門。盗みで大坂敲、江戸へ出て盗みで品川溜り、脱走してついに強盗で御用(**例類二八**)。

〃　❖肥前河内村で無宿吉五郎、博奕の借金を催促した豊之助を殺し死罪(**例類九**)。

〃　❖大坂で他人の入質品を偽って請け出して売った無宿茂兵衛死罪(**例類九**)。

〃　❖下総香取郡多古村で打ちこわし(**一揆**)。

〃　❖周防佐波郡三田尻で騒動(**一揆**)。

〃　❖摂津島上郡幕領富田村で打ちこわし(**一揆**)。

〃　❖但馬朝来郡幕領牧田郷で越訴(**一揆**)。

〃　❖出羽仙北郡秋田領六郷地方で打ちこわし(**一揆**)。

〃　❖美濃羽島郡名古屋領松枝で越訴(**一揆**)。

少年の狼退治、表彰　小屋に侵入した狼は、まず惣右衛門のあご・足などに噛みついた。はじめ、亀松は自分の鎌の刃を狼の口につっ込んだが、たちまちバリバリとかみくだかれ、あわてず父の鎌をとって柄の方から狼の口へつっこみ、石でたたいて打ちこんだら狼も弱り、そこをさんざん打ちすえて退治した。亀松は父を背おって下山し、医者の手配をしたので惣右衛門は別条なかった。亀松は年よりも小さく、虚弱にみえる少年だったので、驚かぬ者はなかった。

危篤の父を看病しない息子死刑　死刑判決の理由が、少々変わっている。列挙すると①危篤の父を看病せず遊女屋へ出入りしていた、②知人の名で呉服屋から反物多数とりよせ、着用あるいは入質した、③飯盛女を呼び、あるいは売女買いをした、④町奉行所へ行って親戚ども非道であるとしきりに申し立てた、⑤日ごろしばしば博奕にふけった―というのであるが、どれ一つとり上げても、死刑に価するほどのものではない。■やはり幕府医官という身分が、綱紀粛正にひっかかったのであろう。

寛政元年

1789　1・25改元　己酉

1.2❖越後魚沼郡幕領九か村で越訴(**一揆**)。

1.3❖御所内侍所の拝観日、あまりの混雑に前例を破って穴門から退出させたところ一時に殺到して怪我人多数(**天明紀聞**)。

1—❖光格天皇、父閑院宮典仁親王に太上天皇号を贈ろうとし、老中松平定信反対。尊号事件のはじまり。

2.5❖越後三島郡長岡領来迎寺村で強訴(**一揆**)。

3.11❖日向児湯郡高鍋領高城郷で強訴(**一揆**)。

4—❖名古屋牛天神下で紀州姫君水戸家輿入れの道具運び行列と磐城平藩嫡子安藤長門守の行列が喧嘩(**白峯亭日記**)。

4—❖名古屋城二丸坊主米沢久喜、公金三百両盗み逐電。八年後に捕らえられ処刑(**白峯亭日記**)。

4—❖江戸麻布長坂町で老婆が牛車の下敷きになりかけたところ、牛が剛力でふみとどまり、老婆助かる(**寛政紀聞**)。

5上旬❖蝦夷松前の竹川久兵衛船、シリツマリで土人に襲われ二十二人殺害される(**現来集一二**)。

5.16❖飛騨大野郡幕領大沼村などで越訴(**一揆**)。

5.25❖常習賭博の小普請柴田勘左衛門ら二人遠島(**続実紀一**)。

5—❖甲斐八代郡幕領心経寺村で越訴(**一揆**)。

6.2❖勘定方福島又四郎死刑。謀判で市人から金を詐取し遊女に投じていた(**続実紀一**)。

6.5❖小普請戸田鍋五郎士籍剥奪。病気と届けながら外出し、路上で人を殺した(**続実紀一**)。

6.12❖病と称して出仕せず賭博にふけっていた小十人塩藤右衛門遠島(**続実紀一**)。

6.16❖近畿・東海で大雨。十八日までつづき京都鴨川・桂川出水。三河・遠江・美濃で洪水(**泰平**)。

6.25❖年貢を金納させ私していた美濃郡代千種鉄十郎遠島(**続実紀一**)。

6—❖奥蝦夷クナシリの反乱を松前藩から人数くり出し鎮圧。九月九日に土人八人の首を獄門(**一話一言七**)。

6—❖豊後岡城下大火。古町一町を除き全焼(**翁草一六九**)。

6—❖浪人荻野六兵衛、京橋組与力の地内に住み火術を教授していたが、組中へ貸した金の返済を奉行に訴えたところ、逆に屋敷立ち退きを命ぜられた(**寛政紀聞**)。

閏6.25❖越前大野郡森政村などで強訴(**一揆**)。

7.12❖小普請医浅井休徴死刑。危篤の父を放って遊所に入りびたり、市人から反物などを詐取した(**続実紀一**)。【よみうり・瓦版】

9.18❖諸大名江戸留守居役の寄合停止を令す(**親子草二**)。

9—❖肥後天草郡幕領で越訴(**一揆**)。

10.2❖小普請前島寅之助・宇垣貞右衛門死罪。一浪人の寅之助を宇垣の弟だと偽って前島家の養子にした(**泰平**)。

10.10❖河内古市郡旗本領碓井村などで強訴(**一揆**)。

11.9❖江戸で大火(**災異志**)。

秋—❖京都の公卿十八人処罰。大火後市中仮

【よみうり・瓦版】

京都大火、御所、二条城も類焼

「禁裏炎上、二条御城焼亡、公家武家六十五宇、神社二百二十余社、寺院九百二十八、塔七つ、町数三千百余、凡(およそ)家数十八万三千余、土蔵八千百余。実に京の大火といふ」(『徳川実紀』)■光格天皇は下鴨神社へ仮り住まい。折りからの厳寒に吹きさらしの殿舎だから辛いことであったが、いち早くかけつけてくれた丹波亀山(亀岡)城主、松平紀伊守信道が何よりの力だった。(『徳川実紀』)

小堀遠州の末孫、伏見奉行弾劾

小堀政方は文化人小堀遠州の末孫だが、妾が権力家田沼意次の妾の妹という縁で、次々と役職をもらった。伏見奉行になると「婦女ヲ掠奪シ無辜ヲ殺戮シ、市民ヨリ苛酷ノ徴収金十二万三千両」(伏見民政誌)という悪政。文殊九助は地元の富裕な町人で、天明五年江戸へ出て寺社奉行へ直訴し、すぐ投獄されたが、訴状は溜間詰松平定信に届いた。定信は小堀を召喚し、厳しい調べの末罪状明白となったが、九助はその直前に牢死した。

宅で奔放に暮らし「身持不レ宜」。老中松平定信と近衛関白が極秘に相談して決めたという(**寛政紀聞**)。

12.18❖摂津大石村武太夫娘はんと下人粂蔵、同村五毛森で心中(**例類二五**)。

12.22❖大坂南本町から出火、数町延焼。城代邸はじめ武家地多く焼ける(**続実紀一・翁草一六六**)。

12.28❖代官大原亀五郎、落度あり遠島(**続実紀一**)。

12.30❖蝦夷松前で大風、民家多く倒壊(**災異志**)。

12—❖京都で私娼大手入れ。三千人を捕え一部島原渡し(**寛政紀聞**)。

12—❖阿波那賀郡徳島領椿村で越訴(**一揆**)。

12—❖三河宝飯郡豊橋領三か村で愁訴(**一揆**)。

この年❖上州国定村の大助、新六夫婦に頼まれてその伜無宿彦七を絞殺。死罪(**江戸の犯科帳**)。

〃 ❖河内山城村の神主吉岡伊織と妻とよ死罪。老母とめがいる近くの隠居所が焼けたとき救おうとしなかった(**例類二一**)。

〃 ❖相模西浦賀浜久助伜庄吉死罪。つねに喧嘩好きの悪党で、父親にも突き倒すなど乱暴した(**例類二八**)。

〃 ❖路上で幼児の衣服をはぎとっていた無宿弥吉死罪。十五歳以下だが、罪状とくに悪質と認められた(**例類一二**)。

〃 ❖長崎本博多町の忠兵衛と今魚町の利右衛門、偽銀つくりで死罪(**例類九**)。

〃 ❖武州・上州で農家へ強盗に押し入っていた信州無宿ほういん惣七獄門(**例類一一**)。

〃 ❖伊予喜多郡大洲領柳沢村で強訴未遂(**一揆**)。

〃 ❖駿河駿東郡沼津領上小泉村で騒動(**一揆**)。

〃 ❖対馬下県郡大船越村で騒動(**一揆**)。

〃 ❖肥後天草郡幕領栖本馬場村で越訴(**一揆**)。

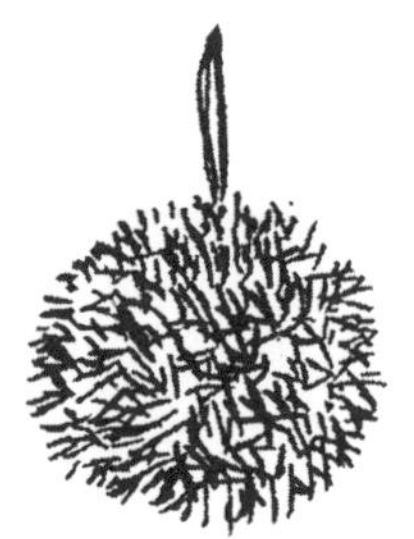

用具—酒林

歳時—菰粽(こもちまき)

歳時—柏餅

寛政二年

1790　庚戌

1.21❖江戸本所松代町から出火、砂村まで焼ける(**武江**)。

1.23❖江戸本所小梅村から出火、三ツ目通り中川まで焼く。同じころ新宿でも宿の三分の一焼失(**寛政紀聞**)。

2.1❖肥前松浦郡平戸領今福村で騒動(**一揆**)。

2.3❖中奥小姓大久保栄吉が帰宅中、町人二十人ほどが喧嘩を売ってきて、先供を打擲して逃げた。一人も切り捨てなかったのは不甲斐性であると差控処分(**天保集成一〇〇**)。

2.8❖牛込門の堀の水抜き穴から煙が出ているので役人が調べると、中を切り開いて畳建具を入れ、箪笥まであった。盗賊の住居と見て破却(**寛政紀聞**)。

2.15❖江戸虎の門で仙台侯と柳沢家の行列が衝突して争論。結局柳沢の方から詫びの挨拶があって落着(**寛政紀聞**)。【よみうり・瓦版】

4.6❖大坂の商人源兵衛と弟二人妹三人、表彰される。中風で寝たきりの老母に孝養をつくし、全員結婚せず(**続実紀一**)。

5.9❖大坂玉沢町の大工半兵衛、養父次右衛門を殺して逐電。全国手配(**天保集成一〇〇**)。

5—❖越後蒲原など三郡で越訴(**一揆**)。

6.18❖桜島爆発(**災異志**)。

6—❖京都で私娼大手入れ、千二百人を島原へ送る(**花街史**)。

6—❖江戸四谷無宿富次郎、十一件三百五十点の盗みにより死罪(**続類集三六**)。

6—❖旗本土屋相模守、妾を斬り殺し自殺。内室も自殺(**寛政紀聞**)。

6—❖江戸愛宕下のさる大身の家来酒乱、路上で西瓜売りを斬り殺し数人を傷つけ、入牢(**寛政紀聞**)。

8.1❖江戸で大風雨、洪水。二日も(**泰平**)。

8.3❖出羽山形宮町の甚吉(27)、父利兵衛に疵負わせて死なせ逐電。全国手配(**天保集成一〇二**)。

8上旬❖江戸高田台町の御家人の倅近所の町家の倅を切り捨てた。無礼討ちとして構いなし(**寛政紀聞**)。【よみうり・瓦版】

9—❖河内讃良郡の百姓五右衛門・きん兄妹表彰。貧苦と戦い病床の父母に孝養を尽くした(**続実紀一**)。

11.8❖広島藩士木本伊織と厳島一乗坊住職弁成、金欲しさから共謀して島末勇蔵を殺害。ともに広島で死刑(**例類二**)。

11.25❖書院番一柳勘之丞改易。家来の娘みちと密通するなど不身持、家政不行届(**半日閑話四**)。

12.5❖江戸中ノ橋向で五十歳位の旅人が斬り殺されていた。懐中の書き物によると地頭所への納金百二十両を持っていたのを奪われたらしい(**寛政紀聞**)。

この年❖江戸で刀奪い、かんざし抜きを重ねていた麹町の大助死罪(**例類一一**)。

〃　❖京都御前通下立売上ル天満屋平兵衛の勘当息子喜三郎こと平四郎獄門。重追放の身で京都へ立ち戻り、ゆすり・盗み・殺人までやっていた(**例類二六**)。

〃　❖主家の衣類、朋輩の銭などを盗んでいた二丸留守居弓削田甚左衛門家来小山隼太死罪(**例類二〇**)。

【よみうり・瓦版】大名行列の衝突、双方譲らず

三田村鳶魚翁によると、路上で大名行列同士が出会うと、乗物がすれ違うとき互いに目礼する、とあるが、これは先供同士が譲れ譲らぬで感情的になったのであろう。「同勢争論あって余程烈しかりしが、程なく鎮まり、其後早々柳沢家により使者にて丁寧に申し訳いたされしに付」(寛政紀聞)無事にすんだ。柳沢家が自分側の非を認めたのか、六十二万石対十五万石の格差に気づいて下手に出たのか、そのへんはわからない。

御家人の倅、町人の倅を無礼討ち

十六歳の町家の倅が、十三歳の御家人の子の衣服の貧しさを誹り笑った。怒った御家人の子が、一刀のもとに相手の左肩から斜めに胸元まで切り下げ、即死させた。もちろん奉行所へ届けたが、調べの結果「武士として当然」と構いなし、そのうえお上から褒美金まで下された。よほど貧しい御家人だったのだろうが、直参は直参。くずれゆく身分制度の権威を必死に守りぬこうとする当局の政治的意図が、目に見えるようである。

〃　❖堺南大工町三丁目河内屋吉兵衛倅源七、恋人のきくを締め殺し、自分は死ねず逃走、つかまって下手人(斬)(**例類一五**)。

〃　❖甲府勤番久保田源兵衛家来遠藤鉄三郎酒乱、主人の槍で同僚飯塚円次に傷負わせて死なせ、死罪(**例類二一**)。

〃　❖百姓与右衛門、父の敵を討つ(**敵討**)。

〃　❖下総香取郡多古領神田村で強訴(**一揆**)。

〃　❖但馬朝来郡生野代官所管内で愁訴(**一揆**)。

〃　❖備中窪屋郡倉敷で越訴(**一揆**)。

江戸城における正装

不行跡、七人のご隠居

日ごろお上品なお公卿さんからは、およそ考えられない、その処分理由がすさまじい。柳原前大納言紀光は盗賊の聞こえあり、中御門右中将宗重は、円通寺の本尊を盗んで売った。西大路三位隆良は博奕の常習、岩倉三位具連はニセ金使い、滋野井右中将公敬に至っては、四条の女郎屋で呼び込みをしていた。大宮三位貞季と壬生左中将師基は、引越料を取りながら町家に居座った。その割りに処分が軽いのは、幕府がまだ遠慮したからであろうか。

寛政三年

1791　辛亥

1下旬❖銭湯男女混浴禁止(**き、の**)。【よみうり・瓦版】

2.20❖陸奥白川郡幕領戸塚村で強訴(**一揆**)。

3.1❖小姓組朝比奈弥次郎切腹。昨年十二月乱心して御徒水野藤三郎を殺害した(**続実紀一**)。

3.18❖豊後日田で騒動(**一揆**)。

3―❖山東京伝筆禍、手鎖町内預け処分(**き、の**)。

4―❖江戸八丁堀無宿卯之助こと牛之助、二十四件の盗みにより死罪(**続類集三七**)。

5.3❖怪盗葵小僧獄門。葵紋つきの提灯を押し立てた旗本行列を仕立てて押し入り手当たり次第に金品を却略し婦女を犯したが、火盗改長谷川平蔵手で逮捕された(**編年**)。【よみうり・瓦版】

5―❖京都新町通下長者町下ル清七表彰。よく継父に仕え、その死後は母と弟を守って家業に励んだ(**続実紀一**)。

6.10❖三河碧海郡刈谷領で暴動(**一揆**)。

6.13❖鳥取で魚売りら強訴(**一揆**)。

6―❖越後魚沼郡幕領十二か村で騒動(**一揆**)。

7―❖旗本小林吉之助の家来佐藤斧八ら三人、主人宅から衣類を盗み死罪(**例類二〇**)。

8.6❖江戸で大雨。深川・洲崎・永代島水没、小田原までの海岸高潮。死者多し(**続実紀一・き、の・親子草一・武江・寛政紀聞**)。

8.14❖桜島噴火(**災異志**)。

8.20❖尾張大風雨。五千八百軒倒壊・流失、九十四人死す(**半日閑話・白峯亭日記**)。

8.28❖江戸金杉安楽寺住職遠島。弟子の尼を死んだように見せかけ、参拝人に拝ませて金を稼いだ(**き、の**)。

9.4❖江戸で再び大風雨、津波。浜町へん床上浸水(**武江・続実紀一・き、の**)。

9.11❖小普請鶴田九十郎の叔父他之助重追放。妾と市井に住み、賎しい渡世をしていた(**続実紀一**)。

9―❖江戸牛込白銀町で高家前田信濃守と水戸附家老中山備前守の供廻りが喧嘩して斬り合い怪我人もでる。両家話しあい内済(**寛政紀聞**)。

10.10❖大坂伏見屋四郎兵衛町から出火、八十七か町二千十軒焼ける(**かわら版**)。

10.18❖小普請服部外記の叔父熊次郎遠島。金にまつわる不良行為で(**続実紀一**)。

10.29❖寄合天野山城守逼塞。養母・孫・家士らの博奕を等閑にしていた(**続実紀一**)。

11.3❖小普請小笠原数馬遠島。病と称し博奕にふけっていた(**続実紀一**)。

11―❖肥後天草郡宇土村で越訴(**一揆**)。

12.25❖丹波天田郡綾部領上川合村などで強訴(**一揆**)。

この年❖不行跡堂上方処分。盗み・賭博・偽金使い・女郎屋の呼び込みなどをしていた七人隠居・逼塞(**き、の**)。【よみうり・瓦版】

〃　❖江州田井村年行事三右衛門死罪。従弟の作右衛門と争い、打ち殺して病死を装わせていた(**例類一五**)。

〃　❖佐渡青木村の百姓園八獄門。元養父の清七郎方へ押し入り、夫婦を殴殺して衣類を奪った(**例類二八**)。

〃　❖京都鞍馬寺下の願人坊主松本坊文光、義父恵光を讒訴して死罪(**例類二一**)。

【よみうり・瓦版】

銭湯に男女の別なし、無視される混浴禁令止

「以来は場所柄ハ勿論、場末タリトモ入込湯(混浴)ハ一統ニ堅ク停止せしめ候。依之是迄入込湯焚来るものハ其最寄々々申合せ、差合ざるよう、たとへば一、六之の日など次第を立置、差支なく女湯焚申す可く候」家康入府とともに始まった江戸の銭湯は天保ごろで約四百七十軒、みんな男女別なし。それがこんな生ぬるいお触れに、いつまでも従っているはずがなく、ペリー『日本遠征記』の挿絵など堂々と全裸の男女がひしめいている。

葵の紋、行列仕立てで大泥棒

葵紋提灯を先頭に、槍を立て挟箱を持たせた行列を乗物の中から指揮するこの強盗、一夜に富商数軒を襲って金品を奪い、女を犯す。火盗改長谷川平蔵手必死の捜査で、ついに御用となったが、長谷川も少々考えた。強姦被害者があまりにも多いので、彼女らに迷惑かけてはいけない。そこで強盗の方だけテキパキと調べ進め、逮捕後わずか十日で処刑してしまった。ついでに調べの記録まで抹殺したので、葵小僧の本名もわからない。

〃 ❖同宿の旅人の胴巻を剃刀で切って金を盗んでいた無宿喜兵衛死罪(**例類一一**)。

〃 ❖手形入り書状を開封した大坂谷町三丁目の飛脚屋召仕次郎死罪(**例類九**)。

〃 ❖偽金つくりの野州上久我村求馬磔(**例類九**)。

〃 ❖大坂淡路町村河屋船「三社丸」水主勘七ら九人死罪。船上で積荷を開き、中味を売り払った(**例類一一**)。

〃 ❖太田作兵衛組中間鷹野金次郎・中丸木要助死罪。宅番に行った事件容疑者留守宅から衣類を持ち出し、入質して遊興費に(**例類二〇**)。

〃 ❖賄方鈴木十兵衛遠島。往来で人と立ち話中、酔って割って通った加藤茂左衛門を斬り捨てた(**例類二一**)。

〃 ❖越後刈羽郡椎谷領油田村で越訴(**一揆**)。

〃 ❖近江甲賀郡牛久領柑子袋村で越訴(**一揆**)。

〃 ❖上総夷隅郡旗本領三か村で騒動(**一揆**)。

〃 ❖播磨美嚢郡壬生領二十七か村で強訴(**一揆**)。

大奥の豆撒き

寛政四年

1792　壬子

1.7❖肥前雲仙岳噴火（**北窓瑣談**）。

1.18❖肥前普賢岳噴火。二月にも（**続実紀一**）。

2.9❖伯耆無宿喜三郎ら三人死罪。甲州田中村の農家から十両余を盗んで秋葉山参詣の路用にしていた（**例類一二**）。

2.13❖武蔵鎌形村医師玄正の養子玄味(26)、養祖父と養母に疵（きず）を負わせ逃亡。全国手配（**天保集成一〇二**）。

閏2.25❖長崎奉行水野若狭守家来佐藤万蔵、町人から収賄して獄門。奉行も閉門（**続実紀一・新類集一**）。

4.1❖肥前雲仙岳噴火。大津波で死者四千八百三十五人（**続実紀一**）。

春—❖信濃伊那郡大河原村で騒擾（**一揆**）。

〃　❖出羽雄勝郡秋田領田子内村で強訴（**一揆**）。

5.16❖大坂西横堀呉服橋へんから出火、八十九か町、七万千三百七十四軒焼ける。「惣嫁（そうか）火事」という（**摂陽奇観・半日閑話三**）。

6—❖信濃伊那郡池田地方で打ちこわし（**一揆**）。

7.11❖日向宮崎郡幕領国吉村などで暴動（**一揆**）。

7.13❖三河岡崎領で大風雨。百七十七か村水損（**災異志**）。

7.21❖江戸麻布笄橋から出火、赤坂・青山・四谷・麹町・飯田町焼ける（**続実紀一・寛政紀聞・武江・泰平・き、の**）。

7.26❖土佐で大風雨。六千二百軒倒れ十一人死す。

8.23❖高野山学侶方金剛院真隆遠島（**続実紀一**）。

9.3❖露人ラックスマン根室へ寄港、大黒屋光太夫・磯吉ら帰国。【よみうり・瓦版】

12.26❖甲斐八代郡など田安領七十三か村で越訴。大桝騒動（**一揆**）。

この年❖東海地方で押し込みを重ねた無宿利吉ら三人死罪（**例類一二**）。舟で江戸の川を回り、他船から米・油などを盗んでいた麻布無宿嘉七死罪（**例類一二**）。

〃　❖上州で農家から衣類・金を盗み回っていた無宿忠次郎獄門（**例類一一**）。

〃　❖偽金（にせかね）つくりの無宿太次郎、伊勢山田で死罪（**例類九**）。

〃　❖無宿弥吉(14)、路上で幼児の衣類をはぎとり死罪（**江戸の犯科帳**）。

〃　❖寄合石川岩之丞の中間伊八、同家侍奥村繁八の供して外出、急病で倒れた奥村から金を奪い、死罪（**江戸の犯科帳**）。

〃　❖大目付桑原伊予守の足軽高島喜八、供先で金・衣類を盗む。主人の助命願いにより江戸追放ですんだ（**例類二〇**）。

〃　❖旗本の元家来近藤甚左衛門死罪。鎌倉の旅籠女中はまを養女にするとつれ出し、内藤新宿へ十五両で売り払った（**例類一九**）。

〃　❖武州赤芝新田甚右衛門の倅乙次郎死罪。騒ぎが面白かろうと元主人庄次郎方屋根に放火した（**例類二五**）。

〃　❖松平主殿頭中間辰之助、供先で衣類を盗み死罪（**例類二〇**）。

〃　❖禁裏附有田播磨守の同心田崎金蔵死罪。茶屋の娘うのに横恋慕（よこれんぼ）して剃刀（かみそり）で殺害した（**例類二一**）。

歳時—道喜粽（ちまき）、粽

【よみうり・瓦版】大黒屋光太夫帰国

光太夫は伊勢白子（三重県鈴鹿市）の人。天明二年（一七八二）神昌丸船頭として江戸へ向かう途中難破。部下十六人と共にアリューシャン列島のアムチトカ島で五年間生活。のち生き残りの部下を露本土イルクーツクに移り、一七九一年（寛政三年）ペテルブルグで露女帝に謁した。帰国後は番町の薬園に収容されてロシア事情を報告。桂川甫周がそれを基に書いた『北槎聞略』は、わが国の海外研究に大きく役立った。文政十一年、七十七歳で死。

〃 ❖東海大風、遠州浜松で百三十艘覆没、死者多数(**災異志**)。
〃 ❖下総葛飾郡旗本領四か村で越訴(**一揆**)。
〃 ❖武蔵入間郡旗本領新堀村で騒動(**一揆**)。
〃 ❖陸奥会津領で蠟自由販売を越訴(**一揆**)。

寛政五年 1793 癸丑

1.7❖関東で大地震(**大江戸春秋**)。
1.21❖三河八名郡豊橋領で打ちこわし(**一揆**)。
2.13❖伊予宇和郡吉田領八十四か村で強訴・逃散(**一揆**)。
2.22❖陸奥岩木山噴火(**災異志**)。
3.1❖肥前島原で大地震。死者多し(**半日閑話三**)。
3—❖出羽田川郡庄内領で越訴(**一揆**)。
閏3.7❖中山大納言愛親閉門。尊号事件結着。
5.5❖肥後天草郡幕領で暴動(**一揆**)。
6.27❖奇士高山彦九郎(49)、久留米で割腹。
7.23❖淡路三原郡徳島領で越訴(**一揆**)。
7—❖越前大野郡勝山領で愁訴(**一揆**)。
8—❖名古屋本国屋佐一、偽米札つくりで遠島(**白峯亭日記**)。
9.23❖陸奥閉伊郡盛岡領沢村で愁訴(**一揆**)。
10.25❖江戸湯島から出火、神田・本石町・堺町まで焼け、両芝居類焼、日本橋落ちる(**続実紀一・武江**)。
11.13❖江戸大火、麻布・上野新町・遊行寺門前焼ける(**災異志**)。
12—❖近江蒲生郡上大森六か村で暴動(**一揆**)。
12—❖備前上道郡西大寺などで強訴(**一揆**)。
この年❖伊勢無宿清七死罪。職を求めに行った先々で金品を盗んでいた(**例類九**)。
〃 ❖大坂久太郎町三丁目布屋武右衛門獄門。不正証書で金をかたり取った(**例類九**)。
〃 ❖江戸神田竪大工町の惣助獄門。謀計をもって奉公先から金を盗んだ(**例類九**)。
〃 ❖往来でかっぱらいを重ねた書院番稲葉喜太郎中間仁助死罪(**例類九**)。
〃 ❖知人から預かった娘を女郎に売りとばした無宿小八こと専蔵死罪(**天保類集二四**)。
〃 ❖主人の娘に不義を申しかけ、断られたのを怒って二階から突き落とし気絶させた無宿幸吉死罪(**例類二八**)。
〃 ❖酔って路上で抜刀、通行人三人に疵負わせた留守居同心早川松之助斬(**例類二一**)。

用具—下駄・堂島下駄

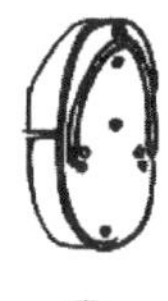
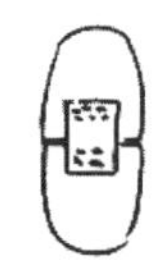
用具—下駄・中切下駄

歳時—江戸の山車

寛政六年

1794　　　　甲寅

1.10❖江戸糀町五丁目から出火、霞関・虎ノ門・外桜田・愛宕下・芝まで燃える。大名邸多く焼亡(**続実紀一・武江・泰平**)。

1.15❖江戸大火。麻布日ヶ窪・藪下十番・雑色古川へん焼亡(**災異志**)。

1—❖陸奥白河郡で暴動(**一揆**)。

2.16❖長崎唐人屋敷で砂糖を大量密買した本籠町の四米之助死罪(**例類二七**)。

3.27❖陸奥閉伊郡盛岡領宮古通で愁訴(**一揆**)。

4.2❖吉原江戸町二丁目から出火、全廓焼亡(**武江・蜘蛛の糸巻**)。

4—❖名古屋桑名町から出火、大火となる(**白峯亭日記**)。

春—❖備中桧物屋の娘松(17位)、一夜発熱のあと男に変じ松之助と改名(**北窓瑣談**)。

6.5❖京都四条で火事、芝居焼ける(**災異志**)。

6.25❖御台所用人安藤長左衛門ら三人、御膳水に虫が入っていたため御前停止(**続実紀一**)。

6—❖武蔵上高井戸の百姓小助と下野荒川村の同佐右衛門、至孝を賞せられる(**続実紀一**)。

7.12❖江戸で大風雨。不忍池に大竜巻生ず(**武江・寛政紀聞**)。

9.3❖江戸品川宿過半焼亡(**災異志**)。

9—❖御番医・小普請医三十一人に口頭試問。答詞不適の村山元哲帰宅後血を吐いて死す(**半日閑話二五**)。

11.3❖江戸で大地震(**泰平**)。

11初❖箱根に山犬出没、怪我人あり(**白峯亭日記**)。

11.15❖佐渡で大地震(**一話一言二八**)。

11下旬❖駿河で農家から衣類を盗んでいた信州無宿団蔵死罪(**例類一一**)。

11—❖佐渡雑太郡相川で打ちこわし(**一揆**)。

11—❖長門厚狭郡吉田で暴動(**一揆**)。

12.15❖下総流山百姓与七の養子宗助(34)、与七夫妻と女房を殺害、逃走(**天保集成**)。

この年❖武蔵原馬室村の百姓丑太郎死罪。無宿三次郎と口論、打ち殺して加害者を盗賊に仕立てていた(**例類一五**)。

〃　❖奉公中集金した十三両余のうち九両三分を着服した無宿藤助死罪(**例類一二**)。

〃　❖吉原角町の遊女屋渡世みや、浅草念仏院弁察が抱え遊女の悪口をいったのを怒り、雇い人に弁察を縛らせ、おどして全遊女を買い占めさせた。行きすぎとして追放(**江戸の犯科帳**)。

〃　❖江戸城金蔵破り未遂の江戸伏見町市助獄門(**例類一一**)。

〃　❖無宿伊兵衛、世話になった太右衛門をいかさま博奕に誘って金をまき上げた。博奕には珍しく死罪(**江戸の犯科帳**)。

〃　❖長崎唐人番見習星野斧右衛門死罪。唐人から砂糖を密買した戸町浦の忠五郎をゆすったうえ殺害した(**例類一八**)。

〃　❖武蔵児玉郡旗本領仁平村で越訴(**一揆**)。

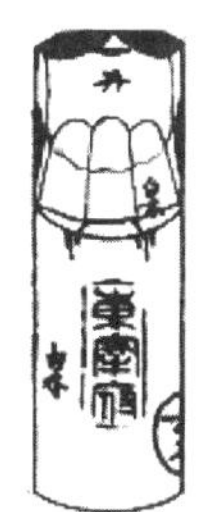

歳時—筑紫太宰府鷽鳥(うそ)

寛政七年

1795　乙卯

1.8❖陸奥稗貫郡盛岡領大迫通など強訴(**一揆**)。

5—❖ロシア船、蝦夷で邦人の船貨略奪(**生活史**)。

6.12❖肥後阿蘇で出水、熊本浸水(**災異志**)。

7.19❖長崎洪水のうえ大火。千余人死す(**災異志**)。

8—❖下総上山川村百姓忠左衛門の伜金六、至孝を表彰される(**続実紀一**)。

9—❖豊前上毛郡小倉領永野村で逃散(**一揆**)。

10.4❖江戸竜ノ口評定所焼ける(**災異志**)。

10.19❖甲府勤番松田嘉次郎ら三人遠島。閻魔や青鬼に扮して町人をおどした(**続実紀一**)。

11.8❖陸奥稗貫郡盛岡領四か村で強訴(**一揆**)。

11.9❖陸奥岩手郡盛岡領四か村で強訴(**一揆**)。

11.10❖陸奥和賀郡など盛岡領全域で強訴(**一揆**)。

12.23❖江戸尾張町から出火、すこぶる大火となる(**続実紀一**)。

12—❖陸奥閉伊郡盛岡領本禅寺村などで強訴(**一揆**)。

この年❖江戸深川元町の半兵衛、奉公中集金した十四両余を酒食と博奕に費消し死罪(**例類一二**)。

〃　❖大坂内本町上三丁目の播磨屋久助、金を盗もうと大坂城御多門の壁を切り破って侵入、磔(**例類一〇**)。

〃　❖沖合で琉球船と物々交換していた薩摩山川港の船頭庄左衛門死罪(**例類二七**)。

〃　❖信州大塚新田の作兵衛乱心、かねて密通関係の長右衛門女房はつ方へ侵入、はつ夫婦と伜代蔵を殺害。獄門(**新類集一**)。

〃　❖伊豆新島へ遠島渡航中、小舟を盗んで逃走しようとした流人藤助死罪(**例類二六**)。

〃　❖大坂天満老松町武兵衛方下人新助死罪。主人の妻かめと密通していたが、かめが自責の自害をとげ露顕(**例類二五**)。

〃　❖栄蔵こと入墨織蔵、伊豆新島へ島流し中脱走を図り死罪(**例類二五**)。

〃　❖播磨美嚢郡壬生領二十七か村で強訴(**一揆**)。

歳時—武蔵野ノ出し(**山車**)

寛政八年

1796　丙辰

1.16❖江戸本郷春木町伝兵衛の娘いわ、孝行を表彰される(**続実紀一**)。

2—❖肥後天草郡幕領十五か村で強訴、打ちこわし(**一揆**)。

3.24❖陸奥九戸郡八戸領踊岡野村で強訴(**一揆**)。

3.24❖陸奥二戸郡盛岡領福岡通で強訴(**一揆**)。

3.25❖陸奥閉伊郡盛岡領五か村で強訴(**一揆**)。

3—❖無宿九助、越後下条村百姓喜兵衛の娘くわをつれて碓氷関所破り。全国手配(寛政九年の説も)。(**町触**)。

3—❖伊予宇和郡宇和島領中津川村で強訴未遂(**一揆**)。

4.3❖陸奥閉伊郡盛岡領新里村で強訴(**一揆**)。

4.22❖酒井雅楽頭足軽真田文次、女にふられ仲介者庄七のやり方が手ぬるいと逆怨み、主人の鉄砲で庄七方へ打ち込んだ。御府内で不届と獄門(**一話一言三五**)。

5.4❖伊勢古市廓で医師孫福斎宮酒乱、多数を殺傷(**花街史**)。

6.9❖新五郎(35位)・忠次郎(30位)兄弟、信州追分宿の飯盛女みた・うたをつれ出し碓氷関所破り。全国手配(**町触**)。

6.14❖信濃伊那郡飯田で打ちこわし(**一揆**)。

6.23❖昨年七月以来追いはぎをしていた小普請小栗茂十郎の弟半蔵ら二人斬(**続実紀一**)。

6—❖広島で大水害、百六十九人死す(**生活史**)。

6—❖熊本で大洪水(**生活史**)。

7.1❖駿河長谷村の百姓栄蔵、駿府城の草とりに出ていて銅瓦などを盗み死罪(**例類一〇**)。

7.21❖佐渡相川二丁目の大工金蔵、奉行所へ侵入して工具などを盗む。翌年死罪(**例類一一**)。

7.29❖肥後阿蘇郡熊本領小国郷で越訴(**一揆**)。

8.11❖吉原へ灯籠見物に行っただけで下谷真源寺日光ら僧十人遠島(**続実紀一・半日閑話二**)。

8.16❖女犯僧七十余人江戸日本橋で三日間の晒し(**現来集四・巷街一**)。

夏—❖石見美濃郡浜田領宇津川村で逃散(**一揆**)。

10—❖陸奥岩手郡盛岡領沼宮内通などで打ちこわし(**一揆**)。

12.27❖伊勢一志郡津領七か村で強訴・打ちこわし(**一揆**)。

この年❖下谷池之端仲町の仁三郎、町内の菊松を絞殺し獄門(**江戸の犯科帳**)。

〃　❖江戸で銭湯荒らしの無宿清助死罪(**例類一一**)。

〃　❖尾州藩士伊東金蔵倅三之助遠島。落ちてきた凧のことから隣家の家来らと争い負傷させた(**一話一言三五**)。

〃　❖上州無宿源蔵こと惣吉獄門。博奕の争いで酉之助を斬り殺し井戸に投げこんだ(**例類一五**)。

〃　❖偽銀を使った百人組同心竹内七右衛門甥政右衛門磔(**例類二〇**)。

〃　❖寺から衣類を盗んだ法蔵寺の掬禅(きくぜん)死

歳時—菖蒲刀(しょうぶかたな)

歳時—粽子(ちまき)

1797 大坂江戸掘大目橋の心中事件、見物人多く橋落ちる

罪(**例類二〇**)。

〃　❖信州八幡村無宿忠五郎獄門。娘との結婚を断った同村医師通庵方へ抜き身を持って押しかけ狼籍した(**例類一五**)。

〃　❖いかさま賭博開帳の京都仏具屋町魚棚下ル惣兵衛死罪(**例類八**)。

〃　❖日向福島の和泉屋清助獄門、弟善八死罪。頼まれた荷を北国へ回送する途中売り払った(**例類一〇**)。

〃　❖いかさま賭博開帳の江戸南八丁堀五丁目栄蔵ら四人死罪(**天保類集二一**)。

〃　❖丹波上河内村百姓宇兵衛、亀岡藩の偽銀札をつくり獄門(**新類集九**)。

〃　❖京都新町五条下ル惣五郎、軽追放の身で立ち戻り詐欺を働く。京都町奉行は重追放としたが評定所の決で死罪(**例類二六**)。

〃　❖奥州下大江村で博徒大喧嘩。即死一、重傷十人。一方の親分菊十死罪(**続類集五**)。

〃　❖出羽大山村百姓重右衛門の姉いね死罪。村内で九件の衣類盗み(**例類二三**)。

商の様子

寛政九年

1797　丁巳

2—❖大坂江戸堀大目橋で心中あり。見物人がおしかけ橋落ちる(**かわら版**)。

3.7❖陸奥江差郡仙台領七か村で強訴(**一揆**)。

3—❖無宿九助(40位)越後下条村百姓嘉兵衛、同くわをつれて碓氷関所破り。全国手配(**天保集成一〇二**)。

4.26❖陸奥栗原郡仙台領若柳村などで強訴(**一揆**)。

4—❖陸奥磐井郡仙台領永井村などで暴動(**一揆**)。

5—❖江戸で四十五件四百五十余点の盗みを働いた無宿佐之吉こと勇吉獄門(**続類集三六**)。

7.6❖江戸で大雷雨、諸所落雷(**泰平**)。

7—❖陸奥伊達郡幕領桑折村などで愁訴(**一揆**)。

8.5❖大坂島之内京扇屋の抱え小伝、びんつけ屋主人と淀川で心中(**かわら版**)。

9—❖難破漂流の土佐人、八丈島御役船で帰着(**梅翁随筆**)。

10.22❖江戸佐久間町から出火、大川を越え深川・木場まで燃える(**武江**)。

10.29❖二条城金蔵から四千両が盗まれていた。翌十年新町三条の錺職藤田大助を逮捕(**梅翁随筆・寛政紀聞**)。

10—❖土佐長岡郡豊永郷八か村で強訴(**一揆**)。

11.22❖漂流の出雲水夫清蔵ら、十二年ぶりに江戸へ帰着(**坐臥記**)。

11—❖陸奥鹿角(かずの)郡盛岡領毛馬内通で愁訴(**一揆**)。

12.4❖京都三条中島町日光屋みよの夫久兵衛が殺された。犯人は元同家下男六太郎とわかり全国手配(**天保集成一〇二・例類四**)。

この年❖江戸文殊寺の密門、女犯と盗みで死罪(**例類二〇**)。

〃　❖大坂安治川南二丁目大津屋利太夫獄門。難破船から荷を盗んで売り払っていた(**例類一〇**)。

〃　❖無心に来た不良の兄を口論のすえ切り殺した美作楢原下村百姓丹次獄門(**例類二八**)。

〃　❖出羽村山郡幕領寒河江で不穏(**一揆**)。

〃　❖上総夷隅郡勝浦領部原村で越訴(**一揆**)。

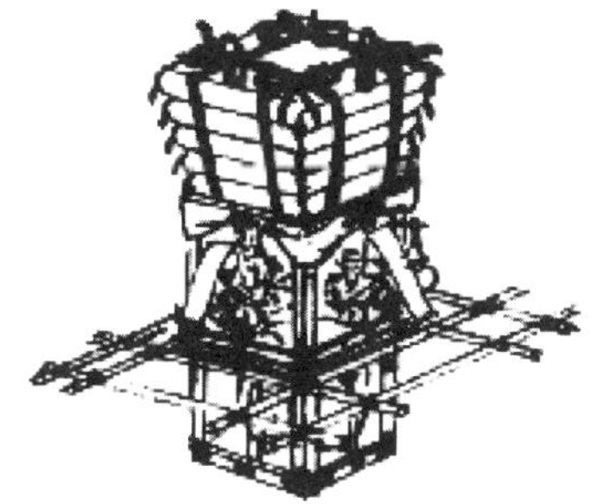
歳時—御輿太鼓

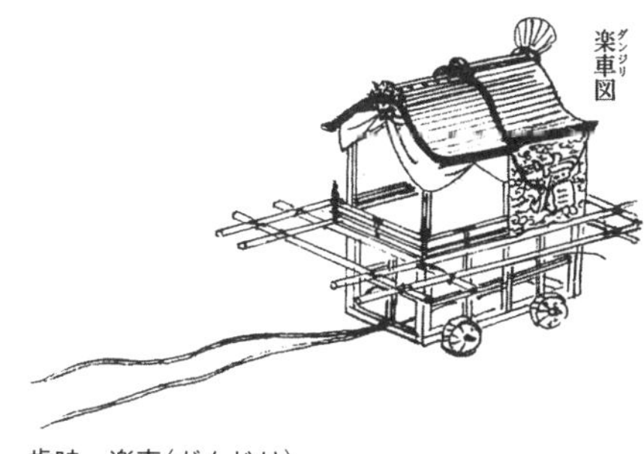

歳時—楽車(だんじり)

寛政十年

1798　戊午

1798 営中で老臣の前へふところ手で現われた小姓組番頭、お勤め停止

1.24❖陸奥白川郡高田領十四か村で暴動。浅川騒動(**一揆**)。

1—❖陸奥会津郡幕領八城郷で打ちこわし(**一揆**)。

2—❖尾張米之木村百姓八右衛門の娘やよ(22)男と化し、久八と改名(**半日閑話二五・寛政紀聞**)。

2—❖奥医師橘宗仙院の倅、吉原京町大海老屋遊女:象潟(きさがた)と無理心中。内済(**梅翁随筆**)。

4.8—❖美濃・尾張と伊予で大雨・洪水(**災異志**)。

4.17❖江戸・東海・木曽等で大雨・洪水(**寛政紀聞**)。

5.1❖江戸品川で鯨を岸へ追い上げる。見物群集(**き、の・梅翁随筆**)。

5.16❖江戸竜ノ口で二十歳位と十六歳位の侍が斬り合い相討ち。ともに熊本藩士で衆道のもつれからという(**寛政紀聞・梅翁随筆**)。

5.16❖江戸目黒と碑文谷で侍が百姓を次々斬り二人即死、数人深手。犯人は大勢に梯子で取り押えられたが、強く圧されて息絶えた。辻斬か(**寛政紀聞**)。

5.16❖江戸本郷の蕎麦屋、宿怨の元同町湯屋に殺される。蕎麦屋の倅すぐ復仇(**梅翁随筆**)。

5.25❖加賀で大地震。圧死者多数(**災異志**)。

5—❖江戸下町の町人某、軽い科で入牢中自殺を図り、陰茎陰嚢を紐で根太にくくりつけ力いっぱい跳び上がったところ、二つとも切れたが命に別条なし(**寛政紀聞**)。

6.5❖江戸山王祭で喧嘩、即死四人も(**寛政紀聞**)。

6.25❖奥州浅川の柳原式部大輔陣屋へ百姓四、五千人押しよせる。棚倉藩の応援でやっと撃退(**梅翁随筆**)。

6—❖美作勝南郡など幕領二百二十六か村で越訴(**一揆**)。

7.1❖京都大仏殿雷火で炎上、大仏焼亡(**続実紀一・梅翁随筆.半日閑話二・泰平・寛政紀聞**)。

7—❖下総相馬郡旗本領大房村で越訴(**一揆**)。

8.7❖美濃海西郡名古屋領四か村で打ちこわし(**一揆**)。

8—❖尾張海西郡高須領で騒動(**一揆**)。

9上旬❖金沢在の天狗森に金を要求する天狗が現われる。役人出張して一味を捕縛、すべて盗賊(**寛政紀聞**)。

10.6❖営中で老臣の前へふところ手で現れた小姓組番頭柘植長門守御前停止(**続実紀一**)。

10.8❖備後:御調(みつぎ)郡尾道で騒動(**一揆**)。

11.10❖岡山藩士山田市右衛門の足軽林善助と伊木長門の足軽七右衛門が喧嘩、善助が殺された。藩の命により伊木が七右衛門を成敗(**諸藩**)。

11.12❖江戸深川富町で南塗師町山崎みき(**41**)と娘はる(17)が寄合神保左京の家来崎山平内(31)を討った。みきの夫万作が六年前崎山に闇討ちされた(**寛政紀聞・き、の・巷街一・梅翁随筆・武江・坐臥記**)。【よみうり・瓦版】

11—❖日向臼杵郡延岡領で逃散(**一揆**)。

12.11❖佐渡小倉村の久蔵死罪。土蔵破りで入牢中脱獄、盗みを働いてつかまった(**例類二六**)。

歳時—雛

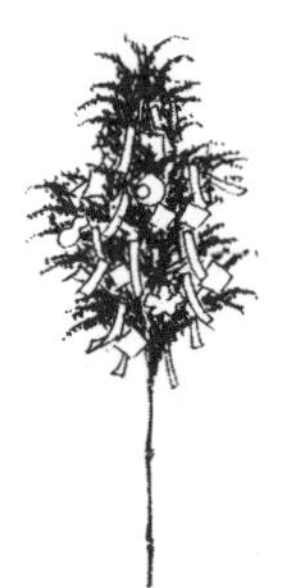

歳時—七夕

12.26❖美濃厚見郡加納領六条村で強訴(**一揆**)。

冬—❖俳優市川高麗蔵に馘首された使用人、楽屋へ暴れこみ、死人も出る騒ぎ(**寛政紀聞**)。

この年❖相模津久井村の千次、同村重郎兵衛方から十八両入り金箱を盗み死罪(**江戸の犯科帳**)。

〃　❖播磨細野村の百姓佐六・庄九郎兄弟、出火で父を見捨てて逃げ、父は焼死した。勘定奉行は死罪としたが評定所採決で遠島(**江戸の犯科帳**)。

〃　❖江戸牛込築土仲町の中川蔀死罪。武家奉公中恋敵の中間の仕業に見せかけて主家に放火し、自分で消した(**江戸の犯科帳**)。

〃　❖上州で八件の盗みをした無宿利兵衛と安兵衛死罪(**例類一二**)。

〃　❖常陸黒子村の百姓新蔵獄門。棒で殴って気絶させ金品を奪う追いはぎを重ねていた(**例類一二**)。

〃　❖江戸浅草田町無宿久八坊主死罪。入墨仕置のあと彫りもので入墨を消し、盗品故買・医師詐称など悪事を重ねていた(**例類二六**)。

〃　❖江戸神田平永村の金兵衛死罪。日光修復に人夫肝煎として出張中、人夫の持ってきた銅瓦などを私して隠していた(**天保類集二五**)。

〃　❖百姓文蔵・嘉助、叔父の敵百姓牛五郎を討つ(**敵討**)。

〃　❖石見美濃郡浜田領上道川村で越訴(**一揆**)。

〃　❖日向諸県郡臼杵領分城村で騒動(**一揆**)。

寛政十一年

1799　己未

1.2❖江戸下町の火消人足ら五十人が絵草紙問屋西村源六方へ押しかけ、家を打ちこわし、そろって奉行所へ出頭した。同店出版の式亭三馬作「侠太平記向鉢巻」が山王祭の喧嘩を面白おかしく取り上げたのが気にくわぬという。全員入牢、源六と作者三馬手鎖処分(**寛政紀聞**)。【よみうり・瓦版】

1.9❖清水家家臣小瀬田鉄兵衛の妹(40位)五日に死亡、葬礼待ちのところこの日蘇生、以後健康(**寛政紀聞**)。

1.25❖江戸本所永倉町で火事(**続実紀一**)。

1.26❖江戸雑司谷で火事、余焔城内になびき一時騒然(**続実紀一**)。

1.28❖江戸築地鉄砲洲と神田三河町の二か所から火事(**続実紀一**)。

1—❖小普請井出岩次郎、包銀の偽印をつくって召し捕られる(**寛政紀聞**)。

2.10❖江戸麻布古川から出火、長坂・狸穴・六兵衛町焼ける(**続実紀一**)。

2.27❖美濃厚見郡加納領六か村で打ちこわし(**一揆**)。

2—❖肥前島原で地震、津波。死者多数(**き、の**)。

2—❖美濃石津郡旗本領中田村で騒動(**一揆**)。

5.7❖佐渡相川で大火。陣屋・組屋敷全焼、一人死す(**寛政紀聞・半日閑話**)。

5—❖周防都濃郡徳山領富田村で越訴(**一揆**)。

6—❖旗本本郷大和守家来某の養子、養父を

【よみうり・瓦版】
深川の母子の仇討
この敵討の特徴は、母子に助太刀したはるの許婚者平井仙柳も含め、敵味方ともに剣の達者が一人もいないことで、それだけ深手浅手の重なる凄惨な血闘となる。例えば、敵平内の手疵は左脇腹三寸程、同肩二寸程、同二の腕六寸程、百会(脳天)より左の肩へ三寸程、右肩二寸程、左小指先切落しというもので、平内が出血多量で絶命したのは、数日後であった。南町奉行池田筑後守の申し渡しは「女の身分健なる致し方につき無構」だった。

江戸火消し、出版元に殴り込み
騒動の原因となった本は、麹町小舟町で実際に起こった喧嘩を軍記ものに仕立て、各組の纏や印判天も、本もの通り絵で紹介してある。ようやく内済和解した事件を興味本位にむし返したのが不届きだと、火消一同申し合わせて書店から刊本を買い占め、これを町役人に持参して、今から打ちこわしに行きますと届けてから、実際行動に移った。■奉行所が火消一同入牢にしたのはわかるが、本屋と作者を手鎖にしたのは何故か。

1801 大坂四天王寺五重塔に落雷、三十七堂宇すべて焼亡

殺害して逃走。つかまって極刑。父が別の養子を入れようとしているのを怨んだ(**寛政紀聞**)。

10.2❖下総鳥羽村の百姓源兵衛(43)、養母すゑを殺害、逃走。全国手配(**天保集成一〇二**)。

11.11❖江戸・大坂で打ちこわしさかん(**生活史**)。

11—❖信濃佐久郡岩村田領で越訴(**一揆**)。

11—❖日向臼杵郡延岡領で逃散(**一揆**)。

この年❖相模無宿の僧祖庭、麹町十二町目伊兵衛方から三十三両盗んで死罪。師僧が金を弁償して助命嘆願したが容れられなかった(**江戸の犯科帳**)。

〃　❖江戸浅草田町二丁目清八の倅長次、人の騒ぐのが面白いと近所の雪隠に放火。「生得愚昧にて」遠島ですんだ(**江戸の犯科帳**)。

〃　❖江戸赤坂無宿伊八死罪。町家の壁を外から破り、手をつっこんで衣類を盗む手口(**例類一一**)。

〃　❖伯耆日野郡鳥取領花口村で越訴(**一揆**)。

〃　❖大和山辺郡柳生領岩室村で騒動(**一揆**)。

寛政十二年

1800　庚申

1.26❖江戸谷中いろは茶屋から出火、寺院多く焼ける(**武江**)。

1—❖周防都濃郡徳山領山田村で強訴未遂(**一揆**)。

2.15❖無宿安五郎獄門。江戸城内桜田門番所横の錠前を石でこわし、盗みのため侵入しようとした(**例類一一**)。

2.23❖吉原田圃竜泉寺町から出火、廓全焼(**武江・蜘蛛の糸巻**)。

2—❖大坂番場の辻番市兵衛召し捕られ獄門。実は大盗賊(**梅翁随筆**)。

2—❖伊予越智郡松山領波方村で逃散(**一揆**)。

2—❖上野邑楽郡旗本領坂田村で越訴(**一揆**)。

4.3❖不行跡の小普請阿久津弥左衛門切腹(**続実紀一**)。

4.5❖出雲宇竜浦の勝三郎と同国学頭村のひな、備後三次で心中、女だけ死ぬ。逃げた男は前年七月大坂で金を盗んだ犯人とわかり指名手配(**例類二**)。

4.15❖京都で愛宕山諸坊焼亡(**続実紀一**)。

閏4.14❖備中井手村百姓伊七(22)、出刃包丁で義母きんを傷つけ逃走。十一月召し捕り処刑(**天保集成一〇二**)。

閏4—❖大番同心岡部源次、東海道岡崎付近で乱心、相番松本孫六を斬って死なせ、斬(**例類四**)。

5.25❖甲府勤番堀内粂之丞、不行跡により士籍剥奪(**続実紀一**)。

6—❖長門吉敷郡萩領矢原村などで騒動(**一揆**)。

7.2❖浅間社内陣から神具を盗んだ駿府安西三丁目宝積寺住職探賢死罪(**例類二〇**)。

7.5❖岡山領岡村住足軽六太夫、三つの娘を畑で刺殺(**諸藩**)。

9.22❖摂津武庫郡尼崎領鳴尾村で打ちこわし(**一揆**)。

9.25❖京都東山双林寺で島原名妓関係遺墨展「烟花城展観」開かれる(**花街史**)。

町医者殺人事件謎の真相

はじめ犯人の見当がまるでつかなかったが、近所の風聞から良安と民が浮かび上がり、南町奉行根岸肥前守のきびしい取り調べの結果、両人密通と犯行を自供した。良安は、旗本大岡伊予守家来福島権太夫の倅、民はと吉原山本屋の遊女白糸。■殺された慶安は、もと関東郡代伊奈摂津守家来で、主家断絶後浪人、小器用なたちなので医者を開業したところ繁昌し、相当に小金を貯めていた。色恋沙汰以外に、金ねらいの凶行とも思われる。

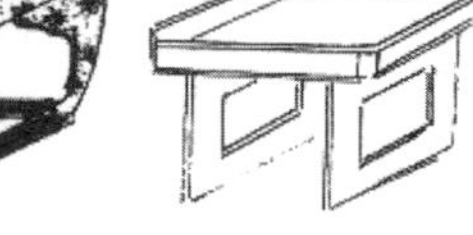

用具—懸盤・木具膳

10.9❖江戸浅草御蔵前片町で、仙台領根岸村の商徳力貫蔵(28)が母の敵、札差伊勢屋奉公人喜兵衛(42)を討つ(**武江・巷街一・梅翁随筆**)。

12.14❖丹波多紀郡篠山領市原村で越訴(**一揆**)。

この年❖江戸町家専門の盗賊無宿常蔵と助手役の無宿幸次死罪(**江戸の犯科帳**)。

〃　❖同行中の武蔵熊谷仁兵衛後家なつの風呂敷包みから金を抜いた無宿太七、追い　おとしの罪を適用され、死罪。(**江戸の犯科帳**)。

〃　❖野州小代村の百姓次左衛門、結婚を断ったとらを殺害。死罪(**例類一五**)。

この年❖越後白根の百姓門七、会津で偽二朱銀を造り、死罪(**例類九**)。

〃　❖京都無宿安蔵、恋人みつの兄与惣吉を殴った所司代中間七之助を包丁で刺し殺し獄門(**例類二六**)。

〃　❖旅籠屋の飯盛女を無理につれ出して強淫した武州葛和田村百姓藤八と千蔵獄門(**続類集一七**)。

〃　❖但馬朝来郡など七十五か村で愁訴(**一揆**)。

〃　❖女人の富士登山許可(**生活史**)。

【よみうり・瓦版】

享和元年

1801　2・13改元　辛酉

1—❖近江志賀郡粟津原で前田半十郎が父の敵服部安右衛門を討つ(**敵討**)。

2初❖江戸四谷天竜寺門前で、汚い願人坊主が二十歳位の美女を刺し殺す。「恋仲だったのに裏切ったので」と坊主自供(**享和雑記**)。

【よみうり・瓦版】

3.9❖江戸下谷蓑輪の町医斎藤慶安、吉原中田圃で養子良安(25)と妾民(28)に斬り殺される。八月四日良安磔、民は重追放(**享和雑記**)。【よみうり・瓦版】

3.29❖江戸尾張町から出火、三十間堀まで焼ける(**災異志**)。

5.5❖長崎本五島町の漁師松次郎斬。長崎沖で肥前深堀の漁船と漁場を争いカイをふるって乱闘、二人を海へ落として水死させた(**例類一五**)。

6.16❖北条筑後守の足軽某、金を取って逃げた女を斬り殺す(**享和雑記**)。

6.23❖出羽村山郡山形領など二十三か村で暴動(**一揆**)。

6.24❖加賀石川郡金沢領宮越などで漁場争い(**一揆**)。

6.27❖伊予周敷(すふ)郡小松領大頭村で騒動(**一揆**)。

6—❖広東船房州へ漂着(**き、の**)。

6—❖京都大仏上梅屋町丸屋弥兵衛の妻よう(44)ら四人、孝行・忠節で表彰(**町触**)。

6—❖伊予風早郡松山領上総村で逃散(**一揆**)。

6ごろ❖西丸書院番松崎左源太の家来安井平馬、恋慕している女中との仲を割いたと誤解し譜代の老女中を斬り殺し自殺(**享和雑記**)。

7—❖武蔵播羅郡旗本領八ツ口村で越訴(**一揆**)。

8.26❖田安定口番鈴木富五郎、夫婦喧嘩から妻を殺したうえ、以前恋慕の元結屋の娘とその母を殺し自殺(**享和雑記**)。

【よみうり・瓦版】

庶民の楽しみ、富士山信仰

北方探検で有名な幕臣近藤重蔵の惣領富蔵は父に預かっていた別荘の庭に小さな富士山を築き、人々から金を取って頂上の小祠を拝ませていた。そんなミニ富士山が江戸には十三ほどあった。それほど日本人は神としての富士山に憧れていた。富士信仰は古く原始のころからあり、江戸時代になるとお山まいりツアーのための富士講が無数にでき、人々は信仰とレジャーを同時に楽しんだ。信仰の対象は、山頂に奥宮のある全国千三百の浅間(あさま)神社の総本家である。

美女と乞食風坊主

坊主は、すりきれて垢(あか)だらけの古(ふる)布子(ぬのこ)を着た乞食(こじき)風、これに対し女は青梅縞(おうめじま)の綿入れに上田縞の小袖を重ねた、人目もまぶしい位の美人。それがすれちがいざま、一言二言ことばを交わすうち、いきなり坊主が女につかみかかり、押し倒して小刀でのどをえぐったのだ。町内の人々に取り押えられた坊主、「自分が他国中、女が仲間の一人と密通した」と犯行動機を語ったが、誰も信じなかった。坊主がどう処分されたか、その後の記録がない。

1802 金比羅の偽勧進金を集めていた遠州の無宿者佐門、獄門

夏—❖凶悪強盗団首領万力善次逮捕、処刑(**享和雑記**)。【よみうり·瓦版】

9上旬❖陸奥岩手·志和郡盛岡領で打ちこわし(**一揆**)。

9.17❖筆頭御膳番大井新右衛門、妻と養子吉五郎を斬殺。不義成敗で済むが、新右衛門翌年一月乱心自殺(**享和雑記**)。【よみうり·瓦版】

11.4❖阿波海部郡徳島領浅川村で逃散(**一揆**)。

11.6❖与力の息子横瀬平十郎(15)と茶人川上不白の妾(16)が江戸小日向水神境内で心中。そのうち添わせてやろうという不白の厚意に気づかなかった(**享和雑記·五月雨草紙**)。【よみうり·瓦版】

11.11❖阿波海部郡牟岐七か村で逃散(**一揆**)。

11.25❖江戸神田蠟燭町から出火、十四か町類焼(**続実紀一·武江**)。

11—❖下総葛飾郡岡発戸村で越訴(**一揆**)。

12.4❖大坂四天王寺五重塔に雷火、三十七堂宇ことごとく焼亡(**浪華百事談·享和雑記·噺の苗**)。

12.30❖高知細工町から出火、千百軒焼ける(**災異志**)。

この年❖江戸神田平永町の長兵衛獄門。仲間を手代に仕立てて呉服屋へのりこみ、反物多量に取り込むやり口(**例類九**)。

〃 ❖農家の蔵から雑穀を盗んで無宿亀次死罪(**例類一一**)。

〃 ❖駿河藤枝宿の甚三郎、土型に錫を鋳込んで偽二朱銀を造り獄門(**例類一〇**)。

〃 ❖江戸神田無宿ほうかむり忠こと忠次死罪。呉服屋で品を出させ、隙を見て持ち逃げする手口(**例類一二**)。

〃 ❖江戸橋本町の無宿へび市こと市太郎、人につき当たって乱暴し金品を奪うやり口で獄門(**例類一二**)。

〃 ❖万引·火事場泥などで手配中の江戸米沢町無宿伝次、母が盗品預かりで調べられていることを知って自首した。火盗改は助命を具申したが評定所の決で死罪(**江戸の犯科帳**)。

〃 ❖人足寄場から脱走·盗み·追いはぎなどをしていた江戸下谷無宿金次ことしろまつ金蔵獄門(**例類二六**)。

〃 ❖但馬朝来郡幕領十八か村で愁訴(**一揆**)。

〃 ❖丹波氷上郡亀岡領黒井村で強訴(**一揆**)。

〃 ❖日向臼杵郡延岡領押片村で強訴(**一揆**)。

早まった小日向の心中

川上不白は、元与力。隠居後千家の茶道を教授し、その道の最高権威として盛名高かった。平十郎もあって、不白に寵愛されていた。茶の道に長じ、無類の美少年と不白は自分の妾と少年の仲に気づき、やがては二人を添わせてやりたいと思って、妾と接することすら避けていたが、二人はこの厚意を知るによしなく、そのうち妾が懐妊したので、簡単に死の道を選んだ。「南無阿弥陀仏」と書いたそろいの白衣をつけ、男が女を刺し殺し自害した。

愚弄された槍持ちの斬り得

はじめ通りかかったのが、表高家有馬粂之丞の行列で、その駕籠かきが「槍持邪魔だ」と手で押しのけると、槍持は抵抗もせずフラフラとよろめいた。その様子が面白いので、次々やってくる旗本の供先が槍持を小突いて行ったが、やがて図に乗ったのが、槍持の槍を奪おうとしたとたん、キッと立ち直った槍持が抜き打ちに三人を斬り、一人即死、二人重傷。槍持は、辻番所へ行って委細を届け、結局大勇槍持の斬り得の名のみ高まった。

享和二年

1802　壬戌

1.1❖江戸麻布永坂へんから出火、十番・雑色・古川町まで焼ける(**続実紀一**)。

1.3❖旗本山中安左衛門の槍持某、主人が麹町三軒屋の某邸で年賀中、表で待っているうち、うすぼんやりの態を諸家の供先に愚弄され、たまりかねて抜刀し一人を斬り殺し二人に手負わせる。大勇を賞され構いなし(**享和雑記**)。【よみうり・瓦版】

1.7❖西丸書院番弓削田弥右衛門、無心に来た不良の庶兄雄心が話のもつれから斬りかかってきたのを逆に斬り殺す。切腹刑(**享和雑記・続実紀一**)。

【よみうり・瓦版】＝次ページ

1—❖江戸火事頻々。三月までつづく(**続実紀一**)。

1—❖美濃安八郡の大垣領で西本願寺派争論(**一揆**)。

春—❖武蔵橘樹郡川崎地方で強訴(**一揆**)。

6.27❖摂津で大雨・洪水(**噺の苗**)。

6.28❖京都・伊勢などで大水(**き、の**)。

6.30❖東国に大雨。江戸と周辺水害(**泰平**)。

7.6❖土佐で大風雨・洪水。八十三人死す(**災異志**)。

7.29❖紀伊牟婁郡和歌山領尾鷲で打ちこわし(**一揆**)。

8.16❖京都上御霊の仕立屋の娘にふられた浪人、娘の両親と下男を殺害、娘に疵負わせ逃亡。翌日割腹(**享和雑記**)。

8.17❖備前周匝村の松之介と美作福本村の勘兵衛が福本村で喧嘩、勘兵衛が殺された。両藩協議し十二月二日に松之介死刑(**諸藩**)。

8—❖陸奥伊達郡幕領三か村で愁訴(**一揆**)。

10.28❖大坂住吉社雷火で全焼(**噺の苗**)。

11—❖武蔵播羅郡旗本領上奈良村で越訴(**一揆**)。

12.5❖江戸小石川白山社から出火、駒込まで焼ける(**災異志**)。

12.11❖大和山辺郡幕領小堀村で強訴未遂(**一揆**)。

12.15❖大和城上郡柳本領六か村で強訴(**一揆**)。

12.19❖大和十市郡旗本領法貴寺村で強訴(**一揆**)。

この年❖預かった衣類を売り、ごまかすため自宅に放火してすぐ消した山口利右衛門妻ふじの火刑(**例類三三**)。

〃　❖諸国で塀板を焼いて侵入、盗みを重ねていた遠州無宿の僧栄旭死罪(**江戸の犯科帳**)。

〃　❖遠州無宿の左門、金比羅の偽勧化して金を集め獄門。同類の羽州無宿昌全は死罪(**例類九**)。

〃　❖佐渡釜屋村の百姓源太郎、野飼いの牛十五頭を盗み死罪(**例類二二**)。

〃　❖田安家表坊主長斎ら三人、広敷蔵から女物衣類を盗み死罪(**続類集二四**)。

〃　❖元主人方で抜刀、金をおどし取った伊勢宇治中村百姓文治死罪(**新類集九**)。

〃　❖石見美濃郡幕領五十五か村で越訴(**一揆**)。

〃　❖肥後熊本で騒動(**一揆**)。

〃　❖美濃方県郡幕領木田村で越訴(**一揆**)。

【よみうり・瓦版】

やり放題、凶悪強盗団首領補縛

なんとも手荒な強盗団で、路上では通行人をいきなり打ち倒して金品を奪う。櫛笄を抜かれる女、大小を奪われる侍など続出。■時には多数で押し入って家内全員を縛り、土蔵で荷造りしてゆうゆうと運び出す。町内総出でかけつけると、一同抜き身をふりかざして突進するので手がつけられない。■火盗改岡部内記は、最後の一策として首領万力善次の母親が本郷へんにいるのをつきとめ、留置した。善次ただちに出頭して調べに応じ、斬刑。

筆頭御膳番、妻と養子を斬る

この日、大井新右衛門はお城から帰宅すると、上下姿のまま妻と養子吉五郎を呼び、やにわに二人を斬って捨てて上役に届けた。■吉五郎は使番神尾市左衛門の弟で、築地業平と称されるほどの美男。これが養父の妻、つまり義理の母と密通していたのである。■吉五郎の死体は神尾家に引きとらせ、妻の死体は取り捨てよとの幕命で、実際は運び賃をつけて人に渡し、それを実家の家来が持ち帰った。翌年一月の新右衛門の自殺は、原因がわからない。

1803 江戸で、即身成仏した娘の遺体に賽銭が集ったが、仏のせきで露見

享和三年

1803 癸亥

1.3❖陸奥笠間領小野新町で打ちこわし(**一揆**)。

1—❖江戸で連日乾燥。火災頻々(**続実紀一**)。

閏1.28❖大坂北浜玉川町かじま屋久右衛門方金蔵の屋根が破られ四千二百両が盗まれた。善根で名高い天満の金融業者尼庄が犯人とされ助命嘆願しきり(**享和雑記**)。

【よみうり·瓦版】

2.7❖陸奥閉伊郡盛岡領六か村で強訴(**一揆**)。

2.20❖出家からかっぱらおうとして騒がれ、喧嘩の態でごまかそうとした無宿安五郎死罪(**新類集一二**)。

2—❖越後高田領浅川陣屋へ農民八千人が押しかける。鎮圧に、二十三人斬(**一話一言二七**)。

3—❖飛騨大野郡幕領二十五村越訴(**一揆**)。

4—❖江戸で麻疹大流行、人多く死す。六月までつづく(**武江·享和雑記·塵塚談**)。

6.14❖佐渡金山水替人足を脱走、盗みでつかまり入牢、再び脱走して盗みを重ねていた佐渡青野村無宿久七死罪(**新類集二七**)。

7.29❖江戸谷中の法華宗延命院住職日道(40)淫乱女犯で死罪。女性を含む連累処罰多数(**一話一言三八·き、の·巷街一·続実紀一·現来集二〇**)。【よみうり·瓦版】

9.18❖異端の説を鼓吹した神職千家満鰭彦遠島(**一話一言二七**)。

10.1❖伊豆大島噴火(**続実紀一**)。

10.6❖俗人の身であやしい加持を行っていた浪人赤松牧太(52)、獄門(**一話一言二七**)。

10.21❖盛岡藩内で舅を殺害、弟妹を傷つけた男磔(**諸藩**)。

11.15❖佐渡小木湊で大地震。死者多数(**北国奇談巡杖記**)。

12.11❖江戸浅草諏訪町家主吉兵衛方元下人三之助(37)、主人夫婦を殺し娘に手負わせて逃走。全国手配(**天保集成一〇二**)。

12—❖美濃可児郡伊香領六村越訴(**一揆**)。

この年❖因州無宿喜助、樟脳が安産に効顕ありと称して大金をとり死罪(**天保類集一六**)。

〃　❖甲州八沢村の百姓用左衛門、養母そめを鉈で打ち殺し、賊と間違えたと弁明。牢死体を磔(**新類集二九**)。

〃　❖備中無宿幸八死罪。かねて恋慕の同国倉敷庄助女房かやを無理につれ出そうとして庄助を傷つけた(**新類集一七**)。

〃　❖村年寄次兵衛と口論、殺害した美濃西秋沢村百姓園吉、斬(**新類集一七**)。

〃　❖百姓家から衣類を盗み家人を傷つけた常陸無宿紫紐の左近獄門(**新類集一一**)。

〃　❖江戸薬研堀の兼松、貧苦から心中をはかり、女房かつを殺したが、自分は死にきれず、下手人(斬)(**続類集二七**)。

〃　❖阿波徳島領井内谷村で逃散(**一揆**)。

〃　❖肥後飽田郡熊本領で愁訴(**一揆**)。

〃　❖大和宇陀郡私領で強訴(**一揆**)。

わからないのが残念。

江戸谷中の延命院の一件 寺社奉行脇坂淡路守安董の申し渡しにある通り「破戒無慙之所行」の坊主だったことはたしかなようで、その関係した女は町人娘、武家娘、奥女中など手あたり次第、押込などの処分にあった者六人に及んでいる。■参詣に来た女と寺内で密通をとげ、あるいは通夜などと称して寺に宿泊させ、懐妊の女には堕胎薬を与えていたというから、相当に計画的だ。■六十六歳の納所も四十女を相手にしていた。

享和年間

1801-1803

○一❖江戸金杉安楽寺信徒である先手同心の娘が即身成仏をとげ、寺に安置した遺体に賽銭が集まったが、仏がセキしたため露顕、住職出奔(**享和雑記**)。

江戸吉原の入り口

【よみうり・瓦版】

不良の兄を斬り、切腹

殺された雄心は、一時弥右衛門の妾にも手を出すほどの不良だっただけに、弥右衛門当人も周囲も、まさか切腹になるとは思わず、安心しきっていた。■それだけに、切腹の申し渡しに弥右衛門仰天し、前後不覚の様子であったが、やがて気をとり直して無紋の上下に着かえ、立派に死の席についた。■最後まで度を失っていたのは、検視役の目付土屋長三郎で、終始目をつぶっており、終わって退出するとき、出口を間違えるという醜態ぶりであった。

大坂の金蔵破り犯の助命嘆願しきり

四千二百両もの重量物を盗み、番人二人を投げとばし あましょうた怪盗が、現場に「尼庄」印入りの傘を残していたというのは少々おかしいが、ともかくこの傘がキメ手になり、つかまった。■この尼庄、尼崎生まれの元船乗りで、大力の大男だが気性はやさしく、貸し金の催促などしたことがない。このため人々から親分と慕われ、逮捕後、奉行所へ助命嘆願が相ついだ。もっともこの話、尼庄の本名も、はたして助命されたかどうかも、

文化・文政期
1804〜1847
爛熟の極、ただよう暗雲

文化元年江戸両国の心中死体を
誰も片付けず、見物船の舟賃が高騰した。
もはや文化の爛熟どころではない。
人間精神の堕落である。
文政十二年には五百石取り旗本が
別の旗本夫人と息子夫婦の一行に出会い、
息子の両刀をとりあげて女性二人に「狼籍」
したというのに中追放処分ですんだ。
だらしない息子も押込処分になったが、
この偏頗（へんぱ）な裁き、
これぞ文政頽発期を象徴する例といえる。
つづいて天保。
老中水野忠邦は封建支配能勢の復活を
めざして「天保の改革」を強行するが、
武士の精神崩壊、農民の絶望観、
やくざの横行などどうにもならず。

12 代徳川家慶
将軍在職年数：16 年　期間：1837 ～ 1853 年　生没年：1793 ～ 1853 年
家斉の二男。就任後も大御所家斉とその側近が
幕政を握っていて何もできず、家斉の死後やっと、
老中水野忠邦に、天保の改革を断行させた。
外圧の危機がいよいよ増大するのを案じながら死んだ。非常な大酒飲みだった。

1804 石巻から標流し、世界を一周した津太夫らロシア舟で長崎に帰着

文化元年

1804　2・11改元　甲子

1.2❖豊後国東郡杵築領両子手永で逃散(**一揆**)。

2.29❖大坂馬場先扇屋抱えさくら、藪で胸をえぐられ死んでいた。扇屋のおきぬに振られた生玉覚遠院所化観明(26)の自棄的犯行とわかり極刑(**街談**)。【よみうり・瓦版】

2—❖今度「元明」と改元になる、という刷り物をつくった江戸神田紺屋町二丁目の文蔵、中追放(**街談**)。

3.13❖中山道上尾宿で、武蔵高荻村百姓富五郎(20)が兄の敵同国亦尾村無宿林蔵(25)を討つ(**街談・半日閑話八**)。

3.23❖江戸馬喰町一丁目半十郎の召仕仁三郎(16)表彰。病弱の主人夫妻を守って木櫛細工に精励した(**街談**)。【よみうり・瓦版】

3.27❖伊予風早郡松山領忽那島で騒動(**一揆**)。

3.29❖犬一匹江戸城大手門から走り込み、足軽を噛み大玄関から書院番所、能楽堂をかけめぐり、内堀でわなを投げられやっとつかまった(**街談・一話一言補遺**)。

4.13❖丹後成相寺境内、昨年から百間ほど地割れし諸堂傾斜、と注進あり(**一話一言三八**)。

4.17❖摂津伊丹の田から古銭二万八千五百枚出土。翌年三月二十四日にも二万三千七百五十枚出る(**街談**)。

5.4❖江戸両国川に心中死体。見物人群集し、見物船の舟賃がはじめの八文から百文にも上がる。見かねた回船問屋筑前屋新五兵衛が引き上げて寺に葬った(**街談・半日閑話一〇**)。【よみうり・瓦版】

5.20❖出羽と丹後で大震。六月四日にも(**街談**)。

6.1❖江戸暴風雨。音羽町へんで七歳の女児空中へ舞い上げられ、翌日江戸川で死体発見(**続実紀一・武江・街談**)。

6.6❖出羽酒田大地震、象潟(きさがた)崩れる。死者五百余人(**続実紀一・現来集**)。

7.14❖江戸三十七か所に落雷(**続実紀一**)。

9.6❖ロシア船長崎入港、陸奥石巻の漂流船乗組津太夫ら四人帰国(**続実紀一・街談**)。

9—❖陸奥下北郡盛岡領大畑村で愁訴(**一揆**)。

10.26❖讃岐金比羅原田村で同国与喜田村大庄屋高畑勘右衛門の伜安蔵(21)が父の敵、元高松藩士江崎宇平太の養子三蔵(34)を討つ(**街談**)。【よみうり・瓦版】

10—❖常陸河内・信太郡幕領など十八か村で強訴(**一揆**)。

11.9❖旅の了雲法師、歌を残して下総木颪の川に投身する(**宮川舎漫筆五**)。

秋—❖信濃伊那郡高遠領中殿島村で騒動(**一揆**)。

12.19❖信濃水内郡飯山領九か村で強訴(**一揆**)。

12—❖石見鹿足(かのあし)郡津和野領樋口村で逃散(**一揆**)。

冬—❖陸奥岩手郡盛岡領十八か村で強訴(**一揆**)。

この年❖肥後清閑寺原で岩井善次郎・半三郎兄弟、父の敵青山弾正を討つ(**敵討**)。

〃　❖盗み目的で町家に放火した駿河羽船村の惣右衛門死罪(**新類集七**)。

〃　❖上州松井田宿の郡蔵、悪口いった近

心中に見物群集し船賃上がる

男は二十一、二、女は十六、七。対(つい)の浴衣を着て固く抱きあっている水死体、甚だ美しく見えた。見物船が出、その舟賃がはじめ一人八文だったのが、次第に倍増して百文にもなった。■この間、二人の死体は赤裸に剥がれ、あまりにむごいと回船問屋仲間が引き上げて深川浄心寺に葬った。かんじんの心中者は、品川のだい屋栄次郎と近くの水茶屋養女たつとわかったが、わからないのは、奉行所はいったい何をしていたか、ということ。

金比羅の敵討ち

敵の三蔵は、高畑勘右衛門の世話で江崎家の養子となった身でありながら大酒不行跡、ついに意見した勘右衛門を逆怨みして斬り殺し逐電(ちくでん)した。■勘右衛門の遺児安蔵は、武家奉公しながら剣を学び、十二年ぶりに琴平で三蔵をつきとめた。■三蔵は一伝流の剣の達人で、この日、二尺六寸の大剣を自由にあやつって、安蔵の方が不利と見えたが、おごった三蔵に油断が生じ、不覚にも松の根に足をとられたところを、安蔵の大袈裟(おおげさ)の一刀を受けて倒れた。

くの源蔵宅へ放火して死罪（**新類集七**）。

〃　❖インチキ薬を高価に売った無宿次郎兵衛ら四人死罪（**新類集九**）。

〃　❖偽銀造りの無宿太七こと幸左衛門磔（**新類集九**）。

〃　❖関東各地の旅宿で十四件の盗みを働いた無宿喜兵衛死罪（**新類集一一**）。

〃　❖駿河藤枝宿の源蔵、七件の盗みで死罪（**新類集一一**）。

〃　❖武州幸手宿の留吉と音八、地元の寺から味噌、麦などを盗み死罪（**新類集一一**）。

〃　❖大和今井町百姓長兵衛女房わさ、医師退安と密通、退安の妻に硫黄の粉を飲まして殺そうとし発覚、両名獄門（**続類集二九**）。

〃　❖往来で喧嘩を売り、隙を見て物品をかっぱらっていた江戸京橋無宿吉蔵こと兼松死罪（**新類集一二**）。

〃　❖下野群馬郡旗本領剣崎村で騒動（**一揆**）。

〃　❖下野都賀郡日光今市で騒動（**一揆**）。

再現・江戸かわら版

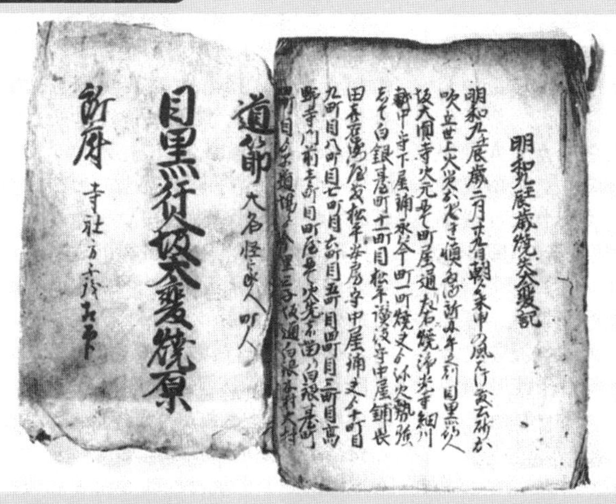
明和九壬辰歳焼失大変記

目黒行人坂大変焼原

火事―行人坂の大火

明和九年二月二十九日江戸目黒の大円寺の所化（修行中の僧）長五郎が寺の物置に放火したのが、原因。

折からの風にあおられ、目黒から吉原まで焼尽くす未曾有の大火となった。

江戸時代、火災は多発した。度々の火災で江戸の町を焼亡するが、そのつど復興を果たしている。火災を報じるかわら版は多い

【よみうり・瓦版】

遊女さくらの死

犯人の観明という若僧は、相当に非論理的な男だった。惚れて通っていたおさぬが来ぬのでヤケを起こし、もう誰でもよい、心中だと、代わりに来たさくらを連れ出して胸をひとえぐり、自分も死ぬ気で腹を刺したが死にきれず、生玉の蓮池へとび込んだが水浅で死ねず、あとはこわくなって寺へ帰り、木部屋でふるえていた。■自分勝手な男でもある。もっとも理屈通りにいかないのが、この道の常。あわれをとどめたのが、非論理の犠牲者さくらだ。

忠誠青年、奉公先の主人夫婦を護る

仁三郎は下総国葛飾郡市川村百姓要七の倅で、十歳の時、半十郎方へ年季奉公に入り、木櫛細工を修行していた。ところが享和元年（一八〇一）半十郎跡継ぎ息子の金蔵が死に、半十郎夫婦も落胆と老衰で気息奄々、いっそ在所へ帰ろうかと悲しいことを言い出した。■このとき奮起したのが十三歳の仁三郎で、老夫婦を励ましながら昼は二人の世話、夜は木櫛の仕事と必死に働き、老夫婦を持ち直せた。■奉行から白銀五枚の御褒美。（『街談文々集』）

1805 不良の子弟を善道すると称し多額の金を集めていた浪人者島送り

2.16❖江戸芝神明社の勧進相撲で力士とめ組鳶の者が口論、双方仲間を動員して大乱闘となり負傷者続出(**街談・角力め組鳶人足一条・武江・き、の**)。【よみうり瓦版】

2.29❖江戸南茅場町米問屋石橋弥兵衛方で土蔵屋根が破られ九百五十両盗まれる。神田雉子町の某が犯人として捕えられたが、この男、金持ちばかり狙う仁慈の賊として名高かった(**街談**)。【よみうり瓦版】

4.2❖内藤山城守家来井上権兵衛、享和三年の延命院女犯一件を貸本向きに仕立て押込処分(**街談**)。

春—❖陸奥稗貫郡盛岡領台村で打ちこわし(**一揆**)。

5初—❖武蔵川崎鶴見川の川さらえで人骨が四斗樽五つ分も出た。回向塚に諸願成就を願う参詣客が殺到し、六月十七日浅草幸就寺へ改葬したがここも大繁昌(**街談・武江**)。

6.26❖怪盗鬼坊主清吉(30)と手下二人、江戸千住(小塚原とも)で獄門。義賊の評判と鬼薊を詠んだ辞世が人気を高め、浅草新鳥越円常寺の墓に「清吉大明神」の幟まで立った(**街談・大江戸春秋**)。【よみうり瓦版】

7—❖越前足羽郡福井領で愁訴(**一揆**)。

8—❖丹波多紀郡篠山領大山新田などで騒動(**一揆**)。

9.5❖江戸霊岸島長崎町の浪人山下飯之助遠島。武具を飾って論会学堂の看板を掲げ、不良の子弟を善導すると称して金を集めていた(**武江・街談・き、の**)。【よみうり瓦版】

9.7❖ロシア船長崎神沢へ入港、漂流船員の奥州寒風沢左平次ら四人帰国(**き、の**)。

9.30❖江戸三十間堀六丁目非人三助こと三右衛門、贅を尽くした豪邸に召仕三十人ほどがおり、身分忘れた奢りであると遠島(**街談**)。

10.28❖江戸神田鍋町西横町医師原長門の召仕小八(26)、主人に傷負わせ逃走(**町触**)。

10.29❖大坂道頓堀火事(**災異志**)。

11.19❖若年寄立花出雲守免職。二十七日蟄居。卑賤の町人と接触して政道の機密を口外した(**泰平・一話一言補遺・街談**)。

この年❖江戸深川森下町の佐助獄門。旧主の伜庄八を狂人にしたのち回復させて礼金をせしめようと朝鮮朝顔の種子と解毒剤を飲ませた(**新類集二九**)。

〃　❖小笠原伊予守の家来、豊後南鉄輪村百姓を殺害(**天保類集五**)。

〃　❖大和坂原無宿源蔵獄門。乱心の女房いその始末に困り、井戸へ投げこんで殺した(**新類集二九**)。

〃　❖江戸芝無宿鉄五郎、江戸構いの身で入府し、置き引き、すりを重ねる。火盗改は江戸十里追放の寛刑だったが評定所の決により死罪(**新類集二七**)。

〃　❖伊勢下有示村転輪寺弟子恵俊と山田近江屋抱えいつ心中。男は死にきれず、下手人(斬)(**新類集二一**)。

〃　❖江戸南鞘町の医師福富文喬、インチキ毒消しを高価に売りつけ獄門(**新類集九**)。

〃　❖東海道江尻宿の旅館で客の衣類、金子を盗んだ駿河無宿弥助死罪(**新類集一三**)。

〃　❖諸国で豊作(**噺の苗三**)。

死後、人気を高めた怪盗鬼坊主清吉

単なる強窃盗犯なのだが、今日は江戸、明日は遠国という神出鬼没ぶりが、妙に庶民の人気を得ていた。■人相書の威力か、伊勢で御用になると、江戸到着を待ち構えて群衆が集まる騒ぎだった。処刑当日詠んだ辞世が、「武蔵野に色はびこりし鬼あざみ　けふの暑さにやがてしほるる」。■以来、鬼薊清吉と美化され、浅草円常寺の墓には、「清吉大明神」の幟まで立つ始末。十六夜清心の浄瑠璃「梅柳中宵月」ができ、黙阿弥の「小袖曽我薊色縫」にもなった。

不良少年の善道を有料で請け負う似非学者

南町奉行根岸肥前守申し渡しの遠島の理由がおもしろい。■弓矢槍鉄砲等を飾り立て、乱心者、放蕩者を善導してやると宣伝、「教学経」という自製の教科書を入門者に買わせ、また学堂を建築すると称して多額の寄附金を集め、町人の弟子どもに勝手に苗字を名乗らせて金をとっていた、というのである。■放蕩者を善導しようという趣旨はとがむべきでないが、その裏に金がうごめいているところが、お上の神経にさわったのであろう。

〃　❖出羽村山郡新庄領大沼村で強訴（一揆）。

〃　❖武蔵埼玉郡旗本領上川上村で騒動（一揆）。

再現・江戸かわら版

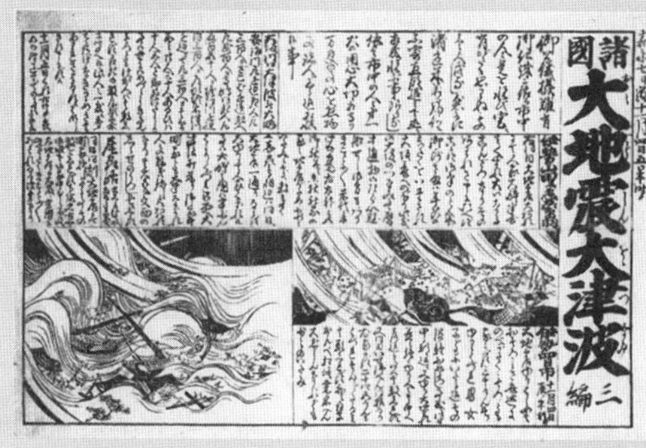

地震─江戸上方のみならず諸国で

嘉永七年十一月四日東海道から四国九州までの太平洋一帯を大地震が襲った。

かわら版は、被害の報道とともに時にはお上のお救いの出たことを報じ市民の安心に役立とうとすることもあった。

江戸大地震─安政二年十月二日　大名の家族が着の身で避難している。この大震災の報は四百種近く出た

【よみうり・瓦版】

角力士とめ組みの鳶大喧嘩

観客席にいた力士と鳶の一人が口論したのが始まりで、いったん引き取った鳶側が仲間を動員して乱入してきたので、大騒ぎとなった。■中でも東の大関四ツ車の大八の活躍めざましく、三間梯子をふり回わして鳶の者をなぎ倒したが、飛んできた屋根瓦を眉間に受けて鮮血淋漓、美男だけに一段と際だった。■夜になってやっと騒ぎが納まり、九月二十一日北町奉行小田切土佐守が下した申し渡しは、双方計四十三人が「御咎叱置」、四人が「江戸構」。

仁義の盗賊

つかまった賊は、十一年前まで被害者石橋方に勤めて、内情にくわしかった。■この男、石橋をやめた後、上州で質屋をしていたが、寒夜に夜具を質入れにきた客あり、この寒さに夜具なしでは、どんなに辛かろう。人の難儀で利を得るこの商売、人間のすることに非ず、とあっさり廃業、金持ち相手の泥棒を志して、江戸へ出ていた。■この種義賊仁盗？については、一部を除いて実名も当局の処分もわからないのが多いが、この男もそうである。

文化三年

1806　丙寅

1.20❖江戸を横行する日野大納言息女と名乗る女こと(25)、実は品川宿の飯盛女とわかり重追放(**き、の**)。

1—❖江戸で夜間往来の盲人を突き殺す事件頻発(**街談・兎園小説**)。【よみうり・瓦版】

2—❖備中都宇郡庭瀬付近で逃散(**一揆**)。

3.4❖芝泉岳寺門前から出火、幅十町長さ三里余を焼く大火となる。大名邸三百八十余、旗本邸七百八十一類焼、死者千二百十人(**泰平・武江・き、の・巷街・街談・話の苗三**)。

3.4❖大火の節、馬・駕籠・車通行止めの日本橋仮橋を守る橋番人金六、有馬中務大輔の行列を阻止する(**街談**)。

3.6❖上野国上川崎村百姓逸八後家はつ(38)、姑をかばって刃物持つ二人組の賊と戦い、十か所も傷負いながらついに賊を退散させる。翌年三月勘定奉行が表彰、金五十両を賜う(**武江・街談**)。【よみうり・瓦版】

3—❖日向臼杵郡延岡領高千穂で愁訴(**一揆**)。

4.18❖一月の盲人突き殺し事件で犯人として広右衛門逮捕。すぐ獄門となったが、その後も同種事件つづく(**街談**)。

4.19❖新番佐原善五郎、かねて遺恨の書院番竹尾三次郎を殿中で斬殺。調べ中病死(**続実紀一**)。

4.27❖相模小動村百姓三郎右衛門(27)、養母さよと女房ほのに手疵負わせ逃走。全国手配(**天保集成一〇二**)。

5.8❖江戸及び近国で南の烈風(**続実紀一**)。

5.15❖江戸湯島天神別当殺され金品が奪われる。無宿恒吉(25)を犯人と断定。越後で召し捕り八月十六日浅草で磔(**街談**)。【よみうり・瓦版】

6.12❖江戸と近国で大雨。十三日も(**続実紀一**)。

7.7❖西丸小十人杉滝五郎、神田橋で慮外者を無礼討ちする。辻番所の管轄争いで調べおくれる(**街談**)。

7—❖豊後大分郡府内領上光永村などで逃散(**一揆**)。

9.10❖樺太タレコンタンに露人上陸、日本の番屋を焼き米穀を奪う(**泰平**)。

9.25❖筑前秋月で大火(**災異志**)。

10.22❖江戸浅草三好町の職人辰五郎(28)が夜帰宅すると女房のかねが路上で侍に乱暴されかけていた。突きとばすと斬りかかってきたので刀を奪い、もみあっているうち斬り殺してしまった。侍は西丸小十人組都築金吾。南町奉行所は辰五郎に死罪を判決(**一話一言三五・き、の**)。【よみうり・瓦版】

10—❖箱館で大火、市中の大半を焼く(**災異志**)。

11.3❖江戸で大火、芝から赤羽まで焼ける(**災異志**)。

11.12❖天守番青木力蔵斬。養子鋳之丞の持参金のことで鋳之丞の父山口幸十郎と争い傷つけた(**続実紀一**)。

11.13❖江戸葺屋町河岸から出火、堺町・よし町・蛎殻町まで焼け両芝居も全焼(**武江**)。

12—❖日向那賀郡高鍋領松永村で逃散(**一揆**)。

この年❖諸国で豊作、米価下落(**武江**)。

〃　❖公用金を持って逐電していた水戸家

見事な捜査で犯人逮捕

奉行所は脇差の鞘など遺留品を手がかりに恒吉を割り出し、全国手配によりはるか遠国の越後で逮捕、江戸へ護送して吟味、八月十六日浅草で磔刑に処した。■恒吉は以前同別当に奉公していたことがあり、おかげで普通の強盗殺人のほかに主殺しの罪名がついて、最極刑となった。■遺留品からの犯人割り出し、すみやかな全国手配など、科学技術不十分な当時の警察としては、美事な捜査結果である。特筆大書に価すると思う。

妻を庇っての防衛に不届きな裁き

手ごめにされかけていた女房を救うため、斬りかかってきた侍の刀を奪い、逆に侍を斬ってしまった。今なら、当然正当防衛となるところを、江戸時代の法律は死刑とした。■判決理由に「刀をとり上げたうえはなんとか取計も有之べきに、其の儀なく、殺害に及び候始末、不届き至極につき死罪」とある。■今でいう過剰防衛の観念はあったらしい。この不届至極な判決を下した南町奉行は名奉行で名高い根岸肥前守鎮衛である。

中の大久保十次郎、つかまって死罪(**新類集三**)。

〃　❖摂津天王寺村百姓長七、姪と結婚したいと申し込んで断られたのを怒り兄長左衛門を殺し兄嫁と姪を傷つけた。獄門(**新類集二九**)。

〃　❖日光山観徳坊の召仕金次郎、自坊で隠居本秀を傷つけて二十七両奪い磔(**新類集二七**)。

〃　❖武州西尾村百姓藤左衛門の養子勘五郎、養父と口論、打擲し磔(**新類集二九**)。女房とらも藤左衛門と不仲で、飯に灰を入れるなどし死罪(**新類集二四**)。

〃　❖野州西木村薬師堂から衣類を盗んだ無宿磯吉死罪(**新類集一一**)。

〃　❖阿波三好郡徳島領東山村などで逃散(**一揆**)。

〃　❖越後蒲原郡幕領加茂村で打ちこわし(**一揆**)。

〃　❖越中富山領で西本願寺派騒動(**一揆**)。

〃　❖但馬朝来郡幕領和賀村で愁訴(**一揆**)。

〃　❖武蔵比企郡旗本領関堀村で騒動(**一揆**)。

再現・江戸かわら版

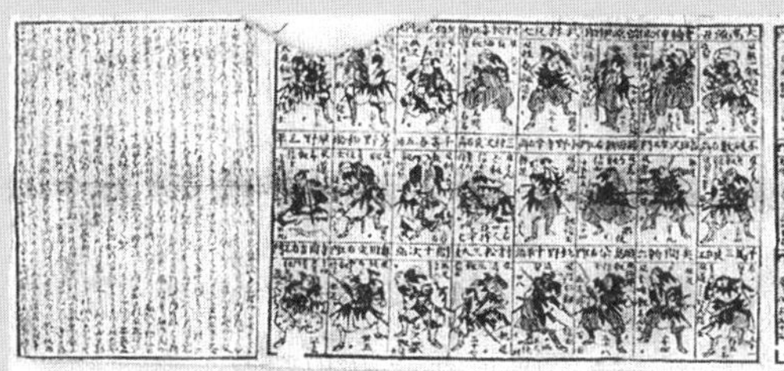
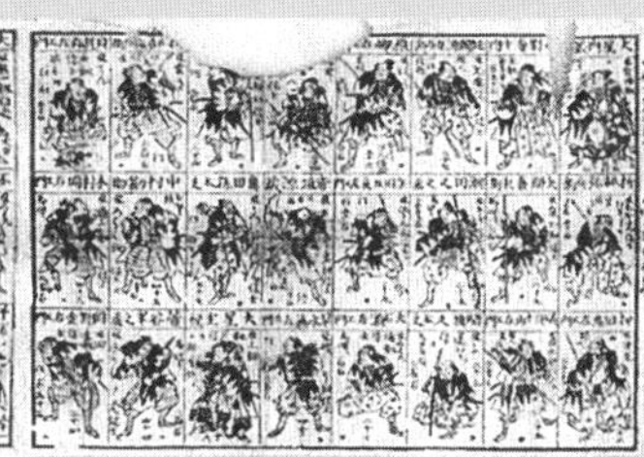

事件―赤穂浪士の討ち入り

事件は元禄十五年十二月十四日に江戸本所松坂町で起こった。翌日には、速報のかわら版が出され、その後も続報が刷られた。四十七年後に「仮名手本忠臣蔵」が初演され、百年後に敵討ちを讃美し子孫の消息と義士の肖像を描いたかわら版が出された

【よみうり・瓦版】

連続盲人突き殺し事件

この凶悪無残な犯行に対し、奉行所も必死に捜査、四月十八日に広右衛門という男を召し捕り、吟味のすえ犯人と断定、同二十三日品川で獄門とした。■ところが、この処刑当日と五月二日に同様の事件があり、今度は元剣術師匠四方髪祐甫なる男がつかまり、二十二件の犯行を自供、牢死。■不思議なことに、このあとも十二月までに九人もの犠牲が出たとの説があり、結局真相は、さっぱりわからない。いわゆる模倣犯が多かったのであろうか。

けなげな嫁、姑を庇って賊と格闘

二人組の一人が布団の上からはつを抑えつけ「声を出したら殺すぞ」とおどして、そこらを物色した。そのうち、隣室で孫と寝ていた老姑が気づいて声を立てる。■賊の一人が「婆、殺すぞ」と一刀ふりかぶったとたん、押さえていた賊をはねとばしたはつ、刀持つ賊にむしゃぶりつく。やたらにふり回す賊の刀で、はつは十か所の傷。■そのうち、近所の人がかけつけ、二人組は逃走。翌年、勘定奉行松平兵庫守直々、金五十両と田畑永代免租が申し渡された。

文化四年

1807　丁卯

1807　奥蝦夷エトロフ島へ露人上陸、番人と交戦。番屋敷を焼き払う

1.3❖下総銚子港外へ寧波(ニンポ)船漂着、遠州の漂流民六人を届ける(**街談**)。

1.19❖江戸芝伊皿子台町から出火、三田・田町まで焼ける(**災異志**)。

2.4❖江戸新橋から芝口一丁目、品川まで焼ける。町火消の大喧嘩あり(**武江**)。

2—❖江戸品川宿の飯盛女つた(20)は六尺七寸の怪力大女、見世物に出て人気あり(**き、の・岡場遊廓考・街談・武江**)。

2—❖越前坂井郡福井領西本願寺派で騒動(**一揆**)。

3.3❖江戸本所四ツ目の奥州白石浪人、附木売り伊右衛門(78)と妻(63)、貧窮と病苦と勘当した息子の不孝で首つり心中(**街談**)。

3.16❖立花左近将監夫人が日暮里青雲寺稲荷へ参詣中、抜身持っていた足軽態(てい)が暴れこみ、供先が討ち果たす(**街談**)。

4.23❖奥蝦夷エトロフ島へ露人上陸、番人と交戦、番屋敷を焼き払う(**き、の・街談**)。

春—❖安芸豊田郡広島領能地村で騒動(**一揆**)。

5中旬❖近江と京坂で大雨、洪水。各川堤防崩れ守山・草津で浸水京都白川筋・鴨川筋両岸残らず流失(**噺の苗五**)。

5—❖豊後大分郡府内領下光永村で逃散(**一揆**)。

5—❖肥後天草郡幕領久玉村などで越訴(**一揆**)。

6.1❖大坂大洪水。東の山際まで浸水し市街一面海の如し(**噺の苗**)。

6.17❖江戸牛込改代町の屋根職鉄三郎(42)、妻いと(33)と下職喜太郎(31)に殺される。八月二日いと磔、喜太郎獄門(**街談**)。【よみうり・瓦版】

6.23❖山城で大雨、洪水。淀川欠壊し河内も被害大(**災異志**)。

6—❖田舎者の客に遊女を総揚げさせ暴利を負っていた吉原京町二丁目松岡屋万五郎(33)獄門、雇人多数処罰(**街談**)。

7—❖長雨で京都洪水。聖護院・二条新地・南禅寺まで浸水、先斗町・西石垣(さいせき)も二尺余の水(**街談**)。

7—❖豊前企救郡小倉領長野村で逃散(**一揆**)。

8.16❖吉原揚屋町の大坂屋喜八実は大盗暁星右衛門(49)獄門。大坂を荒らし回ったあと江戸で跳梁、妾に遊女屋をやらせていた(**街談**)。【よみうり・瓦版】

8.29❖江戸深川八幡祭礼の大群衆、橋止めを解除したばかりの永代橋に殺到、重さで中央部十二間ほど橋桁(はしげた)が落ち数百人が川に転落、水死四百四十人。このとき南町奉行所同心渡辺小兵衛、抜刀をひらめかして群集を制止し、犠牲を少なくした(**兎園小説余録一・真佐喜のかつら・武江・街談・き、の・現来集六・巷街一・一話一言補遺・夢の浮橋上・蜘蛛の糸巻**)。【よみうり・瓦版】

9.16❖若狭小浜の渡辺応作道場で青山鉄一郎(13)が三浦熊次郎(12)に斬りつける。殿の裁断で和睦(わぼく)(**一話一言三五.街談**)。

10.21❖摂津・河内の幕領で打ちこわし(**一揆**)。

11—❖武蔵本庄宿の桑名屋喜兵衛、女づれで碓氷(うすい)関所破り。全国手配(**天保集成一〇二**)。

12中旬❖金沢で大火。城内残らず類焼(**街**

永代橋の大惨事

貴人の船が橋の下を通るというので、橋番が一時間も前から、両詰に縄を張って通行止めにした。それを解除したとたん、両方からまん中へ殺到した。これが遠因だ。■貴人とは、将軍家斉(いえなり)の弟一橋(ひとつばし)民部卿斉郭だという。落ちた人数は計七百八十人、うち半数以上が水死したことになる。■抜刀をひらめかして惨害を防いだ侍のことは、当時何人かわからず、四十年もたって身元がわかった、と『蜘蛛の糸巻』が触れている。

用具―蝶足膳

談)。

12.29❖江戸山王町火事。甲斐庄殿五郎の旗本火消と麹町六番町の町火消が持場の争いから乱闘、三人即死、二人重傷(**街談**)。

12—❖筑後三潴郡柳河領垂水で騒動(**一揆**)。

この年❖偽銀札つくりの無宿宇兵衛死罪(**天保類集二二**)。

〃　❖駿河小谷津林村清光寺住職信全死罪。他寺を訪れ、手あたり次第に仏具などを盗んでいた(**新類集二一**)。

〃　❖伏見奉行所同心小林庄之助獄門。出入り業者笹屋嘉右衛門の不正貸付に便宜を図った(**新類集二一**)。

〃　❖江戸で盗み六件、強姦一件の下総無宿入墨平蔵死罪(**天保類集二六**)。

〃　❖越中富山で騒動(**一揆**)。

〃　❖三河碧海郡刈谷領泉田村で暴動(**一揆**)。

再現・江戸かわら版

敵討ち—碁敵十年目に追い詰め本懐

安政四年十月二十九日、溝口藩の家中久米太郎は、碁に負けたことを遺恨に思い闇討ちにされた父の敵討ちを十年後に仙台(陸奥国牝鹿郡祝田浜)で果たした。

中には、五十三年間、母の敵を追い続けた兄・妹が本懐を遂げたものもある。心中とならんで敵討ちはかわら版の売れ筋のものだった

【よみうり・瓦版】

姦婦は磔、密夫は獄門刑

密通の二人は夫鉄三郎に酒をすすめ、寝入ったところを口にワラを詰めて絞殺し、死体を床下に埋めた。■その後、床下から幽霊が出るので、今度は深夜、石臼つるべを結びつけて長屋の井戸へ沈めた。長屋の人が釣瓶に髪の毛がついているのに気づき、皆で井戸さらえしたら、死体が上がってきた。■処刑当日、見物人がくり出し、浅草刑場一帯、飴・菓子類が売り切れになった。床下よりも井戸の方が、幽霊が出やすいと思うのだが……。

芸者屋、実は大泥棒

暁星右衛門は、獄門達し書によるとなかなかの大物である。はじめ大坂で盗みの科により入墨重追放となったが、自分で入墨を消して同類を集め、大坂近辺で強・窃盗を重ね、時には人を傷つけた。■ころあいを見て江戸へ乗り込み、本郷へんにかせぎまくりながら、同様に家を借りて妻を迎え、さらに吉原に妾宅を構えて妾に芸者屋をやらせていた。■表面は奢った風もなく、貧窮者に施すなど善根をつみ、妻も妾も人泥棒とは気つがなかった。

英船フェートン号、長崎入港、オランダ人二人を拉致して去る

文化五年

1808　戊辰

1.2❖江戸と近国五十年ぶりの大雪(**き、の**)。

1.15❖金沢城全焼(**災異志**)。

3.1❖丹後等楽寺村百姓多左衛門の伜佐代四郎(33)乱心、鉈で父を打ち殺し逃亡。八月召捕り(**天保集成一〇二**)。

3.15❖牧野越中守家中高木亀蔵(25)ら若侍六人、江戸梅若の土手で御用木の桜を折り全員永の暇(**現来集一六**)。

3—❖京都富小路竹屋町下ル飛脚藤蔵(53)大坂北堀江御池通二丁目丹波屋久兵衛とその娘をつれ箱根関所破り(**天保集成一〇二**)。

【よみうり·瓦版】

4—❖江戸市村座で中村歌右衛門(三世)が演技中、見物の一部がいいがかりをつけて舞台に上り歌右衛門を打擲(**街談**)。

【よみうり·瓦版】

6.16❖江戸と近国で大雨、洪水。七月まで水ひかず(**泰平·き、の·街談**)。

閏6.27❖加賀能見郡金沢領十八か村で打ちこわし(**一揆**)。

閏6.29❖諸国に大風(**続実紀一**)。

7.19❖江戸の質屋仲間から収賄していた御納戸方柴崎十郎右衛門(37)斬、同同心田中熊五郎獄門。質屋一人死罪、五十九人処罰(**街談**)。

7.21❖関東で大風雨。江戸洪水で死傷あり。三浦三崎で漁船多く転覆、六、七百人も漂死(**続実紀一·街談**)。

8.5❖江戸下谷金杉で三ノ輪新町の芋売り、愛宕下秋元家の家来に斬り殺される。慮外によるため構いなし(**街談**)。

8.5❖英船フェートン号長崎入港。港内で日本船からオランダ人二人を拉致する(**き、の**)。二十六日長崎奉行松平康英、引責自殺(**続実紀一**)。

8.7❖江戸·東北で大雨·洪水(**災異志**)。

8.15❖長崎警衛の佐賀藩士ら港番所で月見宴中上陸したイギリス船員に備えつけの武具を奪われる。藩士五人切腹(**街談**)。

10.4❖この日入浴すると早死にするとの流言で銭湯客激減(**続実紀一**)。

10—❖二条在番飯室喜太郎の中間定助、城内で同僚の金品を盗み死罪(**新類集一一**)。

12—❖和泉日根郡幕領十三か村愁訴(**一揆**)。

この年❖奥坊主永井久清の祖父来旦(56)、料亭で茶道具市を催し、サクラを使って値を上げ、大もうけして逐電。つかまって遠島(**一話一言三五**)。

〃　❖夫を殺して首つり自殺を装わせていた甲州右左口村百姓勘右衛門の女房ろく死罪(**新類集二四**)。

〃　❖上総本郷村百姓長七方下人幸助、主人妻かやに不義を申しかけ、断られたのを怒りかやと伜·娘、来泊中の僧円海を殺し放火。他に殺人·追いはぎの科あり、極刑(**新類集四**)。

〃　❖上州無宿勝蔵、長久寺に盗みに入り、発見した住職を殺し放火。つかまって火刑(**新類集七**)。

〃　❖相模千木良村百姓岡右衛門死罪。呉服屋から反物百九十八両分をとり込み、八両払っただけで盗まれたと届けていた(**新類集九**)。

〃　❖伊予越智郡松山領波止浜で打ちこわ

宍戸藩士四人斬り　額賀十郎兵衛は独身だが、かねての覚悟であったとみえ、家財道具一切売り払って借金を皆済していた。乱入してきた十郎兵衛に対し、巳下の妻は長刀で抵抗して斬られ、植野の伜は父を救うため相手の抜刀を素手で握り、指三本を斬り落とされたうえ、脳天を割られて死んだ。■この二人は立派である。君公、十郎兵衛の死を惜しみ、厚く葬らせた、とあるが、この君公松平頼筑わずかに九歳。■いずれにせよ、被害者巳下と植野は、よほど評判が悪かったと思える。

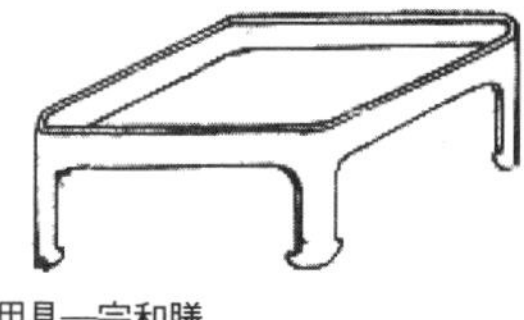

用具—宗和膳

し(一揆)。
〃　❖越後頸城郡の高田領で強訴(一揆)。

文化六年

1809　己巳

1.1❖江戸左内町から出火、小網町・堺町・葺屋町・両国・本所焼ける(**続実紀一・武江・街談・き、の・大江戸春秋**)。

1.18❖江戸大火。芝金杉で町家と寺多く焼ける(**武江**)。

1.20❖美作津山城全焼(**続実紀一**)。

2.5❖江戸牛込火消屋敷脇から出火、番町まで武家方多く焼ける(**武江**)。

2.21❖信州松本領で山崩れ、二十七軒埋没(**続実紀一**)。

2.25❖奥州白河城焼亡(**続実紀一**)。

6.21❖偽の沽券証文で金をかたり取ろうとした江戸名主惣十郎(29)獄門(**街談**)。

6.27❖信濃小県郡上田領奈良本村で強訴(**一揆**)。

6—❖伊予喜多郡大洲領阿蔵村で騒動(**一揆**)。

7.18❖江戸大風雨、家屋損壊おびただし。半鐘まで吹き飛ぶ(**続実紀一**)。

7.23❖江戸強雨大雷。本所・浅草・下谷・青山へん地震(**続実紀一**)。

7—❖本州東海岸大荒れ、難船多し。鳥羽の桧垣船漂流、十五人中八人死す(**街談**)。

7—❖日向臼杵郡延岡領宇納間村で逃散(**一揆**)。

8.4❖江戸暴風雨。潮風で草木枯れ、根津総門の銅鳥居吹き折れる(**現来集七**)。

8.9❖江戸で大雷雨、数か所に落雷(**続実紀一**)。

8.10❖志摩立神村の百姓藤三郎(28)継母小りんを打ち殺し逃走。全国手配(**天保集成一〇二**)。

8.23❖江戸・伊豆・房総で大風雨。漁民多く水死(**武江・泰平**)。

9.8❖駿河上坂本村の百姓吉蔵(32)、養父吉右衛門に手疵負わせ逃走。全国手配(**天保集成一〇二**)

9.8❖大坂新町廓全焼(**摂陽奇観四四・噺の苗六**)。

9.13❖土佐安芸郡高知領宗ノ上村で逃散(**一揆**)。

10.8❖常陸宍戸藩士額賀十郎兵衛(29)、悪政怨嗟の倹約奉行巳下清左衛門とその妻、同下役植野幸八父子を斬殺自害(**街談**)。

【よみうり・瓦版】▷

12.5❖信州伊那郡幕領六か村で強訴・打ちこわし(**一揆**)。

12—❖十一月からの大雪で江戸・近国被害甚大(**続実紀一**)。

この年❖大坂曽根崎の物語作者南豊こと永助(49)獄門。作品「北海異談」が政道批判とみなされた(**一話一言三五**)。

〃　❖収賄して博奕を見のがしていた日光本坊小人大島林平死罪(**新類集二一**)。

〃　❖江戸無宿直七こと亀蔵死罪。かねて遺恨の万蔵の娘きょうを絞め殺して巴川へ投げこんだ(**新類集一七**)。

〃　❖江戸本銀町一丁目の実道こと定五郎、入墨のあとも偽役人になって詐欺をするなど悪事を重ね獄門(**新類集三〇**)。

〃　❖江戸で敲のあと佐渡銀山で博奕・恐

【よみうり・瓦版】
関所破りの案内人
京都の飛脚屋藤蔵は、プロの関所破り案内人だった。大坂の父娘を案内して箱根の関を抜け、父娘がすぐつかまったあとも、自分だけはたくみに逃げ、ついにつかまらなかった。■全国手配の人相書きによると、「五十三歳。せい低く少しふとり候。色黒く眉毛薄く、細目。口大きく歯並び悪く、上の前歯一枚欠け有之。左手の彫物を灸で消した跡あり……」相当のワルのようだが、太く短く街道筋を生き抜く男の逞しさが、浮かんでくるようでもある。

歌右衛門殴られる
この三世歌右衛門(一七七八―一八三八)は立役、敵役、女形なんでもこなす実力派で、梅玉の号でしられる俳人でもあった。ただし、典型的な江戸役者である三世板東三津五郎(一七七五―一八三二)とは不仲だった。この日、「本朝二十四孝」に知盛の役だった歌右衛門が誤って碇(いかり)の角を客に当てたことから喧嘩となり、三津五郎派の見物人多数に殴られた。それを怒った歌右衛門の客がまた三津五郎の楽屋で暴れるなど大騒ぎが重なった。

1810 上総田中村の百姓、北町奉行所で大暴れ、侍ら四人死亡

かつ・喧嘩をくり返していた大工幸次死罪(**新類集二七**)。

〃 ❖盗み前科の佐渡銀山水替人足平吉、二度も銀山脱走を図り死罪(**新類集二七**)。

〃 ❖丹後竹野郡幕領間人村で愁訴(**一揆**)。

文化七年

1810 庚午

1.1—❖佐渡で大地震。その後も連日(**泰平**)。

2.4❖江戸新宿三光院稲荷の祭礼で曳き屋台が揺れ、乗っていた子供大勢転落、九歳の男児ひかれて死す(**街談**)。

2.30❖日本橋一丁目の露店で三十八文の小刀を買った同四丁目の大工藤七、にわかに腹を切り死んだ。乱心らしい(**街談**)。

3.4❖陸奥閉伊郡盛岡領小国村で強訴(**一揆**)。

4.18❖加賀安明郡アカハ崎の豪商木屋藤右衛門・倅藤兵衛・手代作右衛門、密貿易で磔・闕所(**街談**)。【よみうり・瓦版】

4—❖相模小田原近くの梅沢で大番頭永井大和守組同心と松平阿波守家来が争闘。九月二十九日双方処罰(**泰平追加**)。

春—❖江戸三十間堀の豪家苫(とま)屋の未亡人、昨年末病死した夫の遺言に従い吉原京町海老屋の遊女杣川(そまがわ)を身請け(**街談**)。

5.4❖江戸上野山下で松平壱岐守家中の二人が血闘、相討ち。遊所の帰りらしいが詳細不明(**街談・半日閑話一〇**)。【よみうり・瓦版】

5.8❖江戸八丁堀長沢町忠兵衛の養子万吉(14)と本材木町七丁目北斎門人雷周こと彦次郎、孝行を表彰される(**街談**)。

5.22❖江戸北町奉行所へ所用で来ていた上総田中村の百姓金右衛門(48)、同心部屋にあった脇差を抜いて次々と斬りつけ、組屋敷まで乱入、やっと皆で取り押えたが、被害者は死亡四、重軽傷七。乱心として獄門(**街談**)。【よみうり・瓦版】

5.22❖江戸浅草の料理屋「巴屋」の二階で二歳位の町人の子をあやしていた酔っ払い侍が庇(ひさし)へ落ち子供は道路まで転落。子供は間もなく蘇生(そせい)、侍はスゴスゴ姿を消した(**街談**)。

5—❖上総山辺郡幕領田中村租法改正を強訴(**一揆**)。

6.14❖長門阿武郡萩領川上村で水車の水利妨害を強訴(**一揆**)。

6.21❖越後魚沼郡幕領六日町などで打ちこわし(**一揆**)。

7.20❖江戸浅草馬道で赤裸の男がぼんやりしており奉行所で保護。京都安井門跡家来伊藤内膳倅安次郎(25)と判ったが、どうやって江戸まで来たのか記憶喪失で一切不明(**街談**)。【よみうり・瓦版】

8.11❖御金改役後藤庄三郎の養祖父猪左衛門と江戸役所年寄役二人獄門、他に金座役人多数追放・押込など。小普請御役金の使いこみ・偽の小判百両包み作成などの罪科(**続実紀一・街談・き、の・泰平**)。

【よみうり・瓦版】＝次ページ

816❖秋田地方大地震。寒風山崩れる。二十八日まで余震、泥流つづき、二十四か村で七百人ほど死亡(**街談・百草露・一話一言補遺**)。

9.4❖周防都濃郡徳山領富海村で強訴未遂(**一揆**)。

10末❖吉原中万字屋の下級遊女某をとむら

百姓、北町奉行所で乱心、大暴れ　たった一人の百姓に斬りまくられて、与力・同心は逃げるばかり。勇をふるって後から組みついたのは、佐助という小者だったので、奉行所の評判はさんざん。■この時の北町奉行が小田切土佐守だったので、さっそく落首(らくしゅ)「百姓に与力同心小田切られ主も家来もまごついたとさ」「土佐ふしと見えても実はなまり節百姓代に切りきざませて」■この日一帯は死者の運び出し、負傷者の手当てに忙しく、外科医と焼酎(消毒用)屋は大忙しだった。

記憶喪失の京男、江戸浅草で保護される　年は二十五、父の家は京都油小路二条上ルという所まではわかったが、あとがややこしい。さる七月十八日、知人二人を同道、愛宕山へ参った。その節の衣類は花色四ツ花菱の紋付帷子(かたびら)に黒絽羽織、二刀を帯していた。あまり暑いので帯を解いて涼んでいたら一人の老僧が来て、面白いものを見せてやるというのでついて行った、あとは覚えないという。届けを受けつけた町役人も困って、とりあえず当座の衣類を与え、身寄りを求めている。

う法要あり。病気で休んでいると遣手が折檻し、食事も与えず。空腹のあまり小鍋で何か煮ようとしたのをみつかり、鍋を首にかけた姿で柱に縛られ、そのまま死んだ。以後鍋を首にかけた幽霊が出、あわてて法要となった（**街談・半日閑話**）。

【よみうり・瓦版】＝次ページ

11初❖田安家馬廻役高木久八、急病死のあと蘇生。冥土話を残す（**街談**）。

11―❖能登鹿島郡金沢領能登部下村で強訴（**一揆**）。

冬―❖大坂で紙製の頭巾大流行（**噺の苗六**）。

この年❖箱根地蔵町の清吉死罪。上湯之川村久右衛門方で賭博中久右衛門と争って燭台で殴り倒し、その女房つやを刺し殺した（**新類集一一**）。

〃　❖蝦夷松前法界寺住東之助獄門。法界寺住職義端と女のことで争い、義端と弟子の善道を斬り殺し有金を奪った（**新類集一一**）。

〃　❖女犯罪のうえ掛役人調伏の護摩祈禱をした和泉福田村興源寺住職妙厳死罪（**新類集二一**）。

〃　❖上野群馬郡旗本領十文字村で越訴未遂（**一揆**）。

再現・江戸かわら版

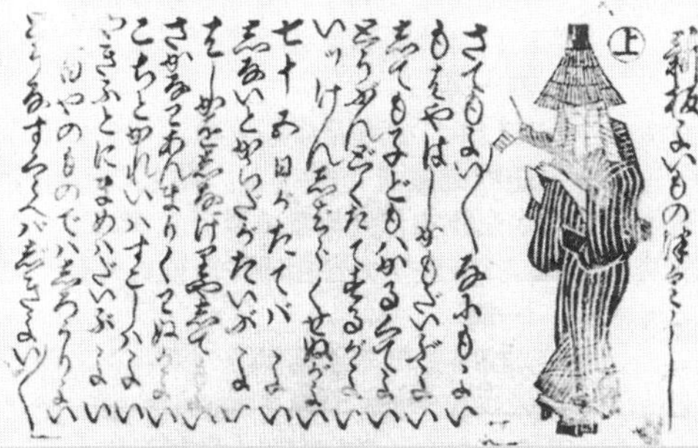

流行病―信心も治療の一つ

疫病は、時に猛威をふるい江戸市民に大きな災いをもたらした。科学的な診たても有効な煎じ薬も効能がないままに、良いとされると浄瑠璃文句の見立てや番付がさまざま出された。文久二年、はしかが流行すると、早速「よいものづくし」としてかわら版が軽妙な呼び声にのって街に出回った

【よみうり・瓦版】

加賀の豪商、密貿易で闕所、磔

加賀藩によって申し渡された罪条は「近年異国人と申合せ交易仕り」と簡単なものだが、没収金品は金九万二千両、丁銀六万八千貫目、南鐐四万八千両、米二百七十万七千石（以下略）と大変な数字だ。■計算しやすいものだけ取り上げてみると、米は現代の標準価格米で千四百三十億円、金九万二千両は当時の相場から現四十七億一千万円。■加賀では四十一年後の嘉永五年、同様豪商銭屋五兵衛が闕所になっているが、その財産もほぼこれに匹敵する。

侍同士の奇妙な死闘

上野山下の茶飯屋へ左腕を斬り落とされた侍が倒れこみ「向かいにいる連れを呼んでくれ」と苦しい息でいうので、向かいの水茶屋へ行ってみると、もう一人の侍が自分でのどを突き苦しんでいた。■戻ってそう告げると、始めの侍が立ち上がり、向かいへたどりつくと片手斬りに相手の首を斬り落とし、自分も絶命した。■二人とも遊所の帰りと見え、相当の衣服をつけていた。遊興仲間がどうして斬り合いになったのか、二人とも死んだのでわからない。

文化八年

1811　辛未

葛飾郡の荒川で水戸侯と井伊侯の船が針路のことで争論

1.7❖陸奥閉伊郡盛岡領釜石で打ちこわし(**一揆**)。

1.24❖江戸浅草茅町二丁目から出火、柳橋まで焼ける(**武江**)。

1.24❖出羽最上郡新庄領川ノ内村で愁訴(**一揆**)。

1—❖陸奥下北郡盛岡領野辺地愁訴(**一揆**)。

2.11❖江戸市谷念仏坂から出火、四谷・赤坂・麻布・赤羽まで焼け、死者二百人(**武江・泰平・き、の**)。

2.22❖江戸深川・霊岸島で大火(**災異志**)。

3.9❖筑前穂波郡の福岡領で打ちこわし(**一揆**)。

3—❖石見那珂郡浜田領本郷村で強訴(**一揆**)。

4.10❖江戸永代寺境内の仮設芝居小屋が縄腐れで倒壊、死者二人、負傷者多数(**武江**)。

4.25❖光格天皇の後宮で新内侍局(18)に皇女が生誕したが、母子ともすぐ死亡。全身紫色に変じており毒害の噂しきり。犯人は民部卿典侍と宰相典侍といわれる(**街談**)。

【よみうり・瓦版】

4初❖江戸に風邪流行。十中八、九人かかる(**街談**)。

4.11❖江戸京橋弥左衛門町の油売り忠兵衛(48)・妻きく(37)、同じ長屋の魚屋安五郎(35)の料理したフグで酒を飲み三人とも死す(**街談**)。

6.19❖下総葛飾郡の荒川で水戸侯の船と井伊侯の船が針路のことで争論、一騒動あった(**街談**)。

6.27❖信州蟹沢村の百姓八右衛門(46)、父長八を斬り殺して逃走。全国手配(**天保集成一〇二・街談**)。

7—❖出雲飯石(いいし)郡松江領二十一か村で愁訴(**一揆**)。

8—❖陸奥津軽郡弘前領十九か村で強訴(**一揆**)。

9.3❖江戸品川の旅宿から出火、南側五町ほど焼ける(**武江**)。

9.3❖下総藤代宿百姓九右衛門の娘とや(8つ)、男児三人を出産、母子ともに健(**武江**)。文化九年とも(**街談・真佐喜のかつら**)。

9.22❖出羽庄内城下鍛冶町で同藩士土屋丑蔵(31)と同姓虎松(22)が斬り合い、双方出血多量で戦えなくなったので、申し合わせて刺し違えた。虎松の不良の兄万次郎が丑蔵に討たれたのが原因(**街談・き、の**)。

【よみうり・瓦版】

11.5❖加賀金沢で打ちこわし(**一揆**)。

11.16❖江戸南伝馬町三丁目から出火、材木町河岸まで約十二町焼ける(**武江**)。

11.18❖豊後直入郡岡領十八か組で強訴・暴動(**一揆**)。

12.11❖江戸浅草柳稲荷裏通りから出火、三筋町鳥越まで焼ける。同じころ品川橋向から出火、鮫洲(さめず)まで焼ける(**武江**)。

12.20❖豊後大野郡臼杵(うすき)領三重郷などで暴動(**一揆**)。

12.28❖番町美濃部伊織の妻ルン、四十年来の貞節を表彰される(**女の世の中**)。

この年❖常陸無宿広間小僧枡五郎火刑。窃盗常習のうえ、かねて遺恨の浄心方に放火、全焼させた(**新類集七**)。

後宮の局毒殺事件

新内侍局(しんないしのつぼね)は従三位少納言東坊城聡長(ふさなが)の娘、民部卿典侍は従三位参議葉室頼寿(はむろよりとし)、宰相典侍は正二位権中納言勧修寺経則(かんしゅうじつねのり)の娘である。■こうした天皇をめぐる後宮高級官女の陰湿な争いは十分に想像できるが、結局表沙汰にならないのが常であった。■民部卿・宰相両典侍が処分されたとの記録はない。この事件も『街談文々集要』の筆者石塚豊芥子が、ある人が丹波亀山から江戸の知人に送った手紙の写しを見た、というだけで少々頼りない。

出羽庄内の同姓の敵討ち

丑蔵は、藩士土屋久右衛門(故人)の養子のまた養子で土屋家の当主、虎松は久右衛門の妾(めかけ)の子。■虎松の兄万次郎は不行跡(ふぎょうせき)な男で、土屋家知行所で領民に無心するなど不法なふるまいが多いので、丑蔵らが取り押えに行くと逆に抜刀して手向かったため、やむなく討ち果たした。丑蔵は構いなし。■そんな兄でも、虎松は仇を討とうと決意して武術修行に励み、この日久右衛門の忌日(きじつ)、菩提寺で丑蔵を待って勝負を挑んだ。

〃　❖小舟で船の積荷を盗み回っていた江戸高砂町の新蔵死罪(**新類集一一**)。

〃　❖博奕場で客から金をおどし取っていた丹波本庄村の磯八死罪(**新類集九**)。

〃　❖蝦夷松前阿吽寺住職礼源、死罪。古い木像に細工して由緒ある尊像に仕立て金集めを企んだ(**新類集二一**)。

〃　❖駿河馬場町の権五郎、盗みで入牢中相牢を縛って脱獄を図り失敗、死罪(**新類集二七**)。

〃　❖下総玉虫村で百姓服部仁平、父の敵百姓茂七を討つ(**敵討**)。

〃　❖越後蒲原郡幕領水原で騒動(**一揆**)。

〃　❖越前大野郡勝山領で強訴(**一揆**)。

〃　❖紀伊海草郡和歌山領加太村で強訴(**一揆**)。

再現・江戸かわら版

芝居も題材—二代目団十郎の成田屋

二代目市川団十郎は、享保二十年四月末から十月まで、病気で芝居を休んでいた。その五月二十三日夕刻、二升あまりの血を吐き気を失ってしまった。あらゆる介抱も効を示さず、送りの万吉栄次は髪をおろし、蔵前の成田不動尊に治癒の願かけに日参を始めた。その効あって、団十郎正気に戻りその後の療養で立ち直った。初代団十郎も信心篤く、不動明王のご利益恐れなしと屋号を「成田」とした。芝居の大役者が芝居絵の他に、かわら版にも登場する

【よみうり・瓦版】

金改役名門後藤家の犯罪

■当主庄二郎は相続間もないので、責任軽しと遠島ですんだが、主犯とみられるその養祖父と年寄役二人が獄門。相当にきびしい判決である。■日本銀行と造幣局を一手に握ってきた鎌倉以来の名家はここに絶え、後任の御金改役は銀座年寄役後藤三右衛門が任命された。■先年身上不如意となったさい、取り扱っていた小普請御役金を使い込み、その穴埋めのため金の代わりに銀や鉛を混ぜて小判を造り百両封金に仕立てた、というのが罪状である。

あわれ、吉原遊女の幽霊

よくある遊里惨酷物語だが、とくにこの幽霊、小鍋を首にかけた姿がいたましい。しかし、この遣手婆だけを責めるわけにはいかない。■諸悪の根源は、このような世界を容認していた社会であり、悪政であるからである。■最高級の遊女とうたわれた吉野太夫(代不詳)でさえ、「罪なくて憂き島原やけふの月」「われ載て廓を出よいかのぼり(紙凧)」とよんでいる。しょせん廓は苦界あった。ましてや、末端の女郎の苦難は言語に絶した。

1812 江戸谷中感応寺の富札売り日に、群衆が殺到

1.2❖豊後大分など六郡の延岡領などで暴動(**一揆**)。

2.9❖豊前宇佐郡中津領など四十五か村で強訴(**一揆**)。

2.10❖江戸浅草観音花相撲の打ち上げ酒に酔った若い力士筑波山、抜刀してあちこち通行人にからみ、ついに麻上下の侍に斬りかかり、あっさり討ち果たされた(**街談**)。【よみうり·瓦版】

3.3❖武蔵中里新田の百姓紋左衛門(30)、父長左衛門を殺害して逃走。全国手配(**天保集成一〇二**)

3.11❖江戸中村座へ鳶の者が無料入場しようとして芝居者に袋だたきされた。鳶側は仲間を動員しておしかけ、双方計十数人の怪我人(**街談**)。【よみうり·瓦版】

3.19❖肥後天草郡幕領今富で強訴(**一揆**)。

3.28❖江戸仲町一丁目の米屋から出火、二十軒類焼。その夜火元の米屋急病死。元主人の得意先を奪うなど評判の悪い男だった(**街談**)。

3—❖越前足羽郡福井領で西本願寺一件騒動(**一揆**)。

4.7❖江戸日暮里の布袋像安置寺へ賊八人が押し入り和尚を殺害、弟子二人に傷負わせ金を奪う(**街談**)。

4.28❖江戸谷中感応寺の富札売り日、群衆殺到の中で加賀鳶と町火消か組が喧嘩、双方怪我人多し(**街談**)。【よみうり·瓦版】

6.9❖京都木屋町二条下ルの旅宿で熊本米屋町の市原屋俊十郎が雇人嘉平次に傷つけられ死んだ。十七年後の文政十二年四月十二日伜平左衛門が肥後で復仇(**天保集成一〇二**)。

6.28❖上野国大雨、洪水。相生から三ツ堀村まで一面に浸水、人馬多く死す(**街談**)。

6—❖相模名倉村名主源内が新仏を埋葬するため墓地を掘ったところ、四年前死んで埋めた娘つね(当時26)の遺体が生けるが如きミイラになっていた(**き、の**)。

7.8❖仙台で大水。橋多く流れ水死八十余人(**街談**)。

7—❖陸奥大沼郡幕領で越訴(**一揆**)。

8.2❖御坊主伊東久勝の伜宗勝、妹そでと密通の僕新助に殺される(**兎園小説外集**)。

8—❖安芸安芸郡広島領牡蛎浜で騒動(**一揆**)。

9.22❖江戸一本芝三丁目薪屋金蔵の女房きち、女児三人を生み表彰される(**街談**)。

10.6❖信濃岡谷で大火(**災異志**)。

10—❖全国的に豊作(**生活史**)。

10—❖能登鹿島郡金沢領で騒動(**一揆**)。

11.4❖関東大地震。江戸で負傷者多数。小田原城破損(**泰平·街談**)。

11.21❖江戸浅草非人頭車善七方から出火、吉原へ飛火し廓全焼(**武江·街談·き、の**)。

11.22❖肥後天草郡幕領今里で強訴(**一揆**)。

11.26❖不行跡公卿二十六人に官位召上·遠慮などの処分(**街談**)。【よみうり·瓦版】

12.2❖備前栢谷村の百姓平次郎、横井上村の孫兵衛と争い、剃刀で斬り殺す。打首(**諸藩**)。

12.29❖江戸桶町から出火、南伝馬町·京橋まで六か町焼ける(**武江**)。

12.29❖日光山大楽院全焼(**災異志**)。

な「め組の喧嘩」があった。

富くじで火消と加賀鳶が喧嘩

富くじは、社寺の修復費捻出などを理由に許されていた興行的賭博で、箱に入れた富札を錐で突く方法なので「富突」ともいった。札は一枚一分、千枚につき百両あたるというので感応寺のは評判高かった。加賀鳶は加賀藩お抱えの火消し人足で、高給で男前を集め、邸外の火事にも出動するので町火消と衝突することが多かった。町火消は享保三年大岡越前守の指導でできた「いろは四十七組」(はじめは、へ·ら·ひ組もあった)で定員約一万。

幕府が遊興の公卿を処分

今度の処分は、寛政三年のとはだいぶ趣きがちがって「度々遊興」「不法の濫行」「卑俗之地徘徊」など、すべて軟派的罪科による。■一般公卿の気質が、泰平の世にふさわしく堕弱化したということであろう。処分内容も「止官」「遠慮」「差ひかへ」「慎」「籠居」など、比較的穏便である。■幕府の政策にとって、都合の悪い公卿を一線から遠ざけたのではないかとも考えられるが、この時点では、そんな硬骨公卿はまだいなかったようである。

12—❖肥後天草幕領四か村強訴未遂(**一揆**)。

この年❖江戸坂本町一丁目の勝五郎、三十間堀四丁目伊右衛門方から十七両二分と櫛・笄(こうがい)を盗み死罪(**新類集一三**)。

〃　❖江戸で伊達侯奥向に侵入、衣類を盗んだ無宿庄蔵死罪(**新類集一一**)。

〃　❖江戸神田上水樋の銅板を盗んだ武蔵荒井村の百姓新兵衛死罪(**新類集一一**)。

〃　❖日光山大楽院から銀仏具を盗み、つぶして売った無宿清太郎こと十郎左衛門獄門(**新類集一一**)。

〃　❖盗み押しこみ喧嘩傷害のうえ脱獄の山口小僧平蔵獄門(**新類集二七**)。

〃　❖武家奉公中父の治療費に困り、供先で盗みを働いた小石川源覚寺門前町平井直吉死罪(**新類集二一**)。

〃　❖駿河向敷地村徳願寺弟子英芳、寺で払った金を私し死罪(**新類集二一**)。

〃　❖伊予温泉郡松山領志津川村で強訴(**一揆**)。

〃　❖越後蒲原郡村松領で強訴(**一揆**)。

〃　❖越後蒲原郡幕領舞潟村で愁訴(**一揆**)。

再現・江戸かわら版

連合艦隊の馬関攻撃—
攘夷の掛け声勇ましく

元治元年八月四日。下関の長州藩の砲台は英、米、仏、蘭の連合軍の艦隊の砲撃を受け、悉く崩壊した。先の文久三年五月十日、攘夷を唱える長州は、下関を通過中の米艦隊などを砲撃していたが、その報復の攻撃だった。長州藩嘲笑の風刺がさっそく出回った

【よみうり・瓦版】

酒乱の力士、侍にからんで命を落とす

若い力士筑波山、よほどの酒乱癖とみえ、まず御厩(おうまや)河岸渡しの船中で二人づれの侍にからみ、狭い船中で諸人の迷惑になってはと侍はじっと忍んだ。■向こう岸に上がると筑波山、こんどは野菜売りの担(かつ)いでいた天秤棒(てんびんぼう)を抜き打ちに両断、野菜売り仰天して一目散。■調子に乗って白刃ひらめかし、ついに麻(あさ)上下(かみしも)姿の侍の眉間(みけん)めがけて斬りつけ、逆にズンバラリンと斬り捨てられた。侍は旗本伊東主膳の家来某で、使者の帰りだったという。

鳶と芝居興行者、入場料をめぐる喧嘩

いったん退散した鳶(とび)側が仲間を動員して押しよせ、見物の男女が逃げ迷うなかで大喧嘩、普通のスタイルである。ほぼ一段落したあたりで奉行所が出動、結局怪我人は鳶側四、五人、芝居側七、八人、入牢者は鳶側だけで二十五人ということになった。■興行場の無料入場を特権と心得る鳶人足と、それを喜ばない興行側の紛争は、江戸期を通じて数多く起こっているが、たいていの場合、一時入牢だけですんでいる。■文化二年には、有名

墨田川堤で義太夫師匠と二十三歳位の男女心中、この頃心中相次ぐ

文化十年

1813　癸酉

2.2❖江戸三河町二丁目から出火、鎌倉町・新革屋町まで焼ける(**武江・街談・豊芥子日記**)。

2.15❖江戸下谷御成街道黒田侯邸から出火、大名邸多く類焼、町家も広小路・山下・池之端仲町など焼ける(**街談**)。

2.24❖伊予宇和郡宇和島領岩木村で逃散(**一揆**)。

3.12❖江戸浅草仲町の義太夫師匠かね、墨田川堤で二十三歳位の職人体の男と心中。同じ日池上本門寺境内で大身旗本の妾と用人の伜が心中。他にこのころ吉原・内藤新宿・八丁堀と心中あいつぐ(**街談・豊芥子日記**)。【よみうり・瓦版】

4下旬❖尾張米津村百姓五左衛門の娘そね、一月前から局部が痛み、ついに男根生ず。名を七之助と改めた(**街談**)。

5.18❖江戸小石川水戸邸前で侍が斬り殺されていた。高松侯の足軽らしい(**街談**)。

5—❖両国川ぞいの吉原仮宅(かりたく)の一軒で重い財布を預けた大散財の客が浴衣一枚になって川を泳いでいるうち対岸へ上陸して姿を消した。調べると財布の中は小石、脱ぎ捨てた着物は安物で女郎屋大損(**文化秘筆**)。

6.20❖江戸浅草聖天町辰巳屋へ駕籠で乗りつけた二十二歳位の男、着物に血がついているのを怪しんだ店の通報で町方が調べに来ると、矢庭に同心の小刀奪って三人に怪我をさせ、店の若い者を斬り殺して逃走した(**街談・豊芥子日記**)。

7.27❖土佐藩江戸屋敷の長屋で藩士小松重蔵夫妻と小者ら三人が同家元若党岡崎丑之丞(25)に斬り殺された。丑之丞は八月五日町奉行の手につかまり藩で成敗された(**文化秘筆**)。【よみうり・瓦版】

8.3❖伊予宇和郡宇和島領魚成村で騒動(**一揆**)。

8.7❖江戸無宿嘉七、浅草平右衛門町の吉五郎が借金を返さないのを怒り、ノミで傷つけて死なせた。嘉七、下手人(斬)(**新類集一七**)。

8.12❖江戸芝東海寺地中清光院へ賊が入り、住職を刺し殺し金を奪う(**文化秘筆**)。

8—❖越中婦負(ねい)郡富山領北山村などで打ちこわし(**一揆**)。

8—❖陸奥伊達郡幕領藤田村で愁訴(**一揆**)。

10.13❖信濃水内郡善興寺付近で打ちこわし(**一揆**)。

10.15❖越中婦負郡富山領十三か村で暴動(**一揆**)。

10.19❖越中婦負郡富山領八尾周辺で打ちこわし(**一揆**)。

10.26❖摂津西河原村百姓忠蔵(40)みよ(33)夫婦に男の三ツ子誕生。松次郎・竹蔵・梅太郎と命名(**街談**)。

10—❖伊予喜多郡大洲領で強訴(**一揆**)。

10—❖越後蒲原郡村松領で強訴(**一揆**)。

10—❖信濃埴科(はにしな)郡幕領坂城村で強訴(**一揆**)。

10—❖周防玖珂郡萩領山代地方で越訴(**一揆**)。

11.8❖能登羽咋(はくい)郡など金沢領七か村で騒動(**一揆**)。

11.25❖陸奥津軽弘前領十一か村で強訴(**一揆**)。

用具—酒樽

11.28❖江戸品川から出火、三町焼亡(**武江**)。

11.29❖江戸高砂町西側から出火、大坂町・堺町・葺屋町・両座芝居・よし町まで焼ける(**武江・街談**)。

11.30❖能登羽咋郡幕領子浦北村で強訴(**一揆**)。

11―❖美作久米・南条郡小田原領十七か村で越訴(**一揆**)。

秋―❖全国的に大旱(**災異志**)。

12.2❖江戸花川戸町から吾妻橋際まで焼亡(**武江**)。

暮―❖越中新川郡金沢領丹見村などで打ちこわし(**一揆**)。

冬―❖京都で火災頻発(**災異志**)。

この年❖薩摩諏訪瀬島噴火。以後無人島となる(**災異志**)。

〃　❖江戸南新堀二丁目船持半四郎雇人重蔵、運送中の醤油を抜き取って売り死罪(**新類集一二**)。

〃　❖無宿竹松こと三蔵獄門。別罪により遠島決定、大坂で碇泊中脱船、押し込みなどを重ねた。仲間二人死罪(**新類集二七**)。

〃　❖石見美濃郡浜田領上道川村で暴動(**一揆**)。

〃　❖越前大野郡勝山領で強訴(**一揆**)。

〃　❖出羽秋田領米内沢村で騒動(**一揆**)。

〃　❖遠江土方郡旗本領十一か村で用金反対騒擾(**一揆**)。

〃　❖三河設楽郡幕領振草村で越訴(**一揆**)。

〃　❖美濃葉栗・厚見郡名古屋領で越訴(**一揆**)。

再現・江戸かわら版

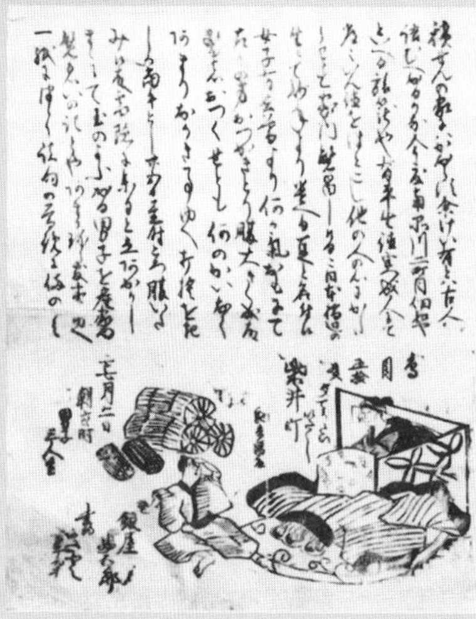

三つ子で表彰だが―ごくたまに刷り間違いが

安政元年七月二日、柴井町の銀屋安五郎の妻さとが、男三人を産み、鳥目五十貫文を番所から頂戴したと、絵に記録されている。上の文では、南品川の伊和屋という旅籠で日本橋生まれの女中が玉のような男の子を産んだと記されているが三人子にはふれていない。当時、三つ子の出産などでご褒美を頂いたことは時々あったが、記事と絵が別々というかわら版はそれ以上に珍しい

【よみうり・瓦版】

心中相次ぐ

墨田川堤で心中した義太夫師匠かねは、わずか十六歳、相手の男は二十三、四の職人体。刺刀を使っており、傍に浄瑠璃稽古本と銭二百文が置いてあった。■池上本門寺の男女は、門外で白装束に着かえており、発見時男だけ半死半生。金三十両包みが三つ残され、二人の回向料にと書き置かれていた。■八丁堀の一件は、女房が女狂いの夫を刺し殺して、自分も死ぬという無理心中だった。当局の心中厳刑主義にもかかわらず、心中は一向に減らなかった。

藩屋敷での殺人、藩で処罰

犯行の動機が明らかにされていないが、ともかく犯人岡崎丑之丞は、逮捕の三日後に北町奉行永田備後守邸で、高知藩山内土佐守家来竹下茂八に引き渡され、同藩の手で処刑された。■引き渡しを要請する藩側の文言に、「一家中限り之儀にて他之引合も無之候間、江戸の御仕置に準じ、自分（当藩）仕置可申付筋故」とあり、一応そのような慣例のあったことがわかる。■この処置は、老中松平伊豆守信明の指図によるものともいう。

1814

名門の江戸町年寄樽屋与左衛門、上納金が払えず首をくくる

文化十一年

1814　甲戌

1.11❖江戸突暴風。亀戸妙義社詣り船数隻沈没、死人多し(**武江**)。

3.28❖京都鞍馬山出火、本堂以下十三棟炎上(**街談**)。

4.1❖江戸柳原同朋町で姫路藩足軽岡兵作が湯島切通(きりとおし)の忠次を斬り殺す。元同僚の忠次が無体に無心したためで、兵作は押込ですんだ(**街談・豊芥子日記**)。【よみうり・瓦版】

4.14❖越後蒲原郡村松領下田郷などで強訴・打ちこわし(**一揆**)。

4.28❖上州下大島村の百姓麻右衛門(45)、妻と幼児をつれて各関所を破り京都へ。全国手配(**天保集成一〇二**)。

4—❖越後古志郡長岡領栃尾郷で打ちこわし(**一揆**)。

5.4❖出雲飯石郡松江領で越訴(**一揆**)。

514❖甲斐巨摩(こま)・八代郡八十八か村で越訴。楮(こうぞ)事件(**一揆**)。

5.15❖越後岩船郡幕領など三十五か村で打ちこわし(**一揆**)。

5中旬❖越後蒲原郡幕領五泉周辺などで打ちこわし(**一揆**)。

5.24❖越後蒲原郡幕領加茂村などで打ちこわし(**一揆**)。

6.16❖肥前蓮池で大風雨、高潮(**街談**)。

6—❖越後古志郡長岡地方で打ちこわし(**一揆**)。

6—❖尾張春日井郡名古屋領小牧付近で騒動(**一揆**)。

7.10❖肥前蓮池に再び大風雨。被害大(**街談**)。

7.23❖信州須坂百姓久治郎の妻(26)に女ばかりの三ツ子誕生。母子とも健(**街談**)。

7.28❖薩摩比志島村百姓勘四郎、箱根関所破りして江戸へ。全国手配(**天保集成**)。

7—❖丹波多紀郡篠山領野間村で越訴(**一揆**)。

8.2❖陸奥閉伊郡盛岡領宮古などで強訴(**一揆**)。

9初❖江戸神田明神の社人某、囲っていた女の変心を怒り疵負わす。とめようとして近所の数人も手疵(**文化秘筆**)。

9.25❖寄合三千石戸川隠岐守一家の乗った船が他船と衝突、転覆、隠岐守以外水死(**文化秘筆**)。

10.8❖江戸麻布三軒屋から出火、二大名邸焼ける(**災異志**)。

10.13❖七世市川団十郎(24)、堺町で非番の町同心二人と口論、下駄で殴る。同心側無刀の弱味あり、内済(ないさい)(**文化秘筆**)。【よみうり・瓦版】

10.20❖旗本神尾主水の奥家老、主水の母に恋慕し、寝間に忍び入って追い出される(**文化秘筆**)。

10.21❖江戸上野寛永寺本坊炎上(**続実紀一**)。

10—❖御城坊主某、囲い女と密夫、女の父を斬殺(**文化秘筆**)。

10—❖備前市場村の勘吉、放火の罪で火刑(**諸藩**)。

11.6❖江戸町年寄樽屋与左衛門、上納金二万五千両が払えず首くくる(**文化秘筆**)十二月二十九日とも(**半日閑話**)。

秋—❖諸国で不作(**泰平**)。

12—❖越後三島郡長岡領で越訴(**一揆**)。

12—❖周防玖珂郡萩領山代地方で逃散(**一**

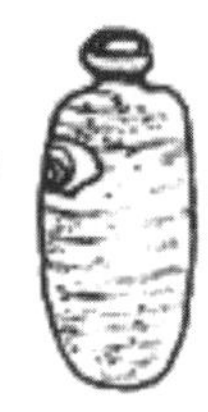

用具—徳利・瓶子・チロリ・燗徳利

揆）。

この年❖大和池之内村無宿善助、非人源七を絞殺、放火し、獄門（**新類集一一**）。

〃　❖武蔵小浜村百姓百次郎火刑。同村で盗みをとがめた百姓又右衛門女房きよと養子豊吉を殺し放火（**新類集一一**）。

〃　❖主人から預かっていた具足・刀を入質した市橋下総守家来柴田善四郎死罪（**続実紀二七**）。

〃　❖安芸安芸郡広島領熊野村で越訴（**一揆**）。

〃　❖越前大野郡勝山領で強訴（**一揆**）。

〃　❖陸奥閉伊郡盛岡領遠野で強訴（**一揆**）。

再現・江戸かわら版

富士山怒る―六十年目の解禁

万延元年は、六十年に一度の、女人登山解禁年にあたり、外国人も婦人同様登山をしたところ、山の守護神の怒りにふれたとの風刺。江戸期を通じて富士山詣、お伊勢参りは信仰と旅の対象としてともに人気を集めた。江戸市内では、ミニ富士山を作り、登山料を稼ぐ輩もありかわら版の題材としてだけでなく庶民の関心は高かった

【よみうり・瓦版】

同僚への無心で斬り殺される

姫路藩足軽岡兵作が斬った湯島切通忠次の首は二間も先へ飛び、両側の商店はあわてて大戸を閉め、往来に人影が絶えた。事件後、兵作は近くの自身番へ届けに来たが、番人が逃げ出しているので、次の届け先を求めて歩き、福井町三丁目で鳶の者大ぜいに取り抑えられた。二人は、以前某武家屋敷に奉公していた同僚同士だが、忠次が悪口雑言の限りを尽くすので、カッとなって抜刀した。兵作は終始神妙で心証よく、押込の処分ですんだ。

団十郎、無刀の同心を下駄で殴る

無刀、芸者づれの同心二人につき当たった団十郎、名代の肝癪持ちだから、いきなり下駄を脱いで二人の頭をポカポカ。かけつけた嵐雛助ら役者連が割って入り、そこらの茶屋へ上がって手打ちさせたが、同心側も無刀で遊んでいた弱味があり、表沙汰にならずにすんだ。この七世団十郎は、のち稀代の名優に成長するが、性傲慢、専横で、天保の倹約令に反抗して豪奢を尽くし、ついに江戸追放に処せられるなど、気骨の人物であった。

文化十二年
1815　乙亥

1815 江戸神田佐久間町に豪邸新築。目だちすぎて泥棒稼業が露見

1.7❖陸奥津軽弘前領碇ヶ関で強訴（**一揆**）。
1—❖陸奥岩手郡盛岡領上野村で強訴（**一揆**）。
3.5❖讃岐小豆島洲崎村百姓清兵衛女房きく(26)、女の三ツ子安産。代官から五十貫文下賜（**街談**）。
4.26❖陸奥紫波郡盛岡領八幡などで強訴（**一揆**）。
4.28❖江戸木挽町五丁目の蕎麦屋仁右衛門、信州高島藩の中間三人が無銭飲食したのを怒り、うち一人に熱湯をかけて殺した。雇人の幸八が罪をかぶり打首、仁右衛門は所払（**文化秘筆**）。【よみうり・瓦版】
5.28❖陸奥和賀郡盛岡領鬼柳などで強訴（**一揆**）。
5—❖阿蘇山噴火（**続実紀一**）。
6.1❖賄方小野田郡兵衛、下谷広徳寺前茶屋で殺人。色ごとからとか（**文化秘筆**）。
6.4❖二千石寄合森直之進、養父で隠居の彦太郎(24)に毒を盛られ、苦しんでいるところを刺し殺された。複雑な内情があるらしいが、彦太郎は遠島ですんだ（**半日閑話・文化秘筆**）。【よみうり・瓦版】
6.15❖営中で勘定奉行肥田豊後守と在府の長崎奉行牧野大和守が争論、あわやというとき人々に制止された。十七日双方免職（**文化秘筆**）。【よみうり・瓦版】
6.26❖能登羽咋(はくい)郡幕領で騒動（**一揆**）。
6.27❖江戸神田佐久間町の医師某就縛。新築の家が余りに立派なので建築職人が怪しんで訴え奉行所が内偵、大泥棒とわかった（**文化秘筆**）。【よみうり・瓦版】
6.27❖大和吉野郡内で強訴未遂（**一揆**）。
6—❖新番頭三千石松平信濃守、日光奉行本多淡路守邸で酒乱、雑言。専らの評判（**半日閑話**）。
7.15❖江戸六番町の小普請三枝(さえぐさ)猪之介、邸内の長屋を借りている町人が博奕を開帳、喧嘩してやかましいので注意すると皆で悪口雑言、たまりかねて一人を斬り殺し三、四人に傷負わせる（**半日閑話**）。
7—❖江戸三田町の豪商豊田家の雇人、夜中に主家から千両箱を盗み出し、路上で蓋を開けていると、通りかかった男が石でたたき割ってくれ、開けた礼だと百両包み三つほど持って去った。物音に人々集まり盗んだ男御用（**文化秘筆**）。
7—❖備前笠岡の百姓和吉、岩太郎と喧嘩、殺して自殺（**諸藩**）。
7—❖甲斐巨摩郡幕領上神取村など越訴（**一揆**）。
7—❖陸奥岩手郡盛岡領で打ちこわし（**一揆**）。
9—❖伊予宇摩郡幕領藤原村で騒動（**一揆**）。
11.23❖但馬二方郡幕領浜坂で打ちこわし（**一揆**）。
11.28❖江戸木挽町六丁目から出火、六、七丁目焼ける。放火犯の深川一色町竹次郎(28)、十二月十八日火刑（**文化秘筆**）。
11—❖岡山藩普請加奉行石津勇次郎、備前田之口村で夫役重太郎を無礼討ちにする（**諸藩**）。
11—❖備中高松領で逃散（**一揆**）。
12.14❖長崎船津浦の善次郎(32)、盗みの目的で唐船に潜入、発見した唐人を海中に投じて死なせた。翌年三月獄門（**一話一言三**

営中での争論、片や罷免、片や加増
勘定奉行(かんじょうぶぎょう)・長崎奉行双方免職になった同じころ、南町奉行根岸肥前守が、老齢の精勤を賞され、五百石加増になった。そこで落首あり。「御厚恩運(うん)といただく五百石八十(やそ)の翁(おきな)の力見給へ（根岸）」「五百石いただく力なんのその我は千さし上げて行く（肥田）」根岸はこの時八十歳、町奉行職も寛政十年十一月以来勤続十七年になる。肥田の千石とは、勘定奉行の役料千石がフイになったことをさしている。

豪邸を新築して、発覚した泥棒家業
本来両国の薬種屋(やくしゅや)の伜(せがれ)。惚れた遊女に渡す金に困り、家が厳重で持ち出せぬので、ある家に忍び込んで刀三本盗んだが「これだけ盗んでも命が飛ぶ。それならもっと盗まねば損だ」と妙に発心し、再び忍び込んで刀筆笥(かたなだんす)一つかつぎ出した。以後、ウロ覚えの薬種知識を活用して医者になりすまし、夜は泥棒業に専念、その両方が大あたりして金がたまり、ついに豪邸建築を思い立ったが、あまり豪勢すぎて身を亡ぼす基となった。

七)。
12—❖伊予浮穴郡松山領久万で逃散(**一揆**)。
12—❖播磨赤穂領塩田で愁訴(**一揆**)。
冬—❖江戸薬研堀の御家人和田庄五郎、庭の土を市人に売っていたが、あまりに掘りすぎて崖が崩れ、下敷きとなって死す(**半日閑話三七**)。
この年❖江戸四谷伊賀町吉五郎こと入墨市五郎、人足寄場から逃亡して盗みを働き死罪(**続類集三七**)。
〃　❖長崎夫婦川の徳次郎、逃げた女房のかけこんだ伊勢町源次郎方で源次郎女房きくを鎌で疵つけて死なせ斬(**続類集一六**)。
〃　❖豊後石打村百姓藤右衛門死罪。盗みをとがめた同村吉右衛門を斧で傷つけたうえ預所役場から脱走しようとした(**続類集一〇**)。
〃　❖近江滋賀郡比叡山領坂本で愁訴(**一揆**)。
〃　❖上野群馬郡幕領惣社村で騒動(**一揆**)。

再現・江戸かわら版

かわら版発行—もぐりの速さ
板木仲間に入らないもぐりの板行屋がもっぱらかわら版を発行していたが、発行部数が増え、寛政五年には、正規の板木仲間に加わるようお上のお触れが出された。火災や地震のようなものは、記事も絵も専門業者に書かせて本屋が発行するものもあったが、素早く、おもしろく作るのはもぐりの業者であった。販売は店を構えずに、笠をかぶった二人が辻などで「さあ大変だ」の掛け声で売りさばいた

【よみうり・瓦版】
暴力蕎麦屋、無銭飲食の客を殺害
ともかくこの蕎麦屋、やり方が荒っぽすぎた。亭主と店員で中間三人をさんざん打擲したうえ、亭主が蕎麦包丁で一人の肩先を斬り、そこへ煮えたぎった汁をぶっかけたため傷口がはぜ返って死んだ。高島藩邸から中間が大勢かけつけ大事になりかけたが、これは治まった。町内から内済を願ったが許されず、町奉行所の検視となる。このとき、亭主が役人に三十両ほど握らせ、おかげで自分は軽罪ですんだと、もっぱらの評判だった。

大身家の奇怪な事件
二千石の当主が、年若い養父である隠居に毒を盛られたうえ刺し殺された。■養父に対する遠島刑は、やや軽すぎると思われるが、罪状申し渡し書には「疳症」「短慮」などの語が使われており、一種の変質者だったようだ。奇怪なのはこの森家の内情で、事件後宅番に詰めていた諸役人の前で老婆(隠居の祖母らしい)が大音で経文を読み、終わると裸になって踊り出し、家人一同これに和して踊り、全く狂乱の極であったという。

文化十三年

1816　丙子

1下旬❖江戸麹町の左官某、代官町で追いはぎに会い、赤裸にされたうえ口を斬られて言語不能となる(**半日閑話一五**)。

1—❖出雲簸川郡松江領神西、高岡村で強訴(**一揆**)。

2.8❖江戸薬研堀与力某の伜吉(以下不詳)、宮様御門前の御家人の家へ来て暴れ、紀州家辻番が取り抑えて家へ送ったところ実父が即座に絞め殺した(**半日閑話一五**)。

2上旬❖武蔵幸手の百姓某、母の敵と判った寺の住職を殺す。この住職若いとき某の母に不義を申しかけ、断られた腹いせに殺害した(**文化秘筆**)。

2上旬❖江戸麹町貝坂の酒屋で足軽体の三人、無銭飲食で亭主と口論、斬り殺す。店の者たちで三人を捕え、全員手の骨を折って番所へつき出す(**半日閑話一五**)。

2中旬❖表坊主向井宗悦、四谷千日谷で追いはぎに会い、身ぐるみ剥がれかけるが、御家人某が棒持ってかけつけ助かる(**半日閑話一五**)。

2—❖常陸土浦城下で大火(**泰平**)。

3.29❖鉄砲箪笥奉行内方万五郎(72)方へ賊が入り、万五郎と奥方(73)を斬殺、金子を奪った。養子与八郎に嫌疑がかかったが自供しないままに牢死。万五郎は高利貸しをしていて評判が悪かった(**半日閑話一五**)。【よみうり・瓦版】

3—❖江戸箱崎町の卯兵衛ら三人、深川小松代町で地元民と喧嘩、双方人数を催して本所四ツ目橋で大乱闘(**天保集成一〇四**)

4上旬❖霊岸島の者と本所の者が花見の船中で喧嘩、双方仲間を集めて両国橋上で大乱闘になりかけたが大家らが制止(**半日閑話一五**)。

4—❖江戸で疫病流行。閏八月までつづき死者多数(**続実紀一**)。

4—❖常陸に二、三百人もの強盗団横行。役人大勢出動して取り押えたが、首領は逃走(**半日閑話一五**)。

春—❖伊予宇和島領二見村で反税騒動(**一揆**)。

5.3❖吉原遊廓全焼。死者四人(**武江・街談・蜘蛛の糸巻**)。

5中旬❖大坂城で焔硝蔵爆発。同心二人、職人九人即死(**街談**)。

5.23❖百人組同心宇津定右衛門の伜(14)、関口へ釣りに行って見知らぬ山伏に一昼夜つれ回される。無事帰ったが天狗の仕業と評判(**街談**)。

5—❖大番小笠原官次郎免職、小普請入り。吉原から遊女を誘い出して留め置くなど身持不埒(**半日閑話一五**)。

5—❖薩摩領徳之島で砂糖専売反対の強訴(**一揆**)。

5—❖武蔵埼玉郡幕領樋遣川村で越訴(**一揆**)。

6上旬❖山形藩士秋元左衛門、酔って深川で熊本藩士と争論、斬殺される(**文化秘筆**)。

6上旬❖江戸王子の料亭海老屋で侍数人飲食、病人一人残して帰ったが、夜、迎えに来たと戸を開けさせ、十四、五人も押し入って家人を縛り金を奪った(**文化秘筆**)。

6.11❖下総中妻村百姓滝蔵死罪。遠島先の伊豆新島から二度も脱走を図り、一度は番人に手疵負わせた(**続類集一七・三四**)。

酒乱、最後の一杯が引き起こした殺人

フラフラと四谷通を歩いていた吉沢八十八、矢庭に銭湯帰りの車ひきの片腕を斬り落とし、ついでやってきた与力の隠居を斬り殺した。翌日捕えられ、当然斬刑。吉沢は日ごろはおとなしい男だが、無類の酒好きで、酔うと酒乱の失敗つづき。この日上役の同心小頭が吉沢を自宅に呼び、懇々と意見すると、すなおに頭を下げて聞いていた。その態度があまりに神妙なので、安心した小頭がもう大丈夫だろうと出してやった一杯が、アダとなってしまった。

助平大名の失敗

女房にあやしき振舞いに及ぼうとしている井上河内守に、亭主の百姓が悪口雑言、河内守が怒って抜刀すると、百姓も天秤棒でわたり合う。やっと家来たちにひきとめられ、このあと高遠藩主内藤侯の計らいで、百姓に生涯十両三人扶持を与えることでケリがついたが、世間はすぐ知り、河内守をあざけり笑った。もっとも異説あり。百姓家で煙草の火を借りているところへ帰ってきた亭主、カン違いして殴りかかってきたので、やむなくその腕を斬ったともいう。

617❖岡山城下で同藩士池田伊賀の家来大塚勘右衛門が他領備中の百姓を無礼討ちにする（**諸藩**）。

6.24❖備中の岡山領竹之庄村で強訴（**一揆**）。

6.25❖江戸霊岸島東湊町一丁目家主武兵衛の女房ひめ(20)、品川で磔。五月末新婚二日目の夫を刺し殺した。九月十二日中村座で「お駒才三」の芝居になる（**街談**）。【よみうり・瓦版】

6下旬❖丹後宮津藩の家老、諫言をきかぬ放蕩の藩主隠居本庄宗允(37)を刺し殺して自殺（**半日閑話一五・き、の**）。

7.8❖薩摩宝島へ英船漂着、牛を奪って去る（**街談**）。

7.21❖江戸向島で堺町の煮売屋の娘と同家手代が心中。男死にきれず（**半日閑話一五**）。

7.25❖霊岸島の貧民の女房磔。亭主が無尽で十両入手したのを知り、刺し殺して金を奪った（**文化秘筆**）。

7下旬❖御持組同心吉沢八十八酒乱、四谷通で車ひきの片腕を切り落とし五十騎組与力の隠居を斬り殺す。捕らえられ斬（**半日閑話一五**）。【よみうり・瓦版】

7—❖信州奈良井宿で打ちこわし（**一揆**）。

7—❖陸奥盛岡領足沢村で重税反対の強訴（**一揆**）。

8.4❖美作西川村で三十年来の大風雨。増水した河水が岡山城下まで浸水させる（**街談**）。

8—❖江戸で大風雨（**災異志**）。

8—❖佐渡で米買い占め反対の打ちこわし（**一揆**）。

閏8.4❖全国的に大風雨。江戸各所で屋根に大木倒れ、東海・近畿で浸水被害大（**泰平・武江・街談**）。

閏8—❖岡山領小串村百姓豊吉、同村惣次郎とその娘を傷つけ自殺（**諸藩**）。

閏8—❖四年前離島へ航行中難破した薩摩藩士古渡七郎左衛門(50)ら三人、中国広東州を経て帰国（**街談**）。

夏—❖江戸に疫痢流行、死者多し（**武江**）。

9.20❖下総大福田村の正徳寺で百姓権次郎、望月三郎の助太刀により二十三年ぶりに母の敵百姓藤助を討つ（**敵討**）。

9—❖江戸四谷内藤宿の信州高遠藩中屋敷へ招待されていた浜松藩主井上河内守、庭つづきの百姓家で女房に挑み、帰ってきた亭主とわたり合う。かけつけた家臣がやっとひきとめ示談にしたが、翌年の九月奥州棚倉へ懲罰移封（**続実紀一・街談・文化秘筆**）。【よみうり・瓦版】

10.13❖摂津岡部領熊野田村、辻借銀で越訴（**一揆**）。

11.2❖伊豆松崎で山崩れ。死者多し（**泰平**）。

11—❖伊予大洲領袖ノ木村などで紙専売反対の強訴（**一揆**）。

秋—❖安芸広島領小比曽村・大河内村で越訴（**一揆**）。

12—❖出雲松江領六十一か村で減免要求の愁訴（**一揆**）。

12—❖隠岐島で不作不漁による暴動（**一揆**）。

12—❖駿河の田中領八十一村で減免要求の強訴（**一揆**）。

12—❖備中松山領上神代村で減免要求の強訴未遂（**一揆**）。

年末❖因幡三郡で減免を要求、鳥取城下へ強訴（**一揆**）。

この年❖逆上して父孫兵衛を薪で殴殺した八丈島の百姓年次郎死罪（**続実紀一三五**）。

〃　❖播磨窪田村の吉兵衛獄門。大坂で盗

【よみうり・瓦版】

老旗本夫妻斬殺事件、迷宮入り

被害者内方万五郎は、相当に評判悪い人物で、もと代官をしていた時の不正のおかげか金を多く持っており、これを旗本仲間に高利で貸していた。取り立てに情容赦がなく、金のカタに重代の名刀を取られて泣いている侍もあったという。養子の与八郎にも、三度の食を一度しか与えないという冷遇ぶりで、たまりかねた与八郎が実家へ逃げ帰っている間の事件だった。当然彼に嫌疑がかかったが、ついに自供せず、事件は迷宮入りとなった。

動機不明の新妻の夫殺し

熟睡している夫のど元へ白刃をあて、力いっぱいし通した。両手で刀を握って起き上がろうとするのをさらに一刺し、刃先が右耳の後ろへ抜け、絶命した。このあと、女は、夫の胴巻から二十両奪って隠し、「賊だ賊だ」と叫ぶ。奉行所では、一時密通した男の名を出し、あれが犯人だと主張する（すぐウソとわかったが）。なんとも奇怪で、グロな犯罪だが、かんじんの動機がわからない。九月の芝居「褄重噂菊月」は、白木屋お駒とミックスしたもの。

み十六件、うち六か所で騒いだ家人を斬り二人即死(**続類集三五**)。

〃 ❖遠州三方原で無宿辰五郎一家と無宿平蔵一家が博奕の争いから大喧嘩、平蔵側の権之助殺され辰五郎死罪(**続類集五**)。

〃 ❖江戸神田無宿三次郎死罪。質屋へ難題ふっかけ口論、自分で疵をつけ治療代三両をゆすり取った(**天保類集二八**)。

〃 ❖北陸・越後で不作(**災異志**)。

〃 ❖出羽新庄領楯岡、旱害虫害で愁訴(**一揆**)。

〃 ❖武蔵の旗本領人見村で越訴(**一揆**)。

〃 ❖美濃の土岐領寺河土村で一揆(**一揆**)。

文化十四年

1817 丁丑

1.12❖江戸新乗物町から出火、岩代町・大坂町・人形町と芝居両座焼ける(**武江**)。

2—❖陸奥岩代の幕領荒井村で村入用反対の愁訴(**一揆**)。

3.23❖江戸柳橋万八楼で大酒大食大会。

5.3❖江戸郊外中川番所へ女の首が流れつく(**即事考**)。

5.4❖備前虫明村で岡山藩士伊木長門の家来郷司郡兵衛、同村百姓佐吉を手討ちにする(**諸藩**)。

6—❖小普請山田仙之助家内紛。妻たせの駕籠訴で調べはじまる。文政元年十月落着、関係者の処分あり(**半日閑話一五**)。

7.13❖大和郡山藩士某、江戸麻布長谷寺で乱心、刃傷に及ぶ(**半日閑話一五**)。

7.28❖小普請古井鉄之助、地主の妻との密通が露顕し、共に地主に斬られるが、どちらも生命別条なし(**半日閑話一五**)。

7—❖小普請能勢半左衛門、亡父の妾が自分の生んだ二男を跡目にしようと画策しているのを怒り、二男を斬り殺して自殺(**半日閑話一五**)。

8.8❖旗本稲垣和泉守の内室、夫を殺して家出(**即事考**)。

8上旬❖安藤対馬守家来某乱心か、笠と杖を持って江戸城内をうろつき回り、躑躅(つつじ)の間で取り押さえられる(**半日閑話一五**)。

9.9❖近江山上藩主稲垣若狭守の嫡子乱心、妻を殺し女中二人に傷負わせて出奔、三日後両国橋の下で発見される(**半日閑話一五**)。

11.2❖古琴の名手、俳優市川三江自殺(**街談**)。

秋—❖西日本全域で蝗害(**災異志**)。

12.26❖近江滋賀郡比叡山領坂本村で打ちこわし(**一揆**)。

12—❖無宿嘉兵衛(51位)と八五郎(54位)、吉原京町二丁目の遊女花町ことすみをつれ出し、所々関所破りして越後へ。文政二年六月召し捕られ磔(**天保集成一〇二**)。

この年❖他人名の偽証文で金を借りた大坂船大工町唯七こと藤吉ら二人獄門(**新類集八**)。

〃 ❖先手与力鶴田左源次、博奕にふけりすぎて遠島(**続類集二三**)。

〃 ❖常陸河内郡など八か村で越訴(**一揆**)。

生業—算盤直シ・銅器売

文政元年

1818　4・22 改元　戊寅

1.5❖高知新田藩主山内遠江守と御前役土岐豊前守の行列が行き違って供先が争論、山内側が土岐側の足軽・中間を殴って怪我させる(**文化秘筆**)。

1.11❖禁中常御殿で女御の前に抜き身持った男が立ちふさがる。皆でやっと捕え町奉行で調べると玉山稲荷神主非蔵人松室陸奥で乱心と判った。五月牢死(**続実紀二・文化秘筆・泰平・半日閑話一四**)。【よみうり・瓦版】

2.8❖江戸麻布笄(こうがい)橋の鉄砲組与力某の後家、中間と密通して、邪魔になる先妻の子を殺す。中間は自殺。後家は家に放火(**半日閑話一四**)。

3.1❖江戸牛込榎町長安寺の住職、不良の弟子活道に重傷を負わされる。活道は五日召し捕られ極刑(**半日閑話一四**)。

3.21❖豊後国東郡杵築領六か村で打ちこわし(**一揆**)。

3—❖会津若松藩士某、云われるままに病死した妻の幽霊に櫛かんざしなどを次々と手渡す。実は知人女房の扮装とわかり重い仕置(**文化秘筆**)。

4.19❖常陸瓜連村で商人清兵衛が叔父の敵百姓悪三郎を討つ(**敵討**)。

4下旬❖普請方同心山形吉兵衛の母乱心、吉兵衛に重傷負わせ、自分は井戸で投身自殺。刀は村正とか(**半日閑話一五**)。

4末❖豊前中津で富裕な老人夫婦殺害される。三人組の犯人あがり極刑(**文化秘筆**)。

4—❖陸奥二本松領今泉村で越訴(**一揆**)。

5.13❖浦賀沖へイギリス船あらわれる。二十一日去る(**兎園小説拾遺**)。

5中旬❖赤坂の油揚屋の女房、淀橋の先で乞食三十人程に山へかつぎこまれ輪姦された。日ごろ乞食を虫けらのように扱っていたためらしい。間もなく乞食たちを逮捕、非人頭団右衛門に処置を任したところ十六人を生き埋めにした(**半日閑話一五・文化秘筆**)。

5—❖丹波多紀郡篠山で騒動(**一揆**)。

6.7❖周防都濃郡徳山領譲羽村で強訴(**一揆**)。

6上旬❖京都の芸子某、はるばる江戸へ下り、男の墓前で自害。この春男の京都商用中恋仲となり、五月に迎えにくるという男の言葉を信じていたが来ないので、かさかきの醜女を装って道中してきた。実は男は生きており、男の母がうそをつき偽の墓を教えた(**文化秘筆**)。

6.11❖江戸原宿の留守同心(20)の妻(下女とも)同心を刺し殺す(**半日閑話一六**)。

6.14❖さる旗本、山王祭宵宮(よいみや)で晴着を着せた幼娘はぐれ大騒ぎ。七月二日に近くの野井戸で発見された(**半日閑話一六**)。

6—❖松前奉行家来近藤斧助、下谷へんで町人を無礼討ち、辻番人も斬り殺し入牢。さらに残忍な牢名主を惨殺。八月に遠島(**半日閑話一六**)。

6ころ❖相州藤川(江戸とも)の鍛冶屋の息子(13)父の首を出刃包丁で切り落とす。奉行所の調べに、私三歳のときこの男、私の母と密通して父を殺害した、と自供(**半日閑話一五**)。

7.14❖江戸青山同心町の植木屋の娘とき、近くの松平左京太夫家来栗西市之丞に鉄

【よみうり・瓦版】禁裏(きんり)に乱心した白刃男

この女御(にょうご)は、鷹司政熙(たかつかさまさひろ)の女・藤原繁子(のちの新皇嘉門院)である。常御殿から紫宸(ししん)殿へ渡ろうとする廊下の下に、抜身男があらわれたので、お供の女官大納言局が女御をかばって奥へ導き、表の侍たちに知らせ、大ぜいかけつけ、刀をふり回す暴漢をやっと取り押えた。禁裡(きんり)附土屋筑後守正備の連絡で、所司代大久保加賀守忠真が指揮し、西町奉行松浦伊勢守守忠が直接訊問するという物々しい調べだったが、結局乱心、牢死というあっけない落着(らくちゃく)となった。

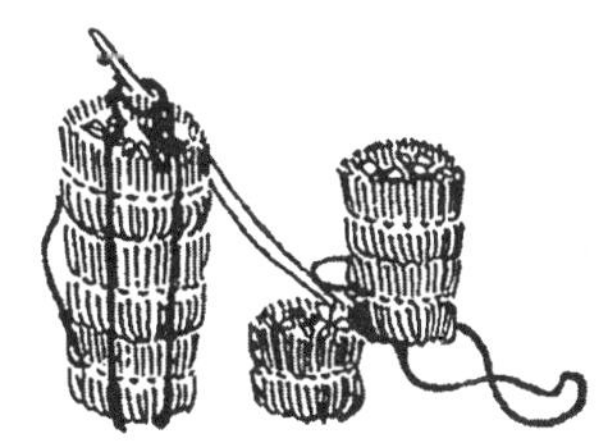

生業—苗売

1819　親の遠島により、幼い三人兄弟も連累で追放処分に

砲で射殺される。二人は恋仲だったが、帰国する男が同行を求めたのに娘が承知しなかったのが原因。府内の発砲なので市之丞獄門(**文化秘筆**)。【よみうり・瓦版】

7.14❖豊後府内銀札騒動(**一揆**)。

7中旬❖江戸千駄谷へんのお琴という金貸し入牢。実は男で、女装して大名家の奥向にも出入りしていた(**半日閑話一六**)。

7.20❖伊予宇和島領俵津浦で逃散(**一揆**)。

7.22❖江戸八丁堀居酒屋の伜(18)磔。錺屋奉公中の技術で偽銀を造った(**文化秘筆**)。

7.30❖江戸城宿直勤務の竹本安芸守、衣類を改め割腹自殺。実弟専之助が養子先で妾と共謀、本妻に毒を飲ませようとした疑いで牢死したのが原因(**半日閑話一四**)。

8.19❖二条在番戸田土佐守の厩中間栄助城内で酒乱、同輩藤助を傷つけて死なせ、死罪(**続類集二五**)。

9.21❖小姓組河野鉄三郎、いつもいじめる先輩平岡四郎兵衛を殿中で傷つける。皆で内済にした(**半日閑話一六**)。

9ごろ❖江戸四谷の駕籠かき、幼児をもらっては惨殺していた。磔(**半日閑話一六**)。

10.17❖江戸浅草随身院門前から出火、本所・深川・砂村まで焼ける(**武江**)。

10ごろ❖江戸麻布十番の後家、娘を品川へ売って博奕にふけり、負けてヤケになり家へ放火。火刑(**半日閑話一六**)。

11—❖上野群馬郡高崎領保渡田村で強訴未遂(**一揆**)。

12—❖大和吉野郡旗本領十二か村で暴動。竜門騒動(**一揆**)。

この年❖上州無宿博徒辰五郎死罪。長留村要蔵の女房たけを誘拐しようと押しかけ、抵抗する要蔵を殺した(**続類集一六**)。

〃　❖京都寺町丸太町上ル簾師谷越後の手代佐七、御所へ仕事に行ったさい廊下の古簾五枚を持って帰った。京都町奉行は軽追放を申し渡したが、評定所は場所柄を重視し死罪(**続類集一〇**)。

文政二年　1819　己卯

2.8❖江戸麻布飯倉六丁目から出火、二町余焼亡。別に新肴町から出火、弓町・銀座・築地まで南北十町余東西四町程焼ける。火消人足同士喧嘩あり(**武江**)。

2.29❖江戸本町一丁目から出火、本石町・室町・日本橋・一石橋際まで焼亡(**武江**)。

4—❖小普請五百石水野貞五郎(12)の父で隠居の伊左衛門、放蕩・博変で遠島。貞五郎と弟の二男(10)・三男(6つ)も連累で中追放。そろいの麻上下で役人に挨拶する幼少三人に人々の同情が集まった(**半日閑話一六**)。

>よみうり・瓦版

閏4.21❖小普請浅井備之助、行状不将につき命致仕(**続実紀二**)。

5.26❖阿波那賀郡徳島領延野村などで強訴(**一揆**)。

6.12❖京都・伊勢・美濃・尾張で大地震。各地被害甚大で死者計七十五人(**文化秘筆・泰平**)。

6.16❖阿波美馬郡徳島領端山村で逃散(**一揆**)。

6中旬❖使番永井大之丞の腰元、老女のいじめを苦に自殺(**半日閑話一六**)。

6下旬❖旗本依田金三郎の中間、あたけの初見世で店の者と喧嘩、打ち殺される。示談で解決(**半日閑話一六**)。

生業—鼠取薬・うすの目立て

6—❖豪商杉本茂十郎、二十万両の返済不能で闕所(**きゝの**)。

6—❖阿波名西郡徳島領三か村で強訴未遂(**一揆**)。

7.1❖酒井雅楽頭元家来水野勘解由、かねて遺恨の同家上田左太夫が長屋の窓に腰かけているのを表側から突き殺し逃走。文政五年十月捕えられ死罪(**現来集一一・文化秘筆**)。

7.15❖大坂長堀の惣嫁(そうか)(最下級街娼)歌を詠む。「あだし身の露の命の消へかねて草のむしろにぬれぬ夜ぞなき」(**宮川舎漫筆**)。

7.26❖駿河三保神社の花火で松平越中守同心中村磯吉ら三人、社領の百姓と喧嘩、一人を斬り殺し三人に手負わせる(**続類集二**)。

夏—❖全国的にコロリ流行、死亡多し(**武江**)。

9.11❖西丸書院番筧(かけい)太郎助方へ赤坂の鳥屋の娘が来て、さんざん愁訴の上自殺。恋仲の同家中小姓が奥方とも通じていたのを怨んでの仕儀(**半日閑話一六**)。

9.13❖越後頸城(くびき)郡の糸魚川領で打ちこわし。黒川騒動(**一揆**)。

9中旬❖天守番山口幸十郎、新番小普請青木力蔵方で無頼の者と争い、大勢に打ち殺される。青木、文政三年十一月十一日死罪(**続実紀二**)。

9—❖近江坂田郡彦根領で騒動(**一揆**)。

9—❖摂津武庫郡幕領兵庫で暴動(**一揆**)。

10.17❖西丸裏門番能勢市兵衛の家来某自害(**半日閑話一六**)。

12.15❖美濃恵奈郡苗木領上手向村などで打ちこわし(**一揆**)。

12.25❖江戸三味線堀佐竹邸から出火、天文原・茅町まで、大名邸・町家・寺院多く類焼(**武江**)。

12—❖周防玖珂郡萩領山代地方で騒動(**一揆**)。

この年❖大和西谷村百姓又兵衛獄門、他二人死罪。地頭家来浜島清を排斥しようと百姓を動員して陣屋を襲い、浜島を殺し二人に傷負わせた(**続類集五**)。

〃　❖偽手紙で米・油などを詐取した江戸赤坂無宿庄五郎死罪(**続類集八**)。

〃　❖江戸で土蔵荒らし三十四件の無宿辰五郎死罪(**続類集三六**)。

〃　❖江戸で衣類を盗んだ無宿音次郎、火盗改の求刑は敲(たたき)なのに評定所の決は死罪(**続類集二八**)。

〃　❖江戸の呉服屋などで難癖つけて金をゆすり取っていた浪人藤田寿左衛門死罪(**続類集二四**)。

〃　❖博奕・押し借り常習の西丸御膳所六尺常次郎、町奉行は遠島、評定所は死罪(**続類集二四**)。

〃　❖備中吉浜の百姓紋八、離別したぬいが衣類渡せと催促したのを怒って絞め殺し、下手人(斬)(**続類集一六**)。

〃　❖京都伏見京町九丁目又七方雇人和助、主人一家のためと思い込んで又七の密通相手ゆきを出刃で刺し殺す。牢死(**続類集一六**)。

〃　❖日光慈雲寺へ盗みに入り道心浄念を殺害した無宿金太郎死罪(**続類集一〇**)。

〃　❖安芸豊田郡広島領御手洗で騒動(**一揆**)。

〃　❖上野佐波郡で越訴(**一揆**)。

〃　❖陸奥志和郡八戸領で強訴(**一揆**)。

〃　❖陸奥志和郡盛岡領伝法寺通で打ちこわし(**一揆**)。

【よみうり・瓦版】

府内での発砲殺人極刑に

発砲犯人栗西市之丞は高二百石、主家松平左京太夫は『武鑑』などから伊予西条三万石らしい。殺されたときは三味線の達者で、近所の男たちにもてはやされており、このへんにも原因があったのかも知れない。市之丞は鉄砲の名手として知られ、町奉行所の調べに対し「畜生同然の女に刃物は汚れるので」と自供しているが「御府内(江戸市中)で御法度(ごはっと)の武器を用いた罪科一は重い」として、十月十四日鈴ヶ森で獄門刑となった。

六歳の幼児追放刑、哀れ

若い隠居(いんきょ)水野伊左衛門の不身持(ふみもち)、遠島(えんとう)のとばっちりで幼い子三人も中追放。江戸刑法の最大の特色である家族連累(れんるい)制の悲劇だが、子供たちには、これがよくわからない。■申し渡しの日、そろいの麻上下(あさがみしも)を着せられて、評定所へ出頭した三人、終始悪びれたところがなく、とくに末っ子の六歳は晴着がうれしいのか、ニコニコと奉行の前へ出て「おめでとうございます」と挨拶した。■役人たちも思わず「かわいそうに」と一様に涙ぐんだ。

1820 京都七条新地丹波屋虎次郎手代忠兵衛を幼主を守った忠孝で表彰

文政三年

1820　庚辰

3.18❖江戸本郷四丁目古着商勘兵衛の妻の弟甚之助(22)、大川の船上で深川永代寺門前仲町亀三郎娘、三味線芸者みの吉(19)を短刀で刺し殺す。とめようとした下女ことは突き落とされ水死、甚之助もとびこみ自殺。船頭は泳いで逃げた。女の変心を怒っての凶行(**岡場遊廓考・文化秘筆**)。

【よみうり・瓦版】

3.24❖伊予松山領楠窪村で逃散(**一揆**)。

3末❖安芸沼田郡広島領吉山村で越訴(**一揆**)。

5.20❖出羽寒河江で百姓和吉・文次、父の敵百姓花蔵を討つ(**敵討**)。

6.17❖九州長雨で出水。筑前・肥前では蝗害発生(**災異志**)。

7.16❖江戸の湯屋忠蔵方へ押し入り銭を奪った浅草阿部川町藤兵衛死罪(**続類集八**)。

7—❖備前児島郡岡山領大畠村で騒動(**一揆**)。

9—❖江戸感冒大流行。十一月までつづく(**兎園小説余録**)。

9.8❖江戸大風雨。湯島麟祥(りんしょう)院の大木倒れ二人死す(**武江**)。

10—❖常陸水戸領上郷村で強訴(**一揆**)。

11—❖京都七条新地丹波屋虎次郎手代忠兵衛(62)・山城幡枝村百姓庄兵衛後家よつの娘ちま(71)・やす(59)表彰。忠兵衛は幼主を守って家業に精励、ちま姉妹は老母に孝養(**町触**)。

12.29❖江戸大火。本白銀町から本町まで焼ける(**災異志**)。

この年❖蝦夷松前在清部村百姓忠左衛門死罪。上知された松前領の復帰を運動すると称して一般から十七両を集め私した(**続類集八**)。

〃　❖中山道で博奕・恐喝を重ねていた無宿文右衛門死罪(**続類集八**)。

〃　❖江戸で寺院専門に盗んでいた無宿僧教定死罪(**続類集一〇**)。

〃　❖武州清戸下宿修験常福院妻はつ獄門。夫の続縁道仙と密通、夫を殺害して頓死を装わせていた(**続類集二九**)。

〃　❖江戸岡崎町文蔵方召仕万蔵、主人の娘ぎんを殺害して自殺。塩詰め死体を磔(**続類集三五**)。

〃　❖江戸松島町の鉄蔵、金を添えてもらった幼女を虐待(ぎゃくたい)して死なせ死罪(**続類集九**)。

〃　❖京都南禅寺門前久右衛門下人庄八、南禅寺金地(こんち)院の銅樋を盗み獄門(**続類集一〇**)。

〃　❖肥後八代で騒動(**一揆**)。

〃　❖武蔵賀美郡旗本領勅使河原村で越訴(**一揆**)。

〃　❖陸奥大沼郡幕領二十か村で強訴(**一揆**)。

文政四年

1821　辛巳

1.17❖鎌倉鶴岡八幡宮焼亡(**武江**)。

1.17❖江戸品川宿全焼(**災異志**)。

1.18❖江戸芝新網町から出火、大火となる。別に石町から本町三丁目までと小石川伝

生業—ほうき売り

通院前五町余焼失（**武江**）。

2.5❖江戸神田で大火（**道聴塗説二四**）。

2中旬❖江戸及び諸国に「ダンボ風邪」流行（**武江**）。

5—❖周防玖珂郡萩領山代地方で強訴（**一揆**）。

5—❖豊後大分郡府内領九か村で強訴。さんない騒動（**一揆**）。

6—❖オランダから長崎へラクダ二頭上陸。翌年大坂難波新地で見世物になる（**雲錦随筆**）。

7.1❖信州高遠領洗馬郷七か村などで打ちこわし（**一揆**）。

7.6❖武蔵橘樹郡幕領十二か村で打ちこわし（**一揆**）。

8.4❖五畿内と近江・美濃・丹波・丹後大嵐、所々洪水（**泰平**）。

8—❖丹波多紀郡篠山領藤田村で騒動（**一揆**）。

夏—❖関東で大旱。不作で米価高騰（**生活史**）。

〃　❖讃岐鵜足（うた）郡高松領で暴動（**一揆**）。

9.9❖奥州白河本町旅館甚兵衛後家もとが殺され金が奪われた。出奔した下男の周助（30位）を犯人とみて全国手配（**天保集成一〇二**）

10—❖丹波多紀郡篠山領東古佐村で騒動（**一揆**）。

11—❖奥州で断続的に地震。十二月もつづく（**災異志**）。

11—❖駿河安倍郡幕領長熊村で強訴（**一揆**）。

秋—❖武蔵荏原郡護国寺領北蒲田村などで強訴（**一揆**）。

12.4❖大番森川主膳の奥方（40位）、同家侍と出奔。事情を知っている中間、黙秘して自殺。奥方尋ね出され実家へ押込（おしこめ）（**半日閑話一六**）。

この年❖江戸芝田町九丁目の七兵衛獄門。大坂で身代限りとなったとき多額の金子・証文を隠していた（**続類集七**）。

〃　❖江戸浅草田町一丁目の直次郎こと藤兵衛獄門。偽証文で金を詐取、かっぱらい・盗み常習（**続類集七**）。

〃　❖江戸本芝四丁目の金次郎、芝車町の火事に火消として出動、消しとめの功を立てようと消えかかっている火を再燃させた。死罪判決後牢死（**続類集六**）。

〃　❖往来で荷車に突きあたり、怪我をしたと騒ぎたてて金をゆすり取っていた江戸三田久保町の甚五郎死罪（**続類集八**）。

〃　❖武州市ヶ尾村で村民を博奕に誘い、金不足の者に無理に借金させていた同国忍田村の助次郎こと万右衛門死罪（**続類集八**）。

〃　❖一橋家勘定組頭大久保八之助、公金横領で獄門（**続類集二四**）。

〃　❖旗本武川讃岐守家来伊沢平馬、使いに出たまま五十両入り状箱を持ち逃げ、つかまって死罪（**続類集二七**）。

〃　❖江戸上野本坊役僧教明坊義迎、死罪。預かっている葵紋（あおいもん）入り経文、仏具など百九十六点を入質していた（**続類集二七**）。

〃　❖武州窪田村百姓安次郎死罪。同村妙王院隠居所とりこわし作業に出、掘り出した小判四十七両を持ち帰った（**続類集一二**）。

〃　❖天瓜粉（てんかふん）などを高貴薬と偽って売っていた長州下関無宿宇吉死罪（**続類集九**）。

この年❖江戸桜田和泉町直右衛門の雇人佐助、解雇を怨んで直右衛門を薪で殴って死なせ死罪（**続類集一六**）。

〃　❖この一年間に江戸の火事十五件以上（**即事考**）。

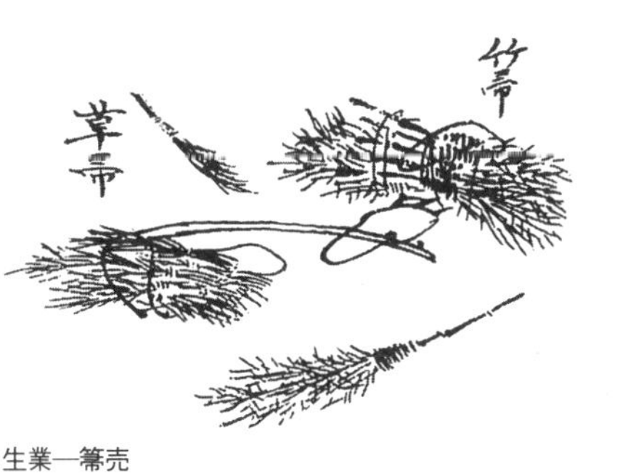

【よみうり・瓦版】

船上芸者殺し

三田村鳶魚（えんぎょ）翁によれば、甚之助は家を勘当されるほどみの吉に入れあげていたが、女には浅利河岸（あさりがし）の船宿鈴木屋藤次郎という男がおり、これを知って無理心中をはかったらしい。よほど有名だった事件らしく、落首あり。■「今死ぬる我が身の吉としらばこそ　運も築地の海の仲町」。■さらに四か月後の七月十五日、中村座の新狂言「忠孝染分繮（ちゅうこうそめわけはづな）」に取り入れられ、六代目岩井半四郎の芸者みの吉が評判だったが、お上により、すぐ上演禁止となった。

生業―箒売

文政五年

1822　壬午

1—❖備中小田郡幕領三山村などで越訴（**一揆**）。

1—❖陸奥志和郡八戸領志和通で打ちこわし（**一揆**）。

5.3❖江戸木挽町で火事。芝居類焼（**災異志**）。

5—❖強盗犬塚幸次郎、小納戸佐野越中守方から盗んだ馬乗袴を仕立直しに出したところ、仕立屋が佐野家出入りだったため足がつき、就縛。獄中自分で首を締め自殺（**半日閑話一六**）。

6.5❖江戸日本橋かけかえ竣工。奥州盛岡の山崎左衛門（142歳）・妻さは（139歳）ら五代の夫婦が渡りぞめ（**真佐喜のかつら**）。

【よみうり・瓦版】

6—❖土佐で洪水（**生活史**）。

6—❖周防玖珂郡萩領山代地方で騒動（**一揆**）。

7.1❖信濃伊那郡高遠領十四か村で強訴。わらじ騒動（**一揆**）。

8.22❖江戸で大風・津波（**災異志**）。

8.29❖奥州南部藩士相馬大作こと下斗米秀之進獄門、関良助死罪。藩主の旧怨を晴らすため津軽越中守を鉄砲で討ちとろうとして失敗、逮捕されていた（**続実紀二・泰平・現来集六**）。【よみうり・瓦版】

9—❖西日本にコレラ流行、広島・大坂とくに猖獗（しょうけつ）。三日コロリといわれた（**生活史**）。

11.14❖江戸城本丸長局（ながつぼね）の便所に嬰児死体。若年寄初山附女中が生み落としたと判る（**女の世の中**）。

12.13❖丹後与謝郡宮津領葛屋一円で暴動（**一揆**）。

12.15❖陸奥信夫郡二本松領七か村で騒動（**一揆**）。

12中旬❖江戸芝へんの大店に投げ文「二分（にぶ）拝借したし。この紙袋に入れて表にはって下さい」と丁重（ていちょう）な文面で松浦弥左衛門の署名。「不承知の場合は」という別の封書には「家焼き払う」と物騒（ぶっそう）な文言。すぐつかまった犯人は二十二、三の御店者（おたなもの）、程なく牢死したとか（**兎園小説余録**）。

【よみうり・瓦版】

12.25❖江戸麹町から出火、大火となる（**続実紀二**）。

この年❖信州下生坂村大法寺の長順、離婚話のもつれから妻りいを殺し、下手人（斬）（**続類集二七**）。

〃　❖浪人高木金吾獄門。武家奉公中女中まきとの仲を裂いたと誤解して橋本源兵衛夫婦を殺害した（**続類集一六**）。

〃　❖武蔵岡村の博徒無宿新五郎、小和瀬村の手先大八を殺害し獄門（**続類集一六**）。

〃　❖甲州三坂峠で追いはぎをした上州島村の百姓太左衛門こと松五郎獄門、仲間二人死罪（**天保類集二八**）

〃　❖放火、火事場稼ぎの大和御所の留吉火刑（**続類集六**）。

〃　❖伊予越智郡松山領波止浜塩田で打ちこわし（**一揆**）。

〃　❖遠江榛原郡相良領で騒動（**一揆**）。

見事な筆跡、慇懃（いんぎん）な文言の奇妙な脅迫状

二分拝借したいという手紙には、御丁寧（ごていねい）にも「拙者（せっしゃ）柔術の心得あり。御礼としていざという時役に立つ極意をお教えする」として、十余項目の柔術手ほどきが記してあった。■犯人をつかまえたのは宇田川町の薬種問屋で、店の若者や出入りの鳶（とび）を動員して待ち構えていた。つかまった犯人、実は浅草寺（せんそうじ）近くの錺（かざり）職人で、遊ぶ金に困って馬喰町（ばくろちょう）から宇田川町にかけて十数軒に、同じ文面を投入していた。それにしては美事な筆跡だと大評判。

松平外記五人切り

江戸旗本の古参の新参に対するいじめは、むしろ公然の慣例であった。松平外記（げき）懐中の遺書によると、上下（かみしも）の紋所を何度も墨で塗りつぶされるという陰湿（いんしつ）ぶり。■こうした連中が、外記の乱刃のもと、先を争って逃げ回わり「見苦敷（みぐるしき）こといわん方無之由（これなきよし）」（半日閑話）であったから、庶民の拍手は外記にあつまり、幕閣の処置も見苦しい連中に厳だった。■昭和初年、大衆作家林不忘（ふぼう）は、この事件を基に「魔像」を書き、坂東妻三郎主演の映画が世の喝采（かっさい）を浴びた。

1.12❖江戸麻布古川から出火、飛火して品川・鮫洲まで焼亡(**武江**)。

閏1.21❖美作和田北村百姓松右衛門方で同国下二ヶ村百姓重次郎(30位)が松右衛門倅勝蔵夫婦を傷つけ逃走。全国手配(**町触**)。

3.19❖江戸城吹上で大的上覧のとき射手の某、狂酔して雑言、二十二日小普請入り。平素は優秀な青年だったのに(**半日閑話一六**)。

4.22❖西丸書院番松平外記(27)、殿中で一尺八寸の大脇差をふるって同僚を斬りまくり自害した。被害者は本多伊織(58)ら即死三人、重傷二人。番入り以来先輩どものいじめに泣かされていた(**続実紀二・泰平・兎園小説余録・き丶の・半日閑話一六・武江・現来集・巷街二・営中刃傷記・文政年間漫録**)。

【よみうり・瓦版】

4―❖諸国で大旱。下旬は霖雨(**武江**)。

5.19❖江戸近辺で出水。大川筋浸水、新大橋くぼむ(**武江**)。

5.22❖鉄砲方田付四郎兵衛、帰宅中駕籠の中で割腹自殺。預かり道具の紛失について井上左太夫と口論したというが真相は不明(**半日閑話一六**)。

5下旬❖江戸青山の甲賀組屋敷で十二歳の男の子が鉄砲で尻をうたれた。鉄砲習練していた同心の構えている前へ急にとび出したという(**半日閑話一六**)。

5―❖尾州藩家老鈴木越中守の中間と旗本某の中間が江戸大久保谷町の切見世で喧嘩、双方仲間を動員して念仏坂あたりで大乱闘。即死が四、五人も出たという(**半日閑話一六**)。

6.4❖下総釈迦村の百姓惣内ほか二人死罪。別罪で入牢中、かねて遺恨の手先吉十郎が入牢してきたので三人で私刑を加え惨殺した(**続類集三四**)。

6.8❖紀伊伊都郡など和歌山領七か村で暴動(**一揆**)。

6上旬❖紀伊海士郡など和歌山領三十五か村で打ちこわし(**一揆**)。

6.17❖近江蒲生郡幕領八幡町で騒動(**一揆**)。

6―❖伊予温泉郡松山領で強訴(**一揆**)。

6―❖陸奥伊具郡仙台領丸森村で越訴(**一揆**)。

6―❖大和葛下・高市郡幕領今井町などで打ちこわし(**一揆**)。

7.3❖佐渡水替人足増蔵死罪。船を盗んで脱島したが、本土へ着くとすぐ捕えられた(**続類集三四**)。

7.12❖佐渡雑太郡幕領相川で逃散(**一揆**)。

7.22❖表坊主河内山宗春獄死。谷中三崎町天竜院など六か寺を女犯を種にゆすった(**史実と芝居と**)。

8.6❖伊勢桑名郡など忍領七か村で暴動(**一揆**)。

8.16❖江戸浅草元鳥越の村蔵死罪。入牢中同囚の犬塚綱次郎に頼まれ、首くくりの手伝いをして死なせた(**続類集三四**)。

8.17❖江戸で大風雨・津波。死者百二十人余(**続実紀二・武江**)。

12.25❖江戸麹町三丁目から出火、一手は一丁目河岸まで、一手は貝坂五丁目・虎ノ門、南は赤坂・田町まで焼亡(**武江**)。

12.27❖陸奥和賀郡盛岡領中島村で打ちこわ

【よみうり・瓦版】日本橋かけかえ渡り初め

ついでに山崎左衛門夫妻以外の招待者を並べてみると倅清蔵百二十二、同妻さき百九、孫清兵衛九十五、同妻ふぢ八十九、曾孫清吉七十三、同妻さな六十八、玄孫清右衛門四十一、同妻さり三十九歳であった。■少し後になるが「嘉永三年正月八十歳以上公儀役人姓名」(『旧幕府』三巻一号)を見ると、西丸留守居土屋紀伊守九十八歳、御奉行玉井藤右衛門八十六歳等々二十七人の名がゾロゾロ。平均寿命四十歳の時である。

忠臣南部藩士の津軽藩主要殺計画

陸奥弘前藩十万石の津軽家は、もと同国盛岡十万石(のち二十万石格)南部家に臣従していたが、秀吉の小田原征伐のとき独立し、文化初年南部より上位の家格となったため、南部側主従は深くこれを怨んでいた。■南部藩士下斗米秀之進は、主君の怨みを晴らそうと江戸へ出奔、相馬大作と称して平山子竜に砲術を学び、津軽侯要殺の準備を進めた。文政四年春、秋田領矢立峠に地雷を埋め、大砲を据えて帰国の津軽侯を待ったが、事前にもれ失敗した。

1824 江戸霊岸島の火事場で、火消し同士が大喧嘩。火事は自然鎮火

し(**一揆**)。

冬—❖丹波氷上郡柏原領成松地方で打ちこわし(**一揆**)。

この年❖一橋家用人増井惣八郎の倅惣七郎、生来の不良で吉原遊女玉琴に執心、流連数日の後帰宅したところを父に槍で突き殺された(**半日閑話一六**)。

〃 ❖相州下九沢村医師隆泉の娘いね、不縁になって婚家先を怨み、放火全焼させ火刑(**続類集二八**)。

〃 ❖日光街道筋で柵を破って朝鮮人参畑に侵入、数千株を盗んだ無宿初太郎死罪(**続類集一〇**)。

文政七年

1824　甲申

1—❖江戸に麻疹流行(**災異志**)。

2.1❖江戸三河町一丁目から出火、鎌倉河岸・本町・石町・室町・日本橋まで焼ける。群衆荒布橋から落ち死傷あり。別に音羽九丁目から出火、桜木町・目白坂・改代町へん焼亡(**武江・き、の**)。

2.2❖江戸大火。竹川から三十間堀まで焼ける(**災異志**)。

2.5❖江戸大火。京橋から丸太新町まで焼ける(**災異志**)。

2.8❖江戸霊岸島南新堀二丁目から出火、湊橋際まで焼ける。町火消一番組と八番組が争闘、死傷あり。百三十四人お咎め(**武江・き、の・現来集七**)。【よみうり·瓦版】

2.11❖江戸大火。市谷念仏坂から四谷・赤坂・芝まで焼亡(**災異志**)。

4.3❖吉原京町二丁目から出火・廓全焼(**武江**)。

4.14❖越前新川郡金沢領三本村で真宗両派騒動(**一揆**)。

4.27❖常陸磯浜村で小田原藩足軽浅田只助の養子鉄蔵(25)と実子門次郎(15)、六年前只助を殺した万屋九兵衛こと成瀬万助を討つ(**現来集九・泰平追加**)。

4.28❖大坂順慶町から出火、八町四方焼ける(**災異志**)。

4.28❖常陸多賀郡沖合に英国船来泊、十二人上陸するが、やがて去る(**現来集一〇**)。

4.28❖大坂で大火(**災異志**)。

4—❖越後刈羽郡高田領春日村で強訴(**一揆**)。

5—❖江戸で売女に紛わしい芸者十六人と衣類髪飾の華美な同七人を押込処分(**現来集一〇**)。

6.11❖下野都賀郡幕領藤田村で越訴(**一揆**)。

6—❖肥前・肥後で長雨・洪水(**生活史**)。

7.6❖江戸四谷左門町住の紀州家来平松伝之丞乱心、近くの松平八郎右衛門家に入って家来二人と来合せていた幼女を斬殺した(**現来集一〇**)。

7.7❖薩摩宝島へ異国船来航、牛を奪い去る(**現来集一〇**)。

7.15❖奥州二本松領の鉄坑山崩れ、温泉場の湯壷を押しつぶし六十五人が死ぬ(**続実紀二**)。

7.23❖伏見宮家来今井主殿(35)、宮の権威をカサに高利の貸し金を取り立て獄門(**現来集六**)。

7.28❖松平因幡守家中野村三次郎(25)、吉原で馴染の遊女を店側が勝手に帰したと怒り、男女二人を斬り殺し数人に疵負わせ

生業—あめ売

る(**現来集一六**)。

8中旬❖全国的に連日雨、上総へん洪水、奥州では山津波(**泰平**)。

8.27❖武州堀之内村妙法寺所化教是ら売女遊びに熱中していた女犯僧六人を三日間日本橋で晒(**現来集六**)。

8—❖関東で霖雨つづき洪水(**武江**)。

夏—❖江戸で風邪流行。秋までつづく(**生活史**)。

10.10❖江戸四谷塩町一丁目で下野植野村百姓源助の遺児宇市(18)七年前の父の敵当時雇人の安兵衛を討つ(**現来集六**)。

【よみうり·瓦版】

10—❖備中都宇郡妹尾など六か村で強訴(**一揆**)。

11.17❖陸奥和賀郡盛岡領鬼柳通などで強訴(**一揆**)。

11—❖近江蒲生郡大森など七か村で暴動(**一揆**)。

12.1❖江戸麻布笄橋から出火、南阪町二丁目まで焼ける(**災異志**)。

12.2❖江戸渋谷火事、四十軒焼ける(**災異志**)。

12.5❖江戸芝二葉町から出火、芝口·日陰町通焼ける(**災異志**)。

12.23❖江戸市谷八幡と近傍二十数軒やける(**災異志**)。

12.25❖丹波氷上郡山上領成松などで打ちこわし(**一揆**)。

12—❖信濃筑摩郡名古屋領黒川村で強訴(**一揆**)。

この年❖甲州上条北割村の百姓権五郎獄門。祖母まけのヘソクリを奪おうとして争い死なせた(**続類集三五**)。

〃　❖相州無宿松五郎磔。元主人六兵衛方へ盗みに入り、聟恵十郎を傷つけ死なせた(**続類集三五**)。

〃　❖武州江古田村百姓勝五郎磔。養祖母なかのヘソクリを奪おうとして争い、なかを絞め殺した(**続類集三五**)。

〃　❖江戸四谷忍町佐吉方居候直侍こと猶次郎蔵。所払の身で押借りをし、さらに入墨敲(**続類集三三**)。芝居の直侍のモデル。

〃　❖京都一乗寺村の鶴吉獄門。山城国払いの身で二十三件もの強窃盗(**続類集三三**)。

〃　❖評定所書役近藤吉太郎、役所で虫干し中の刀剣を盗み獄門(**続類集二四**)。

〃　❖津軽藩士葛西得次ら三人死罪。難破、入港した越前船で乗り組み員から酒食を供され積荷盗みを黙認した(**続類集二三**)。

〃　❖両国でラクダの見世物(**生活史**)。

【よみうり·瓦版】

火事そっちのけの火消の大喧嘩

火事場における火消同士の喧嘩はよくあることだが、この喧嘩は異常に大きかった。■一番組には二番組と深川·本所の組合組が合わさって三千数百人、八番組は九番·十番組合を合わせてこれも三千余人。これが力の限り戦ったから怪我人続出、即死も相当出、あけ方近くなって、奉行所の抜刀隊によって、やっと鎮静化した。■火事は、その間に自然鎮火。双方合わせて多数が遠島·追放·所払などの処分を受けた。

四谷塩町の仇討

公認の仇討免許はなかったが、北町奉行榊原主計頭忠之の裁量によって、正規の敵討と認められた珍しい例である。討手宇市の父上州高崎足袋商源助は、七年前の文化十四年、店員の安兵衛に素行を注意したことから逆に怨みを買い、薪で撲殺された。■宇市は上州緑野郡安久津村百姓山口才市の養子分となり、剣の達者である養父について腕を磨き、文政七年初め江戸へ出て粉屋藤七方に身を置き、安兵衛の行方を求めていた。

1825 津軽越中守、身分不相応な長柄(ながえ)の乗り物で登城し、閉門

文政八年

1825　乙酉

1.7❖陸奥閉伊郡盛岡領釜石などで打ちこわし(**一揆**)。

3.18❖津軽越中守、身分不相応な長柄の乗りもので登城し閉門(**天言筆記**)。

3—❖江戸品川新宿午頭天王社神主小泉出雲守(33)と妻かよ、小泉の弟三人、よく力を合わせて病気の両親に孝養を尽くしたとして町奉行所が表彰(**兎園小説余録**)。

5.7❖江戸吉祥寺門前小間物商三郎兵衛の妻なお、女の三つ子を安産(**現来集一一**)。

5.26❖浄瑠璃の清元延寿斎(二世)江戸乗物町河岸で通り魔に刺し殺される(**き、の**)。

6.8❖津軽の回米船、仙台沖でイギリス船に粮米を奪われる(**現来集一一**)。

7.29❖但馬城崎郡豊岡領で打ちこわし(**一揆**)。

7—❖上州吉沢村で「天平三亥三月」の石櫃出土(**現来集一六**)。

7—❖美濃稲葉郡十一村で陣屋費用負担反対の強訴(**一揆**)。

7—❖美濃徳山領三か村で重課反対の愁訴(**一揆**)。

8.20❖相模大山爆発。家屋田畑埋まり死傷多数(**現来集一五**)。

8中旬❖春からの長雨で東海道諸川氾濫(**泰平**)。

8.28❖上野甘楽郡幕領十か村で打ちこわし(**一揆**)。

10.27❖千人同心東安五郎、借金に困って知人みと方から衣類十五点を盗み死罪(**続類集三五**)。

10—❖琉球国大飢饉、人々多く死す(**泰平**)。

11—❖肥後天草郡幕領志柿村で越訴(**一揆**)。

11—❖陸奥信夫郡福島領桜木村などで逃散(**一揆**)。

秋—❖江戸に天然痘流行、秋までつづく(**生活史**)。

12.3❖寄合太田波之丞遠島。隠し売女を斡旋したとか(**兎園小説余録**)。

12.4❖播磨佐用郡旗本領十九か村で打ちこわし(**一揆**)。

12.14❖信州四ヶ庄山民蜂起、松本城下に迫る。やっと武力鎮圧(**兎園小説外集**)。

12.19❖江戸葺屋町操芝居から出火、両芝居と元大坂町・住吉町・人形町類焼(**武江**)。

12.19❖美作勝北・勝南郡幕領など十一か村で暴動(**一揆**)。

12—❖播磨神東郡福本領栗賀地方で打ちこわし(**一揆**)。

この年❖肥前椛島村の庄蔵らと同国為石津の常十ら漁場争いで乱闘、死傷あり。椛島側の一人、下手人(斬)(**続類集五、一六**)。

〃　❖小普請本目盛兵衛獄門。町人になり知人の娘を吉原へ売った(**続類集二三**)。

〃　❖京都塔之段毘沙門町三丁目儒医松村民弥獄門。出入り先の堂上家から衣類などを盗んでいた(**続類集二四**)。

〃　❖肥前無宿佐代吉獄門。長崎の小通詞使い先から銀百二十四匁を盗み、追ってきた浦上村政吉を斬り殺した(**続類集一〇**)。

〃　❖京都で宮家・堂上方などの土蔵破り塔之段上片原町徳兵衛獄門(**続類集一〇**)。

〃　❖播磨揖東郡林田で打ちこわし(**一揆**)。

〃　❖備中浅口郡幕領柏島村で越訴(**一揆**)。

下僕、主人をめった斬り

下僕新助は、自室紙帳の血痕と血刀を証拠に、近所の人々に奉行所へ突き出された。新助とそでの仲に気づいた宗勝が、新助が居づらくなるよう、ことごとに口汚く叱り、打擲するのを恨んでの犯行だった。■新助、同年十月日本橋で磔刑。そでは逐電して鎌倉の尼寺にかけこんだが、寺社奉行の手に捕えられ、翌年三月遠島となった。■そでの逃げこんだのは、駆込寺で有名な東慶寺であろうが、必ずしも完全な治外法権を持っていなかったわけである。

生業—足袋店の看板

2.5❖常陸行戸村百姓清吉(25)、父清右衛門に傷負わせ逃走。十一月逮捕極刑(**天保集成一〇二**)。

2.14❖武蔵小具村の名主次郎右衛門、同村利右衛門と渡し船のことで争い斬り殺す。利右衛門の養子文次郎、ただちに次郎右衛門を殺す(**兎園小説余録**)。

2.28❖江戸小石川極楽水から出火、白川薬園町・白山・巣鴨まで焼く(**災異志**)。

3.9❖一橋家小姓組頭取滝川主水邸で同家中小姓大河内藤蔵(17)が元草履取の三平(44)を斬り捨てた。三平は粗暴な博奕好きで四日前馘首(かくしゅ)され、この日難癖つけて殴りかかってきた。藤蔵構いなし(**兎園小説外集**)。

3.27❖伊予宇和郡宇和島領高瀬村で逃散(**一揆**)。

3—❖大坂新屋敷法清寺住職ら三人獄門。女ばかり集めて怪しげな加持を行っていた(**現来集一一**)。

4.13❖江戸町年寄樽吉五郎の伜弥三郎閑斎、父の妾とくを斬り殺す。乱心として永預け処分(**兎園小説外集**)。【よみうり・瓦版】

5.18❖小普請近藤重蔵(探検家として有名)の惣領富蔵、武蔵三田村百姓半之助(59)方へ乱入、半之助と妻、長男の妻、二男の四人を斬り殺し、三人に重傷を負わせた。近藤家別荘との境界線でもめていた。富蔵遠島、重蔵逼塞(ひっそく)(**泰平・兎園小説外集**)。【よみうり・瓦版】

6.9❖大坂安治川新掘遊女屋の小女四人、姉女郎の折檻のすさまじさにショックを受け申し合わせて入水心中、二人は助かる(**現来集一一**)。

6—❖出雲の松江領で洪水(**災異志**)。

6—❖東国で旱害(**生活史**)。

6—❖伊予大洲領で大旱(**生活史**)。

6—❖備前で大風雨(**生活史**)。

7.9❖江戸東神田で火事(**災異志**)。

8.2❖表坊主伊東宗勝、本所の自邸で斬り殺され、近所の人たちが血刀持つ僕の新助(29)を取り押えた。宗勝の妹そで(22)との密通をきびしく咎められ逆うらみしていた。新助磔刑そで遠島(**兎園小説外集**)。【よみうり・瓦版】

8.12❖武州岩槻の浄国寺住職臻戒(そうかい)と所化戒定、同寺召仕漆間梅吉に斬り殺される(**天保集成一〇二**)

9.2❖阿蘇山噴火(**災異志**)。

11—❖安芸仁保島で大火、焼失百軒(**生活史**)。

12.22❖伊豆戸倉野村百姓五郎右衛門、牢死体を獄門。旅中同道の駿河呉服町一丁目安兵衛を石で打ち殺し十五両奪った(**天保類集二五**)。

この年❖遠州無宿清右衛門磔。元主人の祖母ほの方へ盗みに入り、発見したほのを絞め殺した(**続類集三五**)。

〃 ❖江戸湯島天神門前町の吉兵衛こと善兵衛死罪。所払の身で御家人の風をし、真下帯刀(ましもたてわき)と名乗って盗品故買をしていた(**続類集三三**)。

〃 ❖武州江川村無宿博徒藤吉死罪。下総上砂井村市郎左衛門娘なつを不法につれ

【よみうり・瓦版】
江戸の名門、樽家の惨劇
樽家は、もと徳川家康の直臣(じきしん)水野氏。天正三年長篠(ながしの)の役に織田信長に酒樽を献じ、樽の姓を授けられた。天正十八年、家康に従って江戸へ出、代々町人の総代表である町年寄(まちどしより)として自治組織を支配してきた。■事件後、町年寄仲間の喜多村彦右衛門、奈良屋吉右衛門らが相談し、月番(つきばん)北町奉行榊原主計頭忠之に「なにとぞ内済(ないさい)に」と運動したが許されなかった。結局、全くとりのぼせての犯行と認められ、当時としては珍しく、一命を助けられた。

近藤重蔵の子大刃傷
犯人富蔵の父重蔵は、三度も蝦夷(えぞ)地探検を行い、多くの著書を残した著名の地理学者である。百姓半之助一家は、重蔵の抱屋敷(かかえ)と境を接しており、両家はかねて境界線のことで争っていた。■この日、近藤側の設けた境界の垣を半之助らが破却したことから、富蔵がカッとなって凶行に及んだ。十月六日に至って評定所の判決が下り、富蔵は遠島ですんだが、重蔵は江州大溝二万石分部左京亮家へ御預けとなり、三年後の文政十二年配所で没した。

1828 シーボルトに国禁の日本地図を贈った、高橋作左衛門、差し控え

出そうとし、取り押えにきた幸手宿の手先吉次郎を傷つけた(**続類集一六**)。

〃 ❖長崎俵物役所から煎海鼠・干鮑など六十七両分を盗んだ銅座跡の伊之助ほか一人死罪(**続類集一〇**)。

〃 ❖江戸上野山内から銅灯籠を盗んだ無宿和助死罪(**続類集一〇**)。

〃 ❖長崎奉行所から銅樋を盗んだ長崎今博多町の金助獄門、同類一人死罪(**天保類集二五**)。

文政十年

1827 丁亥

1.3❖江戸葺屋町から出火、四芝居と堺町・芳町・人形町・大坂町焼ける(**武江**)。

2.26❖大坂道頓堀で大火。千三百九十四軒焼け十八人死ぬ(**花街史**)

4.7❖信濃諏訪郡高島領八か村で強訴(**一揆**)。

4—❖阿蘇山噴火(**災異志**)。

6—❖伊予宇摩郡幕領三角寺村で愁訴(**一揆**)。

閏6.12❖讃岐高松領羽床村で近江膳所浪人平井市九郎、その弟近江水口浪人平井外記と助太刀の周防岩国浪人岩根才治郎現在虚無僧雲竜が兄弟の兄の敵、膳所城下刀砥師辰蔵前名与之助を討つ。辰蔵は五年前不倫相手である女の夫平井市治をだまし討ちして逃げていた(**兎園小説拾遺・道聴塗説・摂陽奇観**)。【よみうり瓦版】

閏6—❖長崎で唐人さわぐ(**道聴塗説**)。

7.19❖伊予宇和郡宇和島領富野川村で逃散(**一揆**)。

7—❖肥後天草郡幕領志柿村で越訴(**一揆**)。

8—❖但馬朝来郡幕領生野代官所管内で愁訴(**一揆**)。

10.1❖下総古河石町富之助方雇人要助(21位)、主人夫婦に疵負わせ逃走。全国手配(**天保集成一〇二**)。

10.1❖江戸無宿幸吉磔。元主人の南油町助七方へ盗みに侵入、とがめた助七妻きくに刃をふるい、きくの抱いていた当歳の娘しけを死なせた(**天保類集六二**)。

10.11❖肥後大道村の庄五郎、船に便乗させてくれた肥前島原古町兵右衛門を斧で打ち殺し、積荷を奪う。翌十一年獄門(**天保類集二五**)。

11.12❖越後大地震、三条・長岡など被害大。圧死焼死など三万(**かわら版**)。

11.29❖日光大楽院と坊中宝蔵全焼(**災異志**)。

12.6❖江戸堀江町二、三丁目と小船町で三十戸ほど焼ける(**災異志**)。

12.8❖江戸柳橋で三十余軒焼ける(**災異志**)。

12.11❖ 江戸小石川富坂上から出火、伝通院裏門通・組屋敷・上餌差町など二町四方焼く(**災異志**)。

12—❖摂津東成郡古河領平野郷で愁訴(**一揆**)。

この年❖江戸浅草寺境内遊女屋入墨儀助獄門。客を無理に上げて不法な料金をとっていた(**天保類集二一**)。

〃 ❖目付支配菰田金次郎死罪。牛込横寺町大信寺住職広善が市谷に妾うたを囲っているのを知り、おどして十五両まき上げた(**天保類集四四**)。

〃 ❖一年間に江戸大火十件も(**生活史**)。

〃 ❖常陸筑波郡土浦領真鍋村で騒動(**一揆**)。

〃 ❖美作勝田郡など津山領で暴動(**一揆**)。

生業—唐紙ノ招牌

文政十一年

1828　戊子

1.6❖江戸神田豊島町から出火、江川町・橋本町・岩井町に及ぶ(**災異志**)。

1.8❖江戸浅草幡随院へんから出火、天文原まで焼け寺院多く類焼(**武江**)。

2.5❖江戸神田多町二丁目から出火、西神田町々と本銀町(もとしろがね)・本町・石町、駿河町、室町まで焼ける(**武江**)。

3.16❖伊予宇和郡宇和島領日土村で強訴(**一揆**)。十八日には久枝村などで騒動(**一揆**)。

3.26❖書物奉行兼天文方高橋作左衛門、差控を命じられる。オランダ商館医師独人シーボルトに国禁の地図を贈った疑いで、以後洋学者の処罰あいつぐ(**き丶の**)。

【よみうり・瓦版】

3.28❖伊豆年川村で大山崩れ。大見川をせきとめて新山でき田畑は川となる(**続実紀二・現来集一三**)。

3—❖おかげ参りさかん(**兎園小説拾遺二**)。

4.12❖伊予宇和郡吉田領菅田村で騒動(**一揆**)。

5上旬❖阿蘇山噴火。田畑の被害大(**災異志**)。

5.25❖備後福山大雨・出水(**現来集一三**)。

6.30❖江戸・東海・北国・西国で大雨、水害。合わせて五百六十三万石の水損(**続実紀二**)。

7.1❖京都大仏殿、雷火で焼失。四日まで全堂舎燃えつづける(**現来集一三**)。

7.2❖信州飯山で大雨、洪水(**現来集一三**)。

7.9❖長崎大風雨、高潮。船舶被害大、人多く死す(**現来集一三**)。

8.9❖九州大風雨。長崎・佐賀・小倉など被害甚大、死者八千三百余(**現来集一三・巷街二**)。

8—❖越後古志郡長岡領栃尾郷で強訴。青抄騒動(**一揆**)。

8—❖越前大野郡大野領で強訴(**一揆**)。

9.20❖小普請河口善吉獄門。江戸市谷で路上強盗(**天保類集二〇**)。

9—❖中国地方で蝗害(**災異志**)。

11.10❖肥前佐賀で打ちこわし(**一揆**)。

11.12❖越後大地震。長岡・新潟などで死人無数。寒気きびしく罹災者難渋(**巷街二・兎園小説拾遺・続甲子夜話二一・二六**)。

11—❖周防吉敷郡萩領で騒動(**一揆**)。

11—❖陸奥盛岡領雫石通で強訴(**一揆**)。

暮—❖一橋家医師杉村玄碩(げんせき)自殺(**道聴塗説**)。

この年❖長崎万屋(よろずや)吟味蔵から珊瑚(さんご)・麝香(じゃこう)などをだまし取った地役人山中文平獄門(**天保類集二〇**)。

〃　❖杉板九十八束を船ごと盗んだ江戸深川一色町の市蔵獄門(**天保類集二〇**)。

〃　❖江戸根津川崎村京屋新助の母さの磔。大坂で女たちを集めて切支丹の修法を施していた。連累(れんるい)多し(**天保類集一七**)。

〃　❖摂津西桑津村の百姓久左衛門死罪。知り合いの青木内膳正家来麻田直兵衛方へ上がりこみ妻しゅうと密通、直兵衛に発見され一刀浴びせられた(**天保類集五六**)。

〃　❖日光正範坊下男鉄五郎獄門。主人の坊へ侵入、家人二人を殺害、金を奪った(**天保類集四四**)。

〃　❖下総中谷里村の久蔵磔。酒乱のはて女房かねを打擲、とめようとした父小兵衛を傷つけ死なせた(**天保類集六二**)。

〃　❖金つきでもらった幼児を殺した江戸神田富松町の長五郎磔(**天保類集二四**)。

【よみうり・瓦版】

砥辰の討たれ

砥辰(とたつ)こと与之助は、五年前の文政五年、女の夫をだまし討ちにして膳所を出奔したのだから、当然非はそちらにあるのだが、その討たれ方は悲惨だった。■乗り込んできた武家三人、与之助の家族が「命だけは」と泣いてすがるのを振り払い、一人が与之助の左腕を切り落とし、必死で裏口へ逃げたところを、助太刀の虚無僧(こむそう)が尺八で脳天を一撃、皆でズタズタに斬った。■長谷川伸の小説「砥辰の討たれ」は、討たれる側から描いた仇討哀話である。

シーボルトに国禁の地図

シーボルトは文政六年ジャワから長崎へつき、診療と医学教育と日本研究を進め、一時江戸へ遊んで高橋、間宮林蔵らと親交した。天保十一年初、東インド会社の任期切れで帰国しようとしたとき、嵐で舟が長崎へ引き返したため荷物を改められ、地図など禁輸品多数が発見された。国外追放となり、離日。高橋の方は取調べ中の文政十二年二月、江戸で獄死している。シーボルトと長崎の遊女其扇(そのぎ)との間に文政十年女児がうまれており、日本最初の女医に成長する。

文政十二年

1829　己丑

1.15❖肥後下横辺田村で熊本米屋町市原屋俊十郎の遺児平左衛門が父の敵、元下人嘉平次を討つ(**巷街二・続甲子夜話二九・泰平**)。

2.5❖江戸で大火。死者六十三人(**道聴塗説**)。

2.17❖江戸音羽から出火、巣鴨へんまで焼亡(**武江**)。

3.21❖江戸神田佐久間町一丁目から出火、三方に拡がり南北一里余東西十町余を焦土と化した。死者千九百余人。二千五百人ともいう(**巷街二・続実紀二・武江・泰平・兎園小説余録・続道聴塗説・き、の・続甲子夜話二七**)。

4.6❖江戸麻布長坂から出火、飯倉片町、赤坂溜池まで焼亡(**武江**)。

春―❖越前坂井郡福井領三国湊で強訴(**一揆**)。

5.8❖越後頸城郡高田領直江津で打ちこわし(**一揆**)。

6.18❖越中新川郡金沢領魚津で騒動(**一揆**)。

6―❖安芸と近畿・伊勢・美濃で大雨、洪水(**災異志**)。

8.2❖江戸で大風雨。小日向・水道橋へん洪水、死傷者あり(**現来集一五**)。

9.29❖江戸渋谷金王院境内で素人角力大会。勝敗をめぐって渋谷側と青山側が大喧嘩(**道聴塗説**)。

9―❖九州で大風。長崎の大半家屋吹き倒れ、オランダの大船が山の中腹に打ち上げられる(**き、の**)。

10―❖肥後天草郡幕領櫨宇土村などで越訴(**一揆**)。

10―❖五百石真野鉄太郎一行と長田喜兵衛奥方と若夫婦の一行が音羽護国寺境内で出会い家来同士が喧嘩、真野方は長田倅の新造を「赤裸に致して不行跡に及び」老奥方も同じ目に合わせた。真野中追放の刑。長田倅も両刀奪われダラシないと押込処分(**半日閑話一六・道聴塗説**)。【よみうり・瓦版】

10―❖越後新潟で打ちこわし(**一揆**)。

10―❖陸奥磐前郡幕領下高久村などで愁訴(**一揆**)。

11―❖本多近江守家来西村新三郎と同足軽島田惣之助、長崎からそれぞれの女をつれ出し、今切の関所を海路で抜け江戸入り。天保二年四月四日両人死罪(**現来集二一・天保風説**)。

11―❖大坂で切支丹信徒六人磔刑(**泰平**)。

11―❖上州小川小和知組百姓孫兵衛女房るか(26)・同専蔵女房しか(20)、それぞれ密夫あり。相談して夫両人に鼠とり薬を飲ませて毒殺。色仕掛で薬を入手したしか磔、るかは獄門(**続甲子夜話三四**)。

12.16❖シーボルトに御紋入り羽織を贈った科により奥医土生玄碩改易(**現来集一五・続実紀二**)。

12.26❖京都八坂の女陰陽師豊田貢(56)、邪法宣布の罪で磔刑。連累多く罰せられる(**続実紀二・現来集一四・続甲子夜話三九・巷街**)。【よみうり・瓦版】

12―❖伊予宇和郡宇和島領片川村などで強訴未遂(**一揆**)。

12―❖越後蒲原郡新発田領七か村で強訴(**一揆**)。

この年❖尾張春日井郡名古屋領八か村で強訴(**一揆**)。

天保おかげ参り

古く鎌倉時代から記録のある集団伊勢参りは近世、慶長十年、慶安三年、宝永二年、明和八年、天保元年、慶応三年がさかんで、とくに天保は目立った。こ年のは先ず阿波の人々に始まって四国一円に拡がり、京大坂から諸国、ついには江戸人まで競って加わった。十月には、一応おさまったが、道中の繁昌ぶりを書いた『文政神異記』(なぜ文政なのか)という本まで出ている。(『武江年表』)

江戸城大手門門番、山形藩士大殺陣

凶行直後、番士らは市右衛門を遠巻きにして騒ぐばかり。結局、呉服橋の藩邸から小林猪野五郎という武術の達人を呼びよせ、小林と足軽某が協力して、市右衛門を組み伏せた。■このとき市右衛門は、黒の小袖に襷がけ、袴の股立とり、馬上提灯まで用意していたとあるから、「乱心」では筋が合わないようでもある。■藩士たちの狼狽ぶりは、相当見苦しかったと見え、「番士足軽に至るまで、一所懸命にうしろの山へ逃上る、其姿見苦しく」と落書にある。

天保元年

1830　12・10改元　庚寅

1.11❖江戸青山五十人町から出火、百人町まで焼ける(**災異志**)。

1―❖陸奥盛岡で打ちこわし(**一揆**)。

2.6❖伊予宇和郡宇和島領二十か村で強訴(**一揆**)。

2―❖大番松平喜太郎、屋敷召上・差控。拝領屋敷の一部を市人に貸し揚弓場をやらせていた(**現来集一六**)。

閏3.19❖伊勢山田大火。畑町・今在家町・館町焼失(**兎園小説拾遺二**)。

閏3.20❖京都で女犯僧十六人遠島、女十八人押込(**現来集一七・巷街**)。

閏3―❖伊予宇和郡宇和島領伊方浦で逃散(**一揆**)。

4―❖大坂で女犯僧六人召捕(**兎園小説拾遺二**)。

春―❖おかげ参りさかん。伊勢へ四百万人詣(**泰平・現来集一七・兎園小説拾遺二・武江・き、の・宮川舎漫筆**)。【よみうり瓦版】

春―❖江戸浅草観音境内で下総小金村一月寺本尊を開帳したところ偽虚無僧が横行。九人を逮捕。ほとんどが旗本(**兎園小説拾遺二**)。

春―❖出羽村山郡新庄領谷地付近で打ちこわし(**一揆**)。

5.29❖豊前小倉小笠原大膳太夫家老小笠原応助押込、江戸留守居長尾仁右衛門中追放。公儀から預かっていた科人を勝手に国元へ移し、途中病死したのを隠していた(**泰平**)。

6.23❖阿蘇山噴火(**災異志**)。

7.2❖京都で大地震。怪我人多し。ゆり返しに市民おののく(**兎園小説拾遺二・き、の・巷街・泰平・紙魚室雑記・事々録・現来集一九**)。

7―❖武蔵大里郡などで越訴(**一揆**)。

8.13❖江戸城西丸大手門番在勤中の山形藩物頭役間瀬市右衛門(35)が次々と同僚を斬る。三人即死、四人重傷。やっと取り押え「乱心」で決着(**事々録・兎園小説拾遺二・天言筆記・現来集二〇・泰平**)。【よみうり瓦版】

8.20❖出羽村山郡左沢で愁訴(**一揆**)。

8―❖京都で大地震(**生活史**)。

8―❖中国地方で大地震(**生活史**)。

8―❖周防熊毛郡萩領上関村などで強訴(**一揆**)。

夏―❖全国に疫病流行(**災異志**)。

9.3❖周防都濃郡徳山領東豊井村で強訴(**一揆**)。

9―❖播磨美嚢郡舘林領三木で愁訴(**一揆**)。

10.29❖越後新潟で百姓徒党(**泰平**)。

10―❖江戸と常陸・上野で女犯僧七人遠島(**現来集二〇**)。

11.23❖江戸本所菊川町から出火、砂村へんまで焼ける(**災異志**)。

11.30❖江戸橘町三丁目から出火、若松町・横山町・同朋町など武家屋敷街多く焼亡(**武江**)。

12.2❖寄合伊東主膳(53)、邸内に園池をしつらえ、集まる鳥類を鉄砲でうっていたこと露顕。翌年七月十八日改易(**現来集二一・武江・天言筆記**)。

12.8❖江戸下谷御切手町から出火、幡随院など寺院と町家多く焼亡(**武江**)。

12.15❖但馬出石領三十か村で強訴(**一揆**)。

12.23❖江戸小伝馬町から出火、大伝馬町二

【よみうり・瓦版】

他家の奥方に狼藉

真野鉄太郎というのは、相当に悪である。このあと、近くの茶屋に上がり、右の次第を表沙汰にしない旨の証文まで書かせている。しかし事件は、当局の知るところとなり、双方処罰。■白昼他家の奥方を「赤裸にして不行跡に及んだ」割りには、中追放は軽すぎるようだが、母と妻がひどい目に会っているのに、刀を奪われて小さくなっている長田の倅もダラシがない。これは、押込処分で当然だろう。■いずれにせよ、文政頽廃期、旗本の両極端を示す珍事件である。

女陰陽師摘発される

摘発したのは、のち乱を起こした大坂東町奉行所与力大塩平八郎である。■貢は越中の百姓の娘。京都で女中奉公のあと、稲荷系の祈祷師となり、唐津浪人水野軍記と知り合って、その奉ずる天主教に入信、京都八坂上町の祈祷所で、ひそかに布教していた。■摘発直前病死した水野は墓をあばかれ、骸骨を取り捨てられている。捜査は慎重、大規模に進められ、幕府評定所の審問にもかけられたが、政治的影響を恐れて、単なる淫祠邪教として処置された。

丁目・堺町・葺屋町・両座芝居焼ける(**災異志**)。

12.28❖江戸飯田町の定(じょう)火消同心時谷移五郎の妻きし(34)、男ばかりの三ツ子安産(**現来集二〇**)。

12.29❖越後新潟で打ちこわし(**一揆**)。

12—❖丹波船井郡園部領保井谷で打ちこわし(**一揆**)。

暮—❖石見鹿足(かのあし)郡津和野領で越訴(**一揆**)。

冬—❖江戸に火事多発。十一月から二十八件(**武江**)。

この年❖武家による闘争事件が五件もあった。①鳥居坂京極家の者が藪下の娼家で暴れる。死傷者あり②溜池の相良家の者が赤坂の娼家で喧嘩、死傷出る③十番組の博労方広尾原で刃傷④土州藩士ら数寄屋橋の酒店で狼籍、死傷あり⑤一橋家の者ども神田橋門番所で当番戸沢家の家士と乱闘(**道聴塗説**)。

〃　❖淡路塩尾浦波止工事に来ていた無宿惣助、親方利吉から「人柱にしてやろうか」といわれたのを真に受け、利吉の伜利四郎を殺害。下手人(斬)(**天保類集三四**)。

〃　❖信州無宿十吉、長脇差に鉄砲まで持って各所で賭場荒らしのうえ無宿兵四郎・仙蔵を殺害。「極悪之者」として獄門(**天保類集三五**)。

〃　❖大坂曾根崎堺屋辰蔵の母なお、富札買い占めのため役人に謝礼すると称して女たちから金を集め横領。大坂町奉行は追放刑としたが評定所の決により死罪(**天保類集五三**)。

〃　❖抜荷買い常習の長崎新町大村上総介家来土肥作兵衛死罪(**天保類集六〇**)。

〃　❖並の刀を名刀と偽って売った摂津十日市村の伊助死罪(**天保類集二一**)。

〃　❖無宿吉五郎、江戸上野元黒門町の茶店で女客が横に置いていた十五両入りの手拭包みを持ち逃げして死罪(**天保類集二七**)。

〃　❖品川沖碇泊の船に忍び込んで鰹節を盗んだ無宿豊吉死罪(**天保類集二九**)。

天保二年

1831　辛卯

1—❖肥後天草郡幕領海老宇土村で越訴(**一揆**)。

2.7❖江戸で大火。音羽・巣鴨・駕籠町焼ける(**災異志**)。

3—❖京都西八条木屋善兵衛(90)と二条川東久徳屋源兵衛夫婦・源兵衛弟安次郎、奉行所に表彰される。善兵衛は同町鱗形屋喜右衛門方へ五代七十余年勤めた至忠、源兵衛らはよく老母を守った至孝(**町触**)。

4—❖大坂安治川浚渫(しゅんせつ)、その土で河口に天保山を築く(**泰平・現来集二〇**)。

5.27❖先手松浦忠右衛門の中間部屋頭三之助(53)、中間部屋で博奕を開帳していた科で遠島。見逃していた同家家来、町方同心ら連座処罰二十八人に及ぶ(**現来集二〇**)。

5—❖飛騨大野郡高山で打ちこわし(**一揆**)。

6.20❖江戸に雷雨。各所に落雷、死者十二人(**現来集二一**)。

7.12❖近江高島郡十六か村で打ちこわし(**一揆**)。

7.23❖伊豆代官江川太郎左衛門の手代柏木林之助(38)乱心、同僚・家族ら多数を殺傷

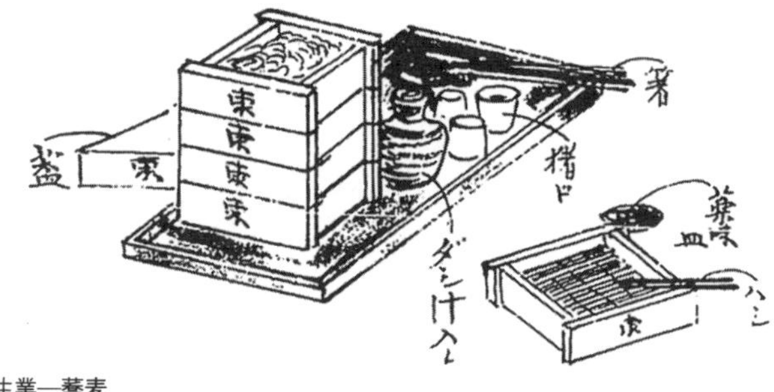

生業—蕎麦

して自殺。死亡七、負傷五(**現来集二一・泰平**)。

7.26❖周防吉敷郡の萩領で銀札反対の暴動(**一揆**)。

7.29❖周防萩領丸屋崎港で不浄船入港反対の暴動(**一揆**)。

7—❖浅間山噴火(**生活史**)。

8.2❖周防小郡で産物役所反対の十万人暴動(**一揆**)。

8.10❖長門厚狭郡など萩領一円で暴動(**一揆**)。

8.13❖出羽庄内で洪水(**災異志**)。

8.17❖出羽秋田郡秋田領土崎湊で打ちこわし(**一揆**)。

夏—❖伊豆八丈島で飢饉(**泰平**)。

〃 ❖出羽秋田郡秋田領飯塚村で騒動(**一揆**)。

9.2❖周防都濃郡徳山領夜市村などで打ちこわし(**一揆**)。

9.8❖安芸安芸郡広島領大河浦で騒動(**一揆**)。

9.18❖石見鹿足郡津和野領有田村で強訴未遂(**一揆**)。

10.4❖元鳥取藩蔵奉行内田佐野右衛門(69)、三年前の金蔵盗難事件犯人・藩納戸役早川善右衛門家来山崎伊兵衛(38)を江戸神田の街頭で捕える(**事々録**)。【よみうり・瓦版】

10.7❖周防熊毛郡萩領岩田村で騒動(**一揆**)。

10.17❖安芸山県郡広島領上筒賀村などで打ちこわし(**一揆**)。

11—❖越前大野郡平泉寺村で強訴(**一揆**)。

11—❖伯耆会見郡鳥取領上三柳村で強訴(**一揆**)。

秋—❖安芸佐伯郡広島領玖島村で騒動(**一揆**)。

12—❖小普請松平瀬兵衛弟変名野見錠之助遠島。貸し金の催促から小普請内藤九郎兵衛と争い手首を切る。九郎兵衛も改易(**事々録**)。

この年❖偽銀きせるを作った芝森本町石蔵・兵吉死罪(**天保類集六〇**)。

〃 ❖江戸増上寺真乗院中間近蔵と同居候庄蔵、獄門。廟所の銅瓦十二枚を盗んだ(**天保類集六〇**)。

〃 ❖長脇差を帯びて博奕・喧嘩・ゆすりを常習としていた甲州無宿辰右衛門死罪(**天保類集一八**)。

〃 ❖志摩英虞郡鳥羽領波切村で暴動(**一揆**)。

〃 ❖備後沼隈郡福山領で強訴(**一揆**)。

〃 ❖陸奥伊達郡幕領で逃散(**一揆**)。

天保三年

1832 壬辰

1.2❖江戸五郎兵衛町から出火、北紺屋町・南伝馬町・白魚屋敷焼ける(**武江**)。

1—❖尾張名古屋領で強訴(**一揆**)。

2.29❖大坂新町廓、六時間燃えつづけ全焼(**災異志**)。

3—❖備中松山で大火(**災異志**)。

4.25❖奥州飯田村百姓市三郎方下男沢太郎(19)、鋸びきのうえ磔。主人の娘やすに惚れている隣村の専蔵に頼まれて密通の手引きをし、邪魔になる市三郎の殺害を手伝った(**天保風説**)。

4—❖信濃更級郡上田領塩崎村で騒動(**一揆**)。

6.18❖小納戸から公金を盗んだ奥坊主伝育獄門、同僚坊主九人遠島(**泰平**)。

生業一餛飩屋ノ看板

【よみうり・瓦版】

老侍、執念の犯人逮捕

神田須田町で山崎伊兵衛を発見した老侍内田佐野右衛門は、一太刀手疵を与えておいて自身番へ届ける。■三年前、鳥取城金蔵で盗難事件があり、遺留品から伊兵衛の犯行とわかったが、当人はすでに出奔していた。佐野右衛門は辞表を出し、うらぶれた浪人姿で大坂・江戸など伊兵衛の立ち回りそうなところを捜し求めていた。■この日全く偶然、街頭で行商人から柿を買っている伊兵衛をみつけ、夢中で斬りつけた。伊兵衛の処分については、記録がない。

1832 鼠小僧次郎吉、鈴ヶ森で獄門。大名邸専門に三千両余の盗み

6.18❖上野邑楽郡旗本領十五か村で打ちこわし(**一揆**)。

6.19❖小普請小林小太夫の二男金弥重追放。面白半分役人のふりをして賭場に踏みこみ、皆が逃げ散ったあと金をかき集めた(**天保風説**)。

6.19❖江戸新葺屋町の陰陽師田辺静馬(36)遠島。移転・縁談などにでたらめの吉凶判断をし大金をせしめていた(**天保風説**)。

6—❖越後蒲原郡長岡領曽根村で強訴(**一揆**)。

6—❖周防都濃郡徳山で暴動(**一揆**)。

7.28❖筑後竹野郡久留米領亀王組で打ちこわし(**一揆**)。

8.19❖怪盗鼠小僧次郎吉(36)、鈴ヶ森で獄門。十五年間大名邸専門に七十六件三千百八十三両(自供分だけ)の盗み。さる五月五日松平宮内少輔邸侵入中発見されつかまった(**事々録・兎園小説余録・泰平・天言・巷街**)。

【よみうり・瓦版】

8.29❖勘定方山田寿之助、上州吾妻郡で水戸藩士と争い数人を斬り自殺。水戸側外岡竜三郎即死、家来二人重傷(**泰平**)。

8.29❖江戸四谷内藤宿大宗寺門前町蕎麦屋忠蔵方雇人竹次郎(20)、実は女であったと名主から届け出。急に腹が痛くなり男児を出産したのでわかった(**天保風説・兎園小説余録一**)。【よみうり・瓦版】

9.21❖江戸下谷竜泉寺町千束稲荷の練物を見ようと屋根へ上がっていた吉原の遊女禿・若い者ら十六人一度に転落、全員重傷(**武江**)。

10—❖江戸に風邪流行(**武江**)。

11.2❖駿河同心大塚正兵衛二男滋二郎、定番役宅から六十両を盗み獄門(**天保類集四四**)。

11.27❖淡路三原郡徳島領上八木村で強訴未遂(**一揆**)。

11—❖町人相手に博奕を開帳していた小十人比企藤内(42)死罪(**天保風説**)。

12.8❖陸奥稗貫郡盛岡領八幡通で強訴(**一揆**)。

冬—❖阿波三好郡徳島領辻町などで打ちこわし(**一揆**)。

〃 ❖出羽仙北郡秋田領神宮寺村で強訴未遂(**一揆**)。

この年❖京都随心院家来村松主膳、もと駿河兵太夫新田の所払百姓だが、国元で侍風を吹かせ金品を詐取し死罪(**天保類集四四**)。

〃 ❖紀州比井浦の船頭虎蔵、西宮から江戸へ運ぶ積荷の一部を難破と称して着服獄門(**天保類集二三**)。

〃 ❖野州引田村の幸蔵火刑。十六年前離縁話を持ち出した元主人を怨み放火したことが発覚(**天保類集一九**)。

〃 ❖上州羽附村無宿紋太郎火刑。同国西鹿目村弥兵衛方へ盗みに入り、女房よみを糸車で打ち殺したうえ放火した(**天保類集二五**)。

〃 ❖越前大野郡勝山領で打ちこわし(**一揆**)。

〃 ❖尾張海西郡名古屋領津島付近で愁訴(**一揆**)。

〃 ❖河内交野郡旗本領で越訴(**一揆**)。

〃 ❖河内錦部郡狭山領滝畑村で越訴(**一揆**)。

雇人の弥助、主人ら六人を殺傷、極刑

あやしい物音に、主人利八以下が起きて出ると、ひそんでいた賊が抜き身をふりかざして、手当たり次第に斬りまくり逃走した。二人即死、一人後刻死亡、残る三人重軽傷。■生き残った人たちの証言で、犯人はこの日一日だけ休暇をとって外出していた雇い人の弥助とわかり、奉行所が緊急手配、程なく町方の手で逮捕した。■弥助は盗み目当てに侵入したが、発見されて居直ったと自供。その判決は「二日晒一日引廻しの上鋸びき、磔」という最極刑。

生業—江戸鰻屋

天保四年

1833　癸巳

1.10❖江戸本所相生町四丁目利八方で雇人の弥助(19)、六人を斬り金・衣類を奪う。利八の伜粂次郎ら三人死亡、他は深手。弥助はすぐつかまり二月七日鋸びきのうえ磔(**天保風説**)。【よみうり瓦版】

1.12❖飛騨宮村の百姓彦助方を狼が襲う。留守番中の彦助母より(73)・妻はち(38)・その妹よね(23)が棒や鉈で戦い、それぞれ傷を負いながらついに仕とめた。勘定奉行直々一人銀十枚ずつの褒美(**事々録**)。

2.5❖三河・遠江豊橋領などで越訴(**一揆**)。

3中旬❖日向臼杵郡延岡領三ヶ所村で逃散(**一揆**)。

3.27❖日向臼杵郡延岡領五ヶ所村で逃散(**一揆**)。

4—❖下総上山川村の百姓茂八、父の敵百姓富五郎を討つ(**敵討**)。

4—❖小普請青木栄助の母宝寿尼(70)、書の師匠で豊かに暮らしていたが、自分の葬式の盛況を見たいと、生きながら派手な葬式を営んでニヤニヤ見物した。寺社奉行からお叱り(**事々録**)。

4—❖尾張春日井郡名古屋領中山道筋で暴動(**一揆**)。

5.2❖病気の母によく仕えていた江戸浅草並木町金右衛門の娘登世(13)に奉行所から白銀七枚の褒美(**天保風説**)。

5—❖出羽村山郡新庄領谷地で騒動(**一揆**)。

6—❖信濃伊那郡飯田で打ちこわし(**一揆**)。

7.12❖陸奥刈田郡仙台領白石八か村で騒動(**一揆**)。

7.21❖遠州新富屋村百姓与次右衛門の伜与四蔵(30)、父を殺して逐電。全国手配(**天保集成一〇二**)。

7—❖摂津兵庫の商高田屋金兵衛、密貿易で闕所(**事々録**)。

7—❖出羽村山郡佐倉領柏原村で強訴(**一揆**)。

8.1❖江戸大風雨。深川三十三間堂半分倒れる。所々怪我人多し(**武江**)。

8.16❖奥州盛岡で打ちこわし(**一揆**)。

8.18❖秋田城下で米価高騰による打ちこわし(**一揆**)。

8.21❖陸奥青森で米価高による打ちこわし(**一揆**)。

8.28❖武蔵幸手宿で打ちこわし(**一揆**)。

8—❖東北・信州で凶作(**異聞雑稿**)。

8—❖上州館林領太田で打ちこわし(**一揆**)。

8—❖摂津兵庫湊で打ちこわし(**一揆**)。

8—❖丹波柏原領柿紫村で幣制紊乱反対暴動。播州一揆(**一揆**)。

9.11❖播磨姫路領加古川筋六十数か村で暴動(**一揆**)。

9中旬❖播磨の館林領吉川谷で打ちこわし(**一揆**)。

9.20❖越前福井領大滝村ほかで打ちこわし(**一揆**)。

9.28❖江戸で打ちこわし(**一揆**)。

9—❖播磨宍粟郡山崎領金谷村で暴動(**一揆**)。

9—❖陸奥津軽郡弘前領鯵ヶ沢で打ちこわし(**一揆**)。

10.1❖米一升百文の偽はり紙がきっかけとなり江戸で大規模な打ちこわし(**異聞雑稿**)。

10.24❖越後魚沼郡幕領井口新田などで強訴(**一揆**)。

【よみうり瓦版】

怪盗鼠小僧ついに御用に

次郎吉は江戸木挽町の船宿の子で、少年期家をとび出し、武家奉公を転々としたのち、大泥棒となった。■しかし運のつきか、松平宮内少輔邸で殿様に発見され、家臣らに追われて塀を乗りこえ、とび下りた路上でぶっつかったのが町方定回り同心で、あっさり御用。■義心に富み、人の難儀をよく救ったので、庶民の人気は上々。処刑当日は、紺の越後縮に白絹の単衣を重ねて、首に長総の珠数をかけ、堂々と礼儀正しく、少しも悪びれた風がなかった。

雇人、男と思いきや実は

そば屋忠蔵方雇人の竹次郎、れっきとした男で通っていたのだが、仕事中急に腹が痛くなり、二階で休んでいるうち、めでたく男児出産、そば屋一家は大仰天。■そば屋の名主辛助から南町奉行筒井伊賀守に、珍しい「性確認届」が出された。それによると、もともと女として生まれ、両親が早く死んだので、十三歳ごろ八王子の宿屋へ女として年季奉公に出たが、仕事がつらくて逃げ出し、男としてそば屋へ住み込んだという。■赤ん坊の父親は不明。

1833 勅許を得て東大寺の香木蘭奢待(らんじゃたい)を一寸八分切る

10—❖伊勢員弁郡加納領治田郷で打ちこわし(**一揆**)。

10—❖讃岐多渡郡丸亀領金比羅村で暴動(**一揆**)。

10—❖肥後天草郡幕領本渡などで打ちこわし(**一揆**)。

10—❖陸奥岩手郡盛岡領沼宮内通で強訴(**一揆**)。

11.12❖広島で打ちこわし(**一揆**)。

11.13❖若狭遠敷郡小浜領四か村で打ちこわし(**一揆**)。

11.17❖下野芳賀郡烏山領九か村で打ちこわし(**一揆**)。

11.30❖将軍家斉勅許を得て東大寺蘭奢待を一寸八分切る(**事々録**)。

11—❖江戸で打ちこわしつづく(**生活史**)。

11—❖信濃善光寺領民米価高を越訴(**一揆**)。

11—❖備後恵蘇郡福山領などで騒動(**一揆**)。

秋—❖陸奥津軽郡弘前領油川村などで打ちこわし(**一揆**)。

12.7❖能登鹿島郡金沢領能登部下村などで騒動(**一揆**)。

12.14❖摂津尼崎領安部村で打ちこわし(**一揆**)。

12.23❖下野・下総で烈風大雨。樹木十三万本倒れる(**災異志**)。

12.29❖江戸谷中医師自称土岐美濃守ら僧俗三人乱心、江戸城に紛れ入り、玄関前で取り押さえられる(**異聞雑稿**)。

12—❖大和郡山領中条村などで強訴(**一揆**)。

この年❖旗本山本七郎左衛門家来伊東清十郎磔。かねて遺恨の久世伊勢守家来金子敬之進らを陥れるため無根の訴えをした(**天保類集四三**)。

〃　❖武州上練馬村百姓佐五兵衛、大酒無頼、重病の父四郎兵衛を放置して死なせた。牢死体を磔に(**天保類集六二**)。

〃　❖備後笹尾村百姓常右衛門獄門。博奕の借金を催促した同村松右衛門を棒で打ち殺したうえ、家に放火した(**天保類集二五**)。

〃　❖阿波板野郡徳島領で逃散(**一揆**)。

〃　❖大隅の奄美大島で砂糖専売反対の強訴(**一揆**)。

〃　❖長門の萩領で強訴(**一揆**)。

〃　❖名古屋領で打ちこわし(**一揆**)。

〃　❖備中足守村で強訴(**一揆**)。

〃　❖三河渥美郡で助郷休暇要求騒動(**一揆**)。

〃　❖美作津山領で強訴(**一揆**)。

〃　❖陸奥伊達郡などで不作を愁訴(**一揆**)。

〃　❖陸奥弘前領で逃散(**一揆**)。

〃　❖大和平群郡幕領五か村で愁訴(**一揆**)。

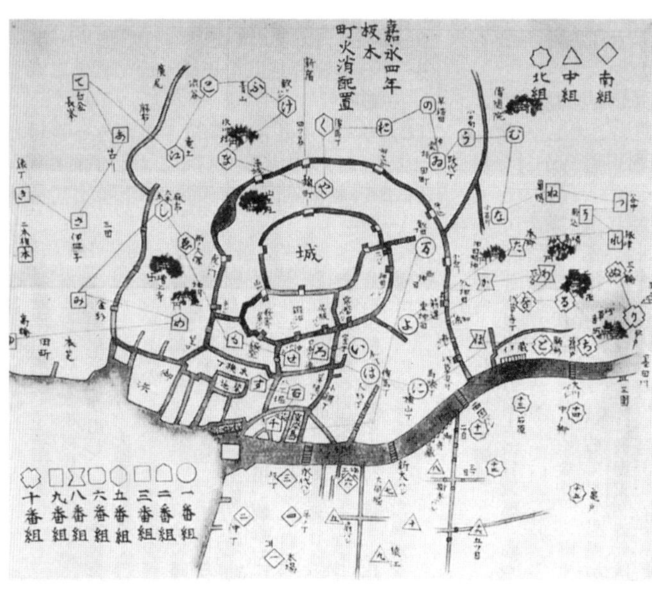

❖町火消・組の配置図
享保3年、
町奉行大岡忠相によって
町火消が組織された。
隅田川の西を
いろは47組に分け、
本所・深川を16の小組とした

1.1❖蝦夷石狩地方大地震続発(**災異志**)。

1.10❖陸奥八戸領久慈で減免を要求し六千人強訴(**一揆**)。

1.10❖駿河池田村本覚寺塔頭本応坊弟子紹運、不仲の本覚寺納所勧励を斬り頭を泥田につっこんで殺し死罪(**天保類集二五**)。

1.26❖出羽秋田領四十八か村で米高を強訴。北浦一揆(**一揆**)。

2.7❖江戸神田佐久間町から出火、お玉ヶ池・両国・伝馬町・石町・本町・堺町・葺屋町・大坂町・小網町・日本橋・八丁堀・霊岸島・鉄砲洲・築地・佃島ことごとく焼失(**武江・泰平・天保風説・巷街・きゝの・事々録・異聞雑稿・遊芸園随筆**)。

2.9❖讃岐高松領宇多津村などで打ちこわし(**異聞雑稿**)。

2.9❖江戸桧物町から出火、西河岸通一、二町目まで焼ける(**武江**)。

2.10❖江戸大名小路から出火、鍛冶橋門・数寄屋橋門・鈴木町・南伝馬町・尾張町・三十間堀・木挽町・築地・芝口二丁目まで焼ける(**武江**)。

2.11❖江戸小石川富坂から出火、小川町まで焼け水戸邸類焼(**災異志**)。

2.23❖出羽秋田領八十六か村で扶持米要求の暴動(**一揆**)。

2.27❖長崎恵比須町から出火、三百六十軒ほど焼ける(**災異志**)。

2末❖出羽仙北郡秋田領四十八か村で強訴(**一揆**)。

2—❖陸奥三戸郡盛岡領五戸通で強訴(**一揆**)。

3.13❖出羽秋田領東根など八か村で越訴未遂(**一揆**)。

3.15❖武州喜多見村髪結松五郎方雪隠(せっちん)に旅人風の男が突き傷受けて倒れており間もなく死んだ。備前祐定(すけさだ)の脇差と金を六十両も持っていた(**天保風説**)。【よみうり・瓦版】

3—❖陸奥弘前領下飯詰村越訴未遂(**一揆**)。

4.8❖肥後天草牛深村水主恒吉、長崎碇泊中船頭岩太郎と争い疵つけて死なせ獄門(**天保類集二五**)。

4.8❖富士山噴火、近国で震動(**災異志**)。

4.10❖信州飯田城下で打ちこわし(**一揆**)。

4.16❖武蔵都築郡旗本領今宿村で打ちこわし(**一揆**)。

4—❖越後魚沼郡幕領田沢村で暴動(**一揆**)。

5.22❖安芸広島領海田市で打ちこわし(**一揆**)。

5—❖越後頸城郡高田領今池村で騒動(**一揆**)。

6.9❖武蔵足立郡千住宿で打ちこわし(**一揆**)。

6—❖遠江豊田郡幕領見付村で騒動(**一揆**)。

6—❖武蔵埼玉郡騎西地方で打ちこわし(**一揆**)。

6—❖出羽秋田領で凶作、死者無数(**天保風説**)。

6—❖江戸千住で打ちこわし(**生活史**)。

6—❖大坂で打ちこわし(**一揆**)。

7.2❖信州松本城下で百三十六軒焼け、女一人死す(**災異志**)。

7.10❖大坂堂島・曾根崎などで二万余軒の大火(**災異志**)。

7.13❖江戸巣鴨の御家人某、盲人と密通した妻の手足を斬り落とし、盲人を斬殺する(**事々録**)。

【よみうり・瓦版】
雪隠(せっちん)で旅人風の男の怪死体

怪死体は三十五、六歳の旅人風。名刀の脇差と大金を持っているうえ、着衣がまた高級指向で、届書に「桟留藍(さんどめ)万筋口綿入に海気(かいき)(甲斐絹)之羽織、紐御納戸糸打、紺博多帯」などとある。■現場は、西丸御小姓組酒井美作守与頭安藤八郎右衛門の知行地だから、安藤家からも家臣が来て種々捜査したが、死人の身元すらわからなかった。■突き傷は、のどと腹の二か所だったが、刀も金も奪われていないところから、犯人の見当のつけようもなかった。

生業—江戸鰻飯

1834 婚礼の祝儀が少なかったとして旗本某、うたた寝中に打ち殺される

7.15❖御側衆水野美濃守家来福田勇之丞の勘当弟嘉蔵こと幸次郎乱心、友人大館万次郎ら二人を斬り殺し、一人に深手負わせる(**事々録・天保風説**)。

7—❖米倉丹後守家来某の妻密夫あり、夫の弁当に毒を入れる。某、同僚に与えたところ苦しみ一切露顕。某ただちに帰宅して妻を斬り殺す(**事々録**)。

7—❖江戸谷中七面坂の煮売屋(27)、別れた妻を刺し殺し自殺(**事々録**)。

7—❖江戸牛込山伏町の旗本某、うたたねしているところを中間に鍬で打ち殺される。婚礼の祝儀銭が少なかったのが原因とか(**事々録**)。

7—❖江戸牛込のある小商人、仲間数人を頼んで妻と男の密会場所を襲い、両人を赤裸にして交合の形で縛り上げ、四谷の原に捨てた。女の親がひそかに救い出した(**事々録**)。

7—❖大坂で打ちこわし(**一揆**)。

8.9❖上州塩沢村の大百姓市郎左衛門方へ数人組が押し入り、主人の首打ち落とし家人二人に深手負わす(**天保風説**)。

8—❖下総海上郡高崎領銚子で打ちこわし(**一揆**)。

8—❖陸奥岩瀬郡白河領で越訴(**一揆**)。

9.8❖寄合戸田平左衛門と同借家人の一橋家家士三井長右衛門、戸田の中間源蔵(24)に斬られ、戸田即死、三井深手。源蔵は戸田の妾はな(22)と通じ、はなはまた三井とも通じていた。源蔵・はな磔刑(**事々録・天保風説・天保類集五三**)。

9.11❖偽の一朱銀九百粒を造って飲食に使った武州大沢村の相之助(31)・宗吉(40)磔(**天保風説**)。

9—❖丹波何鹿郡綾部領栗村で強訴(**一揆**)。

9—❖陸奥磐前郡湯長谷領上藤原村で愁訴(**一揆**)。

12.19❖江戸浅草東仲町から出火、六町ほど焼亡(**武江**)。

この年❖上州無宿滝次郎、元主人藤吉を斧で傷つけ入牢中、火災による解き放しにあうが帰らず、つかまって磔(**天保類集六三**)。

〃 ❖江戸南本所石原町の嘉助死罪。学問所書物蔵へ窓の金網を破って侵入、書籍を盗んだほか武家邸荒らし数件(**天保類集二五**)。

〃 ❖松脂で偽熊の胆をつくって高く売っていた出羽無宿栄七死罪(**天保類集二二**)。

〃 ❖駿河で偽銀を使った江戸無宿鼈甲職長吉死罪(**天保類集二二**)。

〃 ❖唐人から両替を頼まれていた二十両を持って船で逃げた長崎東浜町の弥吉獄門(**天保類集二一**)。

〃 ❖江戸日本橋無宿清次郎こと文蔵獄門。某武家邸門番所へ盗みに入り、見とがめた門番平助を絞め殺した(**天保類集二五**)。

護持院ヶ原の敵討

だまし討ちにされた山本三右衛門が最後に「賊は小使の亀蔵」と言い残して死んだので遺族が相談し、伜宇平が遠国地方、姉のりよが叔父九郎右衛門の附添いで江戸を中心に敵を捜索することにし、空しく苦難の二年半が過ぎた。■この日、両国橋で九郎右衛門が亀蔵を発見、跡をつけて護持院ヶ原で取り押さえ、町役人に身柄を預けてりよに連絡、本懐をとげた。■気の毒なのは宇平で、帰国後藩に無視され、妹らの名声の陰で寂しく隠居した。

天保六年

1835　乙未

1.11❖江戸神田蠟燭町から出火、皆川町・永富町・三河町一、二丁目、鎌倉河岸まで焼ける(**武江**)。

1.18❖江戸牛込・神楽坂で火事(**災異志**)。

1—❖吉原角町から出火、全廓焼亡。仮宅は花川戸・聖天町など六か所、三百日限り(**武江・き、の・事々録**)。

1—❖諸国に「三日麻疹」流行(**生活史**)。

2.9❖江戸神田明神下から出火、河岸まで焼ける(**武江**)。

3.3❖江戸で座頭うね市、浪人二人に斬り殺される。犯人の古田佐次右衛門(35位)は間もなく自殺、鈴木彦三郎(22位)は逃亡。手配(**町触**)。【よみうり・瓦版】

3.8❖小普請諸星清左衛門夫婦、この月はじめ解雇した僕に斬られ手疵。盗みが目的か(**事々録**)。

3.11❖金沢で大火、約千軒焼け、一人死す(**災異志**)。

3.16❖紀州藩小姓頭取夏目左近将監の夫人、夫の当直勤務中、忍び込んだ同藩取立用人井上与兵衛(35)に斬り殺され、子供の乳母深手。与兵衛は翌月京都で召し捕られ極刑。原因諸説あり(**泰平・事々録**)。【よみうり・瓦版】

3—❖大坂・京都・亀岡へんに大雷(**生活史**)。

3—❖陸奥信夫郡など幕領百二十か村で愁訴(**一揆**)。

4.3❖安芸豊田郡広島領大崎島で強訴未遂(**一揆**)。

4.3❖美濃海津郡大垣領など六十一か村で打ちこわし(**一揆**)。

4.5❖上州伊勢崎に大風雨、洪水(**災異志**)。

6.12❖松江城下で五十年来の洪水(**災異志**)。

6.16❖江戸湯島六丁目の茶漬屋で食事した伊予西条藩の軽輩侍、勘定不足で待ってくれといったところ亭主悪口雑言、たまりかねて斬り捨てた。この亭主あぶれ者の悪高利貸しだったため構いなし(**事々録**)。

6.19❖美濃大垣領で大雨、洪水。死者八人(**天保風説**)。

6.25❖仙台大地震。城破損。津波で数百軒流れ死者無数(**泰平**)。

6下旬❖出羽で炎熱、村山郡では蝗害(**災異志**)。

7初❖江戸小石川極楽水に女の斬殺死体。本所へんの町人の妻で、夫の商用旅行中、借家を急に出ねばならぬことになり、近所へ伝言を頼んで小石川へ引越した。帰った夫、てっきり男ができたと思いこみ、一心に探してこの日みつけ、一気に凶行に及んだ(**事々録**)。

7.3❖江戸神田護持院ヶ原で敵討。討手は姫路藩士山本三右衛門の遺児りよ(24)と三右衛門の弟山本九郎右衛門(46)、討たれたのは元同藩表小使亀蔵(24位)。天保四年十二月二十六日江戸屋敷で仮眠中の三右衛門を盗み目的の亀蔵が斬殺した(**事々録・天保風説・異聞雑稿・巷街**)。【よみうり・瓦版】

7.18❖関東で大風雨。東海道も諸川増水(**事々録**)。

7—❖山陽道で洪水(**生活史**)。

7—❖奥州八戸領で大雨、洪水(**生活史**)。

閏7.7❖仙台で大雨、洪水。橋多く流れ、水

【よみうり・瓦版】

座頭殺しを手配

犯人の二人は、手配書によると「古田佐次右衛門　せい中以下、顔四角ばった細型。鼻少し開き目大躰。右耳の上にほくろ。刀は二尺五寸位、脇差一尺八寸位。絹黒紋付に黒羽織。鈴木彦三郎　せい中より大、色浅黒く、目細く口大躰。刀二尺五寸位、脇差二尺位。着衣は絹黒色」■屈強の侍二人が、どうして盲人を斬り殺したのかわからないが、二人とも風体は黒紋付着流しに大きめの大小、典型的な悪浪人姿のようである。

人の奥方を殺害、密通でのいさかいか

この事件、動機が一向にわからない。犯人与兵衛と奥方がかねて密通、最近奥方の態度が冷たくなって与兵衛が怒ったという説。あるいは与兵衛が一方的に懸想して、この夜あやしき行為に及ぼうとし、抵抗した奥方に乱刃をふるったという説。真相はわからない。■全国手配された与兵衛の人相書によると「丈五尺余に而肥り候方。顔長く青白き方。左眼下にほくろ有レ之。眉毛細く、下唇に少々疵有レ之」どうも、大家の奥方と密通の人相とは思えない。

死無数(**災異志**)。

閏7―❖武州市原村百姓助右衛門(23)の巨大な男根大評判になる。座してなお畳上に横たわること数寸(**天保風説**)。

8.1❖出羽山本郡秋田領能代で打ちこわし(**一揆**)。

8中旬❖奥羽に雪降る。出羽のみ炎旱・蝗害(**生活史**)。

8―❖信濃伊那郡で暴動(**一揆**)。

8―❖出羽秋田領北川尻村で騒動(**一揆**)。

8―❖美濃大垣領などで強訴(**一揆**)。

10.2❖江戸城蓮池金蔵番九人免職。さる三月二十六日同金蔵から一朱銀二百五十両が盗み出され、四月三日ごろ桜田門脇の堀に犯人とみられる金を背負った男の水死体が浮いていた(**泰平**)。

10.20❖大坂で大火。安堂寺町一、二丁目・順慶寺町一、二丁目・長堀までと本町・谷町へん焼失(**災異志**)。

10―❖陸奥岩手郡盛岡領沼宮内通などで強訴(**一揆**)。

12.9❖但馬出石藩家老仙石左京(49)獄門、用人宇野甚助ら二人死罪、他に遠島・追放八人。藩内紛いわゆる仙石騒動落着(**巷街・天保風説・天言筆記・き、の・泰平・異聞雑稿・遊芸園随筆**)。

12―❖長崎唐人屋敷の清国商人、暴動を起こし役所を破壊。投獄者多数(**事々録**)。

この年❖加賀石川郡金沢領下安江村などで愁訴(**一揆**)。

〃　❖筑前福岡領で暴動(**一揆**)。

〃　❖大和宇陀郡松山領藤井村などで打ちこわし(**一揆**)。

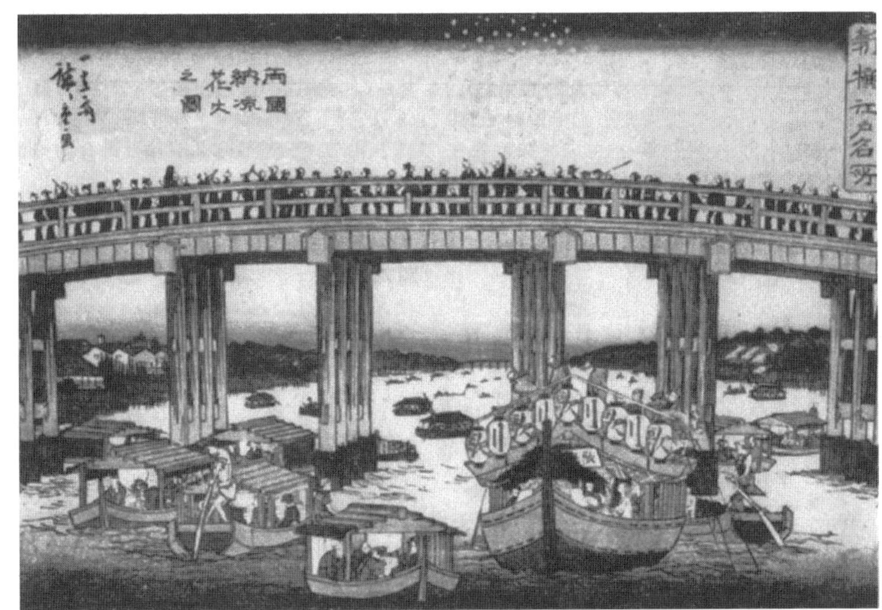

両国の花火大会

天保七年

1836　丙申

1—❖陸奥岩瀬郡白河領で逃散(**一揆**)。
3.2❖常陸湊村で百姓藤村丑太郎、父の敵村上源之丞を討つ(**敵討**)。
4.27❖陸奥牡鹿郡仙台領渡波で打ちこわし(**一揆**)。
4—❖近江で大水。琵琶湖岸各所水没(**生活史**)。
4—❖越後新潟付近で強訴(**一揆**)。
5.18❖一橋家徒士中島茂太郎(22)獄門。主人の供中、川崎宿で乱飲、旅宿にかけてあった松平肥前守の泊り札をひき下した(**事々録**)。
6.6❖金沢で打ちこわし(**一揆**)。
6.15❖近江草津宿で元相撲光蔵ら五人、十一年ぶりに師の敵相撲岩之助を討つ(**敵討**)。
6.27❖信濃伊那郡飯田で打ちこわし(**一揆**)。
6—❖江戸に辻斬・強盗横行(**生活史**)。
6—❖大坂で打ちこわし(**生活史**)。
6—❖広島に大水(**生活史**)。
6—❖陸奥紫田郡仙台領国分村などで強訴(**一揆**)。
7.3❖美濃大垣藩主戸田采女正、同国海津郡の一揆取り鎮めを賞される(**泰平**)。
7.16❖越前大野郡勝山で打ちこわし(**一揆**)。
7.17❖江戸神田山本町代地で森金七郎、養父の敵大工成田屋庄之助を討つ(**敵討・事々録**)。
7.18❖江戸に大風雨。大川岸で浸水(**武江**)。
7.18❖伊豆賀茂郡幕領下田で打ちこわし(**一揆**)。
7.21❖書院番戸田主膳邸へ賊が侵入、主膳を突き殺し、伜卓太郎に斬り殺された。かねて怨みを持っていた先手与力中里某で、自分で木版印刷した遺書を知り合いに配っていた(**事々録**)。【よみうり・瓦版】
7.28❖伊勢多気郡鳥羽領射和村で打ちこわし(**一揆**)。
7.29❖信濃伊那郡飯田で打ちこわし(**一揆**)。
7.30❖加賀石川郡金沢領高浜村で打ちこわし(**一揆・日歴**)。
8.1❖江戸に大風雨、怪我人多数。近在水溢る(**武江**)。
8.1❖加賀能美郡幕領西谷村などで打ちこわし(**一揆**)。
8.4❖駿府で打ちこわし(**一揆**)。
8.16❖腰物方西山織部、罪あって斬(**続実紀二**)。
8.21❖甲斐都留郡幕領下和田村などで三万人の暴動(**一揆**)。
8.25❖信濃更級郡上田領稲荷山村で打ちこわし(**一揆**)。
8.30❖相模大磯宿全焼。松平周防守(石見浜田侯)家来宿舎で焼死二十八人(**事々録**)。
8—❖諸国で風雨、大飢饉(**寛天見聞記**)。
8—❖近江彦根領で越訴(**一揆**)。
8—❖武蔵埼玉郡岩槻で打ちこわし(**一揆**)。
8—❖仙台領で暴動(**一揆**)。
9.13❖小間物行商無宿金次郎、甲府一蓮寺池内町の利八方へ盗みに入り、発見され利八を殺害。翌年獄門(**天保類集二五**)。
9.21❖三河加茂郡岡崎領など九か村で暴動(**一揆**)。
9.26❖豊前宇佐郡中津領元重村などで強訴(**一揆**)。

【よみうり・瓦版】
遺書を配った、用意周到の刺客
斬られた犯人中里は、昌平坂学問所出仕で、戸田卓太郎の同僚だったが、酒乱の行為を卓太郎に制止され、これが聞こえて役向不首尾になったので深く恨んでいた。■その夜は、神代もののような双刃の直刀を帯び、どういうつもりか、青竹に火薬を詰めたのを携行していた。また自分で版木を彫って印刷した「絶命の文」という遺書らしいものを、事前に知り合いへ配っていた。■事件は「盗賊の侵入」ということで、処理された。

1837 大坂東町奉行所元与力、大塩平八郎難民救済に蜂起

9—❖大坂で打ちこわし(**一揆**)。

9—❖摂津武庫郡尼崎領などで暴動(**一揆**)。

9—❖三河加茂郡岡崎領で足助など暴動(**一揆**)。

9—❖陸奥津軽郡弘前領鬼沢村で強訴(**一揆**)。

10.8❖駿河志太郡幕領岡部宿で打ちこわし(**一揆**)。

10.9❖丹波船井郡園部領下新江村で越訴(**一揆**)。

10.19❖吉原遊廓全焼(**事々録**)。

11.8❖陸奥和賀郡盛岡領安俵通などで強訴(**一揆**)。

11上旬❖山城葛野郡大覚寺領嵯峨村で強訴(**一揆**)。

11.21❖甲州上神取村の百姓伊右衛門(30)父の上手村百姓忠兵衛と孫娘みのを絞殺・逃走。全国手配(**町触・天保集成**)。

11.21❖江戸外神田旅籠町二丁目から出火、本郷五丁目まで焼ける(**災異志**)。

11.22❖安芸賀茂郡広島領竹原で打ちこわし(**一揆**)。

11.26❖陸奥志和郡盛岡領十七か村で打ちこわし(**一揆**)。

秋—❖河内交野郡旗本領私部村などで愁訴(**一揆**)。

12.8❖陸奥閉伊郡盛岡領野田通などで打ちこわし(**一揆**)。

12.17❖陸奥稗貫(ひえぬき)郡盛岡領八重畑村などで強訴(**一揆**)。

12—❖大坂天王寺村一心寺住職竜誉死罪。神祖家康の像があるから堂を建立したいと願い出たが、根拠のない像とわかった。応援した町奉行大久保讃岐守左遷(**事々録**)。

12—❖日本海竹島で外国船と密貿易していた石見浜田の回船問屋某死罪(**事々録**)。

12—❖安芸賀茂郡広島領西野村などで打ちこわし(**一揆**)。

12—❖越前南条郡福井領今泉村で打ちこわし(**一揆**)。

暮—❖越中富山付近で強訴(**一揆**)。

冬—❖肥後玉名郡熊本領高瀬で打ちこわし(**一揆**)。

この年❖貧乏娘二人を宿場女郎に世話した中山道新宿の源吉死罪(**天保類集二四**)。

〃　❖偽金計百余両を使った奥州北鬼柳村百姓長次郎磔。他二人牢死(**天保類集二二**)。

〃　❖長崎で京都林丘寺の勧化(かんげ)と偽って金をかたり集めていた僧古来死罪(**天保類集二一**)。

〃　❖質屋を斧でおどして金・衣類を奪った下総無宿利七、評定所の決により死罪(**天保類集二八**)。

〃　❖全国的に飢饉、奥羽で最も甚(**災異志**)。

〃　❖石見美濃郡幕領灘で騒動(**一揆**)。

〃　❖越後魚沼郡幕領二十余か村で暴動(**一揆**)。

〃　❖越前丹生(にゅう)郡の幕領で強訴(**一揆**)。

〃　❖信濃安曇(あずみ)郡松本領相原村で暴動(**一揆**)。

〃　❖下総相馬郡福木村で打ちこわし(**一揆**)。

〃　❖下野那須郡烏山領で打ちこわし(**一揆**)。

〃　❖但馬朝来郡幕領粟鹿荘で愁訴(**一揆**)。

〃　❖出羽村山郡山形領高檣村で打ちこわし(**一揆**)。

〃　❖陸奥田村郡三春領で越訴(**一揆**)。

生業—行灯

生業—錦魚売

天保八年

1837 丁酉

1.9❖陸奥和賀郡盛岡領八幡通などで逃散(**一揆**)。

1.28❖江戸麻布白銀台町六丁目から出火、一帯焼ける。別に西大久保葺屋町から出火、大火となる(**災異志**)。

1.30❖陸奥津軽郡弘前領で逃散(**一揆**)。

1—❖豊前企救郡小倉領で暴動(**一揆**)。

1—❖陸奥志田郡仙台領で逃散(**一揆**)。

2.3❖小姓組壷井源大郎の辻番人伊東源蔵獄門。相番荷見安右衛門の衣類を盗み、返還を迫った荷見を絞め殺した(**天保類集四四**)。

2.6❖出羽村山郡幕領柳沢村などで暴動(**一揆**)。

2.19❖大坂東町奉行所元与力大塩平八郎、難民救済のため蜂起、すぐ敗走。大塩三月二十七日隠れ先で自殺。兵火で大坂大火(**事々録・真佐喜のかつら・天保集成・巷街・泰平・遊芸園随筆・天言筆記**)。【よみうり・瓦版】

2.24❖備前福永村百姓長之介の娘しゅん、母を打擲して死なせ、水死を装わせる。すぐ発覚。六月十八日獄門(**諸藩**)。

2—❖周防佐波郡萩領三田尻で暴動(**一揆**)。

3.1❖長崎唐人屋敷番所の幕が切りとられていた。犯人は無宿惣助とわかり死罪(**天保類集二五**)。

3.1❖駿河富士郡浅間社領北山村などで強訴未遂(**一揆**)。

3.6❖大坂で打ちこわし(**一揆**)。

3.12❖出羽村山郡幕領柳沢村で強訴(**一揆**)。

3.12❖不況で困窮の京都西陣で粥(かゆ)施行(**新古見聞集・西陣天狗筆記**)。

3.22❖越後魚沼郡幕領南部地方で打ちこわし(**一揆**)。

3—❖周防佐波郡萩領三田尻で暴動(**一揆**)。

3—❖備後御調(みつぎ)郡広島領尾道で騒動(**一揆**)。

3—❖武蔵埼玉郡幕領八条村で越訴(**一揆**)。

3—❖武蔵比企郡幕領馬越村などで越訴(**一揆**)。

4.14❖江戸町奉行所疫病治療の処方を公布。黒豆のせんじ汁、茗荷(みょうが)のしぼり汁、高熱のときは芭蕉の根の汁など(**天保風説**)。

4—❖備後御調郡三原で暴動(**一揆**)。

4—❖陸奥牡鹿郡仙台領石巻で打ちこわし(**一揆**)。

5.10❖播磨加東郡姫路領西村で打ちこわし(**一揆**)。

5.17❖美濃恵那郡岩村領五十二か村で愁訴(**一揆**)。

5.27❖長崎下筑後町の貞助、長崎会所に侵入、銅銭七貫目を盗む。死罪(**天保類集二六**)。

5—❖大和宇陀郡松山付近で打ちこわし(**一揆**)。

6.1❖国学者生田万(よろず)、難民救済を訴えて越後柏崎で蜂起。桑名藩陣屋を襲って番人二人を殺す。すぐ敗死(**続実紀二**)。

7.2❖摂津能勢郡など幕領十五か村で暴動(**一揆**)。

7.27❖出羽桜長根で新井三太夫ら三人、兄の敵佐藤多利治を討つ(**敵討**)。

7—❖土佐高岡郡高知領宇佐浦で打ちこわし(**一揆**)。

8.14❖下総小見川藩主内田伊勢守、不行跡

【よみうり・瓦版】

奉行所元与力、大塩平八郎の乱

天保七年、二月以来の天候不順で五穀実らず、夏、天明以来の大飢饉となる。八月、有名な甲州大一揆(いっき)。このあと、難民救済を唱えて決起した大塩平八郎だが、その真意がどこにあったか、類推するのは困難である。■森鴎外は、大塩を「覚醒(かくせい)せざる社会主義者」と評したが、ともかく幕府当局の無為無策に警鐘を乱打しようとした利害打算抜きの激情の行動だったのだ。■名だたる陽明学者、洗心洞学塾主大塩の学殖(がくしょく)とは、直接関係ない一挙といえる。

により隠居処分。全身に入れ墨しているような大名だった(**市井の生活**)。

8.14❖江戸に猛風雨。家倒れ樹木折れ、怪我人多数(**武江**)。

8.29❖長崎諏訪神社宮番無宿次平、神社の神具や幕を盗む。死罪(**天保集成二六**)。

8—❖尾州藩用達戸川勘次郎、荷物を宰領して中山道熊谷の山中で山賊団に襲われるが、賊の首領格が以前讃岐丸亀で金を恵んでやった男とわかる。男深く詫びて以後臣事する(**真佐喜のかつら**)。

8—❖西国筋大風雨、洪水。肥前松浦高潮溺死者多数(**生活史**)。

8—❖信濃筑摩郡名古屋領藪原村などで越訴(**一揆**)。

9—❖甲斐八代郡幕領三十六か村で越訴(**一揆**)。

9—❖肥前彼杵郡幕領浦上村で騒動(**一揆**)。

10.19❖吉原江戸町二丁目から出火、廓全焼。仮宅は山の宿・花川戸・深川八幡前など、三百日限り(**武江・巷街・きゝの**)。

10—❖この月江戸で行き倒れ百五十八人、捨子五十三人(**生活史**)。

11.10❖上野山田郡旗本領など十八か村で暴動(**一揆**)。

12.23❖信濃水内郡飯山領浅野村などで打ちこわし(**一揆**)。

12.26❖大番伴野右膳二男豊次郎、罪あって斬。他に旗本の遠流三、追放三(**続実紀二**)。

この年❖全国的に大飢饉。東北ことに甚しく、弘前領で餓死者四万五千(**生活史**)。

〃 ❖江戸で盗み・詐欺数件の無宿清蔵、火盗改は重敲(たたき)ですませようとしたが、評定所の決により死罪(**天保類集二六**)。

〃 ❖長崎木下町の佐十、恋人の古屋新次郎方下女さきが変心したと思いこみ、脇差で刺して死なせた。下手人(斬)(**天保類集三四**)。

〃 ❖江戸浅草蔵小揚(こあげ)八十太郎獄門。俵に穴をあけて蔵米を少しずつ盗み飯米にしていた(**天保類集四四**)。

〃 ❖相模向ヶ島村親乗院の孝全、百姓善右衛門から梅の木の代金を催促されて逆上、小刀で斬りつけて死なせた。下手人(斬)(**天保類集四五**)。

〃 ❖長崎奉行久世伊勢守家来松村呈助、外国品の支払いに困り出奔。つかまって死罪。代金は久世が払った(**天保類集五一**)。

〃 ❖山城市田村無宿、眉毛(まゆげの)金こと金蔵火刑、子分二人獄門。大信寺へ盗みに入り住職法誉を殺害、放火した(**天保類集六四**)。

〃 ❖礼金もらって預かった里子を非道な扱いで次々死なせた江戸下谷坂本町一丁目の繁蔵磔(**天保類集六四**)。

〃 ❖伊予喜多郡大洲領田所村で強訴(**一揆**)。

〃 ❖石見那賀郡浜田領原井組で暴動(**一揆**)。

〃 ❖下野足利領菱村などで騒動(**一揆**)。

〃 ❖駿河駿東郡沼津領西熊野堂村で強訴(**一揆**)。

〃 ❖陸奥信夫郡など幕領で愁訴(**一揆**)。

〃 ❖陸奥津軽郡青森で暴動(**一揆**)。

〃 ❖陸奥津軽郡弘前領鯵ヶ沢で暴動(**一揆**)。

生業—行灯

天保九年

1838　　戊戌

1—❖播磨揖東郡旗本領新宮で騒動(**一揆**)。

1—❖三河幡豆郡西尾領寺津村などで強訴(**一揆**)。

2.22❖江戸根津門前茶屋町から出火、宮永町・七軒町と寺院多く焼亡(**武江・災異志**)。

3.10❖江戸城西丸御膳所から出火、殿舎すべて焼失(**巷街**)。

3.28❖小十人葉山左太郎、借財のことから上州の絹商人を殺し隣家境へ埋める。十月九日斬(**事々録**)。

3—❖江戸神田松枝町の卯八ら七人死罪。江戸城西丸焼跡のかたづけ人足に出、焼け金属を持ち帰っていた(**天保類集二五**)。

4.4❖江戸神田小川町から出火、三町ほど焼ける(**災異志**)。

4.17❖江戸日本橋小田原町から出火、室町・瀬戸物町・小川町・雉子橋外まで燃える(**続実紀二・事々録・巷街・武江・き丶の**)。

4.17❖長崎で大火(**生活史**)。

4.20❖二条在番同心鈴木安五郎と京都二条の刀屋の娘、近江石部宿で心中。女だけ死に男死罪(**事々録・天保類集四五**)。

4.27❖小普請遠山荘之助の屋敷で、かねて乱心気味の叔父与兵衛が座敷牢を破って女ばかり四人を殺害自殺(**事々録**)。

【よみうり・瓦版】

4—❖大坂で大火。十五か町千五百二十五軒焼ける(**生活史**)。

閏4.24❖越前で大洪水(**災異志**)。

5.13❖加賀藩足軽近藤忠太夫の遺児忠之丞、父の敵同藩馬廻役山本孫三郎を金沢高岡町で討つ(**かわら版**)。

5.25❖佐渡羽茂郡など幕領二百数十か村で打ちこわし(**一揆**)。

6.17❖江戸の浪人六太郎酒狂、抜刀、小伝馬町一丁目の木戸番長助夫婦を斬り殺す。下手人(斬)(**天保類集三四**)。

6.19❖西丸書院番松平靫負、実家の寄合佐原勘右衛門方で勘右衛門の孫金蔵夫婦を斬り殺す。九月三日切腹(**事々録**)。

7.23❖江戸伝通院下牛天神近くの路上で、同所水菓子屋岩吉の女房もん(17)、前夫の本郷元町三井庄三郎に八か所も斬られたが助かる。庄三郎は二十五日自殺(**事々録**)。

7下旬❖江戸音羽桜木町の隠し売女街で奥州守山藩の軽輩が料金のことで喧嘩、店の者に袋だたきにされた。怒った同輩が大挙おしかけ一帯残らず打ちこわした(**事々録**)。【よみうり・瓦版】

7—❖名古屋で打ちこわし(**一揆**)。

7—❖陸奥大沼郡幕領十九組で愁訴(**一揆**)。

8.6❖佐渡幕領多田村で騒動(**一揆**)。

8.12❖佐渡羽茂郡幕領徳和村で騒動(**一揆**)。

8.26❖加賀石川郡金沢領下安江村などで愁訴(**一揆**)。

8—❖安芸広島領で多雨、虫害(**生活史**)。

8—❖因幡八東郡鳥取領安井村で打ちこわし(**一揆**)。

9—❖肥前松浦郡幕領三十六か村で暴動(**一揆**)。

9—❖飛騨吉城郡幕領広瀬村で打ちこわし(**一揆**)。

9—❖三河碧海郡西端領原村で騒動(**一揆**)。

10.16❖江戸浅草御厩河岸の渡船が大風で転

【よみうり・瓦版】
座敷牢を破り、女四人を斬殺

殺された四人は、当主荘之助の義父で隠居の遠山三郎右衛門(与兵衛の兄)の妻と、その娘である荘之助の妻、その妹、下女。三郎右衛門や荘之助がいるときはそれほどでもないのだが、女たちはとかく与兵衛をないがしろにし、食事も与えない時もあった。■この日、隠居と当主が他出中、女たちが獅子舞いを見ようと、そろって表物見へ上がった間に、与兵衛が牢格子を破って出てきた。■現在でも、テレビサスペンスに出てきそうな事件である。

軽輩ら売女街襲撃、料金での喧嘩の仕返

同輩が売女街で袋だたきにされたと知った守山藩軽輩の一同大いに怒り、親類藩の常陸府中藩江戸屋敷からも応援を得て大挙おしかけ、たちまちのうちに桜木町特飲街をたたきこわしてしまった。■騎馬で来た若侍もあり、掛矢や、一説には鉄砲まで用意したというから、相当大げさな乗り込みだったようである。■このあと関係者双方で話し合い、一応内済にしたが、すぐ露顕して奉行所の正式詮議となった。ただしその結果がわからない。

覆、二十人中十二人が死ぬ(**武江・事々録**)。

11.3❖近江蒲生郡旗本領八か村で強訴(**一揆**)。

11.8❖江戸水谷町から出火、佃島まで焼ける(**武江**)。

11—❖越後魚沼郡幕領田沢村で打ちこわし(**一揆**)。

12—❖遠州の博徒都田の源八、秋葉山の賭場を荒らした信州早木戸の権蔵を殺す(**幕末任侠伝**)。

12—❖因幡気高郡鳥取領旧浦村で越訴(**一揆**)。

この年❖遠州無宿八蔵、偽銀つくりで磔(**天保類集二二**)。

〃 ❖甲州大獄山別当と称し偽の守り札を売っていた無宿武右衛門死罪(**天保類集一六**)。

〃 ❖駿州無宿吉蔵死罪。佐賀藩士某の具足持ちを勤めていて、具足櫃から二十六両を盗んだ(**天保類集二七**)。

〃 ❖武州葛和田村の水主和七酒狂、脇差抜いて暴れ、同村清三郎の母すみを疵(きず)つけて死なせた。下手人(斬)(**天保類集三四**)。

〃 ❖京橋口定番与力戸田三次郎、不良大酒、鉄砲で鳥を殺生し死罪(**天保類集四〇**)。

〃 ❖越後魚沼郡幕領十七か村で愁訴(**一揆**)。

この年❖下野阿蘇(あそ)郡佐野で騒動(**一揆**)。

〃 ❖陸奥田村郡幕領飯豊村で越訴(**一揆**)。

天保十年

1839 己亥

1下旬❖近江蒲生郡旗本領日野川流域で暴動(**一揆**)。

2—❖武蔵大里郡幕領十か村で強訴(**一揆**)。

3.2❖江戸小石川茗荷谷から出火、駒込富士前に至る。武家方組屋敷、町屋とも多く焼亡(**武江・き丶の**)。

3—❖京都市中豊年おどり乱舞(**遊芸園随筆・天言筆記**)。【よみうり・瓦版】

4.1❖阿波無宿の医師陳南、駿河西平沼村五郎左衛門を治療に来て箪笥から二十四両を盗んだ。発覚して死罪(**天保類集二七**)。

4—❖因幡気高郡鳥取領湖山村で越訴(**一揆**)。

5.14❖三河田原藩士渡辺華山、蘭医高野長英ら尚歯会の指導者逮捕。進歩的学者への弾圧「蛮社の獄」はじまる。

5.23❖蘭学者小関三英、親友高野長英の就縛を悲観して自殺(**殉難**)。

6.5❖江戸本所緑町二丁目から出火、一、二丁目の武家屋敷多く焼ける(**災異志**)。

7.1❖大坂中之島で妻敵討(めがたきうち)。討手は伊予浪人善男某、討たれたのは妻政野(22)と密夫の家来土岐一平(22)(**かわら版**)。

7.29❖越前坂井郡福井領三国で打ちこわし(**一揆**)。

9.3❖信州飯田藩の上屋敷で召仕ふじ(22)が老女若山(若江とも)を斬り殺す。死罪。裏に継嗣にからむ内紛(**列婦阿藤伝**)。

9—❖遠州の博徒親分都田の源八、信州南和田の伊之助一味に殺される。十二月源八の子分吉影の卯吉、南和田に伊之助を襲い報復(**幕末任侠伝**)。

10.10❖江戸堺町の劇場で木戸番ら二、三十人が騒動、そこらを破壊、中村歌右衛門殴られる(**天言筆記**)。

生業―ゆでまめ売

11—❖武蔵多摩郡旗本領十か村で越訴(**一揆**)。

12.1❖江戸四谷泰宗寺門前から出火、青山まで延焼(**武江**)。

12.24❖江戸八丁堀から出火、同二、三丁目・中橋際まで焼ける(**災異志**)。

この年❖いかさま賭博で旅人から金をだまし取っていた武州秋畑村無宿吉兵衛ら三人死罪(**天保類集一九**)。

〃　❖江戸麹町五丁目の吉五郎死罪。坊主を博奕に誘い、トリカブトの粉を混ぜた湯を飲ませて昏倒させ金を奪った(**天類集二一**)。

〃　❖難風で流失したと称して積荷の一部を盗んだ摂津六軒家沖船頭甚三郎獄門(**天保類集二三**)。

〃　❖全国的に飢饉(**五月雨草紙**)。

〃　❖越後蒲原郡新発田領泥潟村で愁訴(**一揆**)。

〃　❖但馬朝来郡幕領粟鹿荘で越訴(**一揆**)。

〃　❖出羽村山郡若松寺領で越訴(**一揆**)。

〃　❖備中浅口郡岡山領で越訴(**一揆**)。

〃　❖陸奥大沼郡幕領十九組で愁訴(**一揆**)。

六法者といわれた不良旗本

【よみうり・瓦版】

京で集団大乱舞、ええじゃないかのはしり

はじめは洛東頂妙寺、洛北今宮神社などの祭事の踊りだったのだが、いつしか街へくり出し「老若男女貴賤の分ちなく、東西へ駆違ひ南北に走り回ること夥しといへども、喧嘩もなく怪我もなし。此両三年米の高きに苦しみたる気欝を開き、猶行末をいのる心なるべし」(天言筆記)■川東の遊女は、ことに賑やかに、一様の男作りで三十人、五十人と浮かれ踊った。間もなく自然消滅したが、この流れは幕末の「ええじゃないか」群舞につながる。

1842 絵草紙、芝居役者絵、遊女絵など悉く停止。作者柳亭種彦ら手鎖

天保十一年

1840　庚子

1.7❖江戸四谷で火事。二町四方焼ける(**災異志**)。

1.15❖江戸麻布南部塚から出火、二町ばかり延焼(**災異志**)。

2.20❖出羽仙北郡秋田領堀貝村などで打ちこわし(**一揆**)。

3—❖摂津菟原郡幕領小路村で愁訴(**一揆**)。

4.9❖江戸飯倉片町で百姓乙蔵、十二年ぶりに父の敵郷士西野藤十郎を討つ(**敵討**)。

4.24❖丹後浅茂川村で百姓家百二十軒焼ける(**災異志**)。

6.4❖筑前大雨、洪水。水死八十人、潰家千四百八十五軒(**災異志**)。

6.21❖常陸大串村宝性院で本多良之助が政五郎の助太刀で父の敵鈴木忠左衛門を討つ(**敵討**)。

9.7❖江戸元数寄屋橋町から出火、尾張町まで焼ける(**武江**)。

11.29❖江戸で隠し売女大手入れ、入札に付す(**編年**)。

12—❖出羽田川郡庄内領二十一か村で愁訴(**一揆**)。

この年❖摂津豊島郡旗本領六か村で騒動(**一揆**)。

天保十二年

1841　辛丑

1.5❖江戸根岸火事、竪岡町・金杉・札の辻まで焼ける(**災異志**)。

1.6❖江戸四谷御箪笥町から出火、四谷伝馬町・麹町まで焼亡(**武江**)。

1.9❖江戸青山甲賀組屋敷から出火、数寄屋橋町・浅川町・若松町など焼ける(**災異志**)。

2.9❖肥後球磨郡人吉領二十四か村で打ちこわし(**一揆**)。

2.22❖陸奥磐前郡幕領下高久村などで越訴(**一揆**)。

2—❖肥後天草郡一円で一万人の打ちこわし。茸山騒動(**一揆**)。

5.21❖日向諸県郡旗本領嵐田村で騒動(**一揆**)。

6—❖土佐安芸郡中山郷七か村で逃散(**一揆**)。

7.10❖摂津能勢郡岡部領桜井谷村などで騒動(**一揆**)。

7.28❖御側役五島修理亮、町人の名で町地を所有し、人に貸していたことが発覚・免職、土地没収(**続実紀二**)。

7—❖美濃各務(かがみ)郡高富領岩滝村で越訴(**一揆**)。

8—❖大坂天保山の旅宿の亭主、天保十一年に親子三人づれの旅客を殺して金を奪ったこと発覚、処刑(**事々録**)。

8—❖備中川上郡旗本領成羽村で越訴未遂(**一揆**)。

9—❖備前児島郡岡山領粒江村で強訴(**一揆**)。

10.7❖江戸堺町勘三郎座から出火、中村座・市村座と堀江六軒町・元大坂町・新和泉町・新乗物町など焼亡(**武江・続実紀二**)。

10.11❖藩地で幽囚中の三河田原藩士渡辺崋山自殺(**殉難**)。

10—❖江戸雑司谷の感応寺日啓、異法を唱えたとして遠島、寺破却(**生活史**)。

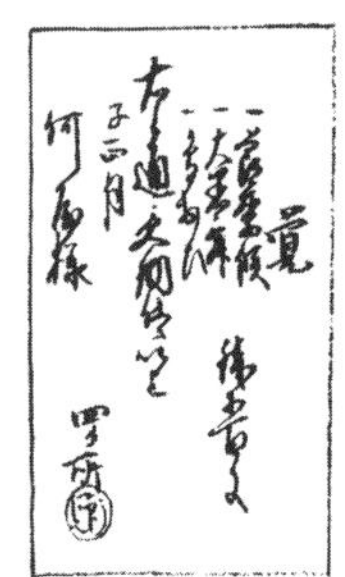

歳時—大黒舞

11.27❖風儀を乱したとして女義太夫三十六人召し捕り(**武江**)。
11—❖安芸佐伯郡広島領石内村で越訴(**一揆**)。
秋—❖肥前幕領二十九か村で騒動(**一揆**)。
12.4❖阿波三好郡徳島領山城谷で逃散(**一揆**)。
12.21❖江戸南町奉行矢部駿河守罷免、与力仁杉五郎左衛門追放(**き、の**)。
この年❖越前大野郡幕領比島村で越訴(**一揆**)。
〃　❖信濃小県郡幕領大門村で越訴(**一揆**)。

天保十三年

1842　壬寅

1.4❖阿波三好郡徳島領山城谷村などで暴動(**一揆**)。
1上旬❖阿波三好郡徳島領十一か村で暴動(**一揆**)。
2—❖上野吾妻郡旗本領恋越村で越訴未遂(**一揆**)。
2—❖信濃高井郡松代領保科村で越訴(**一揆**)。
3.7❖江戸牛込通寺町から出火、小石川小日向・駒込・巣鴨・西ヶ原まで焼ける。死傷おびただし(**武江**)。
3.18❖江戸の料理茶屋二十余か所取り払い、酌取女を吉原へ移す(**武江**)。
3.21❖西丸留守居筒井紀伊守免職。町奉行在職中、市中救銀の扱いについて不覚があった責任(**き、の**)。
3.22❖江戸高輪稲荷門前から出火、品川・北品川宿全焼(**武江**)。
3—❖京都妙心寺北門前町錺屋伊助、東山東分木町加賀屋太四郎、綾小路坊城下ル百姓喜兵衛娘そよ、至孝を表彰される(**町触**)。
3—❖武蔵橘樹郡などの幕領などで愁訴(**一揆**)。
5.29❖京・摂津・日向で大雨、洪水(**続実紀二**)。
6初❖絵草紙、芝居役者絵、遊女絵など悉く停止。作者柳亭種彦・為永春水手鎖(**武江**)。
6.22❖俳優市川海老蔵、奢侈潜上を咎められ江戸追放(**続実紀二**)。
7.4❖呉服所後藤縫殿充、所業不正の聞えあり押込(**続実紀二**)。
8.19❖上州田部井村の国定忠治の大賭場を捕手が急襲、子分多数捕えられる。忠治、子分浅二の叔父八寸村の勘助が役人に通報したと疑い、浅二に勘助を殺させる(**幕末任侠伝・やくざの生活**)。
9—❖出羽村山郡幕領寒河江で愁訴(**一揆**)。
9—❖江戸猿若町一丁目中村勘三郎座、二丁目市村羽左衛門座、移転後初興行(**武江**)。
10—❖近江野洲郡幕領十八か村で越訴(**一揆**)。
11.21❖寄合市川播磨守、所行不正で半知召上、小普請入り(**続実紀二**)。
11.25❖小普請組支配堀金十郎、家政乱脈で免職逼塞。寄合小浜健二郎、所行不正で領知召上逼塞(**続実紀二**)。
11.29❖表右筆黒沢正助、六代将軍家宣の直筆と称する書を売った科で御前停止(**続実紀二**)。
11—❖飛騨大野郡幕領下岡本村などで越訴(**一揆**)。
この年❖京都宮川町から陰間追放(**江戸と京都下**)。

白酒売

〃 ❖京都で株仲間停止に反対して騒動(一揆)。

〃 ❖陸奥岩城郡幕領十か村で越訴(一揆)。

〃 ❖陸奥大沼郡幕領野尻村などで越訴(一揆)。

天保十四年

1843 癸卯

2.16❖安芸安芸郡広島領大河村などで騒動(**一揆**)。

2—❖肥後天草郡幕領大島子村などで打ちこわし(**一揆**)。

3.26❖江戸外桜田太左衛門町から出火、一帯類焼(**武江**)。

3.28❖在江戸の農民に帰郷を勧める布令。江戸に人口集中し農村疲弊(**続実紀二**)。

3.29❖船手頭熊倉小野右衛門・長谷川平蔵、配下の罪により免職閉門(**続実紀二**)。

3—❖備前児島郡岡山領田井村で強訴(**一揆**)。

4—❖遠江で洪水(**生活史**)。

5—❖京都油小路椹(さわらぎ)木町下ル美濃屋太助養母たき(52)、西洞院出水下ル美濃屋六兵衛養子藤吉(17)善行表彰(**町触**)。

5—❖信濃佐久郡幕領御影新田で愁訴(**一揆**)。

6—❖播磨揖東郡竜野領網干新在家村で騒動(**一揆**)。

8.6❖元小普請斎藤金一郎の子七次郎、百俵を賜い小普請に取立。父の遠流に従って渡島、出島後も孝養を尽くした(**続実紀二**)。

9.11❖江戸三十間堀三丁目から出火、銀座町ほか類焼(**武江**)。

9—❖肥後天草郡幕領十八か村で強訴(**一揆**)。

閏9.13❖水野越前守忠邦、老中免職。庶民の怨嗟(えんさ)集まり屋敷に投石しきり(**続実紀二・五月雨草紙**)。

閏9.21❖江戸浅草福井町一丁目から出火、茅町一、二丁目・平右衛門町焼ける(**武江**)。

閏9.23❖勘定吟味兼納戸頭羽倉外記免職、逼塞(**続実紀二**)。

10.3❖江戸城西丸小十人春田半次郎ら三人重追放。他に連座者多数(**続実紀二**)。

10—❖美濃・尾張で大風雨(**生活史**)。

11.8❖田安家近習番某乱酔、江戸市谷薬王寺前の酒屋藤田屋で店の若い者を斬り、通りがかりの菓子屋の腕を斬り落とす(**事々録**)。

12.27❖江戸鍛冶橋内から出火、五郎兵衛町・畳町・白魚屋敷・北紺屋町・弓町・尾張町・木挽町・銀座などを焼く。二十八日も燃えつづけ数寄屋橋・南鍋町・加賀町・山王町・丸屋町・出雲町焼亡(**続実紀二・武江**)。

12—❖肥後天草郡幕領大矢野島で打ちこわし(**一揆**)。

この年❖東北地方で凶作(**災異志**)。

〃 ❖薩摩鹿児島領で逃散(**一揆**)。

〃 ❖信濃伊那郡飯田領十四か村で越訴(**一揆**)。

〃 ❖対馬上県郡佐護郷で強訴(**一揆**)。

用具―酒銘・劔菱・七ツムメ・紙屋ノキク

用具―酒銘・ミツウロコ・米喜ノヨネ・マサムネ

弘化元年

1844　12・13改元　甲辰

1.13❖江戸中里矢来下下ノ町から出火、組屋敷・榎町へん焼亡(**災異志**)。

1.16❖江戸本郷で火事。本町通四、五町延焼(**災異志**)。

1.24❖江戸青山権太原から出火、大火となり焼死三百余人(**遊芸園随筆**)。

1.30❖中間頭荻原又作組橋本佐吉、江戸王子へんで酒狂逆上、通行人七人に手疵負わせる。四日江戸払い(**天弘録一**)。

2.2❖越後今町大火、千四百九十軒焼ける。同夜大津波(**災異志**)。

2上旬❖江戸西ヶ原の梅屋敷で駒込片町のさる中間、乱酒して四、五人に手疵負わせる。刀は村正とか(**事々録**)。

2.20❖陸奥岩木山噴火(**災異志**)。

2.23❖駿河岡部宿在鰯ヶ島村で香具師岩之進、養父の敵百姓米松を討つ(**敵討**)。

2—❖奥州二本松領三郡大烈風。城下はじめ損害甚大(**天弘録**)。

4.5❖江戸小石川上餌差町から出火、三方に拡がり白山・駒込・千駄木へん焼亡(**災異志**)。

4.8❖下総古河へんで大風雨、洪水(**災異志**)。

4上旬❖江戸四谷の町人某、老母の猫が小鳥を食ったのを怒り、猫を捕えて犬に食い殺させたところ、町人にわかに荒々しくなり、遊びに来た近くの御家人の刀をとって老母を斬り殺した(**事々録**)。

4.27❖出羽田川郡など幕領七十三か村で暴動。大山騒動(**一揆**)。

4—❖徒目付宮沢太郎平、城内で乱心、自殺(**事々録**)。

5.5❖江戸両国橋西詰広小路の芝居小屋崩れ即死二人、怪我人十四人(**武江・事々録**)。

5.10❖江戸城平川広敷から出火、本丸全焼。女中衆の死傷あり(**続実紀二・事々録・き、の**)。

5.20❖武州稲尾村でおゑん(22)・仙之助(20)姉弟、父仙右衛門の敵勘助を討つ(**かわら版**)。

5—❖江戸牛込御納戸町住の同心某、乱心して妻の腕を斬り落とし、表を通る四、五人に手疵負わせる(**事々録**)。

5—❖江戸浜町の医師佐藤民之助の中間、門前で小便した近くの奥勤(おくづとめ)中間を打擲(ちょうちゃく)、奥勤側が仲間を集めて佐藤中間を袋だたきにしようとしたので佐藤あらわれ、相手の一人を斬り殺す(**事々録**)。

5—❖丹波多紀郡篠山領西岡屋村で越訴(**一揆**)。

5—❖日向玖珂郡飫肥領舟曳村で越訴(**一揆**)。

5—❖江戸麻布で素読(そどく)の師匠をしている浪人、大泥棒とわかり、捕方数十人が立ち向かうと、二、三人を投げ飛ばしてゆうゆうと消えた(**事々録**)。

6.29❖江戸牛込山伏町の大番武藤愛三郎、乱心、自殺(**事々録**)。

6—❖元大坂船手頭寄合本多大膳の家老、色ごとの争いから用人に斬り殺される(**事々録**)。

7.9❖江戸小田原町一丁目から出火、伊勢町・瀬戸物町・室町焼亡(**武江**)。

7.16❖出羽仙北郡秋田領白岩村で騒動(**一揆**)。

7.24❖江戸田所町から出火、元大坂町・長谷川町・弥兵衛町・元浜町・油町・高砂町・富沢

用具—指樽

用具—駕篭(溜塗)

1844　下総の博徒飯岡の助五郎、笹川の繁蔵を大利根河原で逮捕

町類焼(**武江**)。

7.27❖美濃木曽の山中で烈風雨。山かせぎ人夫ら九十七人死す(**事々録**)。

7—❖陸奥弘前領で洪水(**生活史**)。

8.6❖下総の博徒飯岡の助五郎、取締出役の命により笹川の繁蔵を追捕、大利根河原で争闘。死者飯岡方三、笹川方一(平田深喜＝平手造酒)(**幕末任侠伝**)。

8.22❖勘定奉行榊原主計頭罷免(**続実紀二**)。

9.27❖小姓組内藤定次郎改易など身持不行跡の旗本七人処罰(**事々録**)。

9—❖陸奥信夫郡など幕領十七か村で越訴(**一揆**)。

10.5❖薩摩鹿児島領で逃散(**一揆**)。

10—❖越後長岡で大火(**生活史**)。

10—❖常陸行方郡などの水戸領六か村で愁訴(**一揆**)。

11.12❖西丸小姓組猪子新太郎の伯母、同居の分家小普請猪子兼五郎(22)に殺される。この伯母悪婦、本家の難儀を見かねての凶行といわれるが、欲のからみからともいう。兼五郎翌年九月四日切腹(**事々録・天弘録**)。

11—❖西丸新番小林三郎右衛門、狂気して養父と義弟に疵負わせる。翌年二月小普請入り(**事々録**)。

12.4❖江戸横山町から出火、二、三町延焼(**災異志**)。

江戸日本橋の賑わい

弘化二年

1845　乙巳

1上旬❖江戸三十間堀の町家へ賊、妻女を殺す。怨恨説も(**事々録**)。

1.18❖江戸三十間堀二丁目権四郎方で召仕惣七が権四郎と伜豊三郎、娘み代を殺害・逃走。全国手配(**町触**)。

1.24❖江戸青山権太原三軒屋町から出火、麻布・六本木・竜土・二本榎・高輪・田町まで二百六十か町を焼く大火となる。焼死八百余人。荒熊一頭火中を狂い走り、某藩邸内で仕止められる(**武江・巷街・き丶の**)。

2—❖米捕鯨船、浦賀沖に碇泊、阿波・南部の漂流民二十余人を番所へ渡して去る(**巷街**)。

【よみうり・瓦版】

3.27❖江戸柳町土手富松町から出火、久右衛門町・豊島町・大和町・江川町・小伝馬町・塩町・油町・新材木町・高砂町など四十九か町焼ける(**武江**)。

4.11❖武州新井村梅松院住職殺され、四十両奪われる。犯人の同寺小姓某牢死。塩漬け死体を晒、磔(**天弘録**)。

5.6❖八代目市川団十郎、父海老蔵への孝養を賞され十貫文のご褒美(**武江・事々録**)。

5.10❖遠州浜松領五十三か村で打ちこわし(**騒動**)。

5—❖小十人組の某とさる藩の家臣某が江戸下谷の料理屋浜田屋で会食、小十人が金を払わず先へ帰ったので家臣怒り、追いかけて小十人を斬る(**事々録**)。

6—❖越前丹生郡で大雨、洪水(**生活史**)。

7.3❖盗み・関所破り・脱牢を重ねた浪人沢富五郎(27)死罪(**天弘録**)。

8.8❖常陸那珂郡水戸領高部村で強訴(**一揆**)。

8.10❖常陸の寺の伜加藤勝之丞(38)と弟二人就縛。諸国で窃盗・詐欺を重ね、派手な遊興に疑い。証人として呼ばれた遊女五十四人に及んだ(**事々録・天弘録**)。

8—❖江戸城西丸納戸組頭河村宗五郎方で、元召仕某が宗五郎の妻に深手負わせ逃走(**事々録**)。

8—❖北国筋で大風雨・洪水(**生活史**)。

9.20❖安芸山県郡広島領下筒賀村で強訴(**一揆**)。

9—❖宇都宮で大風雨、洪水(**生活史**)。

10.3❖金座改役後藤三左衛門切腹。「政治誹謗」が名目だが実際は元老中水野忠邦派の一掃(**続実紀二・巷街・しずのおだまき**)。同時に元町奉行鳥居甲斐守、書物奉行渋川六蔵他家預けなど(**続実紀二**)。

10—❖肥後天草郡幕領で越訴(**一揆**)。

11.19❖一橋家奥小人原田忠蔵、地主である西丸裏門同心田中幸次郎が留守中妻を手込めにしたので抗議に行き逆に斬られ重傷。田中逃走、間もなく召し捕り(**天弘録**)。

12.5❖吉原京町二丁目から出火、大門だけ残し廓全焼。河津屋抱えの十三歳と十四歳の遊女三人の放火。仮宅は花川戸・山の宿など(**武江・巷街・天弘録・き丶の**)。

12.11❖江戸坂本町から出火、茅場町表裏・薬師境内など焼亡(**武江**)。

12.29❖下総香取郡百姓嘉右衛門の後家なよ、伜の無宿石松(26)に殺される。石松全国手配(**町触**)。

この年❖関東で凶作(**生活史**)。

〃　❖但馬城崎郡幕領十二か村愁訴(**一揆**)。

【よみうり・瓦版】
米の捕鯨船、日本近海に出没

当時アメリカのクジラ漁熱は大変なものだった。日本側の観察によると「専らに油を絞り肉は諸島へ商ひ、骨は薪に換る」(『巷街贅説』)そうで、そのため港を求めて日本近海まで出没していた。運んできてくれた漂流民は阿波坂部、無矢兵右衛門船の十一人と奥州南部釜石浦、佐与半次船の十一人、計二十二人で、阿波船には女もいたという。米人たちは彼らを端艇に乗せて陸へ送っただけで、直接日本人と接触することはなかった。

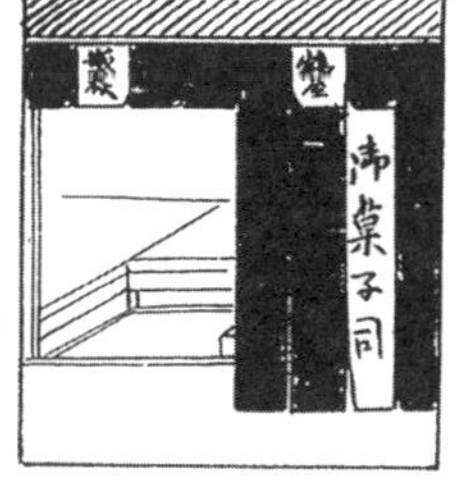

生業―菓子店

1847 信州から越後にかけて大地震、善光寺参拝者の大半が落命

1.8❖陸奥志和郡八戸領志和通で打ちこわし(**一揆**)。

1.15❖江戸小石川片町から出火、丸山・本郷御弓町・湯島・神田・駿河台・小川町・本町・石町・室町・大伝馬町・小田原町・小網町・茅場町・八丁堀・浜町・霊岸島・築地・鉄砲洲・佃島まで二百九十余か町焼ける。死傷多数(**続実紀二・武江・き、の・巷街・事々録・天弘録・天言筆記**)。

1—❖阿波三好郡徳島領東山村で逃散(**一揆**)。

1—❖遠江磐田郡の浜松領で越訴(**一揆**)。

2.19❖近江蒲生郡川越領岩村などで越訴(**一揆**)。

2.25❖杉浦壱岐守用人で剣客の熊谷紋太夫、乱心した門人に後から斬られ片腕失いながら幼年の弟子をかばって格闘、取り押える(**事々録**)。

3.2❖陸奥田村郡守山領金沢村で愁訴(**一揆**)。

3.15❖鎌倉松照院弟子円空(32)あやしき加持で庶民を惑わしたとして召し捕り。江戸払い(**天弘録**)。

4.9❖旗本土岐豊前守の家来某、吉原仮宅で意趣ある妓女を殺害(**事々録**)。

4.26❖信濃更級郡塩崎村で騒動(**一揆**)。

4.28❖駿河有度郡幕領三俣村で越訴(**一揆**)。

4—❖異形の姿で集まり、あやしき灯火を掲げて市内を練る「風の神送り」禁止令(**町触**)。

4—❖肥後天草郡の幕領で越訴(**一揆**)。

4—❖千葉道場の門弟某、吉原仮宅で遊びをすすめられ断ったら笑われた。胸糞悪いので友人を集めて乗り込み、座敷で面籠手つけて剣術の稽古。奉行所へ訴えたが茶代を払っているので咎めようがなく、業者泣き寝入り(**事々録**)。

5—❖京都出水通西洞院東入ル万屋新兵衛、孝子として表彰(**町触**)。

5—❖肥後天草郡の幕領で越訴(**一揆**)。

閏5.6❖豊後岡で大雨、洪水。十四人死す(**災異志**)。

閏5.10❖遠江長上郡浜松領五か村で打ちこわし(**一揆**)。

閏5.19❖京都四条道場から出火、市中心部南北三町東西六町焼亡(**花街史**)。

閏5.24❖奥坊主岡田良珉(53)殿中で二百二十両盗みつかまる。七月十八日獄門(**事々録・天弘録**)。

6.3❖江戸大雷雨。中橋・八丁堀・本所回向院など落雷(**天弘録**)。

6.22❖遠江敷知郡浜松領百七十一か村で暴動(**一揆**)。

6下旬❖江戸・関東大雨、洪水。本所・箕輪など各所で浸水(**武江**)。

6末❖小普請沢甚五左衛門弟富八郎就縛。盗みで調べ中脱牢、高田穴八幡裏で穴居生活していた(**事々録**)。

6—❖出羽飽海郡庄内領荒瀬村などで打ちこわし(**一揆**)。

7.7❖京坂で大風雨。京都で三条・五条橋落ち、大坂では淀屋橋など三十六橋損壊(**き、の・町触・事々録**)。

7.17❖関東に大雨。利根川の増水で江戸各所浸水(**き、の**)。

8.6❖江戸一橋門外護持院ヶ原で敵討。討手

信州大地震、大地裂け、水溢れ、大惨事

三月八日から善光寺如来の開帳で泊り客が殺到。浅間山の煙が薄いのを不審がっているうち「夜四ツ(午後十時)頃、俄に大地震ひ出し、立所に家屋を覆し、圧に打たれて即死するもの幾千人。程なく倒れた家より火出で、大火となる」(『武江年表』)■地震は四月五日にもやまず、各地で大地裂け洪水あふれ、死者数万との記録もある。「たまたま生き残るものも片輪となり、米穀尽きて飢に迫り、道路に悲泣す。誠に近年の大厄」(『武江年表』)

女ばかり三人で心中

心中したのはよね(18)の他、神田鍛冶橋一丁目のひさ(19)、同二丁目のちか(19)の三人。■地元家主三九郎らの届け書によれば、同月五日晝、浅草へ行くといって、そろって出たまま行方不明。■うち一人が、さる大名家に仕え、そこの若侍に恋して捨てられ、他の二人が同情したらしい。■昭和八年一月から伊豆大島三原山噴火口で若い女の投身自殺が相つぎ、五月までに四十三人に達した。年ごろの娘の心理は、時代を問わず複雑だ。

は元伊予松山藩士熊倉伝十郎と助太刀の大和十津川浪人小松典膳、敵は元南町奉行鳥居甲斐守の家来本庄茂平次。伝十郎の伯父剣客井上伝兵衛は天保九年十二月二十三日本庄に暗討にされた(**武江・事々録・きゝの・巷街・天弘録**)。

【よみうり・瓦版】

9—❖陸奥信夫郡などの幕領で越訴(**一揆**)。

10.19❖医学館に賊、二百三十三両三分盗まれる(**事々録**)。

10—❖江戸番町の旗本某の子息、夜中女中部屋へ忍び入り、下女に睾丸を蹴られて死ぬ(**事々録**)。

11.2❖大坂天満北新地から出火、大火となる(**事々録**)。

11—❖品川に高波(**生活史**)。

12.26❖江戸四番町の奥祐筆中神順次方で、縁端を掘ったら小判百七両入りの壷が出てきた(**事々録**)。

12—❖甲斐巨摩郡の幕領で強訴(**一揆**)。

12—❖肥後天草郡幕領古江村などで騒動(**一揆**)。

弘化四年

1847　丁未

1.3❖江戸本郷三丁目で水戸藩家老中山備前守と加賀藩溶姫(将軍息女)附医師余語古庵の行列が行き違い口論、刃傷。古庵側に非ありとして免職処分(**天弘録**)。

1.11❖江戸下谷通新町から出火、千住三昧の寺院残らず焼失(**武江**)。

1.15❖肥後天草村々騒動。近藩の応援で鎮圧(**事々録・日歴**)。

1.28❖江戸桶町から出火、三町ほど類焼(**武江**)。

1.28❖肥後天草郡幕領十六か村暴動(**一揆**)。

2.20❖江戸下谷三筋町で小十人野々山式部(28)と小普請飯島鋼三郎の父、隠居可参(48)が争い、可参が相手の抜刀を奪って斬り殺す。可参遠島(**事々録・天弘録**)。

2.20❖江戸本郷の大番頭近藤石見守邸へ賊が侵入、家人らが取り押える。小普請菅沼三右衛門の三男とわかり、乱心ということで内済(**事々録**)。

3.6❖江戸四谷大宗寺に二人組が侵入、一人が閻魔大王の巨像に登って眼玉を盗もうとして転落、気絶、二人とも捕まった(**事々録・天言筆記**)。

3.14❖大番久松五十之助方に賊。五十之助は九か所も刺され、のち死す。妻女軽傷。先日解雇した侍が犯人とわかり全国手配(**事々録**)。【よみうり・瓦版】

3.24❖信州から越後にかけて大地震。善光寺は本堂傾き、如来開帳中のため近所の旅宿で圧死したもの数千。余震長くつづき惨害大(**武江・事々録・きゝの・巷街・天弘録**)。

【よみうり・瓦版】

4—❖山城・美濃大風雨、洪水(**生活史**)。

4—❖伊予宇和郡吉田領小松村など越訴(**一揆**)。

5.5❖江戸浅草寺開帳の混雑で酒乱男が白刃ふるって暴れ、十八人が軽傷。某藩士とかいわれるが内済ですんだ(**事々録**)。

5.9❖江戸永代橋下に女三人の水死体。新和泉町久助娘よねら十八歳と十九歳。失恋した一人に他が同情したらしい(**事々録**)。

【よみうり・瓦版】

【よみうり・瓦版】

一橋門外、護持院での仇討ち

井上伝兵衛が暗討ちされたとき、犯人の見当は全くついておらず、遺族らの苦闘のうちに、空しく七年の歳月が流れた。■たまたま起こった長崎会所調役頭取高島秋帆らの密貿易・贈収賄事件で捕えられた本庄茂平次が、獄中で伝兵衛殺しをほのめかした。■伝え聞いた伝十郎らは、江戸で追放を申し渡された茂平次が釈放されるのを待って、本懐をとげた。■しかし茂平次は病気で気息えんえん、しかも無刀。いろいろ問題点の多い敵討だった。

解雇した侍に斬られる

当夜、久松五十之助の受けた手疵が、すさまじい。六か所とも九か所ともいうが、本人の届けによると眉間二寸程二か所、肩から胸へかけ三寸程一か所、右手ひじ三寸程二か所、右手甲に一か所、左手親指切断で、結局出血多量で後日死んだ。■五十之助は犯人については覚えなしといっているが、風聞では賊は昨年解雇した侍某で、その後も本人の願いにより屋敷に置いていたが、ことごとに反抗するので、追い出した男だという。

1847 鼠小僧次郎吉の後継者を自称し、小鼠小僧を名乗る盗人獄門

5.11❖江戸横山同朋町から出火、橘町・馬喰町・横山町へん類焼(**武江**)。

6.4❖江戸久保町の表六尺金蔵方で何者かが金蔵の妻を殺し下女に深手負わせ逃走(**天弘録**)。

6.16❖「斬られ与三郎」のモデル、長唄の芳村伊三郎、三十七歳で没。なおお富のモデルお政は明治十一年八月六十三歳で没(**編年**)。

6.21❖評定所の目安箱に「信州大地震の被災者へ」と書いて五十両入っていた。陰徳をよしとする心学の徒か(**事々録**)。

【よみうり・瓦版】⇒

6.21❖江戸浅草奥山見世物の力持ち男、さし上げた巨石が落ち即死(**事々録**)。

6—❖広島大火、百十三軒焼失(**生活史**)。

7.4❖下総の博徒笹川の繁蔵(38)飯岡助五郎の子分三人に襲殺される(**幕末任侠伝**)。

7.26❖和歌山城雷火、天守・多門炎上(**災異志**)。

8—❖近江蒲生郡川越領十六か村愁訴(**一揆**)。

9初❖江戸本所のさる屋敷の僕、妊娠した女中の始末に困り、だまして俵に入れ和泉橋から投げ下す。下に遊船あり女を救助(**事々録**)。

9.21❖美濃無宿市之助(37)獄門。鼠小僧次郎吉の後継者と自称して小鼠小僧と名乗り大名屋敷専門に盗みを重ねていた(**編年**)。

9.28❖大坂在番の大番山本槐之助酒乱、相番根津和三郎を殺害する(**事々録**)。

9—❖江戸本郷伊豆蔵横町の湯屋、金の問題で古着屋上田屋利兵衛を訴え勝訴。ところが上田屋は本来親分筋なので、湯屋悩んで自殺。湯屋の番頭、主人の敵と上田屋を殺す(**事々録**)。

10.2❖陸奥閉伊郡などの盛岡領二十一か村強訴(**一揆**)。

10—❖陸奥信夫郡幕領荒井村愁訴(**一揆**)。

12.13❖陸奥岩木山噴火(**災異志**)。

12.15❖陸奥紫波郡盛岡領徳田通など強訴(**一揆**)。

12.17❖肥前高来郡島原領千々石村騒動(**一揆**)。

12—❖信濃佐久郡幕領二十か村愁訴(**一揆**)。

この年❖大坂へ赴任中の大番田辺惣十郎、江尻宿で乱心、行き合わせた松江藩馬役に手疵負わせ取り押えられる。内済(**事々録**)。

〃 ❖相模高座郡鳥山領越訴未遂(**一揆**)。

〃 ❖但馬朝来郡幕領粟鹿庄愁訴(**一揆**)。

【よみうり・瓦版】

信州地震の義援に、目安箱へ五十両

五十両に添えられた手紙にこうある。「私は江戸で商売し妻子を心安く養っているが、今度の信州大地震で、百姓衆の苦しみはいかばかりかと胸がいたむ。定めて信州あて御救金が出ると思うから、その一部にでも加えて頂きたい」と。■しかし「事々録」筆者の目は比較的クールである。「是すなわち信州よりの謀計にて、ぜひに御救を得んとのはかりごとに哉。近ごろ道二（心学者）学行はれ、陰徳をうむ事を専らとす。彼らの業にや」

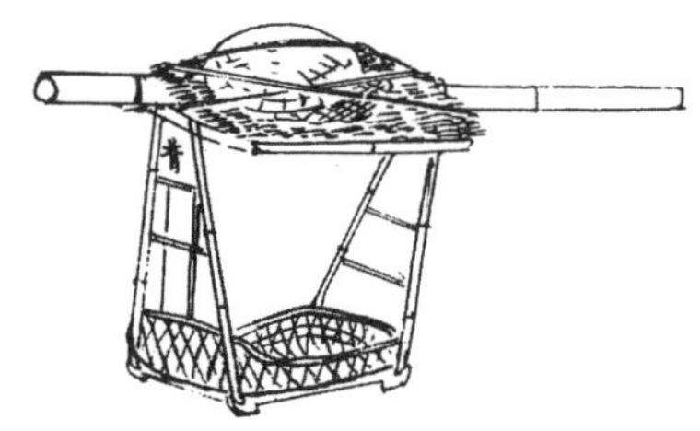

用具―宿駕篭

広重の描いた江戸末期の吉原大門

幕末期

1848～1867

新世界めざし、血の動乱へ

嘉永六年の米艦隊浦賀来航で
日本の朝野は世界へ眼を開かれた。

佐幕・開国の論と勤王・攘夷の論が対立し、
やがて前者は実力弾圧、
後者は過激テロの戦術に発展し
巷は流血がつづく。

慶応に入ると江戸には
諸物価大暴騰で連日打ちこわし群が横行し、
京坂では異装の踊の群れが練り回った。

三年末、新時代は到来し、「近世」は終わった。

13 代徳川家定
将軍在職年数：6 年　期間：1853 ～ 1858 年　生没年：1824 ～ 1858 年
家慶の四男幕藩体制をゆるがす開国論・尊王論渦巻く難局を
老中阿部正弘を補佐役に対処。
日米和親条約の締結を行う。

14 代徳川家茂
将軍在職年数：8 年　期間：1858 ～ 1866 年　生没年：1846 ～ 1866 年
紀州和歌山藩主徳川斉順の長男、大老井伊直弼らの支援を受け将軍に。
孝明天皇の妹、和宮を夫人に迎え、朝廷との一体化をはかるも成らず。
征長役中大坂城で死す。

15 代徳川慶喜
将軍在職年数：1 年　期間：1866 ～ 1867 年　生没年：1837 ～ 1913 年
水戸藩主徳川斉昭の七男、一橋家を継ぐ。家茂と将軍職を争うが、
幕政改革で将軍後見人となり、家茂の死によって、将軍職に。
公武合体を進めるが、成功せず大政を奉還し徳川最後の将軍となる。

京都町奉行所、「身よりのない老人は町内で救え」の令

嘉永元年

1848　2・16改元　戊申

1.17❖上野山田郡旗本領高津戸村で越訴(**一揆**)。

1.22❖大坂内久宝寺町の紙商布屋仁三郎(17)方へ三人組が押し入り白刃つきつけた。妹とみ(10)「殺すならこの私を」と兄をかばい、感動した賊は退散した。城代と町奉行からとみに褒美(**事々録**)。【よみうり・瓦版】

2.11❖江戸両国元町の質屋に講釈場の茶番男乱入、抜き身をふるい、亭主死に女房と下女怪我。茶番男、この下女と通じていたが、他に男がいると知り逆上した(**武江・事々録・き、の**)。

2—❖飛騨大野郡の幕領十か村で越訴(**一揆**)。

3.23❖江戸赤坂表天満町一丁目から出火、数か町焼亡(**武江**)。

3—❖京都町奉行「身よりのない老人は町内で救え」の令(**町触**)。

4.2❖信州諏訪で大火(**災異志**)。

5.13❖江戸巣鴨小原町一向院所化覚住、女犯の科で日本橋で晒。下谷池之端の料理茶屋で女中と淫事にふけっていた(**天言筆記**)。

5—❖信州で田草とりの女二人、狼に襲われ、深手負いながら鎌で仕とめる。勘定奉行表彰(**事々録**)。

5—❖全国霖雨。三河・遠江洪水、矢矧橋損じ交通杜絶(**続実紀二**)。

6.5❖山城・近江に大雨。深草の桓武天皇陵崩れ、宇治橋流失(**続実紀二・事々録**)。

7.27❖江戸山王祭で南伝馬町の獅子の一団と長州藩警固の者が衝突・乱闘(**天言筆記**)。

7—❖越中富山で打ちこわし(**一揆**)。

8.10❖信濃高井郡松代領沓野村で強訴未遂(**一揆**)。

8.12❖京都で各川筋大水。下鳥羽・上鳥羽・伏見・淀へん浸水、死者無数(**事々録**)。

8.29❖江戸牛込若松町の田安家家来鈴木本次郎留守宅で失火、消火中の妻女井戸へ落ち水死、火は消えた(**事々録**)。

9—❖越前で大地震・山崩れ・水害。死者多し(**災異志**)。

10.20❖江戸越中島新田の百姓文七方へ抜き身持った強盗が侵入。留守居の女房こんと娘二人、下女の四人が大奮闘、深手浅手負いながら棒などで渡り合い撃退させた。勘定奉行表彰(**事々録**)。【よみうり・瓦版】

10.24❖江戸浅草溜牢出火、囚人六十八人焼死。三十日とも(**事々録・き、の**)。

11末❖江戸根津藪下に女の死体。背から胸まで刺し貫かれていた(**事々録**)。

11—❖安芸海田市で大火(**生活史**)。

11—❖安芸奴可郡の広島領で愁訴(**一揆**)。

11—❖上総長生郡で越訴(**一揆**)。

11—❖陸奥信夫郡幕領鎌田村などで愁訴(**一揆**)。

12.1❖安芸佐伯郡広島領峠村で愁訴(**一揆・日歴**)。

12.9❖江戸北白川歩行新宿から出火、一丁目まで焼ける(**武江**)。

12.18❖薩摩藩家老調所笑左衛門(73)、密貿易容疑で切腹(**殉難**)。

冬—❖安芸安芸郡広島領宮盛村で越訴(**一揆・日歴**)。

〃　❖越後蒲原郡新発田領高山村などで暴動(**一揆**)。

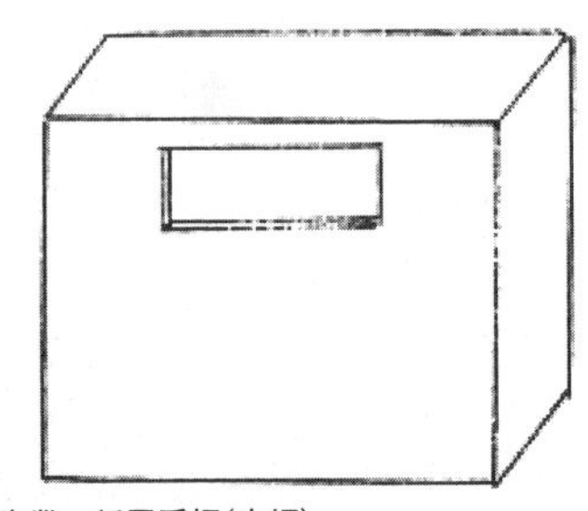

生業—紙屋看板(京坂)

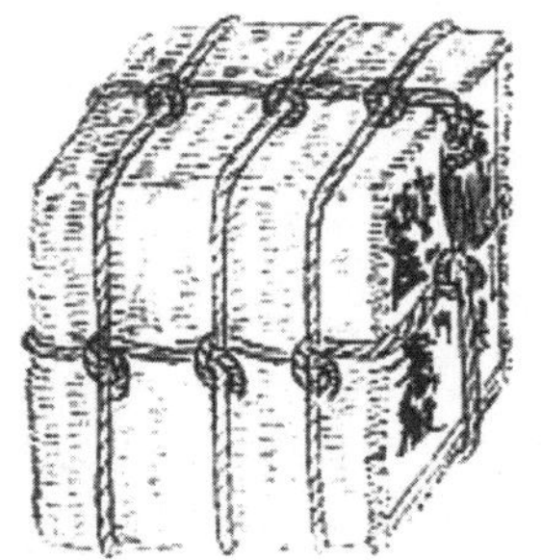

生業—紙屋看板(江戸)

嘉永二年

1849　己酉

1.12❖播磨揖東郡竜野領小田村などで強訴(**一揆**)。

1.16❖江戸麻布相模殿橋付近から出火、二、三か町延焼(**災異志**)。

1.22❖江戸芝神明町から出火、宇田川町・浜松町・中門前など焼ける(**武江**)。

1.24❖江戸八官町から出火、太左衛門町・佐兵衛町・山王町・丸屋町・南大坂町・芝口北紺屋町など焼ける(**武江**)。

1—❖武州日野宿名主七郎左衛門(56)訴訟の恨みから宿年寄安右衛門(42)ら二人を殺し数人に手負わす(**事々録**)。

2—❖下野足柄郡村上村で愁訴(**一揆**)。

3.17❖陸奥安達郡二本松領鈴石村で強訴(**一揆**)。

3中旬❖新番東儀幸次郎、不行跡の長男を手討ちにする(**事々録**)。

3.28❖関東出役の捕方、博徒勢力富五郎(37)のたてこもる下総金比羅山を包囲、富五郎と弟分栄助自殺、捕方の百姓源助、鉄砲にうたれて死す(**幕末任挟伝・き丶の**)。

閏4.9❖江戸下谷御成小路の製本屋に三人組が押し入り、怪我人出る。亭主殺されたとも(**事々録・き丶の**)。

閏4.18❖江戸下谷池之端で座頭斬られるが命は助かる。酒狂人の仕業か(**事々録**)。

閏4.28❖江戸の町医玄仲の抱え侍酒井某(19)護持院ヶ原で駕籠かきの背を斬ってつかまる。御歯医佐藤道庵の三男とか(**事々録**)。

閏4❖碁打ちの井上因碩(70位)江戸麻布白金妙見で狂乱、つれていた弟子を刺し殺し、とめようとした住職にも疵負わせ、自殺しようとして果たさず(**事々録**)。

5—❖加賀石川郡金沢領七か村で騒動(**一揆**)。

6.28❖但馬仁方郡幕領浜坂村で騒動(**一揆**)。

6—❖関東に大雨、常陸・下総で洪水(**武江**)。

6—❖筑前・筑後・肥後で大風雨(**生活史**)。

7.27❖陸奥山岸村で荒音吉・重作兄弟、十六年ぶりに父の敵牛飼丑之助を討つ(**敵討**)。

7—❖土佐で風雨、洪水(**生活史**)。

7—❖広島領で大風雨(**生活史**)。

8.23❖江戸弁慶橋へんから出火、大坂町まで約十町、幅六町程焼亡。別に大橋新堀から出火、一町余焼ける(**災異志**)。

8.24❖江戸神田松坂町から出火、松下町代地・柳原六丁目・小伝馬町・大伝馬町・堺町・葺屋町・元大坂町・小網町一丁目など三十四か町焼失(**武江**)。

8.25❖江戸豊海橋西新川通から出火、三町ほど焼ける(**武江**)。

8.26❖長崎の唐大通詞神代徳次郎、京都新町二条上ルの唐物店で召し捕り。海外を舞台とした詐欺の疑い。十二月死罪(**事々録**)。

8—❖陸奥岩井郡盛岡領見前向中通で強訴(**一揆**)。

8—❖陸奥八戸領で洪水、流失家屋一二〇軒(**生活史**)。

9.11❖江戸牛込掃方町から出火、二町延焼(**災異志**)。

10.7❖安芸広島で打ちこわし(**一揆**)。

11.7❖江戸麹町平河町から出火、長者町・練塀小路武家地方二町類焼(**武江**)。

11—❖勘定方某の伜、父に手討ちにされる。

【よみうり・瓦版】

少女の大勇

わずか十歳の小娘が「兄は一家生計の柱。殺すならこのわたしを」と白刃の前に両手をひろげたので、三人組はその勇気に感じ入り、顔見合わせて刃物を納め、二両一分一朱と銀百九十匁を奪っただけで退散した。■大坂城代松平伊賀守は「大人も不レ及気健之振舞、幼年には稀なる心底」として褒美銀十枚を賜い、東町奉行柴田日向守は幼女の喜びそうな、菓子とちりめん袱紗(鼠色地に牡丹・菊・藤の模様)をみずから手渡した。

女四人の武勇、強盗を撃退　はじめ気づいた女房こんが、賊の腰にしがみついたが、投げ倒されたうえ斬られて手疵。二女しげ(15)が母をかばったが、これも手疵。長女もと(17)は賊の腰から刀の鞘を抜きとって打ちかかり、下女きさ(22)が後ろから組みついた。■女たちの必死の勢いに、ついに賊は退散。勘定奉行牧野駿河守から姉妹に銀十枚ずつ、きさに五枚の御褒美。■健康な関東娘たちの若い熱気が、ムンムンと漂ってくるような事件である。

悪事で追放の身なのに度々あらわれて母親を苦しめていた。父、構いなし(**事々録**)。

11—❖江戸四谷住勘定方某、夜中床の中で首をかき切られる。三日後に召し捕られた犯人はかねて恩義を受けた脇屋某という御坊主だった(**事々録**)。

11—❖美作英田(あいだ)郡津山領で強訴(**一揆**)。

秋—❖伊予宇和郡宇和島領久枝村で騒動(**一揆**)。

12.3❖薩摩藩士高崎五郎右衛門(49)ら六人切腹刑。島津家内紛に対する藩主斉興の断でいわゆる「高崎崩れ」。あと翌年四月までにさらに九人切腹(**殉難**)。

12.9❖江戸日本橋富沢町から出火、長谷川町・難波町・高砂町・住吉町・新和泉町類焼(**武江**)。

12.18❖上総望陀(もうだ)郡旗本領三ツ作村などで越訴(**一揆**)。

12.23❖江戸千住宿三丁目から出火、旅舎多く焼失(**武江**)。

この年❖一年中に江戸十二回も大火(**生活史**)。

〃　❖陸奥大沼郡幕領三組で愁訴(**一揆**)。

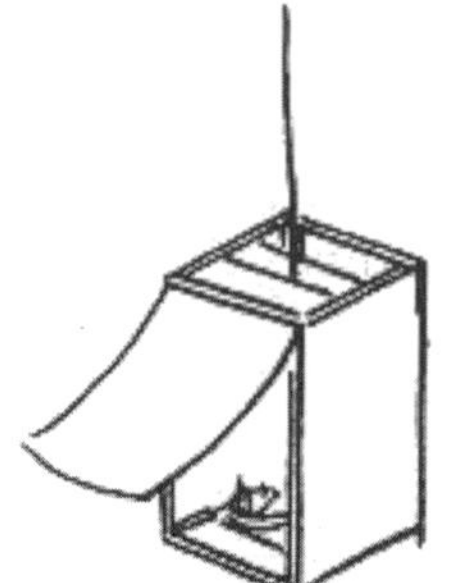

歳時—盆燈籠(精霊棚ノ燈籠)

歳時—干蘭盆会(江戸の棚飾り)

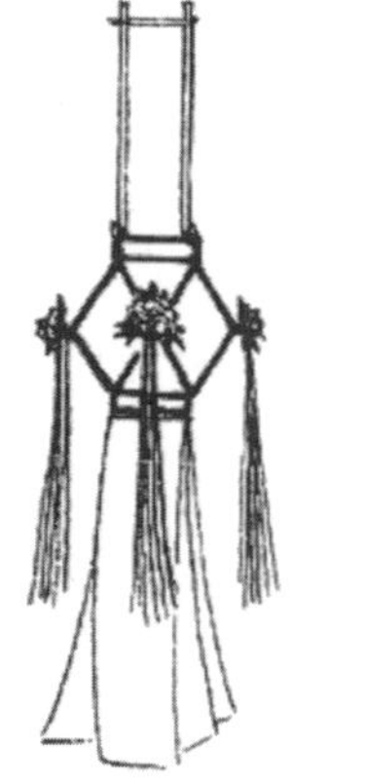

歳時—盆燈籠(切子燈籠)

嘉永三年

1850　庚戌

2.5❖江戸麹町四丁目から出火、同一丁目・山本町・隼町・天徳寺・愛宕下・鍛冶町・和泉町・三島町・浜松町・新網・金杉など焼ける。寺百二十、神社五十も焼亡。焼死多数(**続実紀二・武江・巷街・き丶の**)。

2.22❖江戸芝森下町から出火、赤羽まで六町余焼ける(**災異志**)。

4.15❖江戸千住宿二丁目から出火、五丁目まで焼ける(**武江**)。

4—❖京都二条間之町粂之助のち祐慶、主家への忠節、五条東洞院東入ル儒医柴田鎌蔵、養母への孝養を表彰される(**町触**)。

4—❖近江の旗本領で強訴(**一揆**)。

春—❖伊予宇和郡宇和島領四郎ヶ谷村で騒動(**一揆**)。

5.8❖江戸本材木町一丁目から出火、青物町・左内町・音羽町・新右衛門町など十五か町焼ける(**武江**)。

5.9❖江戸浅草元鳥越町兵蔵の妻みよ、雇人の吉蔵(19)に殺害される。逃走した吉蔵、全国手配(**町触**)。

6.10❖三河新城の清左衛門の遺弟正助、信州飯田で兄の敵藤田春庵を討つ(**かわら版**)。

6.14❖久留米藩参政村上守太郎(32)、江戸藩邸で錯乱、参政馬渕直道を刺そうとして逆に刺殺される(**殉難**)。

6—❖広島で大火(**生活史**)。

7.11❖江戸深川伊予橋木蔵手代中村又二郎、深夜隣屋敷の二男某に妻子もろとも殺害される。借金を断られた怨みから(**き丶の**)。

7.18❖山形城下薬師町柏山寺の雇人直松(20)、住職斉海に手疵負わせ逃走。全国手配(**町触**)。

7中旬❖江戸茅町米屋の元下男、夜中番頭を絞殺、百両奪う。間もなく就縛(**き丶の**)。

7ころ❖江戸石原の釣竿師要蔵、知り合いの黒田家中三人と酒を飲んでいるうち侍たちが斬り合いをはじめ、とばっちりで斬られ死す(**き丶の**)。

8.8❖江戸安針町から出火、瀬戸物町河岸まで四町ばかり焼ける(**災異志**)。

8.13❖安芸佐伯郡広島領玖波村で騒動(**一揆**)。

8.16❖石見安濃郡銀山管内で打ちこわし(**一揆**)。

8—❖豊後別府で打ちこわし(**一揆**)。

10.18❖江戸神田白銀町代地で商人定吉・政吉、十六年ぶりに父の敵商人宅次を討つ(**敵討**)。

10.30❖蘭学者高野長英(46)江戸青山の隠宅を幕吏に囲まれ自殺。十一月十九日とも(**武江・き丶の**)。【よみうり・瓦版】

11.29❖江戸本船町から出火、室町一丁目・小田原町・安針町・長浜町・伊勢町・瀬戸物町など類焼(**武江**)。

11—❖信濃伊那郡飯田領四か村で強訴(**一揆**)。

12.3❖江戸千住から出火、箕輪・金杉類焼(**武江**)。

12.14❖江戸本所吉岡町一丁目の綿屋の倅米吉少年、表町の松浦侯邸横で何者かに撲殺される(**き丶の**)。

【よみうり・瓦版】
高野長英の最後、青山の隠宅を襲われる

蘭医高野長英は、もっとも開明的文化人である。天保九年『夢物語』を書いて幕政を批判したため投獄されたが、弘化二年出火に乗じて脱走、沢三伯の偽名で地下活動を進めていた。■この日、隠れ家を幕吏に急襲され、脇差をふるって抵抗し、組みついた目明数人を傷つけ、捕吏がひるむすきにのどを突いて死んだ。■同じ「蛮社の獄」の犠牲者の一人渡辺崋山は、天保十二年十月藩地三河田原で自殺している。■幕末過渡期の始まりである。

1850 蘭学者高野長英、幕吏に囲まれ自殺。上州では国定忠治が磔刑

12.21❖上州国定村無宿忠次郎通称国定忠治(41)関所破りの現場上州大戸村で磔刑。他に賭博・強盗・殺人・贈賄などの罪(**当年雑録**)。【よみうり・瓦版】

12―❖上野山田郡旗本領新町村などで越訴(**一揆**)。

12―❖上野多野郡で越訴(**一揆**)。

12―❖陸奥伊達郡下手渡十か村で愁訴(**一揆**)。

この年❖伊予浮穴郡松山領西明神村で越訴(**一揆**)。

〃　❖信濃伊那郡飯田領附島村などで越訴(**一揆**)。

嘉永四年

1851　辛亥

1.4❖江戸新肴町から出火、鎗屋町・銀座町三、四丁目・尾張町・三十間堀など十か町焼亡(**武江**)。

1―❖漂流後米国で教育を受けた土佐宇佐浦の漁夫万次郎、琉球へ帰着(**続実紀二**)。

3―❖吉原角町の万字屋茂吉、江戸中「遊女大安売」の引き札を配り、吉原にも同様広告をはる(**武江・巷街**)。

3―❖備前後月郡岡山領門田村で越訴(**一揆**)。

3―❖陸奥伊達郡幕領六十八か村で越訴(**一揆**)。

4.3❖江戸四谷北寺町へんから出火、塩町・伝馬町・四谷門外まで焼失。内藤新宿からも出火、旅舘多く焼ける(**武江**)。

5.26❖信州飯田で商人庄助、兄の敵藤田春庵を討ち自殺(**敵討**)。

6―❖出雲で大洪水(**生活史**)。

8.6❖日向宮崎郡幕領吉村で騒動(**一揆**)。

8―❖三河で大洪水(**生活史**)。

8―❖熊本で大雨(**生活史**)。

9.17❖江戸浅草門跡添地から出火、長泉寺・報恩寺・阿部川町・新堀焼ける(**武江**)。

11.15❖江戸堀田原の池田屋ら富商、柳亭種彦「田舎源氏」の仮装で大川端を練る。二十三日北奉行所からお咎め、手鎖二十六人(うち女九人)(**武江・巷街**)。

12.6❖江戸浅草御蔵前から出火、三好町・黒船町焼ける(**武江**)。

12.14❖江戸小伝馬町二丁目から出火、通旅籠町・田所町焼ける(**武江**)。

12.20❖江戸馬場先門外から出火、大名邸多く焼ける。南町奉行所も(**武江**)。

12.28❖筑前遠賀郡福岡領吉木村で強訴(**一揆**)。

12―❖大坂で大火(**生活史**)。

12―❖陸奥信夫郡幕領など百二十か村で越訴(**一揆**)。

この年❖江戸元赤坂町魚屋鉄五郎の伜金太郎(3つ)と新材木町丸屋徳次郎の伜藤吉(4つ)ともに「武鑑」を暗誦する(**武江**)。

〃　❖江戸で破戒僧四十八人を日本橋で晒す(**生活史**)。

〃　❖この一年、江戸の火事十四件(**生活史**)。

〃　❖越後魚沼郡幕領十日町で越訴(**一揆**)。

生業―冷水売・古着売

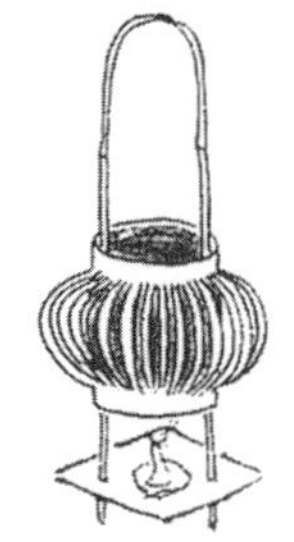

生業―とうろう売

嘉永五年

1852　　壬子

1.3❖江戸四谷新宿焼亡(**き、の**)。

1.4❖江戸米沢町三丁目から出火、薬研堀・広小路西側・横山町三丁目・馬喰町四丁目・浅草御門際まで焼亡(**武江**)。

1.6❖江戸麹町山元町から出火、麹町四、五丁目・平河町焼亡(**武江**)。

2.2❖大坂久太郎町から出火、一町四方焼ける(**災異志**)。

2.17❖上総松ヶ谷村で中間村松藤吉郎、十六年ぶりに父の敵中間新平を討つ(**敵討**)。

2.20❖長門長府藩主毛利甲斐守(36)自殺。同じ柳の間大名を無理に誘って品川で遊興し役筋から咎められたのを苦にしていた。家老に殺され家老も自殺、との風聞あり(**き、の**)。

2—❖陸奥伊達郡幕領掛田村などで打ちこわし(**一揆**)。

閏2.22❖出羽庄内藩士某、江戸詰め同僚と芝居見物の帰り並木道で食事中口論となり、同僚を殺害して帰邸、割腹(**き、の**)。

3.10❖下総結城城下町人庄七の召仕与惣吉こと九兵衛、庄七と他の召仕を殺害、逃走。全国手配(**町触**)。

3.16　江戸北品川宿から出火、二町ほど焼ける(**武江**)。

3—❖越前武生で大火(**生活史**)。

4.3❖小姓方皆川遠江守閉門、五千石のうち三千石召し上げ。度々吉原に通い、家にいかがわしい者を集めて芝居のまねをするなど放埒が度を過ぎた(**き、の**)。

4.21❖大坂で大火。道頓堀・伏見町・自安寺町・千日前全焼(**災異志**)。

5.22❖江戸城西丸玄関脇下男部屋から出火、御殿向残らず焼失(**巷街**)。

6.18❖前橋に大雪大雹、大風及び雷火(**災異志**)。

7.20❖江戸に大雨、千住へん浸水(**武江**)。

7.21❖京都で鴨川出水。死者四十余人(**花街史**)。

7.27❖江戸北品川三丁目から出火、旅宿ほとんど焼け南品川に及ぶ(**武江**)。

7—❖紀伊で大雨、大水。三百戸漂没(**生活史**)。

7—❖下総関宿で大雨、洪水(**生活史**)。

8—❖江戸と近国で大風雨(**生活史**)。

8—❖備前で洪水(**生活史**)。

9.12❖信州坂田村百姓孝太郎方で雇人の助六(36位)と松五郎(24位)が孝太郎の妻そめ・娘てると他二人を殺害、逃走。全国手配(**町触**)。

10.25❖安芸佐伯郡広島領玖波村で強訴未遂(**一揆**)。

11.3❖武州川口宿の百姓太四郎(35)養母るいを殺し女房つねに疵負わせ逃走。全国手配(**町触**)。

11.25❖加賀宮越浦の豪商銭屋五兵衛(80)、藩獄で病死。大沼干拓を計画、漁民の反対に対抗して沼に毒を入れた疑いで吟味中密貿易などの余罪発覚、とされている(**き、の・百草露**)。【よみうり・瓦版】

11.28❖江戸城紅葉山宝蔵出火、すぐ消したが中にあった金の茶釜が盗まれていた。犯人は鎌倉鶴ヶ岡の社人冷泉和泉の二男で数寄屋坊主の株を買った某とわかった

【よみうり・瓦版】

無宿人、国定忠治処刑さる

処刑申し渡し書によると、その罪状は関所破りのほか、賭博・殺人・強盗・殺人教唆・贈賄などで、これだけ諸悪の限りをつくした大物だったが、病気には勝てず、中風のため上州田部井村名主宇右衛門方に潜伏、療養中を逮捕された。■身長五尺二分、体重二十三貫とあり、あまりかっこうはよくなかった。■妾の一人お貞(下野の剣客大久保一角の娘)との間に遺児寅次がおり、これがのち大谷刑部と名乗って慶応三年末、勤王義軍出流山隊に参加、斬られている

加賀藩豪商、銭屋五兵衛獄死

五兵衛、号亀巣。本業は海運で、材木・金融業などを手広く兼ねた。加賀藩御用達として藩財政の再建にも貢献したが、藩側の協力者奥村栄実の病死によって力を失い、反対派に断罪されたのが真相である。■嗣子要蔵は、磔刑に処せられている。闕所により没収された財物は、大判七万四千二百五十両、小判二千六百六十六両、古金三万六千六百両、二分金五千三百三十両、二朱金十六万五千三百両と船舶各種三十二艘、その他と記録されている。

1853 母の敵を求めて五十三年、兄と妹が陸奥鹿島陽山寺で本懐を遂げる

が行方不明(**き、の**)。

11.30❖江戸大名小路から出火、松平能州邸から松平越州邸まで類焼(**武江**)。

11—❖陸奥大沼郡などの幕領で愁訴(**一揆**)。

12.2❖江戸巣鴨の加州藩下屋敷から猪一匹かけだし、早稲田の鳥追女を牙にかけて逃げ去った(**武江**)。

12.5❖大坂材木町から出火、四方に延焼して近年来の大火となる(**災異志**)。

12—❖信州で大地震(**生活史**)。

この年❖陸奥で凶作(**災異志**)。

嘉永六年

1853 癸丑

1.30❖出羽最上郡新庄領石名坂村で愁訴(**一揆**)。

1—❖京都で大火(**生活史**)。

2.2❖小田原・箱根で大地震。小田原城崩れ湖水溢れる(**かわら版・き、の**)。

2.21❖江戸両国元町で越前鯖江侯家臣発狂、通行人八人に傷負わせる(**き、の**)。

2—❖江戸、東海道で大地震(**生活史**)。

3.7❖江戸市谷田町下二丁目から出火、東へ二町ほど焼ける(**武江**)。

3.15❖江戸本所で夜鷹四十余人召し捕り(**武江**)。

3—❖若狭小浜で大火、焼死百余人(**生活史**)。

3—❖陸奥九戸郡盛岡領栗林村などで強訴(**一揆**)。

4.16❖石見津和野で大火。城下の九割焼ける(**災異志**)。

5.24❖陸奥閉伊郡などの盛岡領九十か村で越訴(**一揆**)。

5—❖畿内の大旱すでに百日余。大坂で飲料水欠乏(**生活史**)。

5—❖陸奥北郡盛岡領七戸通で強訴(**一揆**)。

6.3❖米提督ペリー、四隻の艦隊を率いて浦賀へ来航。【よみうり・瓦版】

6.18❖京都七条出屋敷金替町升屋喜兵衛方で元下人の大坂屋長兵衛が喜兵衛を斬り殺して逃走。重傷にもかかわらず喜兵衛をかばった弟喜三郎(14)表彰(**町触**)。

6.24❖伊豆下田沖へルソン船来航、紀州日高浦の漂流人八人を端艇に残して去る(**巷街**)。【よみうり・瓦版】

6—❖越後三島郡幕領寺泊で騒動(**一揆**)。

6—❖越中で凶作のため暴動(**一揆**)。

7.14❖陸奥鹿島陽山寺で山伏宥憲と妹ませ、母の敵百姓源八郎を討つ。実に五十三年ぶり(**敵討**)。

7.17❖陸奥九戸郡盛岡領野田通などで越訴(**一揆**)。

7—❖江戸と近国で暴風雨(**生活史**)。

7—❖出羽村山郡の幕領で暴動(**一揆**)。

8.23❖越後古志郡長岡領塩谷村などで打ちこわし(**一揆**)。

8—❖陸奥二戸郡盛岡領福岡通などで強訴・打ちこわし(**一揆**)。

11.13❖陸奥和賀郡盛岡領安俵通などで打ちこわし(**一揆**)。

11.24❖東海道保土谷宿で熊本藩士須藤隼太郎ら三人、父の敵河越大和守家中原鑊平を討つ(**き、の**)。

11.24❖江戸池之端御数寄屋町から出火、広小路まで焼ける(**武江**)。

11.28❖江戸浅草天王橋で敵討。討手は常陸

兄の敵を討った妹、敵討と認められず牢死

兄幸七が与右衛門に毒殺?されたあと、たかは江戸へ出て、神田お玉ヶ池の剣術家千葉周作の道場へ下女として住み込み、敵討の機会を待っていたが、この日、年貢上納の事務で江戸へ出てきた与右衛門をみつけ、名乗りかけて本懐を達した。■ただしこの事件、与右衛門が幸七を毒殺したという証拠がないため、敵討と認められず、たかはそのまま牢に拘置され、そのうち獄死してしまった。■敵討無条件賛美のこの時代、奉行の判断は冷静だったといえる。

生業—白粉屋看板

破賀村幸七の妹たか、敵は同村名主与右衛門。弘化四年幸七は与右衛門宅から帰るなり「毒を盛られた」と言い残して死んだ。たか間もなく牢死（**き、の**）。

【よみうり・瓦版】

12.3❖久留米藩家老稲次因幡(25)尊攘を主張して反対派に圧迫され自刃（**殉難**）。

12.16❖京都七条新地新日吉町河内屋与兵衛方で大宮通松原下ル四丁目河内屋長兵衛が倅の長次郎(28)に疵負わされた。逃走した長次郎の人相書に「腕から胸へかけ女くりからの彫物」とある。安政元年四月逮捕・極刑（**町触**）。

12.23❖陸奥江差郡下門岡村で百姓太左衛門、父の敵喜左衛門を討つ（**敵討**）。

12.24❖凶悪犯に対し町々で「打ち殺し候而も不レ苦候」の江戸町触（**続実紀三**）。

12.24❖京都入墨強盗藤吉ほか三人逮捕。町家百三十軒に押し入り、人も疵つけた（**続実紀三・き、の**）。

12—❖下野那須郡黒羽領金瀬村で強訴（**一揆**）。

この年❖江戸及び近国で大風雨（**災異志**）。

〃　❖陸奥志田郡仙台領大迫村で越訴未遂（**一揆**）。

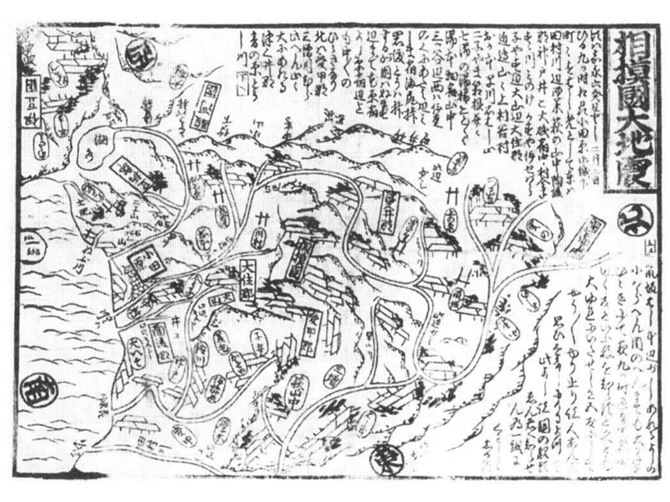

❖**相模国大地震**
小田原城崩れ湖水溢れる（かわら版）

【よみうり・瓦版】

ペリー親書を携え、浦賀に来航

アメリカがペリーを派遣したのは、日本の鎖国を打倒するためで、長文の大統領新書を幕府に押しつけると一応退去した。翌安政元年一月十七日再び浦賀へ現れると、今度は欧米の文明のすばらしさを現物で証明しようと、電信機、蒸気機関車模型などいろいろな利器を献上した。日本人はただ目をみはるばかり。翌月から横浜で交渉が開始され、ついに三月三日、日米和親条約調印、ロシアなど他国も次々追随し、鎖国の壁はついに崩壊した。

下田にルソン船来航

船は長さ二十一尋半、幅四尋半（尋は約一、八メートル）、加比丹以下三十五人乗組。残して行った漂流民は紀州日高浦和泉屋庄右衛門船の船頭虎蔵以下八人。呂宋はフィリピン共和国のことで、当時列強なみに太平洋を横行していた。ボートを一艘サービスしたのは人道上見地か、それとも他に理由があってか。いずれにせよルソン船の来航はこれが最初である。

安政元年

1854　11・27改元　甲寅

1.4❖近江大津尾花川で越訴(**一揆**)。

1.11❖米艦隊浦賀へ再来航(**続実紀三**)。

1.14❖三河加茂郡などの旗本領十一か村で越訴。海老騒動(**騒動**)

1.17❖米国からの献上物、エレキテル、テレガラーフ、蒸気車など浦賀から横浜へ運送(**続実紀三**)。

1.26❖大坂新町通上博労町から出火、新町西口山本町・鰹節座・新平野町・出口町・清兵衛町まで焼ける(**き、の**)。

1.29❖阿蘇山爆発(**災異志**)。

2.20❖江戸南伝馬町三丁目から出火、浅利河岸・大富町裏手まで焼ける(**武江・き・の**)。

2—❖陸奥和賀郡盛岡領安俵通で打ちこわし(**一揆**)。

3.24❖甲府柳町三丁目から出火、大火となる(**災異志**)。

3.27❖吉田松陰、弟子金子重輔と共に、下田からペリー艦隊に乗船を企て失敗。自首す。

3—❖三河渥美郡豊橋領上細谷村で打ちこわし(**一揆**)。

4.6❖京都御所築地内から出火、御所・宮方・公卿邸多く炎上、町家へ延焼して鴨川から千本通までの今出川・下立売間焦土と化す(**続実紀三・き、の・思ひの儘の記**)。

4.13❖元力士厳島関右衛門改め角力年寄稲川政右衛門、江戸本所源兵衛堀で入水自殺(**き、の**)。

4.22❖武蔵荏原郡小山村の合薬製造場で火薬爆発。即死三、重傷二人(**武江・真佐喜のかつら**)。

4.23❖江戸伝馬町牢で喧嘩を装って騒動、京都入墨強盗犯藤吉ら六人脱獄。六月までに全員つかまる(**き、の**)。【よみうり・瓦版】

4—❖武蔵小金井在百姓庄右衛門の後妻おくわん、七歳になる継子娘を釜ゆでにして殺す(**かわら版**)。

5.22❖摂津川辺郡旗本領七か村で越訴(**一揆**)。

5—❖陸奥鹿角(かつの)郡の盛岡領で強訴(**一揆**)。

6.11❖江戸柏木淀橋の火薬製造水車場で爆発、一人即死。角筈・本郷・中野など人家多く損壊、五十余人が怪我(**武江・き、の**)。

6.13❖福井城下塩町から出火、四方へ飛び火し数か町六千五百軒焼失(**き、の**)。

6.14❖近畿東海で大地震。伊勢四日市で死者六百人、伊賀上野百人、奈良百三、四十人、大津も死傷多し(**き、の・巷街**)。

6.19❖水戸向井町で赤石愛太郎、母の敵百姓元吉を討つ(**敵討**)。

6.26❖江戸住吉町で本所中ノ郷元町剣法指南跡部主税之助の内弟子太田六助(29)が父の敵、水野出羽守家来山田金兵衛こと旧称吉次(52)を討つ(**き、の・武江・巷街**)。

6.29❖美濃本巣郡幕領八か村で打ちこわし(**一揆**)。

6—❖美濃で洪水(**生活史**)。

6—❖出羽で洪水(**生活史**)。

6—❖越後古志郡長岡領栃尾で打ちこわし(**一揆**)。

7.12❖江戸本郷元町八百屋鉄五郎の娘やす(14)町奉行表彰。昨年十月二十九日三人組強盗が押し入ったとき白刃を恐れず説得、

生業—墨渋屋

賊は何もとらず去った(**続実紀三・巷街・宮川舎漫筆・き、の**)。

7.23❖加賀石川郡金沢領安腰町で打ちこわし(**一揆**)。

7—❖陸奥閉伊郡盛岡領宮古通で強訴(**一揆**)。

7—❖陸奥和賀郡盛岡領安俵通で強訴(**一揆**)。

8.6❖大坂中座出演の八世市川団十郎(32)宿舎の植木屋久兵衛方でのどを突いて自殺。父海老蔵の妾ための強欲とむごい仕打ちに悩んでいた(**き、の・巷街**)。【よみうり・瓦版】

8.8❖江州小荒路村百姓平七の伜金蔵(26)父を傷つけ逃走。全国手配(**町触**)。

8.22❖島原で大火。揚屋町だけ残し廓全焼(**花街史**)

8—❖陸奥紫波郡盛岡領長岡通で強訴(**一揆**)。

9.3❖京都宮川筋一丁目茶屋大和屋ふさ方へ抜き身持った男が押し入り、ふさを斬り殺す。下女すゑ(25)数か所に傷負いながら賊と戦う。奉行所から褒美(**町触**)。

9上旬❖江戸本所菊川町の杣頭久米次郎、杣職茂助(35)に斧で打ち殺される。茂助は女中たけと密通、解雇されていた。十月十八日磔刑(**き、の**)。

9.23❖伊予宇和郡宇和島領下泊浦村で強訴(**一揆**)。

9.26❖常陸真壁郡旗本領大国玉村で越訴(**一揆**)。

9.29❖対馬大船越の関所吏吉野数之助、露船に捕らえられ、船上で舌を噛み自殺(**殉難**)。

10—❖遠州金谷宿河原町与次内の伜与右衛門(27)、母きよを殺害、逃走。全国手配(**町触**)。

11.3❖関東で大地震。江戸で大名邸の倒壊多く即死者あり(**武江・き、の・巷街**)。

11.3❖大坂に大津波。木津川溯上し、各所で橋落ち舟流れ死者無数(**浪華百事談**)。

11.5❖江戸浅草聖天町から出火、猿若町一、二、三丁目・聖天横町・金竜山下瓦町・山の宿・花川戸・六軒町など焼亡、芝居三座も類焼(**武江・巷街・き・の**)。

11.5❖備前御津郡岡山東部で強訴未遂(**一揆**)。

11.14❖刀工山浦景麿(かげまろ)(42)自殺(**殉難**)。

11.28❖伊豆下田から帰国中の露船、沼津沖で沈没。乗組員はボートで上陸(**き、の**)。戸田(へだ)浦で修理(**生活史**)。

11—❖伊豆下田に津波(**生活史**)。

11—❖若狭に大風(**生活史**)。

12.18❖江戸柏木成子町から出火、角筈新町まで長さ一町半ほど焼亡(**武江**)。

12.28❖江戸神田多町二丁目から出火、本町・両替町・駿河町、東は黒門町・紺屋町・小田原町、西は四軒町・三河町・松下町・永富町など百余か町類焼、すこぶる大火となる(**武江・き、の**)。

12—❖紀伊有田郡の和歌山領で打ちこわし(**一揆**)。

この年❖陸奥大沼郡幕領三組で愁訴(**一揆**)。

【よみうり・瓦版】

伝馬町牢で喧嘩を装って脱獄

夜八時ごろ、牢内で囚人同士の大喧嘩が始まったので、牢番二人がかけつけ、中へ入ると一同ワッと殺到、牢番を打ち倒して六人が逃げた。■脱獄の主犯藤吉は、前年十二月南町奉行の手につかまった百三十七か所押し入りの大泥棒だ。■このあと、江戸市内中で次々と逮捕されたが、さすがしたたか者の藤吉だけはなかなかつかまらず、八方捜査のすえ、六月になってやっと下総(しもうさ)で御用となった。■六人が極刑に処せられたのは、もちろんである。

名優市川団十郎自殺

団十郎実父海老蔵(えびぞう)の妾ためは、大酒飲みの博奕(ばくち)好き。これが金に困って大坂出張中の海老蔵に手紙を出し、団十郎の身分を大坂在籍に売って金を作ってくれと頼んだ。■海老蔵は易々(やすやす)とこれに従い、あとで団十郎に打ち明けた。団十郎は腹の中がにえくり返ったが、口で抗議することもし得ない性格で、死を選んだ。■辞世あり「夜明ければ義理と孝とにからまれて　ためを思ひて吾が身果てゆく」。■人、名優の死を惜しまぬ者はなかった。

安政二年

1855　乙卯

1.11❖吉田松陰と共に渡航を企てた金子重輔(25)、萩野山獄で獄死(**殉難**)。

1.29❖江戸本所駒留橋北から出火、横網町・小泉町・回向院全焼(**武江**)。

2.24❖江戸北紺屋町から出火、白魚屋敷・南鍛冶町・南伝馬町三丁目まで焼亡(**武江・き・の**)。

2.24❖京都で大火、三、四町延焼(**災異志**)。

3.1❖江戸小網町一丁目と堀江町四丁目の境から出火、葺屋町・堺町・新材木町・住吉町・若松町・米沢町・浅草森田町・茅町まで六十八か町焼ける(**武江・き、の・巷街**)。

3.6❖江戸城本丸金蔵から千両箱二つ盗まれる。安政四年二月二十六日犯人の浪人藤岡藤十郎(39)と無宿富蔵(33)逮捕、五月十三日千住で磔(**続実紀三・武江・き、の**)。

【よみうり・瓦版】

3.7❖武州川越の百姓久米次郎なる狂人、江戸城本丸玄関前まで侵入「天下をオレに渡せ」と叫ぶ(**き、の**)。

3—❖讃岐三好郡丸亀領黒渕村で逃散(**一揆**)。

4.1❖紀伊牟婁郡新宮領二十七か村で強訴(**一揆**)。

5.1❖江戸牛込若宮町居酒屋遠州屋又蔵の娘さと(15)、男性変身を宣言、名を里次郎と改める(**武江・き、の・真佐喜のかつら**)。

5.30❖江戸小網町米問屋久住伝吉の召仕男、店の金五百八十両の包みを肩に担いで帰店中、堀留町一丁目で後から斬られ金を奪われる。間もなく死亡(**き、の**)。

5—❖信濃伊那郡旗本領今田村などで愁訴(**一揆**)。

5—❖この春から秋田領・仙台領で野鼠跳梁(ちょうりょう)、住民の食糧を奪う。石見でも五月中に三十五万四千八百五十八匹を捕殺(**き、の**)。

7.14❖土佐で大風雨、洪水、高潮(**災異志**)。

7—❖信濃埴科郡幕領坂本村で越訴(**一揆**)。

7.29❖鳥取支藩西舘藩士八尾徳右衛門(49)、主君池田清直に国事励精の諫書(かんしょ)を残し自刃(**殉難**)。

8—❖陸奥信夫郡幕領李平村で愁訴(**一揆**)。

夏—❖蝦夷福山領江差地方で暴動(**一揆**)。

9.15❖相模神奈川宿の百姓竹松(47)病死。翌日同宿の慶雲寺に埋葬したが、十八日掘り出されて首がなくなっていた。十八日夜下総行徳(ぎょうとく)の農家に強盗が入り、騒がれて逃げたが、あとに首入りの包みが残されており、噂を聞いた神奈川役人が調べに行って竹松の首とわかった(**真佐喜のかつら**)。

9—❖東海道筋で地震(**生活史**)。

10.2❖関東で大地震。江戸全市焦土(しょうど)と化し、寺に埋めた死者六千六百四十一人。水戸藩士藤田東湖ら名士の圧死が多し(**武江・き、の・巷街・なゐの日並**)。【よみうり・瓦版】

10—❖江戸駒込・巣鴨あたりで夜中女の尻を刺す通り魔跳梁。十一月上旬までつづく(**武江**)。

11.8❖江戸八丁堀水谷町一丁目から出火、長さ一町、幅五十間ほど燃える(**武江**)。

11.19❖豊前宇佐郡旗本領十四か村で暴動(**一揆**)。

11—❖陸奥伊達郡幕領百二十か村で越訴(**一揆**)。

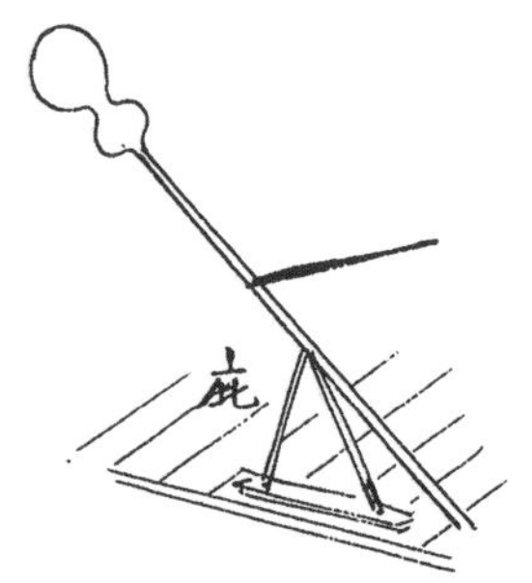

生業—旅篭屋招牌

この年❖おかげ参りさかん(**生活史**)。

〃　❖高知五台山妙高寺の若僧順信、鋳掛屋の娘お馬(18)とかけおち。つかまって順信は国外追放、お馬は仁淀川限り追放(**諸藩**)。

〃　❖周防大島郡萩領志佐村で越訴(**一揆**)。

〃　❖但馬朝来郡幕領和賀村で騒動(**一揆**)。

〃　❖出羽村山郡幕領三十七か村で越訴(**一揆**)。

安政三年

1856　丙辰

1.7❖伊予宇和郡宇和島領郷村で強訴未遂(**一揆**)。

1.17❖書家生方鼎斎(58)、酒狂人金子武四郎に斬られ死す(**武江・き、の**)。

1.28❖常陸府中宿で飯島景平が榎本周吉の助太刀で母の敵飯島惣吉を討つ(**敵討**)。

2.4❖伊予宇和郡宇和島領川之内村で強訴未遂(**一揆**)。

2.14❖江戸下谷広徳寺門前から出火、三味線堀・七曲まで、武家屋敷多く焼ける(**き、の・武江**)。

2―❖信濃水内郡善光寺で愁訴(**一揆**)。

3.27❖江戸芝宇田川町から出火、柴井町など長さ一町五十八間、幅二十間焼失(**武江**)。

3―❖陸奥伊達郡松前領四十一か村で愁訴(**一揆**)。

5―❖駿河有渡郡幕領三保村で強訴(**一揆**)。

6.13❖備中邑久郡岡山領十七か村で強訴(**一揆**)。

6―❖讃岐鵜足郡高松領中通村で逃散(**一揆**)。

6―❖東日本に寒冷(**生活史**)。

7.23❖陸奥南部地方で大地震、津波(**災異志**)。

7―❖蝦夷箱館で大雷雨、地震、津波(**災異志**)。

8.11❖大坂で大雷雨。七十余か所に落雷(**き、の**)。

8.25❖江戸・関東で大風雨、津波。死者多数。西本願寺倒れ、本所・深川床上浸水。砂村・行徳へん家屋流失、水死ことに多し。折りから芝片門前一丁目から出火、付近数町焼ける(**続実紀三・武江・き、の**)。

8.26❖蝦夷駒ヶ岳噴火、人多く死す(**災異志**)。

10.26❖備中一橋領で越訴(**一揆**)。

11.23❖橋本いのと伜清吉・仲之助、十七年ぶりに夫と父の敵与次右衛門を討つ(**敵討**)。

11―❖越中新川郡富山領清水村で強訴(**一揆**)。

12.8❖江戸日本橋両替商毛登屋九兵衛の若い召仕、二百両入り袋を担いで人形町通を通行中、何者かに突き倒され金を奪われる(**き、の**)。

12―❖伊予宇和郡宇和島領久枝村で騒動(**一揆**)。

この年❖下野那須郡黒羽領で強訴(**騒動**)。

〃　❖播磨美嚢郡壬生領二十七か村で強訴(**一揆**)。

〃　❖陸奥閉伊郡盛岡領田野村で愁訴(**一揆**)。

【よみうり・瓦版】江戸城の金蔵破り御用

のちの調べによると、二人で事前に何度も江戸城北はね橋際の土塀を乗りこえて侵入、金蔵の外・中・奥三つの錠の型をとり、木で合鍵を作った。■三月の本番、難なく二人で二千両箱を盗み出したが、富蔵は鍵のかけ忘れがあったと称して一人でもう一度入り、千両箱をさらに盗んで地中に埋め、何くわぬ顔ではじめの二千両を山分けした。■合鍵を木で造ったのは、音がしないようにという考えからだが、どうして二人の犯行とわかったのか。

関東で大地震、江戸火災により焼失

「細雨時々降る。夜に至りて雨なく、天地朦朧たりしが、亥の二点大地震に震ふ事甚しく、須臾にして大厦高牆を顚倒し、倉廩を破壊せしめ、剰その頽きたる家々より火起り、熾に燃上りて黒煙天を翳め、……江戸に於ては元禄十六年以来の大震なるべし。……市中の呈状には変死男女四千二百九十三人、怪我人二千七百五十九人とあり」(武江年表)

1858 「外夷の処置関東一任」の勅答に公卿八十八人が撤回要求

安政四年

1857　丁巳

1.2❖伊豆下田へん大雷、五、六か所へ落ち大船破損(**続実紀三**)。

1.7❖遠江磐田郡幕領七十三か村で強訴。分一税一揆(**一揆**)。

2.20❖江戸神田竪大工町の大工初五郎、夫婦喧嘩のあげく女房に睾丸を絞められ絶死。女房おどろき包丁で自殺(**き、の**)。

2—❖江戸で風邪流行(**生活史**)。

2—❖江戸本所松倉町の名主十兵衛、酒狂に乗じ店子久次郎の陰毛に火をつけ、江戸払いの刑(**巷街**)。

3—❖信濃伊那郡高須領竹佐村で越訴(**一揆**)。

4.14❖江戸猿若町三丁目森田勘弥座で観劇中の熊本藩士小倉力次郎、天竺徳兵衛が母を害する場面に奮激、抜刀して舞台へ上がる。徳兵衛役の市川市蔵は浅手だったが留め役の二人重傷。内済ですんだ(**巷街・武江・き、の**)。

4.19❖江戸本所松井町一丁目吉原仮宅の新丸亀屋二階で、抱え遊女の玉川、雛次と客の男二人が同時二組の心中(**武江**)。

4—❖越後・信濃で大雨、洪水(**生活史**)。

4—❖陸奥岩瀬郡白河領須賀川で越訴(**一揆**)。

4—❖尾張春日井郡名古屋領小牧などで越訴(**一揆**)。

5.27❖江戸で大雨。二十八日もつづき芝愛宕下出水、千住も洪水(**武江・き、の**)。

5—❖駿河で大地震。興津に高潮(**生活史**)。

6.30❖摂津高畑村久兵衛方雇人九郎兵衛(30)久兵衛を殺害、逃走。全国手配(**続実紀三**)。

7.1❖上方筋で大風雨、洪水(**災異志**)。

7.16❖江戸本石町一丁目で三河町一丁目酒屋源七の妻みつ(42)密夫の南槙町勘次郎(41)に殺される。勘次郎死罪(**き、の**)。

7.28❖備後神石郡小畑で小野米吉が父の敵服部辻之進を討つ(**敵討**)。

8—❖広島・伊予松山・大洲に地震(**生活史**)。

8—❖伊予宇和郡宇和島領松渓関村などで強訴(**一揆**)。

8—❖越後蒲原郡で越訴(**一揆**)。

9—❖風紀紊乱の公卿処罰(**生活史**)。

10.12❖江戸駒込浅嘉町から出火、浄心寺門前・駒込片町・同追分町まで焼ける(**武江**)。

10.29❖陸奥牡鹿郡祝田浜で溝口藩士久米吉太郎、四十一年ぶりに父の敵滝浜休右衛門を討つ(**かわら版**)。

10—❖伊予吉田城下で町民騒動。亥子騒動(**一揆**)。

11—❖肥後天草郡幕領で越訴(**一揆**)。

11—❖陸奥伊達郡幕領四か村で愁訴(**一揆**)。

秋—❖国中霍乱によって多く死す(**災異志**)。

12.6❖江戸昌平橋畔で浅草の船頭と神田の火消が喧嘩、夜になって神田側が大挙浅草へ押しかけ双方怪我人が出る(**武江**)。

12.11❖伊予周敷郡小松領北川村で騒動(**一揆**)。

12.24❖摂津豊島郡岡部領刀根山村で暴動(**一揆**)。

この年❖諸国で凶作(**生活史**)。

〃　❖陸奥賀美郡仙台領四竈村で越訴(**一揆**)。

生業—菓子店招牌

安政五年

1858　戊午

1.9❖江戸浅草猿若町森田勘弥座から出火、聖天町・金竜山下瓦町焼失(**武江**)。

1.27❖三河設楽郡旗本領有海村で強訴(**一揆**)。

2.10❖江戸安針町・長浜町二丁目境から出火、左内町・本材木町・八丁堀・霊岸島・佃島など百七十八か町十二万四千軒焼ける(**武江**)。

2—❖北陸で大地震(**生活史**)。

3.3❖江戸通新石町から出火、佐柄木町・鍋町焼ける(**武江**)。

3.8❖下総の農村指導者大原幽学(62)自殺(**殉難**)。

3.12❖「外夷の処置関東一任」の勅答案に怒った公卿八十八人、関白九条尚忠邸へ押しかけ、勅答案を撤回させる(**幕末京都上**)。

4.30❖江戸谷中三浦坂下の花火屋爆発、四人即死、五軒焼失(**武江**)。

5—❖コレラ全国に流行。大都市惨害大きく、江戸の埋葬者九月までに十六万百十九人(**災異志**)。

7.11❖加賀金沢城下で打ちこわし。七人処刑(**日歴**)。

7.15❖加賀石川郡金沢領白川町で打ちこわし(**一揆**)。

7.16❖越中新川郡富山領五か村で打ちこわし(**一揆**)。

7.16❖越中氷見郡金沢領で打ちこわし(**一揆**)。

7.16❖能登鹿島郡七尾で打ちこわし(**一揆**)。

7.20❖越中射水郡金沢領放生津で打ちこわし(**一揆**)。

7.20❖紀伊牟婁郡和歌山領尾鷲などで打ちこわし(**一揆**)。

7.25❖越中砺波郡金沢領井波などで打ちこわし(**一揆**)。

7—❖越中婦負郡富山領八尾で打ちこわし(**一揆**)。

7—❖丹後与謝郡宮津領小野宿野村で騒動(**一揆**)。

7—❖能登鳳至郡金沢領子浦村などで打ちこわし(**一揆**)。

8.2❖能登鳳至郡金沢領輪島河井で打ちこわし(**一揆**)。

8.29❖信州山本の旗本代官山本貞一郎(56)、大獄迫るを察し服毒死(**殉難**)。

8—❖甲州の博徒竹居の安五郎(ドモ安)、伊豆新島で名主前田吉兵衛を殺し脱島(**幕末任侠伝**)。

8—❖越中砺波郡金沢領今石動で打ちこわし(**一揆**)。

9.15❖美濃安田村百姓安兵衛の伜幸七(27)、父を疵つけて逃走。全国手配(**続実紀三**)。

9—❖安政の大獄はじまり、志士続々逮捕。

10.3❖越中新川郡富山領三位組などで強訴(**一揆**)。

10.23❖京都清水寺の侍近藤正慎(43)、六角牢内で舌を噛んで自殺(**殉難**)。

11.12❖江戸赤坂三分坂上から出火、赤坂・清水谷・三河台・狸穴・麻布まで焼ける。武家地多し(**武江**)。

11.15❖江戸外神田相生町から出火、佐久間町・鎌倉河岸・北紺屋町・須田町・お玉ヶ池な

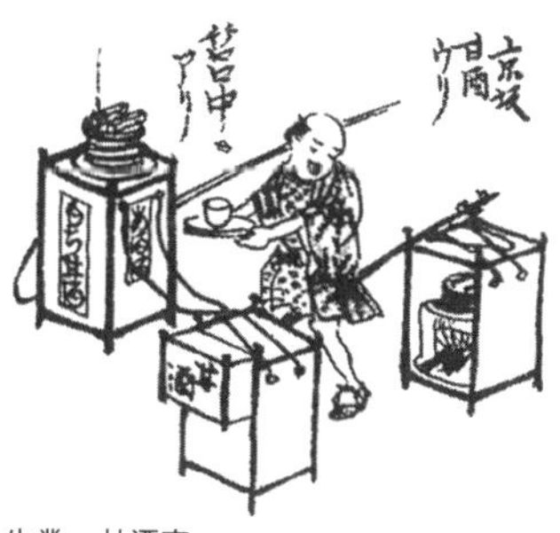

生業—甘酒売

ど長さ三町、幅七町燃える(**災異志**)。

11.16❖京都清水寺の月照(46)、薩摩の西郷吉之助と相抱いて鹿児島湾に投じ、月照死す。

11.18❖薩摩始良(あいら)郡鹿児島領小松原村で強訴(**一揆**)。

11—❖陸奥伊達郡幕領荒井村などで愁訴(**一揆**)。

12.10❖和泉大鳥郡一橋領四十一か村で強訴未遂(**一揆**)。

12.12❖三河設楽郡新城領十九か村で強訴(**一揆**)。

この年❖勅書返上に反対する水戸藩尊攘派の運動激化。獄死・自殺あいつぐ。

〃　❖越後頸城郡高田領直江津で打ちこわし(**一揆**)。

〃　❖摂津川辺郡旗本領下坂部村で越訴(**一揆**)。

〃　❖陸奥大沼郡など幕領十九組で愁訴(**一揆**)。

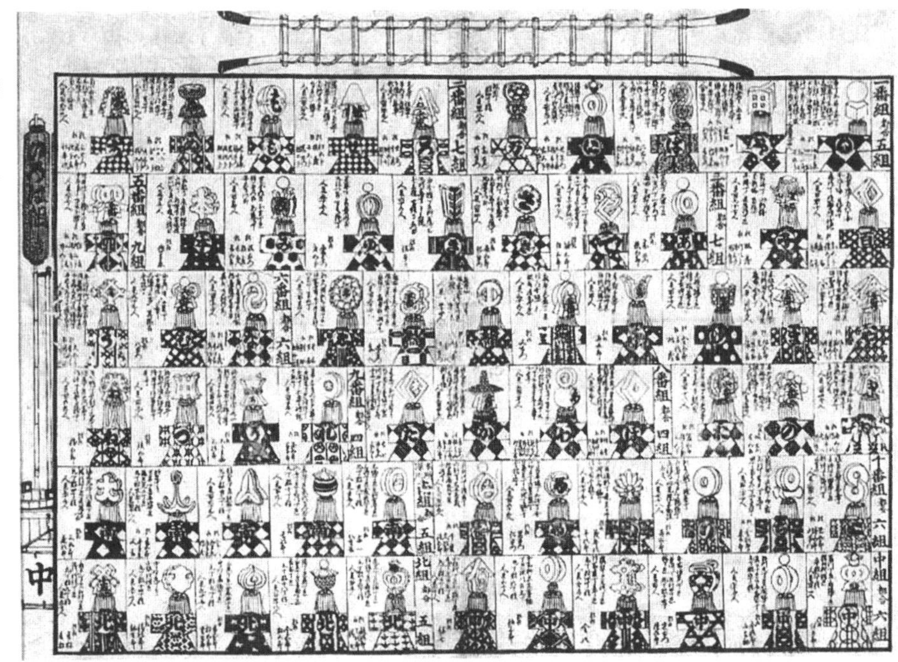

❖町火消の纏(まとい)と法被(はっぴ)
町方の消防組織は、明暦の大火の翌年(万治元年)に日本橋・京橋の23町に置かれたのが始まり。その後町奉行大岡忠相によって整備され、47組の纏も定められた

安政六年

1859　己未

1.11❖江戸小石川戸崎町から出火、柳町・御掃除町など長さ三町ほど焼ける（**武江**）。

1—❖秋山平十郎、竹田縫之助作の活人形、浅草奥山で評判（**武江**）。

2.21❖江戸青山隠田芸州侯下屋敷から出火、緑町・原宿・千駄ヶ谷・四谷・牛込・目白・早稲田・音羽まで焼ける。武家邸・寺院多く被災（**武江**）。

2—❖伊予越智郡今治領大島田之浦で強訴未遂（**一揆**）。

2—❖備前児島郡岡山領福田新田で強訴（**一揆**）。

3.15❖江戸神田仲町一丁目から出火、同二、三丁目・牛込・柳原まで燃える（**武江**）。

4.26❖甲州東向村忠兵衛の養子久平(25)忠兵衛を殺害して逃走。全国手配（**続実紀三**）。

5.17❖江戸三河町一丁目勇八と妻きん、元召仕の伊三郎(29)に傷つけられる。伊三郎全国手配（**続実紀三**）。

7.25❖江戸と近国で大風雨、洪水。利根川決壊し二十八人死す（**災異志**）。

7.27❖露海軍見習士官モフェト・ローマン、横浜で何者かに殺害される（**殉難**）。

7—❖京坂と安芸・日向でコレラ流行。九月までつづく（**武江**）。

8.13❖江戸と近国で洪水（**災異志**）。

8.27❖水戸藩鵜飼吉左衛門(62)・幸吉(32)父子、茅根伊予介(36)斬、安島帯刀(48)切腹（**殉難**）。

8—❖京都木屋町三条下ル米屋平兵衛伜常三郎、至孝を表彰される（**町触**）。【よみうり・瓦版】

8—❖近江高島郡金沢領今津村で越訴（**一揆**）。

9.26❖洛北一乗寺の三条実万隠宅隣人渡辺喜左衛門、実万に送られてきた饅頭をもらって食べ毒死（**殉難**）。

9—❖江戸で風邪流行（**生活史**）。

9—❖出羽村山郡幕領十二か村で愁訴（**一揆**）。

10.7❖越前藩士橋本左内(26)、処士頼三樹三郎(35)、三条家家士飯泉喜内斬（**殉難**）。

10.11❖横浜で仏領事下僕の清国人、水戸浪士小林幸八(28)に斬殺される。小林は慶応元年八月十四日磔（**殉難**）。

10.17❖江戸城本丸炎上（**続実紀三**）。

10.27❖長州藩士吉田松陰斬（**殉難**）。【よみうり・瓦版】

11.9❖上野山田郡羽前松山領桐生で越訴（**一揆**）。

11.25❖上野西牧矢川村で百姓定之助、父の敵村年寄忠右衛門を討つ（**敵討**）。

11.30❖京都で打ちこわし（**一揆**）。

12.2❖京都で打ちこわし（**一揆**）。

12.7❖信濃伊那郡白河領三十六か村で強訴（**一揆**）。

12—❖筑後柳河領などで暴動（**一揆**）。

12—❖伯耆久米郡鳥取領で暴動（**一揆**）。

12—❖陸奥会津郡など幕領十九組で愁訴（**一揆**）。

この年❖清水の次郎長、博徒八尾ヶ岳久六を暗殺する（**幕末任侠伝**）。

〃　❖播磨美嚢郡壬生領佐野村で強訴（**一揆**）。

〃　❖大和山辺郡高取領永原村で越訴（**一揆**）。

〃　❖備前で金光教開教。

【よみうり・瓦版】ケチな孝行息子奉行所が表彰

町奉行所の表彰の理由がふるっている。親孝行には違いないが、一方なみはずれたドケチなのである。■「若年之節より遊所等は勿論物見遊山等にも罷り越不レ申（そこまではまだいいのだが）髪月代等も母の手透にいたし貰ひ、先達而妻を呼入れ候得共、両親之気に入り不レ申候に付き離縁いたし、両親之申付候儀少しも不レ背……」■これで、褒美銀五枚を奉行からもらっている。■現代人の目からすると、少々異常のように思えるのだが、どんなものであろう。

吉田松陰の最期

最後の牢屋奉行石出帯刀（十二代目）の懐旧談によると、松陰ら一流志士は伝馬町牢で、礼を尽くして斬られたという。在監中は禁則を無視して、差し入れさえ黙認してくれた。間に立ったのは河野敬斎という獄医で、差し入れ人はなんと吉原松葉屋の雲井太夫という花魁だった。雲井は本名かね。蔵前の札差和泉屋九兵衛の美人娘の下の方である。姉のおみつは勝海舟の妾になっており、そちらの関係で松陰と知り合ったのであろう。（『同方会誌』）

桜田門外で大老井伊直弼、暗殺される

万延元年

1860　3・19改元　庚申

1.2❖伊予宇和郡吉田領小倉村で愁訴(**一揆**)。

1.7❖英公使館付通訳伝吉、泉岳寺で過激派に殺害される(**殉難**)。

1—❖丹後与謝郡宮津領で愁訴(**一揆**)。

2.5❖オランダ船長デ・ヴォス、同デッケル、横浜で浪士に斬殺される(**殉難**)。

2—❖桜島噴火(**災異志**)。

3.3❖桜田門外で大老井伊直弼、水戸浪士らに暗殺される。【よみうり・瓦版】

3.11❖琉球王府物奉行恩賀朝恒、流刑直前獄死(**殉難**)。

3.20❖伯耆河村郡鳥取領長瀬村で打ちこわし(**一揆**)。

3—❖高島秋帆の砲術高弟幕臣成瀬平三自殺(**殉難**)。

閏3❖伯耆会見郡鳥取領米子で打ちこわし(**一揆**)。

4.1❖丹波多紀郡篠山領十九か村で強訴(**一揆**)。

4.7❖常陸上大賀村念仏坂で百姓いち・ひでと庄四郎、夫・兄の敵大工喜代次を討つ(**敵討**)。

4—❖横浜太田新田に、外国人向けの遊廓ができる(**花街史**)。

6.1❖清水次郎長子分森の石松、遠州寺島で都田(みやこだ)の吉兵衛兄弟に殺される(**幕末任侠伝**)。

7.6❖美濃郡上郡八幡領粥川村などで強訴(**一揆**)。

7.24❖江戸大風雨、所々出水。家屋損壊多し(**武江**)。

7—❖和泉日根郡岸和田領日根野で打ちこわし(**一揆**)。

8.21❖丹波天田郡福知山領六十三か村で暴動。市川騒動(**一揆**)。

9.28❖吉原江戸町二丁目から出火、全廓焼亡、田町一、二丁目類焼。放火による(**武江**)。

10.18❖河内石川郡旗本領東山村などで強訴(**一揆**)。

11.2❖備中吉備郡幕領真星村などで越訴(**一揆**)。

11.6❖外国奉行堀織部正(43)プロシャとの通商条約案に苦慮し自殺(**殉難**)。

11.13❖丹波船井郡園部領十一か村で打ちこわし(**一揆**)。

11.18❖遠江周智郡幕領など四十六か村で強訴(**一揆**)。

11.26❖丹波天田郡福知山領十五か村で打ちこわし(**一揆**)。

11—❖土佐高知領津野山郷で愁訴(**一揆**)。

秋—❖丹波多紀郡篠山領福井村で強訴(**一揆**)。

12.4❖筑前遠賀郡十二か村で騒動(**日歴**)。

12.13❖江戸八丁堀澪杭屋敷から出火、築地本湊町まで十六か町焼ける(**武江**)。

この年❖諸国で凶作、コレラ・麻疹流行(**生活史**)。

〃　❖近江浅井郡三川村で越訴(**一揆**)。

〃　❖近江彦根領愛知川付近で騒動(**一揆**)。

〃　❖紀伊和歌山領御坊で騒動(**一揆**)。

〃　❖駿河旗本領吉永村で強訴(**一揆**)。

〃　❖但馬幕領楽音寺村で愁訴(**一揆**)。

〃　❖播磨美嚢郡壬生領吉川村強訴(**一揆**)。

〃　❖陸奥大沼郡幕領十九組で越訴(**一揆**)。

〃　❖ミシンが輸入される。

生業—江戸水茶屋・茶棚

旗本に洋風ファッションの着用禁止令

目付からの達しによると「異風の筒袖、異様の冠物、着用不二相成一趣、兼而相触置候処、近頃密々着用致候族も有レ之哉之由、如何之事に候」とあり、前にも禁止令が出ていたのであろう。■ただし、「御軍艦其外大船乗組之者」と、武芸修行之者は筒袖でもよいから、外国人の服に紛敷くないよう仕立てよ、とある。■こんなハイカラスタイルにあこがれる旗本が出てきたのも、御時勢である。■慶応に入ると、幕府軍の服制は、すっかり洋式化する。

文久元年

1861　2・19改元　辛酉

1.15❖遠州の博徒都田の吉兵衛、江尻の旅館で清水次郎長一行に斬り殺される(**幕末任侠伝**)。

1.16❖米公使館通訳官ヒュースケン(28)、江戸赤羽で過激浪士に斬り殺される(**殉難**)。

1.18❖上野邑楽郡館林領太田宿打ちこわし(**一揆**)。

1.20❖紀伊牟婁郡和歌山領阿田和村で強訴(**一揆**)。

1.22❖下野安蘇郡足利で打ちこわし(**一揆**)。

1.23❖江戸小柄原町から出火、中村町・山王門前・三ノ輪等焼ける(**武江**)。

1.25❖江戸北品川宿一丁目から出火、二、三丁目まで焼ける(**武江**)。

1.28❖上野山田郡出羽松山領相生新町で打ちこわし(**一揆**)。

1—❖下野安蘇郡佐野で騒動(**一揆**)。

2.4❖江戸内藤新宿旅館街過半焼失(**武江**)。

2.12❖江戸の町人市兵衛、桑皮から綿を造る発明に成功(**続実紀四**)。【よみうり・瓦版】

2.18❖江戸品川新宿二丁目から出火、東海寺入口まで焼ける(**武江**)。

2.23❖摂津豊島郡旗本領熊野田村で打ちこわし(**一揆**)。

3.12❖甲州の博徒国分村の三蔵ら、黒駒の勝蔵の子分孤新居の兼吉を襲殺する(**幕末任侠伝**)。

3—❖丹波福知山藩士原井惣右衛門・市川儀右衛門、万延元年の一揆の責を負い自刃(**殉難**)。

3—❖陸奥信夫郡など幕領百二十か村で愁訴(**一揆**)。

4.5❖伊予新谷藩火薬製造場爆発、即死九人(**殉難**)。

4.12❖露艦対馬大船越海峡に迫り、住民薪石を投じて防御、農松村安五郎(27)、艦上から短銃でうたれ死す(**殉難**)。

4.25❖美作院之庄の農島田馬之丞の妻浅野(45)、盗みの疑いで郡獄につながれた夫の無実を訴えるため娘敏乃(28)と自害。郡吏馬之丞を釈放(**殉難**)。

4—❖丹波船井郡亀岡領園部村で愁訴(**一揆**)。

5.25❖博徒黒駒の勝蔵の子分信州の喜十郎ら、甲州和戸村で国分村三蔵の子分千米寺の源吉を殺す(**幕末任侠伝**)。

5.28❖水戸浪士ら攘夷派十四人、江戸高縄東禅寺の英仮公使館を襲撃。闘死三、自刃六、斬十(**殉難**)。

5—❖越後頸城郡高田領松之山郷で打ちこわし(**一揆**)。

6.16❖上州塩沢村の八太郎(31)父啓助を打擲して逃走、全国手配。四月には母ちんにも手疵負わせていた(**町触**)。

6.22❖患家で金品を強要するなど、医師供方の不埒を戒める布令出る(**続実紀四**)。

6—❖会津若松で大火(**生活史**)。

7.1❖異風の筒袖、冠りものなど洋風スタイルを旗本に禁止(**続実紀四**)。【よみうり・瓦版】

8.5❖安芸広島領草津村で騒動(**一揆**)。

8—❖上野勢多郡前橋領新川で強訴(**一揆**)。

9—❖陸奥信夫郡幕領など五十か村で愁訴(**一揆**)。

9—❖陸奥伊達郡幕領茂庭村で打ちこわし(**一揆**)。

【よみうり・瓦版】

大老井伊直弼桜田門で暗殺さる

井伊を襲ったのは水戸藩関係十七人、薩摩藩士一人だったが、実際は三十二人もの志士がこの事件に関係して非業に死んでいる。内わけは、当日闘死八人、後日自訴、逮捕で刑死した人九人、同じく獄死五人、後日自殺十人。このうち三人が合祀も贈位も受けておらず、うち一人は女性、志士関鉄之助の愛人で元遊女の滝本いの(23)である。井伊側の殉難者は闘死四、傷のち死四。別に七人が文久二年十月「無疵帰邸」を理由に斬首されている。

桑から綿を作る、大発明

この発明について、その筋から関東の村々に「今後は桑の枝を焚物にせず、市兵衛か代理の者に売り渡すよう」触れが出ている。■一町人の発明を当局が後援したような格好だが、他にも安政六年十二月「米のとぎ汁から灯油を作る法」、文久元年十一月「柳桑で綿を製する法」で、一般に原料の提供を求める触れが出ている。■ただしどの発明も、それが企業として成功したという記録はない。珍発明が、世情混沌たる幕末に集中したのは何故か。

1861 関東降嫁の皇女和宮、京都を発ち、江戸へ下る

10.20❖関東降嫁の和宮（かずのみや）、京都発駕。

10.26❖出羽雄勝郡秋田領院内銀山坑夫離山（**一揆**）。

10—❖出羽信夫郡幕領岡部村で愁訴（**一揆**）。

10—❖飛騨益田郡幕領で愁訴（**一揆**）。

12.7❖江戸芝六軒町から出火、金杉まで焼ける（**武江**）。

12.12❖江戸京橋与作屋敷から出火、水谷町・金六町・銀座一丁目まで焼ける（**武江**）。

12.14❖武蔵奥富村の医師西川練造(55)、伝馬町牢で獄死。清川八郎と事を挙げようとして幕吏に捕えられていた（**殉難**）。

この年❖肥後の治水家園田五郎次(48)、野尻川引水工事の不成功で自刃（**殉難**）。

〃　❖淡路津名郡徳島領江井浦村などで打ちこわし（**一揆**）。

〃　❖越後魚沼郡幕領小千谷で打ちこわし（**一揆**）。

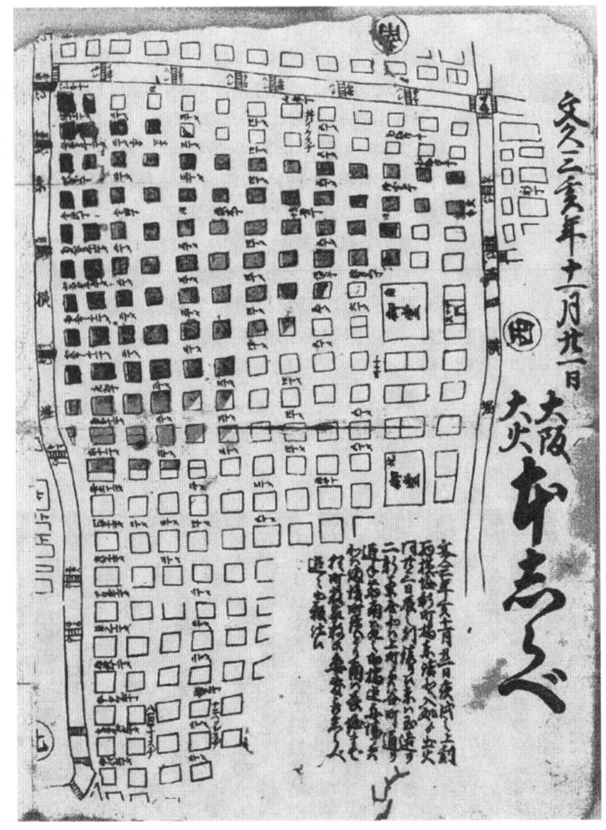

❖**大阪大火本志らべ**
（かわら版）

文久二年

1862　壬戌

1.15❖老中安藤信正、坂下門外に襲われ軽傷。襲撃側六人闘死、他に自刃、獄死多数(**殉難**)。

1.27❖江戸四谷天竜寺門前から出火、長さ一町半、幅三十間程焼ける(**武江**)。

1.30❖江戸小石川指谷南片町から出火、駒込片町・肴町・千駄木町など長さ六町余、幅一町二十間平均焼亡(**武江**)。

2.1❖江戸大名小路から出火、諸侯六邸焼ける(**武江**)。

2.7❖江戸芝増上寺門前から出火、浜松町四丁目・芝金杉通一、二、三丁目・同朋町など焼け、寺院十一類焼(**武江**)。

2.11❖江戸下谷町一丁目から出火、新黒門町など長さ一町十間、幅五十間ほど焼ける(**武江**)。

2.19❖江戸江戸橋蔵屋敷から出火、青物町・平松町・常盤町・本材木町一〜八丁目など五十二か町焼亡(**武江**)。

2.20❖久留米藩士大鳥居理兵衛(46)、筑前黒崎で自刃(**殉難**)。

2.20❖江戸麻布市兵衛町から出火、坂江町まで長さ二町十間余焼ける(**武江**)。

2.21❖国学者塙次郎(56)・歌人加藤甲次郎、過激派に暗殺される(**殉難**)。

2—❖京都に「オシャリコ節」はやる。「もしもこの子が男なら尊王攘夷をなさせましょうオシャリコ、オシャリコ」(**東西紀聞**)。

3.4❖江戸深川永代寺門前町から出火、東仲町まで長さ一町十間燃える(**武江**)。

3.9❖江戸芝西応寺町から出火、長さ一町余、幅三十間焼ける(**武江**)。

3.10❖丹後宮津領四か村で越訴(**一揆**)。

4.7❖江戸八丁堀水谷町から出火、長さ一町半、幅三十間焼ける(**武江**)。

4.8❖土佐藩参政吉田東洋(47)、急進派に暗殺される(**殉難**)。

4.13❖長州藩士松浦亀太郎(26)洛東粟田山で自刃(**殉難**)。

4.23❖京都伏見寺田屋で薩摩藩急進派と鎮撫派が激闘。寺田屋事変(**殉難**)。

4—❖相撲とり小柳某、同輩不動山・殿両人に斬り殺される(**武江**)。

6.1❖長州藩医飯田正伯(38)、江戸で獄死(**殉難**)。

6.14❖久留米藩士北有馬太郎(35)、江戸で獄死(**殉難**)。

6中旬❖江戸及び諸国麻疹大流行。八月中旬までつづき人多く死す(**災異志・生活史**)。

【よみうり・瓦版】

7.16❖禁中で堀川右衛門内侍(紀子)主上に毒を献じたが、前夜の天神の告げで主上飲まず、との風聞しきり(**東西評林**)。

7.19❖琉球官吏牧志朝忠(45)、薩摩へ向かう船上から投身自殺(**殉難**)。

7.20❖九条家家士島田左近(38)、木屋町二条の妾宅で暗殺される(**殉難**)。

8.2❖土佐藩士井上佐一郎、大坂で同藩急進派に扼殺される(**殉難**)。

8.8❖長州清末藩士船越清蔵(58)、反対派に毒殺される(**殉難**)。

8.11❖江戸麹町三丁目から出火、四、五丁目まで焼失(**武江**)。

8.12❖神奈川生麦で島津久光の行列を横切

【よみうり・瓦版】

江戸にはしか(麻疹)の猛威

「武江年表」によると、この夏の麻疹(はしか)は文政・天保のときに比べ、はるかに勢い烈しく、若年、ことに女に猛威をふるい、命を失う者幾千万とも知れず、寺々では予約申し込みの順に火葬した、とある。■皮肉なことに、この年は豊作だったが、諸色なお高額で、貧民は一家枕を並べて病臥しているため、収入の道がない。■七月上旬から各都市では、倉廩(米蔵)を開いて貧民に分け与え、有徳(金満家)で施行する者も多かったという。

生業—小間物売

1862 神奈川生麦(なまむぎ)で島津久光の行列を横切ろうとした英人殺害される

ろうとした英商人リチャードソン、藩士に殺害される。生麦事件(**殉難**)。

8.27❖彦根藩士長野主膳(48)、政変により藩獄で斬(**殉難**)。

8.29❖長州藩士来原良蔵、江戸藩邸で自刃(**殉難**)。

8—❖江戸に辻斬り横行、夜中人なし(**武江**)。

8—❖江戸及び諸国にコレラ流行(**災異志**)。

閏8.20❖越後の志士本間精一郎(29)、京都木屋町で暗殺される(**殉難**)。

閏8.22❖九条家諸大夫宇郷玄蕃頭(40)、暗殺される(**殉難**)。

閏8.30❖京都の目明文吉、三条河原で絞殺される(**殉難**)。

夏—❖麻疹、西国に始まって京坂・江戸に移る。若年女性の罹患多し(**武江**)。

夏—❖西国にコレラ流行(**生活史**)。

9.1❖足軽・中間をできるだけ帰農させよ、の布令出る(**続実紀四・町触**)。【よみうり・瓦版】

9.2❖仏陸軍中尉カミュ、横浜で浪士体に斬殺される(**殉難**)。

9.7❖近江神崎郡彦根領十三か村愁訴(**一揆**)。

9.14❖小倉藩主小笠原忠幹の弟敬次郎(36)、弓の絃で手の動脈を切り死す(**殉難**)。

9.23❖渡辺金三郎ら京都町奉行所の与力・同心四人、近江石部宿で暗殺される(**殉難**)。

10.3❖彦根藩足軽加藤吉太夫(35)、江戸で自殺(**殉難**)。

10.6❖甲州の博徒竹居の安五郎(ドモ安)甲州山崎で獄死(**幕末任侠伝**)。

10.9❖京都の商平野屋寿三郎・煎餅屋半兵衛、過激派に生き晒しにされる(**殉難**)。

10.12❖上野高崎で強訴(**一揆**)。

10.20❖万里小路家家士小西直記、京都寺町丸太町上ルで暗殺される(**殉難**)。

10.27❖彦根藩士宇津木六之丞(54)、藩政変により斬(**殉難**)。

10—❖薩摩藩大坂蔵屋敷に「大塩平八郎」と名乗る役人着任。届けを受けた公儀側、ひやかしと見て怒る(**東西評林**)。

11.2❖土佐藩士広田章次、伏見で過激派に暗殺される(**殉難**)。

11.7❖土佐藩士坂本瀬兵衛(35)、小田原で同藩士らと争論、斬られる(**殉難**)。

11.14❖吉原京町一丁目から出火、全廓焼亡。仮宅を深川黒江町・仲町・山本町・本所一ツ目に七百日間許可(**武江**)。

11.15❖大獄で暗躍した村山たか、京都三条大橋に生き晒しにされる(**殉難**)。

11.16❖村山たかの子多田帯刀(32)、京都粟田口で過激派浪士に斬られる(**殉難**)。

11—❖陸奥信夫郡幕領岡村で愁訴(**一揆**)。

12.1❖江戸赤坂新町一丁目から出火、同伝馬町・田町・溜池まで類焼(**武江**)。

12.9❖播州赤穂藩急進派西川升吉ら十五人、家老森主税ら三人を暗殺(**殉難**)。

12.18❖京都知恩院の侍深尾式部、柳馬場夷川上ルの自宅で暗殺される(**殉難**)。

12.19❖熊本藩士横井小楠、江戸の料亭で同藩士堤松左衛門らに襲われ、辛うじて脱したが同席の吉田平之助斬死(**殉難**)。

12.22❖下野壬生藩家老鳥居志摩、急進派十六人に斬殺され、同鳥居千葉之允、詰め腹を切らされる(**殉難**)。

この年❖対馬藩内訌始まる。血で血を洗う抗争が慶応二年までつづく(**殉難**)。

〃 ❖伊予大洲領小藪村で打ちこわし(**一揆**)。

〃 ❖伊予松山領吉田村で強訴(**一揆**)。

〃 ❖播磨壬生領里脇村で越訴(**一揆**)。

〃 ❖大和高取領永原村で越訴(**一揆**)。

生業—暦売

うこと。

新撰組結成 清河八郎の策謀に乗って浪士隊の大部分が東帰したあとの滞京同志十三人というのは子母沢寛『新選組始末記』によったもので、別に西村兼文『新撰組始末記』は二十五人、平尾道雄『新撰組史録』は二十三人などと別説があるので念のため。それがみんな見すぼらしい限りで「中には、刀がなければ武士に見えないような人もいました」(八木為三郎回顧談)。それがなんとかサマになるようになったのは会津藩お預かりになってからである。

1.13❖摂津高槻藩士宇野八郎、江戸御用屋敷で長州系に暗殺される(**殉難**)。

1.13❖京都東町奉行所同心小寺仲蔵、同僚四人の暗殺を苦に自殺(**殉難**)。

1.14❖京都大宮御池上ルの町役人林助、自宅で殺される(**殉難**)。

1.20❖熱心な法華信者江戸市谷田町三丁目の畳屋太兵衛、谷中感応寺の再建を祈るあまり自殺(**江戸の女**)。

1.21❖長州藩士香川助蔵(22)、京都日岡で同藩急進派に暗殺される(**殉難**)。

1.23❖儒医池内大学(50)、大坂で過激派に暗殺される(**殉難**)。

1.28❖千種家雑掌賀川肇、千本下立売の自宅で過激派に暗殺される(**殉難**)。

1.29❖江戸神田旅籠町一丁目両替商石川屋庄次郎方へ浪士体四人組が押し入り「御上洛の費用」として九十両奪う(**東西紀聞**)。

2.5❖鳥取藩士岡田星之助、江戸路上で暗殺される(**殉難**)。

2.6❖長州藩公武合体派領袖長井雅楽(45)、萩の自邸で切腹(**殉難**)。

2.6❖洛南唐橋村の庄屋宗助、過激派に首を斬られ、土佐藩邸裏門に梟(きょう)せられる(**殉難**)。

2.23❖京都等持院の足利三代木像、三条大橋に梟首(**殉難**)。

2—❖出羽米沢で打ちこわし(**騒動**)。

3.4❖将軍家茂入京、二条城に入る。【よみうり・瓦版】

3.13❖近藤勇ら浪士隊の十三人、京都壬生の八木源之丞方で新撰組を結成(**幕末京都上**)。【よみうり・瓦版】

3.16❖江戸本郷新町屋から出火、湯島天神本社、拝殿全焼(**武江**)。

3.16❖陸奥守山領七か村で強訴(**一揆**)。

3.18❖水戸の僧正惇(34)と光惇(28)、天皇調(ちょう)伏(ふく)をしたというので過激派に襲われ、首を京都三条大橋にさらされる(**殉難**)。

3.20❖陸奥守山領御代田村で強訴(**一揆**)。

3.21❖広島藩士片田春太、京都で上司と争い切腹(**殉難**)。

3.24❖新撰組士殿内義雄、四条大橋上で同隊士に斬殺される(**殉難**)。

3.28❖熊本藩士堤松左衛門(25)、横井小楠暗殺失敗を恥じ洛東大日山で自刃(**殉難**)。

4.2❖播磨姫路藩士境野求馬(55)、藩論佐幕傾斜を憂い自刃(**殉難**)。

4.2❖江戸赤坂の手先錦絵屋半七方へ浪士体十人が乱入、半七の兄文助の首を切って持ち去った(**東西紀聞**)。

4.2❖旗本中へ「攘夷戦争には甲冑着用、事情ある輩は小具足に陣羽織または火事羽織のこと」の達し(**東西紀聞**)。

4.6❖新撰組士阿比留栄三郎暗殺。病死とも(**殉難**)。

4.7❖上京浪士隊の江戸入りにあたり、各大名に取り締まりを下命「手に余れば斬ってよい」と指示(**東西紀聞**)。

4.7❖京都から江戸へ帰った浪士隊、深川の吉原仮宅で無銭遊興のうえ女郎、芸者二十余人をつれ出して両国の料亭で遊ぶ。十五日酒井侯の手勢が宿舎伝通院を急襲、数人を捕える(**東西紀聞**)。

【よみうり・瓦版】

地方出身の足軽、中間を帰農させよの令

幕府の行政機構簡素化の一つである。帰農を願う者には手当を交付し、町奉行から国元の役人へ引き渡すが、「農業出来兼(かね)候者ハ人夫に遣(つかわ)し候歟(か)、又は山海之稼(かせぎ)等為(いた)レ致(させ)、郷里安住致候様、厚く世話可(いた)レ致(すべく)候」。■触書は簡単に片づけているが、この 片の達しが、どこまで効果を発し得るであろうか。手当の額もわからないし、第一、帰国後「山海の稼ぎ」がそんなにあるであろうか。■この達しにより、どれくらい帰郷したか、事後の記録がないので判らない。

将軍入洛、二百三十年ぶり

将軍の入洛は、寛永十一年の三代家光いらい二百三十年ぶりである。しかし、時勢に応じて諸事簡素を旨(むね)とし、京都市民に対しても「窓蓋などする必要なし、すべて平常通りに」との町触(まちぶれ)が発せられている。■市民感情を配慮した跡が十分見てとられるが、入洛三日後の三月七日には、洛中市民に大盤振舞(おおばんぶるまい)をし、銀五千貫が各戸に配られた。金に直して計八万三千余両、一軒につき一両一分になった。■命脈すでにいくばくもない江戸幕府、気を使

4.9❖浪人朽葉新吉(岡田周造)(34)・神戸六郎(37)、江戸両国橋に梟首。新徴組の名をかたって悪事をしたとの捨て札(**東西紀聞**)。

4.13❖出羽郷士清河八郎(34)、江戸麻布一ノ橋で佐々木只三郎に暗殺される(**殉難**)。

4.13❖彦根藩家老木俣清左衛門家来大塚六郎・新蔵兄弟、旧長野主膳系とみられ斬(**殉難**)。

4.22❖山口常栄寺住職祖溟(そめい)西堂、長井雅楽派とみられ暗殺される(**殉難**)。

4.24❖新撰組士家里次郎、切腹(**殉難**)。

4.27❖長州藩士宮城彦助(51)、奇兵隊争闘事件の責任をとり下関で自刃(**殉難**)。

5.8❖久留米勤王商深野孫兵衛(33)暗殺(**殉難**)。

5.10❖長州藩下関海峡で米・仏・蘭艦と砲撃戦。

5.20❖侍従姉小路公知(25)、御所猿ヶ辻で暗殺される(**殉難**)。

5.20❖儒者家里慎太郎(37)、京都姉小路高倉の住居で暗殺される(**殉難**)。

5.26❖姉小路公知暗殺容疑で調べられていた薩摩藩士田中新兵衛、京都西町奉行所で自刃(**殉難**)。

5.29❖肥前郷士中島名左衛門(47)、下関で対外主戦論者に暗殺される(**殉難**)。

5—❖京都で旅舘業者は怪しい客がいたらすぐ届けよ、との令(**町触**)。

5—❖信濃幕領佐野村などで暴動(**一揆**)。

5—❖出羽置賜郡幕領三十五村越訴(**一揆**)。

6.1❖京都誓願寺東筋で三十位の町人体が斬り殺されていた(**東西紀聞**)。

6.2❖土佐藩士岩井磐之助、坂本竜馬の手引きにより泉州堺で父の敵棚橋三郎を討つ(**諸藩**)。

6.2❖土佐の神官掛橋和泉(28)、同志の脱藩資金を援助して義母に責められ鉄砲自殺(**殉難**)。

6.2❖紀州滝昌村で同藩士山名佐次兵衛二男忠次郎(22)が父の敵元同藩足軽勇之助を討つ(**東西紀聞**)。

6.3❖江戸赤羽飯倉町から出火、飯倉町と神谷町・葺本町・西久保・新下谷町など数か町焼亡。武家邸多し(**武江・東西紀聞**)。

6.3❖江戸城西丸大手門から出火、諸殿すべて炎上、本丸時計の間まで延焼(**続実紀四・東西紀聞**)。

6.8❖土佐藩、勤王党に断、平井収二郎(28)・弘瀬健太(28)・間崎哲馬(30)切腹(**殉難**)。

6.12❖長門長府藩医興膳昌蔵、開明派として奇兵隊士に殺害される(**殉難**)。

6.13❖大和芝村藩福地代官秋元健三郎、領民に怨まれ日下志八十次郎に斬される。日下志は慶応二年三月十九日斬(**殉難**)。

6.17❖豊後杵築藩士小串邦太、開港論を憎まれ広島で暗殺される(**殉難**)。

6.22❖京都鴨川松原上ルで土佐人らしい二人が斬り殺されていた(**東西紀聞**)。

6.24❖長州で外国船の水先案内をしていた重兵衛、何者にか首をとられる(**東西紀聞**)。

6.25❖京都下立売新町で町人一人斬り殺される(**東西紀聞**)。

6.25❖本丸番若林悦次郎、新婚の妻と外出中、髪結の大工兼なる男がこれはオレの女房だといいがかりをつけるので斬り捨てる。七月六日新妻家出(**東西紀聞**)。

6.26❖浪人植村長次郎、京都四条千本西入ルで何者かに斬り殺される(**東西紀聞**)。

6.26❖徳島藩儒で公武合体論者の安芸田面(たのも)(49)、京都二条新地で暗殺される(**殉難**)。

6.28❖京都高瀬川三条下ルで侍一人斬られ

歳時—江戸仲秋日供物

ていた(**東西紀聞**)。

7.2❖英艦七隻鹿児島湾に進入、砲戦(**薩英戦争**)。【よみうり・瓦版】

7.2❖浪人石塚岩雄、志士と称し金を強談したとして大坂で梟(**殉難**)。

7.4❖土佐藩士豊永伊佐馬(23)、京都で尊攘運動中四条縄手で暗殺される(**殉難**)。

7.11❖元華頂宮家役人森田道意、過激派に大坂で暗殺され、梟(**殉難**)。

7.19❖徳大寺家用人滋賀右馬大允夫妻、暴徒六人に斬殺される(**殉難**)。

7.19❖浪人藤堂綱弥太、大坂で暗殺される(**殉難**)。

7.21❖徳島藩目付淡路岩屋砲台長長坂悌次、幕船を誤砲撃した責を負い自刃(**殉難**)。

7.23❖小倉藩士大八木三郎右衛門(37)、幕船に便乗、下関で長州兵に追及され、幕使に迷惑かけまいと船底で自刃。同僚河野四郎(44)も二十七日同じく自刃(**殉難**)。

7.26❖京都高台寺放火で全焼。「朝敵松平春嶽の宿舎にしたのは不届」のはり紙あり。

7.26❖徳大寺家臣二条寛斎、熊本藩士上松巳八に自宅で襲われ殺される。上松も家人と戦い死す(**殉難**)。

7.26❖東本願寺用人大藤幽叟、過激派に斬首され、梟(**殉難**)。

7.26❖京都仏光寺高倉の油商八幡屋卯兵衛、交易利得を理由に三条大橋に梟(**殉難**)。

8.2❖大津の豪商越前家用達矢島藤五郎方へ浪士五十人ほど押し入り主人以下八人を殺害(**東西紀聞**)。

8.3❖但馬生野代官所元締手代安福大次郎、伏見で浪士三人に梟首される(**殉難**)。

8初❖新撰組佐々木愛次郎、芹沢鴨に命じられた佐伯又三郎に斬られる(**殉難**)。

8.10❖新撰組佐伯又三郎、芹沢鴨派に暗殺される(**殉難**)。

8.12❖京都大仏正面に晒し首。「主家を押領した西洞院かの子屋別家の者」との捨て札あり(**東西紀聞**)。

8.12❖西本願寺用人松井中務(55)、花屋町の自宅で過激派に殺される(**殉難**)。

8.13❖京都葭屋町一条の絹布商大和屋庄兵衛、新撰組芹沢鴨によって焼き打ちされる(**幕末京都上**)。

8.15❖国学者鈴木重胤(52)江戸の仮宅で斬殺される。子重勝も斬られ翌年死す(**殉難**)。

8.17❖天誅組大和五条代官所を襲い代官鈴木源内ら六人を梟首。このあと大和を転戦、一か月で壊滅する。【よみうり・瓦版】

8.17❖鳥取藩急進派の河田佐久馬ら二十二人、京都本圀寺で藩内保守派の黒部権之介ら六人を斬殺(**殉難**)。

8.18❖未明京都宮廷政変。長州勢力追われ、会津・薩摩が主導権を握る。

8.19❖長州藩の外艦砲撃を問責する幕使鈴木八五郎ら三人、小郡で長州兵に殺される。つづいて二十一日正使中根市之丞(28)ら五人、中関で殺害される(**殉難**)。

8.25❖鳥取藩士加須屋貞蔵(22)、藩の追及に苦しみ京都堀川の宿で自刃(**殉難**)。

8―❖姫路藩用達紅粉屋又左衛門、家老と組んで利を図ったとして同藩士江坂栄次郎に殺される(**殉難**)。

夏―❖播磨三原藩領持宝院住職経応、千鳥川の村芝居で女にたわむれた長州藩士牧野一馬をたしなめ、逆に斬殺される(**殉難**)。

9.3❖京都五条橋で武士乱心、往来人十三人に傷負わせる(**東西紀聞**)。

9.5❖江戸馬喰町一町目から出火、横山町・村

【よみうり・瓦版】

薩英戦争

生麦事件の後始末である。市街の大半を焼かれながらも薩摩勢はよく戦い、英艦隊を退散させた。祇園洲砲台における戦死者は九人。英側は旗艦「ユーリアラス」艦長ジョスリング大佐をはじめ多数が戦死。錨の鎖を切って逃げた艦もあった。十一月横浜で和議が成立、以後薩摩は急速に英と接近した。

天誅組は徒党一揆に

皇国史観維新史では、殉国の志士団とたたえられる天誅組だが、幕府側の触れによると「浪士相交り、多人数具足着け、抜刃槍長刀を携え、河州路ニ而勅命と偽り武具馬具等借受け、和州路江立越し御代官陣屋等放火、及ニ乱妨一輩は、全く徒党一揆を企て候もの共」につき「如何体申あざむき、いざない候ともまどわされ間敷候」■京都宮廷の重鎮中山大納言忠能の末っ子侍従忠光(19)、こうして一揆の一首領として、山中を彷徨することになる。

松町・若松町など焼亡(**武江**)。

9上旬❖新撰組局長新見錦(28)、祇園で近藤勇派に詰め腹切らされる(**殉難**)。

9.13❖新撰組田中伊織、間者の疑いで隊内斬殺(**殉難**)。

9.13❖京都五条平居町で二十歳位の町人体が斬り殺されていた(**東西紀聞**)。

9.14❖京都の岡山藩邸で大砲調練、あまり音が大きいので浪人来襲かと大騒ぎになり、御所の諸門しめられる(**東西紀聞**)。

9.18❖新撰組局長芹沢鴨(34)ら、壬生八木邸で近藤勇派に暗殺される(**殉難**)。

9.22❖江戸本所相生町二丁目箱屋惣兵衛、両国橋に梟(**殉難**)。

9.25❖山城石清水八幡双樹院住職如雲、土佐藩士に斬殺される(**殉難**)。

9.26❖江戸目黒在三田村の幕府合薬製造所で爆発、死傷者七十余人(**武江**)。

9.26❖新撰組荒木田左馬之助ら三人、間者の疑いで隊内斬首(**殉難**)。

9.26❖江戸日本橋一丁目黒江屋忠兵衛方へ浪士六人乱入、手代力蔵を殺害(**殉難**)。

9—❖美濃郡上藩家老藪田忠左衛門、自宅で何者かに殺される(**殉難**)。

10.3❖石見津和野藩士桑木才次郎(34)、江戸で同藩士と争い斬り殺される(**殉難**)。

10.3❖江戸赤坂紀の国坂下から出火、元赤坂町など長さ二町余焼ける(**武江**)。

10.12❖筑前藩士平野国臣(37)ら但馬生野で決起。

10.12❖出羽置賜郡幕領屋代郷で打ちこわし(**一揆**)。

10.15❖江戸千住宿一丁目で新徴組隊士大村達尾が、藤林鬼一郎の助太刀で十八年ぶりに父の敵、同隊士元博徒祐天(山本)仙之助(42)を討つ(**敵討**)。

10.15❖但馬朝来郡幕領生野代官所管内で暴動(**一揆**)。

10.23❖一橋家用人中根長十郎、急進志士に江戸雉子橋で暗殺される(**殉難**)。

10.25❖横浜交易糸会所へ浪士多数乱入、丁字屋甚兵衛手代など三人を殺害。江戸でも唐物屋多く襲われ死傷あり(**東西紀聞**)。

10.25❖山城石清水八幡法円寺の忍海、鳥取藩士勝部静男らに斬殺される(**殉難**)。

10.28❖長州藩の財政家坪井九右衛門(64)、萩野山獄で斬(**殉難**)。

10.29❖近江膳所藩家老村松猪右衛門、尊攘派に襲われるが助かる(**膳所藩烈士詳伝**)。

11.12❖上総の楠音次郎(39)ら攘夷と貧民救済の真忠組を結成、決起。翌年一月までに幕軍に討伐される(**殉難**)。

11.15❖江戸城二ノ丸炎上(**武江**)。

11.23❖江戸駿河町三井呉服店から出火、室町二、三丁目・本両替町・本船町・小田原町・長浜町など商業地区大火(**武江**)。

11.25❖長州の急進派福原乙之進(27)、江戸で古河藩兵に包囲され自刃(**殉難**)。

11.27❖江戸千住二、三町目火事(**武江**)。

11—❖豊後日田郡の幕領で騒動(**一揆**)。

12.24❖下関海峡で薩船「長崎丸」長州砲台の誤認砲撃で沈没、二十八人死す(**殉難**)。

12.27❖新撰組野口健司(21)、芹沢派として切腹(**殉難**)。

この年❖一橋家家来柿崎録二郎、京都祇園で加賀藩駒崎平太郎と争い斬られる(**殉難**)。

〃　❖京都祇園新地火事。復興後南北両芝居できる(**京都坊目誌**)。

用具—荷車・江戸代八車

元治元年

1864　3・1改元　甲子

1.3❖江戸青山玉窓寺から出火、今井谷まで焼ける。別に三味線堀組屋敷火事。さらに北本所大火(**武江**)。

1.9❖江戸深川永代寺門前仲町から出火、山本町・黒江町・蛤町河岸まで。吉原仮宅すべて類焼(**武江**)。

1.22❖武州志村で浪士体の百姓三人が町人の男二人、女一人を斬り殺す。犯人板橋宿で逮捕(**甲子雑録**)。

1.23❖武蔵針ヶ谷村で宮本庫太郎が武藤道之助らの助太刀で父の敵川西祐之助を討つ(**敵討**)。

2.3❖江戸本銀町の空家が放火で燃え、一、二丁目・本石町一、二丁目・金吹町・本町一、二丁目・室町二丁目・駿河町・北鞘町等焼ける(**武江**)。

2.14❖常陸鹿島大社津内町に近くの神宮寺本尊を梟首し「奸僧を暖衣飽食淫乱ならしむる元凶」の捨て札(**甲子雑録**)。

2.16❖京都六角牢で伴林光平(52)ら天誅組関係十九人を斬(**殉難**)。

2.23❖江戸日本橋金物商伊勢屋の手代仁平次、大坂道頓堀大和橋に梟(**殉難**)。

2—❖周防別府浦碇泊中の薩船、外国交易の疑いありとして長州義勇隊に焼かれ、船主大谷仲之進斬。二月二十六日義勇隊水井精一(25)ら三人、大坂東本願寺前に大谷の首を梟し、その前で自刃(**殉難**)。

2—❖強盗の類、町内協力して捕えよ、手に余れば打ち殺してよし、ただし鉄砲用うることならぬ、の京都町触(**町触**)。

2—❖備前児島郡岡山領下津井村強訴(**一揆**)。

3.10❖江戸築地門跡西方朽木侯中屋敷から出火、軍艦操練所など類焼(**武江**)。

3.10❖土佐藩士安岡勘馬(22)、時勢を慨いて京都鴨川松原で自刃(**殉難**)。

3.14❖江戸瀬戸物町と室町二丁目の境から出火、室町・小田原町・本町、本石町など五十九か町焼亡(**武江**)。

3.15❖常陸片野村の絹糸問屋穀屋伝七殺害、梟(**殉難**)。

3.16❖甲州八田村藤兵衛の養子文蔵(55)藤兵衛を傷つけ逃走。全国手配(**町触**)。

3.18❖大坂東町奉行所与力北角源兵衛、何者かに斬殺梟される(**殉難**)。

3.23❖福岡藩用人で佐幕派領袖の牧市内、同藩士松田五六郎に斬り殺される(**殉難**)。

3.30❖水戸藩士久貝悦之進、江戸で過激派に襲われ闘死(**殉難**)。

3—❖水戸藩の尊攘急進派、天狗党を称して筑波山に拠る。以後明治元年まで佐幕派との間に凄惨な流血抗争つづき、水戸藩の人材全滅する。【よみうり・瓦版】

4.4❖京都建仁寺の幸助、志士逮捕に協力したとして過激派に殺され梟(**殉難**)。

4.8❖伊勢荒神山で博徒安濃津の徳次郎と神戸の長吉の大喧嘩。長吉応援の清水次郎長側敗北、吉良の仁吉戦死(**幕末任侠伝**)。【よみうり・瓦版】

4.12❖丹波福知山藩士で保守派指導者の角川彦右衛門暗殺される(**殉難**)。

4.16❖上野館林藩士大久保鼎(41)、江戸藩邸で切腹(**殉難**)。

4.22❖江戸猿若町三丁目から出火、一〜三

【よみうり・瓦版】

天狗党筑波山に立て篭る

五年間にわたる血で血を洗う壮絶な藩内抗争である。『幕末維新全殉難者名鑑』によって水戸藩士だけの犠牲者(戦死・自殺・刑死)数をあげてみた。■「天治元年の領内戦争」天狗側百三十四、討伐側三十七「越前で降伏後刑死」天狗側三百六十九「明治元年戊辰戦争で」天狗残党九十七、旧天狗討伐側残党六百六「計」天狗側六百、討伐側六百四十三。■これに水戸農民、他藩士らを加えると倍増する。

血煙荒神山

伊勢神戸の長吉と安濃津の徳次郎の勢力争い。■形勢非とみた長吉の哀訴で、清水の次郎長側から吉良の仁吉らが応援にかけつけ、長吉側二十二人と安濃徳側百二十余人の血戦となった。よくある暴力団の抗争だが、かんじんの長吉が未練に逃げて助かったのに、仁吉は壮烈な最期をとげたので、浪花節的「血煙荒神山」が後世の血をわかすことになる。■今でも三州吉良の町へ行くと、吉良上野介と尾崎士郎とそれに仁吉が、人気の三本柱だ。

1864 伊勢荒神山(こうじんやま)で博徒の大喧嘩。京都では禁門の変。

丁目と聖天横町・北馬通など焼け、芝居三座も類焼(**武江**)。

4.23❖江戸深川元町から出火、森下町まで焼ける(**武江**)。

5.5❖画家冷泉為恭(42)、大和丹波市で暗殺される(**殉難**)。

5.15❖熊本藩士田中彦右衛門、江戸高輪で殺害される(**殉難**)。

5.20❖大坂西町奉行所与力内山彦次郎(68)、新撰組に斬り殺される(**殉難**)。

5.22❖会津藩士松田鼎、京都清水坂で殺害、大仏に梟首される(**殉難**)。

5.23❖京都空也堂の僧鴨誉、殺害される(**殉難**)。

5.26❖尹宮家用人高橋建之丞、大坂の宿で殺害され梟(**殉難**)。

5.28❖大坂の商井筒屋彦兵衛、京都で殺害される(**殉難**)。

6.2❖今小路家の侍近田松之助、京都清水坂で殺される(**殉難**)。

6.3❖京都山科毘沙門堂の坊官今小路範成(46)、京都渋谷で暗殺される(**殉難**)。

6.5❖京都三条小橋池田屋に会合の尊壌志士群を新撰組が急襲、多数を捕殺。

【よみうり・瓦版】

6.9❖日向の祠官甲斐右膳(48)、肥後人吉藩で獄死(**殉難**)。

6.12❖池田屋残党捜索中の会津藩士柴司(21)、京都産寧坂の料亭で誤って土佐藩士麻田時太郎を傷つける。両人とも自刃して両藩間の紛糾解決(**殉難**)。

6.13❖三河刈谷領泉田村で男が斬り殺されていた。捨て札に「坂東遣之助、堂上方にとり入って天子献毒の企て」とあった(**殉難**)。

6.14❖江戸青山の幕府焔硝蔵へ浪士体百人ほど押しかけ、番人を捕えて多量の火薬を持ち去った(**甲子雑録**)。

6.14❖江戸三田聖坂下で米人の一隊が松山藩主行列の前を横切った。同藩目付池田次郎左衛門切腹(**甲子雑録**)。

6.16❖一橋家家来平岡円四郎(43)、京都千本屋敷で水戸藩士江幡定彦(26)・林忠五郎(26)に殺される。加害者両人すぐ自刃(**殉難**)。

6.22❖東本願寺家臣下間某、暗殺される(**殉難**)。

6.27❖鳥取新田藩主池田仲建(24)、本藩の率兵上京を諌めて自刃(**殉難**)。

6—❖日向宮崎郡幕領江田村打ちこわし(**一揆**)。

7.1❖富山藩家老山田嘉膳、尊攘派の島田勝摩に殺害される。島田は慶応元年三月九日切腹(**殉難**)。

7.15❖京都二条河原に人品のよい若侍が斬り殺されていた。会津家中仲間喧嘩とのこと(**甲子雑録**)。

7.17❖信州松代藩士佐久間象山(54)、京都木屋町三条上ルで暗殺される(**殉難**)。

7.19❖大挙上京の長州軍禁門に迫り、会津・薩摩・越前などの兵と激戦、敗退する。

7.20❖禁門の兵火六角牢に迫り、平野国臣(37)ら政治犯三十七人斬首される。

7.20❖兵火により京都市街の三分の二焦土と化す。八百十一か町、二万七千五百十一軒焼亡(**甲子兵燹図・洛中大火夢物語**)。

【よみうり・瓦版】

7.21❖京都から敗退、天王山にたてこもった真木和泉(52)ら十七人自決。

7.26❖江戸・京坂の長州藩邸没収。江戸では藩邸職員を全員各大名邸へ預けたが、苛

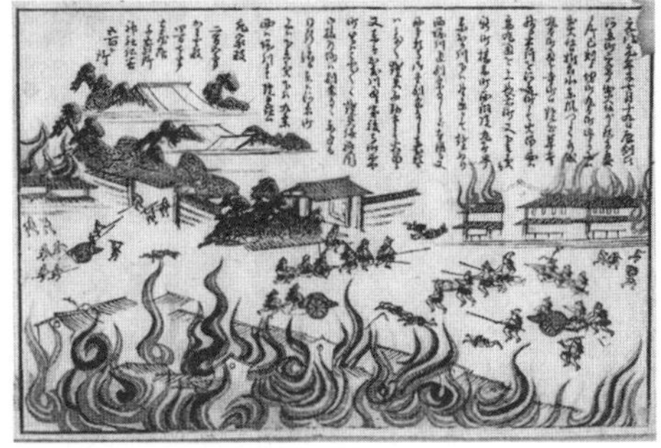

❖洛中大火
元治元年子七月十九日
京都市街の三分の二を
焦土と化す大火であった。
(かわら版)

酷な扱いで病死者続出(**殉難**)。

8.1❖常陸那珂郡水戸領大宮村打ちこわし(**一揆**)。

8.4❖長州下関大火。前田浜・壇ノ浦など十日までに五千軒焼亡、死者無数(**甲子雑録**)。

8.5❖米英仏蘭の連合艦隊、下関海峡へ進入、砲撃戦のすえ砲台一時占領される。

8.6❖江戸芝三島町から出火、七軒町・神明町・浜松町一丁目まで焼亡(**武江**)。

8.9❖江戸大風雨。家多く大破(**武江**)。

8上旬❖常陸久慈郡で打ちこわし(**一揆**)。

8.11❖大坂土佐藩蔵屋敷から出火、道頓堀へんまで燃える(**甲子雑録**)。

8.26❖但馬朝来郡幕領下村で打ちこわし(**一揆**)。

8—❖長州藩恭順派政権をとり、福原越後(50)ら三家老、竹内正兵衛(46)ら十参謀の"戦犯"を処刑(**殉難**)。

8—❖加賀藩、尊攘派を処分、家老松平大弐(42)ら切腹。ほか処刑・獄死多し(**殉難**)。

9.5❖土佐藩、野根山屯集の尊攘派新井竹次郎(26)以下二十三人を奈半利河原で斬(**殉難**)。

9.5❖鳥取藩保守派の堀庄次郎(35)、自邸で殺害される。加害者の沖剛介(22)・増井熊太(22)は十日切腹(**殉難**)。

9.12❖外国人出府のため江戸伊皿子長応寺を警固中の井伊勢へ別手組の芥川伊三郎乱入、切り伏せられる(**甲子雑録一**)。

9.29❖土佐藩士で長州忠勇隊小隊長の田所壮輔(29)、同僚と争論、自刃(**殉難**)。

9.29❖美作真島郡勝山領東茅部村など逃散未遂(**一揆**)。

10.17❖博徒甲州竹居安五郎の用心棒舘林浪人犬上郡次郎、甲州等々力万福寺の隠宅で黒駒勝蔵一家に襲殺される(**幕末任侠伝**)。

10.22❖英陸軍少佐ボールドウィン(34)・中尉バード、鎌倉大仏付近で浪士清水清次ら四人に殺される。犯人全員処刑(**殉難**)。

10.23❖江戸本所吉岡町火事、清水町古銭座焼亡。放火のよし(**武江**)。

11.3❖長州藩勤王派田中長九郎、京都六角牢で獄死(**殉難**)。

11.15❖天誅組主将中山忠光(20)、亡命先の長州豊浦郡延行村で暗殺される(**殉難**)。

11.24❖土佐藩士中島与一郎(22)、脱藩の途、国境の名野川村で村民に追われ自刃(**殉難**)。

11.28❖土佐藩士田内衛吉(30)、藩獄で服毒死(**殉難**)。

11—❖山城相楽郡御料木津郷で打ちこわし(**一揆**)。

12.11❖江戸で大火(**五月雨草紙**)。

12.16❖法橋富小路任節(43)、江戸伝馬町牢で獄死(**殉難**)。

12.18❖備中倉敷の豪商下津井屋吉左衛門、米の買い占めをしたとして長州奇兵隊の立石孫一郎に殺害される(**殉難**)。

12.18❖備中窪屋郡幕領倉敷で騒動(**一揆**)。

12.25❖大番組剣術方世話心得戸田額之丞改易。京都祇園で乱酔、見廻りの新撰組と事を構えかけた(**甲子雑録**)。

12.26❖播磨姫路藩尊攘派弾圧、江坂元之助(27)ら八人斬、切腹(**殉難**)。

この年❖横浜で曲馬・奇術繁昌。馬を空中に歩かせたり、自分で首を切ってつないだり。見料日本人百匹、外国人五ドル(**甲子雑録**)。

〃　❖伊予喜多郡大洲領小藪村で騒動(**一揆**)。

〃　❖大隈大島郡奄美島などで暴動(**一揆**)。

【よみうり・瓦版】

池田屋事件

幕末史上もっとも衆知の事件であるのに、志士被害者数が、数え方もあって曖昧である。『幕末維新全殉難者名鑑』によって数えたところでは、現場で闘死十、傷後藩邸などで死三、捕えられ斬九、その他二、計十五人で、ここらがまず決定版だと思われる。その他とは、池田屋主人惣兵衛と向かいの酒房女将近江屋まさで、惣兵衛は当夜捕えられ七月十三日獄中病死、まさは店で飲んでいた吉岡庄助と会津兵の乱闘にまきこまれて死んだ。

兵火により京都市街の大半焼失

『甲子兵燹図』によると、民家二万七千余軒のほかに土蔵千二百七棟、橋梁四十、宮門跡三、芝居小屋二公卿屋敷十八、武家屋敷五十一、社寺二百五十三が焼失した。■二十一日やっと下火になったが、市民は住むに家なく、昼は死体にたかるハエ、夜はカに責められた。それでも八月中旬には、二畳敷きほどのムシロ小屋があちこちに立ち、商売する人もあらわれたが、やがて初霜、ついで厳寒の訪れで、市民にとっては最悪の正月となった。

慶応元年

1865　4・18改元　乙丑

1865　江戸横山町の紀之助ら将軍の長州征伐を茶化した仮装で大目玉

1.3❖山城相楽郡御料で打ちこわし(**一揆**)。
1.8❖土佐藩士大利鼎吉(23)、大坂で新撰組に襲われ闘死(**殉難**)。
1.28❖福岡藩士中村円太(31)、福岡報光寺で自刃(**殉難**)。
1.28❖播磨・丹波で大地震(**災異志**)。
1—❖長州高杉晋作の奇兵隊決起、各所で恭順派軍を破り、慶応二年一月に藩政権の主導権を握る。【よみうり瓦版】
1—❖摂津公卿領伊丹で打ちこわし(**一揆**)。
1—❖摂津武庫郡幕領で打ちこわし(**一揆**)。
2.4❖越前敦賀で水戸天狗党の大量処刑はじまる(**殉難**)。
2.14❖久留米の志士真木菊四郎(23)、下関で暗殺される(**殉難**)。
2.22❖土佐藩井原応輔(24)ら六人、美作土居で郷民に賊と誤まられ自刃(**殉難**)。
2.23❖新撰組山南敬助(33)、脱走に失敗、切腹(**殉難**)。
2—❖信濃佐久郡板橋村で愁訴(**一揆**)。
3.4❖新撰組大谷良輔、隊規違反で切腹(**殉難**)。
3.18❖小倉藩士西田直養(73)、藩の佐幕傾斜を怒り絶食死(**殉難**)。
3.23❖土佐藩志士島村衛吉(32)、藩獄内で病死(**殉難**)。
3.25❖長門長府藩士林郡平(46)、反対派に暗殺される(**殉難**)。
3.26❖京都祇園大火、二十六か町、千八百軒焼ける(**花街史**)。
3.29❖信濃幕領上穂村で打ちこわし(**一揆**)。
3—❖土佐浪士片岡源馬と十津川の中井庄五郎、京都四条大橋上で新撰組沖田総司ら三人と斬り合う(**幕末京都下**)。
4.4❖江戸神田明神下から出火、湯島一丁目まで焼ける(**武江**)。
5.11❖土佐郷士岡本次郎(35)、藩獄で斬(**殉難**)。
5.15❖信濃伊那郡飯田で暴動(**一揆**)。
5.17❖福岡藩士で長州奇兵隊士の小藤平蔵(28)、間諜の疑いを受け自刃(**殉難**)。
5.28❖長州恭順派の椋梨藤太(61)、萩野山獄で斬(**殉難**)。
5.29❖江戸横山町一丁目の紀之助ら町人五人、将軍家茂の長州征伐を茶化して芸者大ぜいを交えた仮装「御進発ごっこ」を催し、墨堤を練り歩いた。奉行所から大目玉(**江戸時代のさまざま**)。
5.29❖上州中栗野村の旅館島屋へ博徒風六人と浪人二人が上り込み、村役人と大乱闘、結局博徒五人死亡、二人召し捕り、村民も三人が死んだ(**騒動**)。
5.29❖下野壬生領粟野村で騒動(**一揆**)。
閏5.10❖信濃幕領上穂村打ちこわし(**一揆**)。
閏5.11❖土佐藩士武市半平太(37)切腹、岡田以蔵(27)斬(**殉難**)。
閏5.13❖大坂商人、志士藤井藍田獄死(**殉難**)。
閏5.26❖大津の志士川瀬太宰の妻幸(47)、絶食死(**殉難**)。
6.5❖加賀金沢で打ちこわし(**一揆**)。
6.12❖土佐の商で長州遊撃隊士の真田四郎(33)、同志に誤解され切腹(**殉難**)。
6.13❖周防岩国藩士長九右衛門(65)、江戸伝馬町で獄死(**殉難**)。

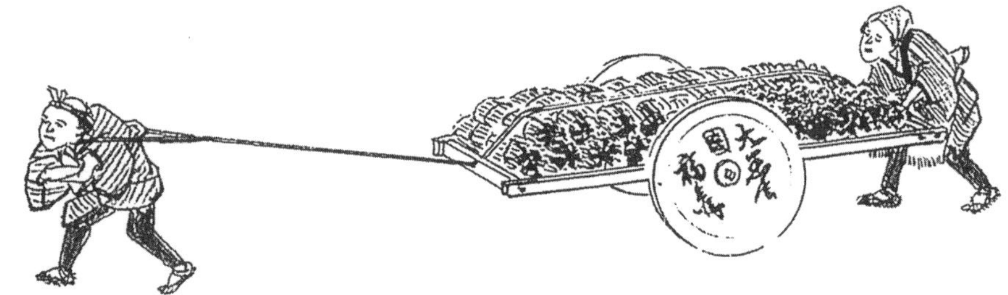

用具—荷車・大坂せん車

6.15❖江戸で猛風雨、深川高潮、死者多し(**武江**)。
6.17❖御家人青木弥太郎、小梅の料亭小倉庵主人長次郎ら盗賊団として逮捕される(**連城紀聞**)。【よみうり・瓦版】
6.21❖新撰組瀬山滝人、石川三郎(真田次郎)隊規違反で切腹(**殉難**)。
6.24❖福岡藩士喜多岡勇平(45)、過激派に暗殺される(**殉難**)。
6.28❖伊豆幕領三島で打ちこわし(**一揆**)。
6.29❖越後魚沼郡幕領塩沢で騒動(**一揆**)。
7.17❖越後魚沼郡会津領五村騒動(**一揆**)。
7.21❖長州奇兵隊の増田吉若切腹。暗殺された中山忠光になりすましていた(**殉難**)。
7.25❖新撰組佐野牧太郎、隊規違反で斬(**殉難**)。
7—❖伊予喜多郡大洲領で暴動(**一揆**)。
8.1❖越後高田領直江津で打ちこわし(**一揆**)。
8.13❖肥前島原藩佐幕派指導者松坂丈左衛門暗殺される(**殉難**)。
8—❖新徴組馬場熊蔵、酔って上司と争い、切腹刑(**殉難**)。
8—❖熊本藩士で長州軍にいた安田嘉助(25)、反対派に殺害される(**殉難**)。
9.1❖新撰組松原忠司、自分が殺した紀州浪人の妻と心中(**殉難**)。
9.9❖新徴組三村伊賀右衛門(43)、輩下の馬場熊蔵と刃傷沙汰に及んだ科で切腹(**殉難**)。
9.26❖肥後人吉藩の勤王派、佐幕派幹部を襲撃し十六人を殺す(**殉難**)。
10.10❖上州沼田藩士橋本香波(57)、大坂で獄死(**殉難**)。
10.23❖福岡藩の尊攘派弾圧「乙丑の大獄」はじまる。二十六日までに切腹七、斬十五(**殉難**)。
10.31❖薩摩藩士東郷宗元、毒殺さる(**殉難**)。
11.20❖近江膳所藩尊攘派十一人を処刑(**殉難**)。
11.21❖江戸橋場町から出火、二町余焼く(**武江**)。
11.22❖江戸小石川桜木町から出火、二町ほど焼ける(**武江**)。
11.27❖長州長府藩報国隊都督泉十郎(27)、ざん言により切腹(**殉難**)。
11—❖越後長岡領高柳村で暴動(**一揆**)。
11—❖近江蒲生郡川越領鎌掛村で強訴未遂(**一揆**)。
11—❖三河設楽郡六か村で強訴未遂(**一揆**)。
秋—❖大和宇陀郡幕領田口村で越訴(**一揆**)。
12.5❖隠岐周吉郡松江領百二十か村で打ちこわし(**一揆**)。
12.11❖仙台藩芝多民部派の蟹江太郎介自刃(**殉難**)。
12.12❖小普請永島直之丞、江戸神田明神下で乱暴し、見回りの新徴組羽賀軍太郎(25)らに斬殺される。羽賀ら三人二十六日と二十八日に切腹(**殉難**)。
12.12❖江戸浅草田原町から出火、深川まで焼け 雷門類焼(**武江・連城紀聞**)。
12.25❖近江甲賀の志士豊田鎌次(34)、備前で殺害される(**殉難**)。
この年❖越後村上藩医五十嵐又碩(39)、チフス治療に挺身、感染して殉職(**殉難**)。
〃　❖新撰組川島勝司、二条河原で富山弥兵衛に斬殺される(**殉難**)。
〃　❖新撰組酒井兵庫、脱走して大坂住吉で斬殺される(**殉難**)。
〃　❖下総海上郡で村替反対の越訴(**一揆**)。
〃　❖陸奥信夫郡幕領百二十村愁訴(**一揆**)。

【よみうり・瓦版】

高杉晋作の奇兵隊決起

都々逸を作詞したり、愛人と逃亡したりの高杉晋作は「やる時はやる」奇才である。その一番のあらわれが奇兵隊を率いての下関決起であった。弟(私)事は死しても恐れながら天満宮の如く相成り、赤門関の鎮守と相成候志に御座候。死後に墓前にて芸妓御集め三弦など御鳴らし下され候様頼み奉り候」(大庭伝七あて書簡)がそのときの決意である。この決意で彼は連戦連勝、藩恭順派軍をやぶり、藩政を抗戦派一色に統一する。

旗本も混じる強盗団

実は単なる強盗団ではない。彼らは元治元年春・新徴組崩れのあぶれ者を集めて「任侠隊」なる一群を組織し、江戸の治安を守ろうとしたのである。それが内輪もめと末端の隊規紊乱で、汚名を着せられた。■小倉庵は、広重の絵でも紹介された屈指の料理屋、青木は評定所書役までした秀才で、恋人お辰も一味だった。■明治元年春、東征軍の進駐によって解放され、のち青木はお辰と王子で小料理屋「海老屋」を営む。■黙阿弥の「島鵆月白波」は、青木がモデル。

1866 ロンドン留学生、長州藩士山崎小三郎、送金が絶え病死

慶応二年

1866　丙寅

1.1❖江戸四谷伝馬町二丁目から出火、長さ三町余、幅一町ほど焼ける(**武江**)。

1.14❖海援隊近藤長次郎(29)隊規違反で長崎で切腹(**殉難**)。

1.16❖長州藩第四大隊半隊司令内藤謙吉(18)、部下不取締の責で切腹(**殉難**)。

1.17❖天誅組残党広島藩士田中軍太郎(25)、江戸獄中で毒死(**殉難**)。

1.22❖坂本竜馬、伏見寺田屋で幕吏に囲まれ、ようやく脱す。

1.22❖陸奥白川郡幕領十か村で打ちこわし(**一揆**)。

1.25❖長州藩元奇兵隊総督赤根武人(29)、幕府内応の罪で山口で斬(**殉難**)。

2.5❖一橋家家来大石造酒蔵(みきぞう)、祇園で新撰組今井祐次郎と争い斬られる(**新撰組始末記**)。

2.12❖新撰組河合耆三郎(29)、会計不正の責で斬(**新撰組始末記**)。

2.18❖新撰組小川信太郎、隊規違反で切腹(**新撰組始末記**)。

2.25❖仙台藩執政芝多民部(45)、但木土佐派の圧力に抗し絶食死(**殉難**)。

2.27❖横浜で乱暴する仏水夫を打ち殺した鳶(とび)職亀吉斬首(**殉難**)。

2—❖越後頸城郡高田領で打ちこわし(**一揆**)。

3.9❖江戸神田九軒町から出火、小泉町・松坂町焼ける(**武江**)。

3.10❖新撰組田内知、妾の密夫に斬られ重傷、士道不覚として切腹刑(**新撰組始末記**)。

3.13❖豊後の神職高橋清臣(58)と豊前同原田七郎(61)、花山院家理擁立挙兵を企て失敗、大坂から護送の船中から投身自殺(**殉難**)。

3.20❖長州四大隊小隊司令石津直蔵、萩で切腹(**殉難**)。

3.29❖大和宇陀郡松山で騒動(**一揆**)。

3—❖長州藩士山崎小三郎(23)、藩留学生として渡欧したが送金が絶え、ロンドンで困窮、病死(**殉難**)。

3—❖信濃水内郡松代領城山村などで暴動(**一揆**)。

4.1❖新撰組七番隊頭谷三十郎、隊士に暗殺される(**新撰組始末記**)。

4.1❖江戸芝浜松町一丁目から出火、神明町・三島町・宇田川町・露月町など長さ六町余、幅五十六軒焼失(**武江**)。

4.4❖江戸神田富松町から出火、佐久間町四丁目まで焼ける(**武江**)。

4.13❖常陸那賀郡水戸領三十八か村で打ちこわし(**一揆**)。

4.15❖江戸小石川御簞笥(たんす)町から出火、一町ばかり焼ける(**武江**)。

4.24❖美作津山の志士井汲唯一(38)自刃(**殉難**)。

4—❖長州第二奇兵隊、待遇不満から決起、備中へ侵入するが、間もなく長州軍に鎮圧される。刑死多数(**殉難**)。

5.2❖長崎亀山社中の「ウィルウェフ号」五島沖で沈没、十三人殉職(**殉難**)。

5.4❖河内石川郡幕領富田林で打ちこわし(**一揆**)。

5.7❖信濃伊那郡飯田で打ちこわし(**一揆**)。

5.8❖摂津武庫郡幕領兵庫などで打ちこわし(**一揆**)。

5.13❖摂津東成郡幕領難波村などで打ちこ

用具—木製烟草入

用具—トンコツ烟草入

用具—毛皮ノ烟草入

わし(**一揆**)。
5.13❖大坂で打ちこわし(**一揆**)。
5.14❖和泉泉郡下条大津村で打ちこわし(**一揆**)。
5.14❖和泉大鳥郡幕領堺で打ちこわし(**一揆**)。
5.17❖上総望陀郡幕領木更津で打ちこわし(**一揆**)。
5.18❖日向の勤王僧胤康(45)、京都で獄死(**殉難**)。
5.18❖和泉南郡寺領貝塚で打ちこわし(**一揆**)。
5.20❖播磨飾東郡姫路領網干で打ちこわし(**一揆**)。
5.21❖大和添下郡旗本領藤木村などで打ちこわし(**一揆**)。
5.22❖河内安宿郡幕領国分村で打ちこわし(**一揆**)。
5.23❖近江甲賀郡水口で騒動(**一揆**)。
5.28❖江戸南品川本覚寺に集まった大衆、約四十軒打ちこわす(**武江・一揆**)。
5—❖清水次郎長、博徒四百八十人を動員して伊勢へ上陸、丹波屋佐兵一家降参(**幕末任侠伝**)。
5—❖各地で打ちこわししきり(**連城漫筆・武江**)。【よみうり・瓦版】
5—❖越前坂井郡丸岡領で強訴(**一揆**)。
5—❖相模高座郡幕領藤沢で騒動(**一揆**)。
6.1❖長州領周防柱野の防衛地雷爆発、遊撃隊士七人死亡(**殉難**)。
6.7❖大津の志士川瀬太宰(48)、京都六角牢で斬(**殉難**)。
6.9❖大坂城の堀から怪物の死体上がる。形大トカゲの如く長さ七尺五寸(**連城漫筆**)。
6上旬❖越前敦賀四十年来の大水、三百余人死す(**連城漫筆**)。
6.13❖武蔵秩父郡幕領名栗村などで暴動(**一揆**)。
6.15❖陸奥信夫郡など幕領百八十か村で暴動(**一揆**)。
6.20❖但馬美方郡村岡などで強訴(**一揆**)。
6.23❖新撰組柴田彦三郎、隊規違反で切腹(**新撰組始末記**)。
6.27❖萩で弾薬庫爆発、夫卆ら十三人死亡(**殉難**)。
6—❖第二次幕長戦争起こる。八月までつづき幕軍連敗。
6—❖越後魚沼郡幕領小千谷で強訴(**一揆**)。
6—❖上野多野郡吉井領などで暴動(**一揆**)。
6—❖陸奥伊達・信夫郡幕領など百八十か村で打ちこわし。信達騒動(**生活史**)。
7.1❖陸奥栗原郡仙台領三迫村などで暴動(**一揆**)。
7.9❖福岡藩士斎田要七(25)、堀六郎、玄海島で斬(**殉難**)。
7.13❖伊予喜多郡大洲領十四か村で暴動(**一揆**)。
7.14❖会津藩士渡辺新之助(19)、京都三条大橋で薩摩藩士三人と斬り合い死す(**連城漫筆**)。
7.20❖福岡藩士戸次彦之助(22)、薩摩で人と争い死す(**殉難**)。
7.23❖陸奥気仙郡仙台領気仙沼で打ちこわし(**一揆**)。
7.24❖石見美濃郡幕領銀山代官所管内で暴動(**一揆**)。
7.25❖出羽村山郡松前領十か村で打ちこわし。兵蔵騒動(**一揆**)。
7.26❖陸奥閉伊郡盛岡領釜石村で打ちこわし(**一揆**)。

用具—木製烟草入

【よみうり・瓦版】打ちこわし各地に広がる

幕長戦争の影響で諸物価は高騰また暴騰、庶民の困苦限界に達し、ついに東西時を同じくして騒動が爆発した。■江戸では五月二十八日夜、南品川に始まって都心に移り、六月五日までに全市に及んだ。この間「少年立交りて飛鳥の如く駈廻」ったという。■大坂でも、五月下旬から各所に一万人ほどが集まって、米屋・酒屋へ押し入ったが、こちらははじめ米一升二百文、酒一升百文ずつ代価を置いて行こうとしたが、品切れになると打ちこわした。

7.29❖江戸橋本町四丁目から出火、長さ二町半、幅五十間ほど焼ける(**武江**)。

7—❖丹波多紀郡篠山領で愁訴(**一揆**)。

7—❖三河吉田郡五か村で海苔養殖につき紛争。蓑笠騒動(**騒動**)。

8.1❖小倉兵、八百屋町獄の英彦山勤王僧徒六人を処刑(**殉難**)。

8.3❖鳥取藩医大谷準蔵(22)、長州再征の不可を論じ、切腹(**殉難**)。

8.3❖鳥取藩士詫間樊六(32)ら五人、出雲手結浦で黒部権之介らの遺族に討たれる(**殉難**)。

8.7❖京都及び近国で大風雨(**災異志**)。

8.11❖石見那賀郡浜田領跡市組で強訴(**一揆**)。

8.14❖近江愛知郡彦根領愛知川宿で打ちこわし(**一揆**)。

8.16❖信州木曽谷農民、松本平で打ちこわし(**日歴**)。

8.19❖江戸谷中団子坂で男二人女二人の英人が貧民の弊衣を笑ったことから群衆が怒り投石。英人は逃げ、警固の別手組も一目散、大川を泳いで逃げた侍もいた(**武江**)。

8.24❖武蔵入間郡川越領十五か村で農兵反対の強訴(**一揆**)。

8.25❖下野都賀郡日光領今市周辺で打ちこわし(**一揆**)。

8.28❖信濃筑摩郡幕領七か村で打ちこわし(**一揆**)。

8—❖相模高座郡幕領藤沢宿で打ちこわし(**一揆**)。

8—❖信濃伊那郡で騒動(**一揆**)。

8—❖信濃佐久郡幕領軽井沢で騒動(**一揆**)。

9.2❖水戸藩の開国論者豊田小太郎(33)、暗殺される(**殉難**)。

9.3❖鳥取藩士高浜鉄之助(24)、征長反対を訴えて自刃(**殉難**)。

9.8❖新撰組武田観柳斎、隊士に暗殺される(**新撰組始末記**)。

9.10❖江戸本所大島町で打ちこわし。次第にひろまる(**武江**)。

9.12❖京都三条大橋畔の公儀制札をめぐって土佐藩士と新撰組激闘、土佐側安藤鎌次(25)、藤崎吉五郎(22)死す(**新撰組始末記**)。

9.12❖江戸浅草森田町で一町半ほど焼ける(**武江**)。

10.1❖江戸浅草寺随神門前覚善院から出火、馬道・山の宿・花川戸まで約一町半焼ける(**武江**)。

10.3❖新徴組石原新蔵(26)、江戸無縁坂で暴漢に斬られ翌日死す(**殉難**)。

10.3❖武蔵川越領の農兵反対一揆江戸へ進発(**日歴**)。

10.11❖豊後の志士医師長愛次郎(31)、日田で獄死(**殉難**)。

10.20❖横浜土手通から出火、弁天通・海岸通など類焼、吉原全焼、異人館七分方焼ける(**連城漫筆**)。

10.22❖江戸湯島天神下から出火、町家半町余焼ける(**武江**)。

10.28❖江戸神田小川町神保小路半町余焼亡(**武江**)。

10.29❖江戸永田馬場山王前から出火、武家地一町ほど焼ける。この夜江戸数か所で火事(**武江**)。

10—❖陸奥伊達郡下手渡通九か村で逃散(**一揆**)。

10—❖このころ江戸吉原淋しく新宿繁昌(**連城漫筆**)。

用具　鼻紙入

11.3❖江戸鮫ヶ橋南町から出火、紀州邸まで焼ける(**武江**)。

11.4❖江戸深川熊井町から出火、相川町・中島町・黒江町・仲町まで焼け、吉原仮宅も全焼(**武江**)。

11.9❖江戸元乗物町から出火、新革屋町・三河町一丁目〜三丁目・新石町・本石町・室町・呉服町・数寄屋町・本材木町一〜八丁目・南伝馬町一〜三丁目・桶町・八丁堀・亀島町・竹島町など長さ二十一町余全焼、死傷者多し(**武江**)。

11.10❖筑後の農民志士渕上謙三(25)、太宰府で自刃(**殉難**)。

11.11❖吉原江戸町一丁目から出火、全廓焼ける。仮宅は深川永代寺門前・仲町などで二年限り(**武江**)。

11.24❖美作東北条郡津山領行重村などで強訴(**一揆**)。

11—❖出羽庄内藩で勤王派の弾圧開始。三年九月までに七人処刑(**殉難**)。

11—❖越後蒲原郡幕領水原代官所管内で強訴(**一揆**)。

11—❖三河碧海(あおみ)郡の刈谷領で暴動(**一揆**)。

秋—❖下野那須郡黒羽領桜田村などで強訴(**一揆**)。

12.2❖豊後国東郡杵築領岩屋村などで打ちこわし(**一揆**)。

12.2❖美濃恵那郡旗本領十余か村で強訴(**一揆**)。

12.6❖京都祇園社拝殿、南門など炎上(**連城漫筆**)。

12.7❖美作勝北郡幕領で軍夫徴用反対の強訴(**一揆**)。

12.9❖陸奥和賀郡盛岡領鬼柳通などで強訴(**一揆**)。

12.15❖備中窪屋郡幕領倉敷で打ちこわし(**一揆**)。

12.20❖美濃恵那郡旗本領十余か村で強訴(**一揆**)。

12.27❖江戸北品川歩行新宿から出火、南品川まで旅舘街全焼(**武江**)。

12.27❖豊後大野郡臼杵領前河内村などで騒動(**一揆**)。

12.29❖江戸本郷春木町二丁目から出火、本郷一〜三丁目・湯島・駿河台まで長さ五町余焼ける。別に小石川白山前から出火、指ヶ谷・駒込片町などの武家地長さ十一町にわたり焼亡(**武江**)。

12—❖下総印旛郡佐倉領山梨村で強訴(**一揆**)。

この年❖長州藩士井手孫太郎(29)、反対派に殺害される(**殉難**)。

〃 ❖伊予新居郡西条領千町山村で騒動(**一揆**)。

〃 ❖越後刈羽郡長岡領高柳村で越訴(**一揆**)。

〃 ❖肥後阿蘇郡の熊本領で強訴(**一揆**)。

〃 ❖陸奥栗原郡仙台領数か村で強訴(**日歴**)。

〃 ❖江戸に牛(ぎゅう)鍋店、西洋料理店が出現(**武江**)。

❖京都及び近国で大風雨
慶応二年寅八月七日夜
四ツ半頃より辰巳の方より
風ふき出し追々大風となりて
天地震動する事
言語にたへたり
(かわら版)

十五代将軍、二条城に重臣を集め大政の返上を告げる

慶応三年
1867　丁卯

1.2❖江戸辰の口の松平内蔵頭邸火事。町火消し組と武家方人数が喧嘩(**武江**)。

1.3❖肥前大村藩家老針尾九左衛門・藩儒松林廉之助(29)、佐幕派に暗殺される(**殉難**)。

1.13❖讃岐小豆島津山領七か村で打ちこわし(**一揆**)。

1.23❖下野都賀郡鹿沼宿で打ちこわし(**一揆**)。

1.25❖備後恵蘇郡広島領水越村などで強訴(**一揆**)。

1—❖伊予大洲藩士国島六左衛門、独断で汽船を買った責をとり自刃(**殉難**)。

1—❖近江大津で貧民愁訴(**一揆**)。

2.1❖下野塩谷郡宇都宮領御前ヶ原で暴動(**一揆**)。

2.5❖伊勢鈴鹿郡亀山領十四か村で強訴未遂(**一揆**)。

2.8❖白刃を持って商家へ押入る賊多し。町内協力して金ダライなどをたたき、棒などでとり伏せよとの町触(**丁卯雑拾録**)。

【よみうり・瓦版】

2.13❖日向宮崎郡飫肥領清武村などで騒動(**一揆**)。

2.15❖江戸麻布雑色坂下から出火、宮下町・新網町代地焼ける(**武江**)。

2.18❖久留米の志士渕上郁太郎、幕府内通と誤解され暗殺される(**殉難**)。

3.6❖出羽山形で騒動(**一揆**)。

3.9❖越中の志士加藤謙二郎(37)憂憤、大和十津川で自刃(**殉難**)。

3.13❖広島藩士丹羽精蔵(30)、京都木屋町で会津藩士に暗殺される(**殉難**)。

3.15❖下総印播郡佐倉領米本村で打ちこわし(**一揆**)。

3.17❖山口天花村合薬製錬所爆発、十六人死亡(**殉難**)。

3.23❖江戸浅草茅町二丁目から出火、同三丁目.福井町一、二丁目・天王町など長さ四町余焼く。武家屋敷多し(**武江**)。

3.25❖和歌山藩士岩橋半三郎(22)、京都六角牢で斬(**殉難**)。

3.25❖江戸本所相生町・松坂町焼亡(**武江**)。

3—❖豊後の志士青木猛比古(37)、京都三条大橋で暗殺される(**殉難**)。

3—❖三河渥美郡吉田領で強訴(**一揆**)。

4.15❖新撰組田中寅蔵(37)、過激な攘夷論の故に切腹(**殉難**)。

5.8❖江戸惣十郎町から出火、内山町・滝山町・竹川町・守山町焼ける(**武江**)。

5.19❖越後村松藩、泉仙介(41)ら尊攘派七人を処刑(**殉難**)。

5.25❖京都志士医曲直瀬道策(30)、大坂難波新地で新撰組に殺される(**殉難**)。

5—❖陸奥伊達郡旗本領四十三か村で愁訴(**一揆**)。

6.7❖長州藩士村岡伊助(24)、伏見で尊攘派に暗殺される(**殉難**)。

6.13❖水戸藩士住谷寅之介(50)、京都宮川筋で土佐藩士に暗殺される(**殉難**)。

6.14❖新撰組茨木司ら四人、京都守護職邸で暗殺される。切腹とも(**殉難**)。

7.4❖信州須坂藩用人竹中清之丞(28)、勤王派に圧迫され切腹(**殉難**)。

7.6❖長崎丸山で英船水夫二人切害される。

朝廷に大政を返上

慶応三年秋、歴史の大転換にあたり京都政界は目まぐるしかった。十月はじめ早くも大政返上を決意している慶喜は同月十三日、二条城に在京諸臣重臣四十余人を集めてこれを披瀝、異論なしとみて翌十四日上奏文を朝廷に奉った。二百六十四年間続いた徳川幕府はここに終わった。しかしその裏で慶喜武力討伐の「密勅」が薩摩、長州藩に下されており、関東では薩摩勢による挑発行動が始まっていた。新日本の建設にはあと二年を要した。

幕府歩兵乱暴

歩兵は、元治元年九月に幕府が設置したフランス式兵制による近代的軍団なのだが、旗本の家来のほかに、農工商各層から自由に応募させたので、博徒・無頼漢などの入隊者が多く、その質は相当に低かった。■彼らの集団的暴行は、とうてい町奉行所の手の及ぶところではなく、ついに幕府警備隊(前の新徴組)の出動となった。■この警備隊は、直接幕府の手に属せず、庄内藩の預りである。ここにも、幕府の権威の失墜がうかがわれる。

加害者の福岡藩士金子才吉(42)、八日自刃(**殉難**)。

7—❖加賀石川郡金沢領大野村で騒動(**一揆**)。

8.14❖一橋家臣原市之進(38)、京都千本屋敷で殺害される。加害者の一橋家来鈴木恒太郎ら三人自刃(**殉難**)。

8.20❖武蔵上目黒村駒場野大砲伝習場設置反対に農民蜂起(**日歴**)。

8.23❖周防岩国藩の志士南部俊三郎(37)斬(**殉難**)。

8—❖武蔵荏原郡八か村で練兵場反対の騒動(**一揆**)。

8末❖免職となった幕府歩兵の市中狼籍多発(**武江**)。

8末❖江戸築地船松町軍艦操練所跡に、外人向けホテルの建設始まる(**武江**)。

【よみうり・瓦版】

9.3❖信州上田藩士赤松小三郎(37)、京都東洞院五条で薩摩藩士中村半次郎に暗殺される(**殉難**)。

9—❖全国的に「ええじゃないか」乱舞はじまる(**生活史**)。

10.3❖信濃佐久郡小諸領など七十五か村愁訴(**一揆**)。

10.11❖鳥取藩士村川与一右衛門(44)、米子で一族に殺される(**殉難**)。

10.14❖将軍徳川慶喜、大政返上。

【よみうり・瓦版】

10.18❖江戸伝通院内新祥院住職細谷林瑞(38)、同志と争論、小石川で襲撃され十九日死す(**殉難**)。

10.22❖丹波福知山藩家老飯田節(31)、京都祇園で薩摩藩士と誤認、暗殺される(**殉難**)。

10.26❖新徴組藤井弘司、発狂の同僚に斬られる。十二月五日死(**殉難**)。

10—❖京都の全遊廓、無制限営業許可となる(**花街史**)。

10—❖武蔵八王子周辺の農民、土地外人貸与に反対して騒擾(**日歴**)。

10—❖下野都賀郡で強訴(**一揆**)。

10—❖陸奥信夫郡福島領永井川村で愁訴(**一揆**)。

11.8❖伏見奉行所与力横田蔵之助、新撰組後藤太郎らに殺害される(**殉難**)。

11.12❖紀州藩急進派田中善蔵(43)暗殺される。加害者の同藩士六人明治六年処刑(**殉難**)。

11.13❖武蔵豊島郡赤塚村で徳丸原練兵場拡張反対闘争はじまる(**日歴**)。

11.13❖幕府歩兵吉原で店の者と喧嘩。十四日再来して鉄砲を放ち家を引き倒すなど乱暴。幕府警備隊(新徴組)が鎮圧(**続実紀五・武江**)。【よみうり・瓦版】

11.15❖坂本竜馬(33)・中岡慎太郎(30)、京都河原町蛸薬師下ル近江屋で襲撃され、竜馬は同夜、中岡は十六日絶命。

11.18❖新撰組分離の伊東甲子太郎(33)、京都七条油小路で近藤勇派に要殺され、かけつけた同志三人闘死(**新撰組始末記**)。

11.23❖江戸で打ちこわし(**一揆**)。

11.25❖江戸大森の村民、名主に乱暴した仏人を捕える(**日歴**)。

11—❖甲斐山梨郡などの幕領で愁訴(**一揆**)。

11—❖上野勢多郡前橋領箱田村などで打ちこわし(**一揆**)。

12.7❖十津川郷士中井庄五郎(21)ら、京都油小路花屋町天満屋に紀州藩士三浦休太郎を襲い三浦と同席の新撰組と乱闘、中井死す(**殉難**)。

【よみうり・瓦版】

賊は自分らで始末せよ

「壮年之者共ハ荷ひ棒等手ごろ之品携えて早速駈集り、人躰に無レ構、少しも不レ致ニ用捨一たたき伏せて取締候様、町々ニおいても兼而申相置べく候」(町触)。■時勢がここまで押し迫ると、江戸の治安もなかば狂乱状態だ。警察権は、すでに無能。「鉦又ハ有合候銅盥等何品ニ而も鳴音高きものを打鳴らし」に至っては、抱腹したくなる。■もっとも、この押し込みのたぐいは、旧新徴組くずれや歩兵隊、あるいは薩藩御用盗など、組織的暴力だから始末が悪かった。

日本初の本格的なホテル、築地ホテル

ホテルのほかに貿易交渉の場という通商目的があったので幕府も大いに力を入れ「翌年夏の頃に至り大抵成就し、大廈甍を列ね、丹漆黝堊(赤、青塗装)を似て装飾す。その中央なる楼上の突兀たる(そびえている様)海岸に著しく、茲に登れば西には江城の巍々たる、遠くは富嶽函嶺を瞻仰し、、、」という立派なものになった。木造二階建て、間口七十一メートル、奥行四十五メートル、全百二室が、惜しくも明治五年二月大火で消失した。

1867 江戸・横浜間に外国人の経営する駅馬車走る

12.9❖京都小御所の会議、王政復古大号令発す。

12.11❖会津藩士佐川又四郎(31)、京都中立売で何者かに襲われ闘死(**殉難**)。

12.12❖文久三年から京都六角牢に幽囚中の勤王家六位蔵人村井政礼(35)、斬(**殉難**)。

12.16❖新撰組小林桂之助(20)、高台寺党の間諜とみられて伏見奉行所で絞殺される(**殉難**)。

12.18❖新撰組隊長近藤勇、伏見墨染で高台寺党に襲われ重傷、隊士石井清之進闘死(**殉難**)。

12.25❖江戸三田の薩摩藩邸、旧幕軍に攻撃され炎上、戦死・補殺九十人(**殉難**)。
【よみうり・瓦版】

12.27❖上州前橋藩士志賀敬内、尊攘決起を図って捕えられ切腹(**殉難**)。

12―❖薩摩系を中心とする浪士隊、下野に出撃して旧幕軍の討伐を受け壊滅(**殉難**)。

この年❖伊予宇摩郡幕領十二か村で強訴(**一揆**)。

〃　❖近江甲賀郡幕領土山宿で打ちこわし(**一揆**)。

〃　❖下総千葉郡佐倉領犢橋村で打ちこわし(**一揆**)。

〃　❖対馬下県郡横浦村で愁訴(**一揆**)。

〃　❖備中哲多郡松山領神代村などで打ちこわし(**一揆**)。

〃　❖陸奥磐井郡仙台領関田村で打ちこわし(**一揆**)。

〃　❖陸奥伊達郡旗本領保原村で騒動(**一揆**)。

〃　❖江戸・横浜間に外人経営の駅馬車走る(**生活史**)。

用具―お守り・胸守

用具―お守り・守燕

【よみうり・瓦版】
薩摩藩邸、旧幕軍に焼かれる
徳川慶喜大政返上のあと、薩摩の西郷隆盛らは、旧幕勢力を武力討伐するため挑発を工作し、三田藩邸に浪士や無頼を集め、殺人・放火などで市中を攪乱させた。■幕府は、はじめ挑発に乗らなかったが、十二月二十三日の江戸城二の丸炎上を彼らの放火と見て討伐を決意、親幕藩兵を動員して猛攻撃を加えた。実質的に、戊辰戦争のはじまりである。■この兵火により、芝一帯十か町と南品川宿一丁目から四丁目までが焦土と化した。

用具―お守り・腕守

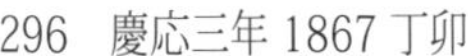

人名索引

文献一覧

人名索引……50音順

各項目ではおおむねその人の身分・所属、所行・功績、事の結末などを要約した

あ

い

う

え

お

あ か さ た な は ま や ら わ

か

き

く

け

こ

さ

し

あ か さ た な は ま や ら わ

す

せ

そ

た

あ か さ た な は ま や ら わ

ち

つ

て

と

な

あ か さ た な は ま や ら わ

に

ぬ

ね

の

あ か さ た な は ま や ら わ

は

ひ

ふ

へ

ほ

ま

み

あ か さ た な は ま や ら わ

む

め

も

や

ゆ

よ

ら

り

る

れ

ろ

わ

引用・参考文献

文献名	編・著者名	成立年	活字本の書名
赤穂義士	三田村鳶魚		(三田村鳶魚江戸ばなし二)
阿淡夢物語	著者不詳	宝歴以降　写本	
伊勢町元享間記	著者不詳	享和以降	(鼠璞十種二)
板倉政要	著者不詳	承応以降	(日本経済大典三)
一話一言	大田南畝	安永8～文政3	(日本随筆大成別巻一～六)
異聞雑稿	曲亭馬琴	天保年間	(続燕石十種二)
異本洞房語園	庄司勝富	享保5	(日本随筆大成三期二、燕石十種三)
裏見寒話	野田市右衛門	元文ごろ	(未刊随筆百種九)
雲錦随筆	暁鐘成	文久2	(日本随筆大成一期三)
雲室随筆	釈雲室	文政10	(続日本随筆大成一)
営中刃傷記	著者不詳	寛政7序	(新燕石十種二)
江戸市井人物事典	北村一夫	昭和49　新人物往来社	
江戸砂子	菊岡沾涼	享保17　版本	
江戸生活事典	稲垣史生	昭和35　青蛙房	
江戸と京都	明田鉄男	昭和46　白川書院	
江戸の女	三田村鳶魚		(三田村鳶魚江戸ばなし七)
江戸の実話	荒川秀俊	昭和51　桃源社	
江戸の白波	三田村鳶魚		(三田村鳶魚全集一四)
江戸の犯科帳	樋口秀雄	昭和39　人物往来社	
江戸幕府の代官	村上進	昭和46　新人物往来社	
江戸編年事典	稲垣史生	昭和41　青蛙房	
江戸真砂六十帖	著者不詳	宝暦ごろ	(燕石十種一)
御家騒動	三田村鳶魚		(三田村鳶魚江戸ばなし三)
御家騒動之研究	国史講習会編	大正14　雄山閣	
お江戸の話	三田村鳶魚	大正13　雄山閣	
大江戸春秋	源信綱	文政年間	(未刊随筆百種一一)
岡場遊廓考	石原豊芥子	天保9ごろ	(未刊随筆百種一)
翁草	神沢杜口	寛政3	(日本随筆大成　三期一九～二四)
御仕置裁許帳	幕府評定所編	明暦3～元禄12	(近世法制史料叢書一)
御仕置例類集	幕府評定所編	文化1～嘉永5 昭和46　名著出版	
落穂集	大道寺友山	享保13	(改訂史籍集覧一〇)
御触書集成	幕府評定所編	慶長20～天保8 昭和63　岩波書店	
思出草紙	東髄舎	刊年不詳	(日本随筆大成三期四)
思ひの儘の記	勢多章甫	幕末	(日本随筆大成一期一三)
親子草	喜田順有	寛政9	(新燕石十種一)
女の世の中	三田村鳶魚		(三田村鳶魚江戸ばなし七)
街談文々集要	石塚豊芥子	万延1	(珍書刊行会叢書二～四)
嘉永明治年間録	吉野真保	明治年間	(我自刊我書)
過眼録	喜多村信節	刊年不詳	(続燕石十種一)
雅俗随筆	笠亭仙果	刊年不詳	(新燕石十種四)
敵討	平出樫二郎	明治42	
甲子雑録	小寺玉晁	元治1	(日本史籍協会叢書五二～五四)
甲子兵燹図	前川五嶺	森雄山　元治1?	(新撰京都叢書一〇)
甲子夜話	松浦静山	文政4年以降逐年	(東洋文庫など)
かわら版物語	小野秀雄	昭和63　雄山閣出版	
寛延雑秘録	著者不詳	延宝以降	(未刊随筆百種五)

寛政紀聞 ……吉田重房 ……寛政以降 ……(未刊随筆百種二)
寛天見聞記 ……著者不詳 ……天保末年 ……(燕石十種三)
関東潔競伝 ……著者不詳 ……宝暦 ……(未刊随筆百種六)
寛宝日記 ……長崎吏員某……宝永6以降 ……(長崎文献叢書二集五)
ききのまにまに ……喜多村信節……安政年間 ……(未刊随筆百種六)
及瓜漫筆 ……原田光風 ……安政6 ……(未刊随筆百種五)
宮川舎漫筆 ……宮川政運 ……文久2 ……(日本随筆大成一期一六)
久夢日記 ……編者不詳 ……文化4 ……(続日本随筆大成別巻五)
喜遊笑覧 ……喜多村信節……文政13 ……(日本随筆大成別巻一～四)
京都府下遊廓由緒 ……京都府 ……明治5 ……(新撰京都叢書九)
京都坊目誌 ……碓井小三郎……大正5 ……(新撰京都叢書一七～二一)
京都先斗町遊廓記録 …倉田保之 ……明治42 ……(新撰京都叢書九)
京都町触集成 ……京都町触研究会……元禄5～明治4
平成1　岩波書店
享保世話 ……編者不詳 ……享保11以降 ……(続日本随筆大成別巻五)
享保通鑑 ……編者不詳 ……元文13 ……(未刊随筆百種九)
峡陽来書 ……甲府在番士某……天保7 ……(未刊随筆百種一二)
享和雑記 ……柳川亭 ……享和3 ……(未刊随筆百種二)
羇旅漫録 ……滝沢馬琴 ……享和2 ……(日本随筆大成一期、)
近世江都著聞集 ……馬場文耕 ……宝暦7 ……(燕石十種二)
近世奇跡考 ……山東京傳 ……文化1 ……(日本随筆大成二期六)
蜘蛛の糸巻 ……山東京山 ……弘化3 ……(日本随筆大成二期七)
芸界きくままの記 ……飛鳥蝶 ……幕末 ……(未刊随筆百種五)
慶長見聞集 ……三浦浄心 ……慶長19 ……(改訂史籍集覧一〇)
月堂見聞集 ……本島知辰 ……享保年間 ……(続日本随筆大成別巻二～四)
元正間記 ……著者不詳 ……正徳以降　写本
元文世説雑録 ……著者不詳 ……元文以降 ……(続日本随筆大成別巻一)
元禄宝永珍話 ……著者不詳 ……宝永年間 ……(続日本随筆大成別巻五)
巷街贅説 ……鹿哉翁 ……文政12序……(続日本随筆大成別巻九、一〇)
好色五人女 ……井原西鶴 ……貞享3 ……(日本古典文学大系四七西鶴集上)
古老茶話 ……柏崎永以 ……刊年不詳 ……(日本随筆大成一期一一)
砕玉話 ……→武将感状記
坐臥記 ……桃西河 ……天明～寛政 ……(続日本随筆大成一)
さたなし草 ……著者不詳 ……寛政11以降 ……(鼠璞十種一) 諸家随筆集の内
五月雨草紙 ……喜多村雪城……明治1 ……(新燕石十種二)
塩尻 ……天野信景 ……元禄～享保 ……(日本随筆大成三期一三～一八)
色道大鏡 ……藤本箕山 ……延宝9 ……(続燕石十種二)
史実と芝居と ……三田村鳶魚 ……(三田村鳶魚江戸ばなし四)
事々録 ……大御番某 ……刊年不詳 ……(未刊随筆百種三)
賎のをだまき ……森山孝盛 ……明治7 ……(日本随筆大成三期四)
市井の生活 ……三田村鳶魚 ……(三田村鳶魚江戸ばなし八)
市井の風俗 ……三田村鳶魚 ……(三田村鳶魚江戸ばなし八)
実説芝居ばなし ……三田村鳶魚 ……(三田村鳶魚江戸ばなし四)
紙魚室雑記 ……城戸千楯 ……文政年間 ……(日本随筆大成一期二)
将軍と大名 ……三田村鳶魚 ……(三田村鳶魚江戸ばなし一)
情死考 ……小林隆之助……昭和3　成光舘出版
諸藩の刑罰 ……井上和夫 ……昭和40　人物往来社
新古見聞集 ……著者不詳 ……安政4～文久3　写本
心中大鑑 ……書方軒 ……宝永1 ……(近世文芸叢書四)
新選組始末記 ……子母沢寛 ……昭和5　昭和37 ……(子母沢寛全集一)
中央公論社
新著聞集 ……神谷養勇軒……寛延2 ……(日本随筆大成二期五)
角力め組鳶人足一条 …著者不詳 ……文化年間 ……(未刊随筆百種八)
駿府記 ……伝後藤光次……成立年不詳 ……(史籍雑纂二)
青楼年暦考 ……著者不詳 ……天明7以降 ……(未刊随筆百種二)

世事百談 ……………………山崎美成 …………天保14 ……………………（日本随筆大成一期一八）
摂陽落穂集 ………………浜松歌国 …………文化5序 ……………………（新燕石十種五）
摂陽奇観 …………………浜松歌国 …………成立年不詳 ………………（浪速叢書一～六）
選要類集 …………………江戸町奉行所 ………享保～嘉永 ………………（続群書類従完成会）
即事考 ……………………竹尾善筑 …………成立年不詳 ………………（鼠璞十種一）
泰平年表 …………………大野広城 …………天文11～天保8 …………（続群書類従完成会）
茶町子随筆 ………………著者不詳 …………寛政8以降 …………………（鼠璞十種一）諸家随筆集の内
著作堂一夕話 ……………曲亭馬琴 …………天保末年 ……………………（日本随筆大成一期一〇）
塵塚 ………………………中根香亭 …………明治年間 ……………………（続日本随筆大成四）
塵塚談 ……………………小川顕道 …………文化11 ………………………（燕石十種一）
丁卯雑拾録 ………………小寺玉晁 …………慶応3 ………………………（日本史籍協会叢書一四〇～一四一）
天言筆記 …………………藤岡屋由蔵ら ………嘉永年間 ……………………（新燕石十種一）
天弘録 ……………………著者不詳 …………弘化以降 ……………………（続日本随筆大成別巻八）
天和笑委集 ………………著者不詳 …………成立年不詳 ………………（新燕石十種五）
天保風説見聞秘録 ………著者不詳 …………嘉永年間? …………………（未刊随筆百種五）
天明紀聞寛政紀聞 ………御徒某 ……………寛政11以降 ………………（未刊随筆百種二）
東西紀聞 …………………小寺玉晁 …………文久3 ………………………（日本史籍協会叢書一四二・一四三）
東西評林 …………………小寺玉晁 …………文久2 ………………………（日本史籍協会叢書一四四・一四五）
当代記 ……………………松平忠明? …………慶長年間 ……………………（史籍雑纂二）
道聴塗説 …………………大郷信斎 …………天保1以降 …………………（鼠璞十種二）
洞房語園 …………………庄司勝富 …………享保5序 ……………………（日本随筆大成三期二）
洞房古鑑 …………………竹島春延 …………宝暦4　写本
兎園小説外集 ……………曲亭馬琴ら …………文政10 ……………………（日本随筆大成二期三）
兎園小説拾遺 ……………曲亭馬琴ら …………文政7、8 …………………（日本随筆大成二期五）
兎園小説余録 ……………曲亭馬琴ら …………天保3 ………………………（日本随筆大成二期五）
徳川実紀 …………………幕府編纂所 …………正続十五巻 ………………（吉川弘文館　国史大系の内）
徳川の家督争い …………三田村鳶魚 ……………………………………（三田村鳶魚江戸ばなし一）
捕物の世界 ………………三田村鳶魚 ……………………………………（三田村鳶魚江戸ばなし五）
なゐの日並 ………………笠亭仙果 …………安政2 ………………………（日本随筆大成二期二四）
（新燕石十種二）
波華五侠伝 ………………笠亭仙果 …………成立年不詳 ………………（燕石十種一）
波華百事談 ………………著者不詳 …………明治28 ……………………（日本随筆大成三期二）
（新燕石十種一）
西陣天狗筆記 ……………著者不詳 …………成立年不詳　写本
日本花街史 ………………明田鉄男 …………平成2　雄山閣出版
日本災異志 ………………小鹿島果 …………明治26　昭和57
五月書房（複）
日本騒動事典 ……………矢代和夫ら …………平成1　叢文社
日本遊里史 ………………上村行彰 …………昭和4　春陽堂
昭和57　藤森書店（複）
日本歴史大辞典 …………河出書房新社 ………昭和35
寝ざめの友 ………………近藤万丈 …………弘化4序 ……………………（続日本随筆大成二）
年号記 ……………………著者不詳 …………天明8以降 …………………（鼠璞十種一）諸家随筆集の内
後見草 ……………………亀岡宗山ら …………天明8以降 …………………（燕石十種一）
梅翁随筆 …………………著者不詳 …………享和初? ……………………（日本随筆大成二期一一）
白峯亭日記 ………………著者不詳 …………天明12以降 ………………（鼠璞十種一）諸家随筆集の内
幕末維新全殉難者名鑑 …明田鉄男 …………昭和61　新人物往来社
幕末京都 …………………明田鉄男 …………昭和42　白川書院
幕末任侠伝 ……………………………………昭和46　新人物往来社
「歴史読本」三月特別号
波娜婀娜女 ………………十二代中川徳右衛門 …明治38
嘶の苗 ……………………暁鐘成 ……………文化11序 …………………（日本随筆大成三期六）
犯科帳 ……………………長崎奉行所 …………寛文6～慶応3
昭和33～36　森永種夫編
半日閑話 …………………大田南畝 …………文政年間 ……………………（日本随筆大成一期八）

書名	著者	成立・刊行	所収
百戯述略	斎藤月岑	明治初	(新燕石十種三)
百姓一揆の年次的研究	青木虹二	昭和41	大原新生社
百草露	含弘堂偶斎	成立年不詳	(日本随筆大成三期一一)
尾陽見聞事記	著者不詳	宝永8以降	(鼠璞十種一) 諸家随筆集の内
楓軒偶記	小宮山楓軒	文化4序	(日本随筆大成二期一九)
楓林腐草	楓林子	享保年間	(未刊随筆百種七)
武江年表	斎藤月岑	明治11	(東洋文庫一一六)
武江年表補正略	喜多村信節	成立年不詳	(続燕石十種一)
武将感状記	熊沢淡庵	正徳6	(続帝国文庫)
筆拍子	浜松歌国	成立年不詳	(新燕石十種五)
武野燭談	著者不詳	元禄ごろ	(国史叢書三四)
文化秘筆	著者不詳	文政以降	(未刊随筆百種四)
文政年間漫録	著者不詳	安政年間	(未刊随筆百種一)
宝永年間諸覚	編者不詳	宝永以降	(鼠璞十種二)
豊芥子日記	石塚豊芥子	万延1	(続日本随筆大成別巻一〇)
卯花園漫録	石上宣続	文化6序	(日本随筆大成二期二三)
放屁論	風来山人	安永3	(日本古典文学大系五五風来山人集)
宝暦現来集	山田桂翁	天保2	(続日本随筆大成別巻六、七)
墨水消夏録	伊東蘭州	文化2	(燕石十種一)
北窓瑣談	橘春暉	文政8	(日本随筆大成二期一五)
牧民金鑑	荒井顕道	嘉永6　昭和10　誠文堂 昭和44　刀江書院	
北国奇談巡杖記	鳥翠台北巠	文化3	(日本随筆大成二期一八)
真佐喜のかつら	青葱堂冬圃	安政年間	(未刊随筆百種八)
むさしあぶみ	浅井了意	万治2ごろ	(日本随筆大成三期六)
無名翁随筆	著者不詳	刊年不詳	(燕石十種二)
村井随筆	著者不詳	寛政11以降	(鼠璞十種一) 諸家随筆集の内
明良洪範	真田増誉	刊年不詳	(国書刊行会叢書二期)
明和誌	青山白峯	文政以降	(鼠璞十種二)
物語藩史	人物往来社	昭和41	
やくざの生活	田村栄太郎	昭和48　雄山閣出版	
遊芸園随筆	川路聖謨	弘化3	(日本随筆大成一期二三)
夢の浮橋	曳尾庵ら	文化5序	(燕石十種二)
吉原に就ての話	三田村鳶魚		(三田村鳶魚江戸ばなし六)
瀬田問答	大田南畝 瀬名貞雄	寛政2	(日本随筆大成三期一二)
洛中大火夢物語	編者不詳	元治1	(新撰京都叢書一〇)
乱世京都	明田鉄男	昭和44	白川書院
柳庵随筆	栗原柳庵	刊年不詳	(日本随筆大成二期一七)
歴世女装考	岩瀬百樹	山東京山	(日本随筆大成一期六)
列侯深秘録	著者不詳	刊年不詳	(国書刊行会叢書四期)
連城紀聞	小寺玉晃	慶応1	(日本史籍協会叢書一八九・一九〇)
連城漫筆	小寺玉晃	慶応2	(日本史籍協会叢書一九一・一九二)
我衣	加藤曳尾	文政年間	(燕石十種一)

写真・図版の提供

本書の編集にあたり、以下の関係機関のご協力をいただきました。記して謝意を表します。

・国立国会図書館
・東京消防庁防災資料センター・消防博物館
・東京大学社会情報研究所
・徳川記念財団
・日本芸術文化振興会
・東京都立図書館
・明治大学刑事博物館
・鹿児島県立図書館
・福島県会津高田町教育委員会
・柏崎市立図書館
・松蔭神社
・可睡斎
・華蔵寺
・花岳寺
・了仙寺

明田 鉄男（あけた　てつお）

1921年生まれ。京都大学法学部卒。

元読売新聞大阪本社記者、論説委員。

1964年小説「月明に飛ぶ」でオール讀物新人賞受賞。

著書に『日本花街史』、『近世事件史年表』（ともに雄山閣刊）などがある。

平成29年7月25日 初版発行
令和3年2月10日 新装版初刷発行　《検印省略》

雄山閣アーカイブス 資料篇

江戸一〇万日全記録【新装版】

著　者　明田鉄男

発行者　宮田哲男

発行所　株式会社 雄山閣

〒102-0071　東京都千代田区富士見２-６-９
電話 03-3262-3231㈹　FAX 03-3262-6938
http://www.yuzankaku.co.jp
E-mail　info@yuzankaku.co.jp
振替：00130-5-1685

印刷製本　株式会社ティーケー出版印刷

Printed in Japan 2021　ISBN978-4-639-02748-5　C0021
N.D.C.210　352p　21cm